俄 国 史 译 丛 · 经 济
Серия переводов книг по истории России

Россия

Коммерческие банки Российской империи

俄罗斯帝国商业银行

〔俄〕鲍维金·瓦列里·伊万诺维奇
Бовыкин Валерий Иванович
〔俄〕彼得罗夫·尤里·亚历山大罗维奇 / 著
Петров Юрий Александрович

张广翔　王昱睿 / 译

社会科学文献出版社

Коммерческие банки Российской империи:

источники и методы изучения

© Валерий Иванович Бовыкин, Юрий Александрович Петров.

Авторы текста, 1994 г.

© Александр Кравченко. Оформление, 1994 г.

© Независимое исследовательское информационное агентство

《 Перспектива 》. Издание, реализация, 1994 г.

本书根据远景独立信息研究机构 1994 年版本译出

俄国史译丛编委会

主　编　张广翔
副主编　卡尔波夫（С. П. Карпов）　钟建平　许金秋
委　员　杜奇科夫（И. И. Тучков）　鲍罗德金（Л. И. Бородкин）
　　　　　姚　海　黄立茀　鲍里索夫（Н. С. Борисов）　张盛发
　　　　　戈里科夫（А. Г. Голиков）　科兹罗娃（Н. В. Козлова）
　　　　　刘玉宝　戴桂菊

著者简介

鲍维金·瓦列里·伊万诺维奇（Бовыкин Валерий Иванович）　史学博士，莫斯科大学历史系教授，俄罗斯科学院俄罗斯历史研究所资深研究员。主要从事俄国经济史、国际关系史研究，以及史料学和档案学研究，其中俄国经济史研究成果蜚声国内外，尤其是培养了30名史学博士，开创俄罗斯的经济史学派。代表作有《俄国财政资本的产生》（莫斯科，1967）、《俄国财政资本的形成》（莫斯科，1968）、《第一次世界大战期间的俄国财政资本》（莫斯科，2001），以及 *International Banking. 1870—1914*（纽约，1991）等多部专著，发表学术论文上百篇。

彼得罗夫·尤里·亚历山大罗维奇（Петров Юрий Александрович）史学博士，俄罗斯科学院俄罗斯历史研究所所长，俄罗斯历史研究所高级研究员，俄罗斯金融史首席专家。在俄国和国外发表学术著作170余部（篇），其中12部著作得到俄罗斯和国外学术界的高度评价。

译者简介

张广翔　历史学博士，吉林大学东北亚研究院教授，博士生导师。

王昱睿　吉林大学东北亚研究院硕士研究生。

总　序

  我们之所以组织翻译这套"俄国史译丛",一是由于我们长期从事俄国史研究,深感国内俄国史方面的研究严重滞后,远远满足不了国内学界的需要,而且国内学者翻译俄罗斯史学家的相关著述过少,不利于我们了解、吸纳和借鉴俄罗斯学者有代表性的成果。有选择地翻译数十册俄国史方面的著作,既是我们深入学习和理解俄国史的过程,还是鞭策我们不断进取的过程,培养人才和锻炼队伍的过程,也是为国内俄国史研究添砖加瓦的过程。

  二是由于吉林大学俄国史研究团队(以下简称我们团队)与俄罗斯史学家的交往十分密切,团队成员都有赴俄进修或攻读学位的机会,每年都有多人次赴俄参加学术会议,每年请2~3位俄罗斯史学家来校讲学。我们与莫斯科大学历史系、俄罗斯科学院俄国史研究所、世界史所、俄罗斯科学院圣彼得堡历史所、俄罗斯科学院乌拉尔分院历史与考古所等单位学术联系频繁,有能力、有机会与俄学者交流译书之事,能最大限度地得到俄同行的理解和支持。以前我们翻译鲍里斯·尼古拉耶维奇·米罗诺夫的著作时就得到了其真诚帮助,此次又得到了莫大历史系的大力支持,而这是我们顺利无偿取得系列书的外文版权的重要条件。舍此,"俄国史译丛"工作无从谈起。

  三是由于我们团队得到了吉林大学校长李元元、党委书记杨振斌、学校职能部门和东北亚研究院的鼎力支持和帮助。2015年5月5日李元元校长访问莫大期间,与莫大校长萨多夫尼奇(В.А. Садовничий)院士、俄罗斯科学院院士、莫大历史系主任卡尔波夫教授,莫大历史系副主任鲍罗德金教授等就加强两校学术合作与交流达成重要共识,李元元校长明确表示吉林大学将大力扶植俄国史研究,为我方翻译莫大学者的著作提供充足的经费支持。萨多夫尼奇校长非常欣赏吉林大学的举措,责成莫大历史系全力配合我方的相关工作。吉林大学主管文科科研的副校长吴振武教授,社科处霍志刚处长非常重视我们团队与莫大历史系的合作,2015年尽管经费很紧张,还是为我们提供了一定的科研经费。2016年又为我们提供了一定经费。这一经费支持将持续若干年。

我们团队所在的东北亚研究院建院伊始,就尽一切可能扶持我们团队的发展。现任院长于潇教授上任以来3年时间里,一直关怀、鼓励和帮助我们团队,一直鼓励我们不仅立足国内,而且要不断与俄罗斯同行开展各种合作与交流,不断扩大我们团队在国内外的影响。在2015年我们团队与莫大历史系新一轮合作中,于潇院长积极帮助我们协调校内有关职能部门,与我们一起起草吉林大学东北亚研究院与莫斯科大学历史系合作方案(2015~2020年),获得了学校的支持。2015年11月16日,于潇院长与来访的莫大历史系主任卡尔波夫院士签署了《吉林大学东北亚研究院与莫斯科大学历史系合作方案(2015~2020年)》,两校学术合作与交流进入了新阶段,其中,我们团队拟4年内翻译莫大学者30种左右学术著作的工作正式启动。学校职能部门和东北亚研究院的大力支持是我们团队翻译出版"俄国史译丛"的根本保障。于潇院长为我们团队补充人员和提供一定的经费使我们更有信心完成上述任务。

2016年7月5日,吉林大学党委书记杨振斌教授率团参加在莫斯科大学举办的中俄大学校长峰会,于潇院长和张广翔等随团参加,会议期间,杨振斌书记与莫大校长萨多夫尼奇院士签署了吉林大学与莫大共建历史学中心的协议。会后莫大历史系学术委员会主任卡尔波夫院士,莫大历史系主任杜奇科夫(И. И. Тучков)教授(2015年11月底任莫大历史系主任),莫大历史系副主任鲍罗德金教授陪同杨振斌书记一行拜访了莫大校长萨多夫尼奇院士,双方围绕共建历史学中心进行了深入的探讨,有力地助推了我们团队翻译莫大历史系学者学术著作一事。

四是由于我们团队同莫大历史系长期的学术联系。我们团队与莫大历史系交往渊源很深，李春隆教授、崔志宏副教授于莫大历史系攻读了副博士学位，张广翔教授、雷丽平教授和杨翠红教授在莫大历史系进修，其中张广翔教授三度在该系进修。与该系鲍维金教授、费多罗夫教授、卡尔波夫院士、米洛夫院士、库库什金院士、鲍罗德金教授、谢伦斯卡雅教授、伊兹梅斯杰耶娃教授、戈里科夫教授、科什曼教授等结下了深厚的友谊。莫大历史系为我们团队的成长倾注了大量的心血。卡尔波夫院士、米洛夫院士、鲍罗德金教授、谢伦斯卡雅教授、伊兹梅斯杰耶娃教授、科什曼教授和戈尔斯科娃副教授前来我校讲授俄国史专题，开拓了我们团队及俄国史方向硕士生和博士生的视野。卡尔波夫院士、米洛夫院士和鲍罗德金教授被我校聘为名誉教授，他们经常为我们团队的发展献计献策。莫大历史系的学者还经常向我们馈赠俄国史方面的著作。正是由于双方有这样的合作基础，在选择翻译的书目方面，很容易沟通。尤其是双方商定拟翻译的30种左右的莫大历史系学者著作，需要无偿转让版权，在这方面，莫大历史系从系主任到所涉及的作者，克服一切困难帮助我们解决关键问题。

五是由于我们团队有一支年富力强的队伍，既懂俄语，又有俄国史方面的基础，进取心强，甘于坐冷板凳。学校层面和学院层面一直重视俄国史研究团队的建设，一直注意及时吸纳新生力量，使我们团队人员年龄结构合理，后备有人，有效避免了俄国史研究队伍青黄不接、后继无人的问题。我们在培养后备人才方面颇有心得，严格要求俄国史方向硕士生和博士生，以阅读和翻译俄国史专业书籍为必修课，硕士学位论文和博士学位论文必须以使用俄文文献为主，研究生从一入学就加强这方面的训练，效果很好：培养了一批俄语非常好，专业基础扎实，后劲足，崭露头角的好苗子。我们在组织力量翻译米罗诺夫所著的《俄国社会史》《帝俄时代生活史》方面，以及在中文刊物上发表的70多篇俄罗斯学者论文的译文，都为我们承担"俄国史译丛"的翻译工作积累了宝贵的经验，锻炼了队伍。

译者队伍长期共事，彼此熟悉，容易合作，便于商量和沟通。我们深知高质量地翻译这些著作绝非易事，需要认真再认真，反复斟酌，不得有半点的马虎和粗心大意。我们翻译的这些俄国史著作，既有俄国经济史、社会史、城市史、政治史，还有文化史和史学理论，以专题研究为主，覆盖的问题方方面面，有很多我们不懂的问题，需要潜心翻译。我们的翻译团队将定期碰头，利用群体的智慧解决共同面对的问题，单个人所无法解决的问题，以及人名、地名、术语统一的问题。更为重要的是，译者将分别与相关作者直接联系，经常就各自遇到的问题用电子邮件向作者请教，我们还将根据翻译进度，有计划地邀请部分作者来我校共商译书过程中遇到的各种问题，尽可能地减少遗憾。

我们翻译的"俄国史译丛"能够顺利进行，离不开吉林大学校领导、社科处和国际合作与交流处、东北亚研究院领导的坚定支持和可靠后援；莫大历史系上下共襄此举，化解了很多合作路上的难题，将此举视为我们共同的事业；社会科学文献出版社的恽薇、高雁等相关人员将此举视为我们共同的任务，尽可能地替我们着想，我们之间的合作将更为愉快、更有成效。我们唯有竭尽全力将"俄国史译丛"视为学术生命，像爱护眼睛一样呵护它、珍惜它，这项工作才有可能做好，才无愧于各方的信任和期待，才能为中国的俄国史研究的进步添砖加瓦。

上述所言与诸位译者共勉。

吉林大学东北亚研究院

张广翔

2016 年 7 月 22 日

前　言

在现代条件下，这部记述俄国银行历史的图书才得以问世。过去，只能在官方特许研究十月革命"客观前提"的框架内研究银行史，这种研究要基于革命前俄国的半殖民地从属性和极端落后性。И. Ф. 金丁的经典著作《俄国的商业银行》（1948 年）是唯一一次全方位研究银行结构历史的尝试，这本书遭到了一波意识形态的公开批评。近年来，关于俄国"极端落后"的论断不断地在科学专著和流行刊物上涌现。

俄国银行史的研究能够使我们对旧俄国到底是一个怎样的国家有更多的认识。对于我们大部分现代人来说，俄国革命前的银行系统在当下依然是一个未知领域。现代俄国人中很少有人知道"伏尔加—卡马银行"、"俄国工商银行"、"俄国—亚洲银行"或"莫斯科商人银行"，要知道，这些可是俄罗斯帝国最大的银行机构。今天的读者未必会熟知 В. А. 科科列夫、Л. С. 波里雅科夫、А. И. 普提洛夫、А. И. 维什涅格拉茨基、Б. А. 卡缅卡和其他俄国杰出银行家的名字，而这些银行家曾在自己的时代闻名于国际金融界。

本书向读者呈现的是 19 世纪最后 1/3 至 20 世纪初俄国大型商业银行的历史，这段时期也是俄国资本主义的确立时期。书中的内容具有十分重要的教育意义。

当然，在过去的 100 年中发生了很多根本性的变化，现在的改革是在另一种完全不同的条件下进行的。虽然历史知识不包括解决现代问题的现成方法,但它们有助于理解更深层次的逻辑。这个逻辑是一切人类社会生活所要遵从的,不以稳定的长期需求为条件,无须经历相当长的形成时期。

银行业历史悠久,早在古希腊时就已出现萌芽。但是经过2000年的社会进化后,银行才得以从胚胎状态中脱离出来,并在经济生活中占据中心位置。18世纪末,这种变化在一些最早走上工业化道路的国家——英国、法国、比利时、德国和美国初见端倪。从20世纪中叶开始,银行业在世界资本主义发展"第二梯队"的国家中也开始繁荣,其中包括奥匈帝国、意大利、西班牙、斯堪的纳维亚国家、日本、加拿大和俄罗斯。

这些国家的特性之中有一个共性,它们的经济现代化首先是以国内需求为基础,在发达工业化国家的影响下成长的。所以,"第二梯队"国家的信贷机构不仅能利用西欧银行的经验,还能获得直接的财务援助,而这些银行本身也极力在欠发达国家设立分行或者"友谊"银行。世界各地的银行业都在履行保证国际经济联系的功能,银行业从根本上讲是国际化的。这个行业有着对各地环境惊人的适应能力。每一个加入世界经济体系的国家,都形成了自己独特的、唯一的银行模式,这种模式与该国的经济发展特点、社会制度、法律和在世界经济中的地位相适应。

俄国的银行机构在革命前就已存在了半个多世纪,它们在这短暂的时间内积累和运转了大量资金。银行信贷系统是俄国市场经济的关键因素。

笔者建议读者了解俄国革命前这一极端不平常、充满戏剧性、披着"商业秘密"外衣的银行业。本书的研究主要以国内外国家档案馆的银行文件为基础。因为圣彼得堡和莫斯科是俄罗斯帝国主要的金融中心,集中了最有影响力的银行集团,所以,本书集中关注圣彼得堡和莫斯科的银行。

为向读者阐明世界和本国银行进化的一般进程,本书中特别加入俄国银行机构史、欧洲银行业经验、俄国商业信贷机构活动概况和组织原则等内容。

如果本书能引起俄国当代银行理论家和实践家的注意并激发珍重祖国历史之人的思考，那么笔者（В. И. 鲍维金，负责撰写第一、第三和第五章；Ю. А. 彼得罗夫，负责撰写第二和第四章）认为自己的任务完成了。

В. И. 鲍维金，Ю. А. 彼得罗夫

目　录

第一章　银行业的出现和初步发展 …………………………………… 001
　第一节　从兑换台到综合银行：欧洲经验 ……………………………… 001
　第二节　俄国改革前的银行 ………………………………………………… 014

第二章　俄罗斯帝国信贷的确立 ……………………………………… 030
　第一节　信贷系统组建原则 ………………………………………………… 030
　第二节　商业银行：建立、业务、文书工作 …………………………… 036

第三章　圣彼得堡的银行业 …………………………………………… 065
　第一节　俄国银行业之都 …………………………………………………… 065
　第二节　第一家股份商业银行 ……………………………………………… 074
　第三节　竞争者还是同盟者？ ……………………………………………… 096
　第四节　В. А. 科科列夫的结晶 …………………………………………… 121
　第五节　来自地方的移民 …………………………………………………… 131
　第六节　神秘的巨人 ………………………………………………………… 153
　第七节　买卖婚姻 …………………………………………………………… 164
　第八节　法国的银行还是俄国的银行 ……………………………………… 180

第四章　莫斯科银行业……199
第一节　莫斯科的伦敦城……199
第二节　实业精英的银行……207
第三节　尼古拉·纳伊杰诺夫及其银行……234
第四节　"莫斯科的德国人"的生意……248
第五节　"愿上帝把你变成像波里雅科夫一样的人……"……265
第六节　莫斯科—巴黎联盟……279
第七节　里雅布申斯基家族银行……293
第八节　相互贷款"巨匠"……310

第五章　俄罗斯帝国的地方银行业……321
第一节　俄罗斯帝国地方信贷机构的类型……321
第二节　俄罗斯帝国地方信贷机构的分布……336

后记：中断的增长……342
总　结……353
银行活动家人名索引……358
附　录……379
参考文献……382

银行建筑

普拉托（意大利）的圣弗朗西斯克教堂壁画——约1395年
圣马特维，银行家的保护人

第一章
银行业的出现和初步发展

第一节　从兑换台到综合银行：欧洲经验

银行业最初的功能是支付媒介，其产生得益于商品—货币关系的出现和发展。还在古罗马时期，国际贸易就已迈出了第一步，兑换业诞生了：货物贸易激活了货币贸易。兑换业成为银行业形成的起点。初期的银钱兑换商人，即从事钱币兑换的人，仅仅是一类特殊的商人，但他们的业务范围逐渐扩大。为避免商人运送货币的风险，他们开始从事汇款业务和根据客户授权将钱款支付到收款人账户的业务。这样，兑换业就产生了支付媒介功能，也出现了与此相联系的储蓄功能——保管货币。结果，银钱兑换商人手中集中大量资金，这使他们发放贷款成为可能。这样，银行业产生了另外一个功能——贷款。最终，银钱兑换商人开始成为银行家。

这种变化在中世纪的意大利特别明显，意大利在13~15世纪的国际贸易中处于领先地位。正是在意大利和威尼斯，14世纪出现了"银行家"（banchieri）这一术语，取代了之前的名称"银钱兑换商人"（campsores）。新术语来源于单词"banco"，意思是"桌子"。

几个世纪以来，意大利银行业发展了存款、汇款和发放抵押贷款的业务。1408年，在热那亚出现了第一家公共银行——圣乔治储蓄所，由热那

巴黎卢浮宫的昆西·马西斯作品节选（约 1514 年）——中世纪的银钱兑换商

布鲁塞尔古钱币和历史博物馆的兑换台（16 世纪）

亚个体银行家和贷款人联合成立。16 世纪末至 17 世纪初，威尼斯和米兰出现了市政府的转账银行（其中有一家名为威尼斯德尔转账银行（Banco del Giro）），通过账户间的非现金结算方式为客户汇款。

随着其他欧洲国家开展国际贸易，银行业扩展到西班牙、法国、德国、荷兰和英国。意大利的银行家对此贡献不小，他们在国外设立了自己的分行。但是在 16～17 世纪，意大利的贸易城市丧失了在欧洲商业和金融生活中的主导地位。16 世纪上半叶，安特卫普开始争夺领导地位，后来是阿姆斯特丹，从 17 世纪末开始，伦敦开始长期成为欧洲的商业和金融中心。

安特卫普和阿姆斯特丹的银行家在银行业形成的过程中做出了重要贡献。正是他们首先使用了期票贴现。12 世纪时，期票被作为债券使用，但它最初执行的是汇款功能。为了不运送现金，商人将它们转交给钱币兑换商，这些兑换商必须在另外一个地点支付给商人相应数量的现金。钱币兑换商通过信函赋予了商人获得资金的权利，这种信函在意大利语中称为"cambium"，法语为"lettre de change"，英语为"bill of exchange"，德语为"Wechsel"，其意义大致一样，即兑换信函、兑换证明，等等。俄语使用的是德语名称。随着时间推移，期票成为商业信贷工具：它在商品买卖时规定卖方在约定时间内获得约定数量资金的权利。期票这种性质的广泛使用，也使其具有了流通工具的功能。它开始代替现金用于结算。期票所有人在上面进行相应的签名——背书，可将期票获得资金的权利转让给他人。但是，期票流通最初只限制于较窄的、有固定联系的企业家圈子。在一些大贸易中心出现的期票市场和期票交易所，对这个圈子的扩大起到了促进作用。但是在期票信贷能力和银行业信贷功能发展中真正的革命性时刻是期票贴现（也就是购买期票），16世纪安特卫普和阿姆斯特丹的银行家先后付诸实践。

18世纪末之前，银行业主要服务于贸易需求，在封建时期和资本主义初期，贸易规模相对不大。由于工业革命，资本主义国家已经开始工业化，社会生产和交换规模快速扩大，银行业面临着新的任务。它们首先要满足新出现的工业和交通需求，同时还要满足因地区和世界劳动分工不断细化而新增的国内和国际贸易需求。由于在工业化时代，工商业企业的主要形式是股份公司，所以，发行股票和债券的业务逐渐在银行业务中占据了重要地位。每个国家的社会经济发展特点及其在世界经济中的作用决定了该国银行体系的特点。

英国银行体系的特点是银行及其银号的高水平专业化。英国银行建立于1694年，是国家债权人公司，它向政府提供贷款而获得发行纸币的权利，由于1709年法律禁止建立其他信贷机构，所以它是19世纪20年代末英国唯一一家股份银行。因此，100余年银行体系的发展要归功于私人银行和私家银号。18世纪末，已经确定了明显的银行分类。第一类银行是西区银行，它为领地贵族和地方贵族服务，吸收他们的存款并为他们提供土地或住房抵押贷款；第二类银行是伦敦城市银行，它们主要与首都大商人和企业家开展业务，开展期票贴现和活期存款业务；第三类银行是地方银行，其客户是当地企业家。

国际贸易主导权转移到英国，伦敦成为国际商业中心，这有助于促进专业从事外贸和航海信贷服务的伦敦城市银行的发展。19世纪初，这些银行中又分化出一类名为"商人—银行家"或者"商业银行"的私人银号。这些银行主要由其他国家的人创立，主要业务包括外国期票贴现、为国外贸易和交通公司提供贷款并在伦敦货币市场分配外国债券。

工业革命促进了地方银行的发展，18世纪末，它们的数量快速增加。英国大机械生产的转变是工业先行发展的必然结果。通常，这一转变是通过现代化和扩大企业利润再投资实现的。在建立新工厂时使用了家庭积蓄和"友好"贷款。甚至在建设铁路时，都没有银行和私家银号的明显参与。英国企业家的主要需求是流动资本，主要由地方银行来满足。在特殊情况下，这些银行也为自己的固定客户提供贷款，用于扩大固定资本。这时，银行开始进行短期贷款，之后从未中断。

工业革命时，期票经纪人也称票据经纪人，是有资金需要的企业家和寻求管理闲置资金的伦敦银行之间的中间人。他们用在银行抵押有价证券所获得的资金为中小企业家和商人贴现期票，承担他们破产的风险。

1826~1833年，随着禁止设立股份银行规定的废除，股份银行粗放发展的阶段开始了。19世纪30年代设立的伦敦和威斯特敏斯特银行（London and Westminster Bank）、国民地方银行（National Provincial Bank）、伦敦股份银行（London Joint Stock Bank）、联合银行（Union Bank）和其他银行，共同构成了英国银行体系的核心。但是，当时建立的许多银行经营时间不长。19世纪40年代初，达到了高峰——大约150家，后来英国股份银行数量开始减少。在资本主义信贷机构集中建立的同时，其功能日益多样化。

首都的银行和地方的银行之间业务范围的划分逐渐失去了原来的意义：伦敦的银行在地方出现了，并设立了自己的分公司，而一些大型地方银行也在寻求在首都"安营扎寨"，与首都的银行建立伙伴关系或者将其吞并。贷款业务继续专业化。

英国股份银行的主要功能是吸收各种形式的存款，其目的是在资产业务上积极使用这些资金，以提供短期贷款。主要管理"他人的"寄存资金的银行，后来被称为储蓄银行。英国储蓄银行的特点是通过专业的银号开展资产业务：期票经纪人和贴现银号从事期票贴现业务，商业银行从事承付信贷和分配外国债券的业务，殖民地银行从事殖民地业务。有意思的是，19世纪60年代前，英国没有专门从事长期投资的信贷制度。

几乎与英国同时，比利时形成了完全不同的银行系统。其银行系统的形成受到国家工业化任务的影响，国家的工业化从重工业开始，需要大量原始资金。况且，仅靠前期获得利润的再投入不能保证比利时工业的高速增长。与英国工业不同，比利时的工业需求不能用提供流动资本的短期贷款来满足。它首先需要固定资本，也就是长期投资。满足这种需求成为比利时银行最重要的功能。

比利时从事银行业的私人银行家和商人过于弱小，以致不能像英国一样，成为建立股份银行的发起人。1822年，第一家股份银行由威廉一世国王倡议建立，当时，比利时还是荷兰王国的成员。新银行的名字已经明确了它的任务：荷兰促进国家工业总公司[①]。银行位于布鲁塞尔。它的创建者中包括布鲁塞尔市市长、1位市参议员、1位银行家，还有60名当地的商人和房产所有人。总公司股票由国王个人担保，年收入不低于5%并由国王拨付。但在认购总数为6万股的股票时，只售出31226股，其中国王本人获得25800股。

当时，银行的股份资本很高——3000万荷兰盾，或者超过6000万法国法郎。此外，银行获得布鲁塞尔附近价值2000万荷兰盾的森林作为私有财产。

荷兰政府创建总公司作为工业信贷机构，同时也赋予了它在比利时境内的发行银行和国库出纳机构的功能，总公司的这种功能一直持续到比利时独立后至1850年设立国民银行前[②]。

19世纪30年代初以前，总公司没有履行自己的使命。它主要从事国家基金和期票贴现业务，似乎已经兼具英国商业银行和期票经纪人的作用。与

[①] 在本书中我们使用外国银行的通用名称。它们或是根据相应外文简写，或是全称的翻译（如××总公司、巴黎贴现办事处，等等）。

[②] 从1830年开始银行称为比利时总公司。

其说它利用了"他人的"资金也就是客户的存款，不如说是利用了"自有的"资金：股份资本及其获得的林地资产。

1830年，反对荷兰统治者的起义席卷整个比利时，很多企业家处于不能按时支付总公司贴现期票的状态。当时，总公司在资产业务上主要利用"自有的"资金，这使它能够不追缴债务，但也承担着不可避免的损失，同时它尝试拯救有发展前途的企业，为它们提供财务援助。结果，银行从为企业提供短期信贷转向为企业注入长期资本，使银行成为事实上的合伙人。同时，银行走上了长期资本投资的道路。

不仅总公司持有其融资企业的股票，很多总公司的分公司和分行也持有这些企业的股票，这些分公司和分行是未来控股公司的雏形。1837年，总公司设立了具有相互工业保险联系的企业家公司，这是投资托拉斯的雏形。

因此，总公司在业务中第一次运用了后来在实业银行得到进一步发展的工业融资方式。从这种意义上说，可以认为总公司是银行的奠基者。1830~1850年，总公司作为实业银行为比利时重工业的腾飞做出了卓越贡献，国家铁路建设计划是重工业腾飞的重要推动力。

同时，总公司的业务出现了储蓄银行的特点。为完成国库出纳部门的功能，它在比利时全境设立了60多家代理处，以便收取税款。同时，这些代理处开始接受居民存款。结果，总公司建立了发达的地方分公司网络，促进了"他人的"资金积累。

因为在总公司的业务中融合了实业银行和储蓄银行的功能，所以，它是银行业的第一家"合营"银行。其他在总公司主导下成立和发展的比利时银行，或多或少地在重复和模仿总公司的模式。

19世纪初，法国商业信贷体系仍处于萌芽状态。1806年，拿破仑在国会上宣布：法国没有了解银行业的人。这类人只能去创造。1800年创建的法兰西银行，在形式上是股份银行，实际上是政府机构。这家银行的主要任务是根据垄断法发行纸币，促进货币流通，它的商业功能有限。

法国革命前出现的私人银号，从事资本主义信贷业务。法国大革命和拿破仑战争没有促进这些银号的发展，它们在波旁王朝复辟时期得到繁荣。19

世纪中叶前,它们在法国信贷系统占据统治地位。

法国银号与英国私人银行有很多共同之处。巴黎金融家在很多方面像伦敦的"商人—银行家",大多数源于外国,主要源于德国和瑞士。况且,他们中一些人与伦敦同事有亲属关系。1814年在巴黎创建银号的詹姆斯·罗斯柴尔德和1804年在伦敦创建银号的内森·罗斯柴尔德是亲兄弟,是法兰克福商人和银行家梅耶·阿姆谢尔·罗斯柴尔德的儿子。

巴黎银号在波旁王朝复辟时期创建了法国的"高特银行家圈子"(Haute Banque),像伦敦的"商人—银行家"一样,主要从事外贸信贷、国际支付以及在法国分配外国债券的业务。

内森·罗斯柴尔德1863年石印本

在其他城市开展业务的法国银号,更像英国的地方银行。它们给当地商人和企业家贷款,为其提供短期贷款和贴现。

但与英国私人银行不同,法国银号已经处于工业化早期阶段,开始在工业化中融资,它们在19世纪30年代末开始的铁路建设中起到了最重要的作用,在19世纪40年代参与工业公司创建。

根据1807年商业法,创建股份银行需要得到国会许可,这在很大程度上宣告了银号在法国的长期霸权。同时,巴黎的"高特银行家圈子"也竭力保护自己的垄断地位。所以,19世纪30年代末在首都和地方出现的贴现银行,是以合营公司的形式创立的,不需要政府特许。

第一家这样的银行是创建于1837年的工商业综合储蓄所(Caisse Générale

俄罗斯帝国商业银行

巴黎私家银号创始人詹姆斯·罗斯柴尔德

工商业综合储蓄所创始人
拉斐特·扎克

du Commere et de l'Industrie），尽管其组织者是巴黎大银行家 Ж. 拉斐特，但也遇到不少困难。在认购股票时其资金还不到之前公布的 1/3，19 世纪 40 年代初人们的不信任情绪才消除。1842～1847 年，巴黎又出现了 5 家这样的银行，地方上则有 20 家。在 19 世纪 40 年代中期，首次出现了创建铁路公司的创业热，贴现银行跳出之前的短期贷款任务框架，将大量资金用于长期投资，这也决定了它们的命运。

1847 年的经济危机及随后爆发的革命几乎将整个法国信贷系统摧毁殆尽。刚刚诞生的贴现银行夭折了，很多银号被迫停止付款。虽然巴黎"高特银行家圈子"作为中流砥柱仍在坚守，但也损失惨重。国家经济生活陷于瘫痪。在这种情况下，临时政府推翻七月王朝夺取政权后，颁布了在所有工商业城市创建商业流动资金信贷国民贴现办事处的法令，它们必须由当地政府和企业家以股份公司的形式创立。巴黎贴现办事处（Comptoir d'Escompte de Paris）的注册股份资本为 2000 万法郎，由国家、城市和私人股东均分。但只认购了 1500 多万法郎的股票。在政府和法兰西银行的帮助下，巴黎贴现办事处才得以开展自己的业务。从1854年开始，国家资本不再参与其业务，但保留了对它的政府监督。

贴现办事处促进了期票流通和经济生活的调整，但是很快就暴露了它的不足。19世纪40年代末至50年代初，法国进入了更紧张的铁路建设时期。1848~1851年，国家资金的2/3都用于铁路建设。私人资金的加入促进了铁路建设的进一步发展。工业也需要私人资金，工业的崛起促进了铁路建设。

1852年秋，动产信贷银行（Société Générale de Crédit Mobilier）在巴黎成立，它的任务是集中必要资金为企业家提供贷款，以便建设铁路和工厂。天才记者和成功商人别列伊尔·埃米里与其兄弟伊萨克是动产信贷银行的创始人。

法国伟大社会主义者圣西门认为，银行的资金是全民族参与社会生产的手段。其追随者也建议建立金融的"奥姆尼乌姆"（омниум）——一种投资基金，用出售股票和债券所获得的资金购买工业公司、交通公司和其他公司的股票。这样，动产信贷银行就通过持有各种纸币使自身免受其中一种纸币贬值所带来的风险。

动产信贷银行执行的并不是传统的银行功能，财政大臣坚持改变创建者提出的名称。新银行的新功能不仅源于别列伊尔兄弟的理论，而且实践表明，很多巴黎"高特银行家圈子"的成员参与了动产信贷银行的创建。他们绝对不是照抄照搬的书呆子，而是在很久之前就开始从事诸如国家基金、股票及股份公司债券等有价证券业务，并在客户之间分配。随着股份机构数量的增加，这个市场变得愈加狭小。况且，分配新发行的股票和债券不再是一个银行力所能及的，这就需要中间人来寻找更广阔的市场并进行沟通协作。只有"高特银行家圈子"最有实力的公司领导人 Д. 罗斯柴尔德喜欢独来独往，企图在自己的领导下，联合巴黎私人银号来达到目的。

动产信贷银行以其业务规模和气魄让现代人震惊。在初期，其建立、改组工业企业或为企业贷款而使用的股份资本就达6000万法郎。1856年，动产信贷银行为16家大型股份公司办理的证券总额超过10亿法郎。

俄罗斯帝国商业银行

别列伊尔·埃米里，与兄弟伊萨克
共同创建巴黎动产信贷银行

动产信贷银行的海外业务也同样出色。在创立第二年，它参与创建了达姆施塔特工商银行；1854年，购买和改造了奥地利的铁路。后来，动产信贷银行为意大利、瑞士、西班牙和比利时的铁路和商业公司融资。它是俄罗斯铁路总公司的创始人之一。1855年，动产信贷银行开始在欧洲国家建设分行网络。

动产信贷银行首先促进了国民经济中资金投入量最大的部门——铁路部门的建设，铁路建设进程决定了工业化的进度。动产信贷银行对银行业的发展也有重大影响，是实业银行的实例。它们为铁路和工业公司融资的方法及整套体系，首先被法国竞争对手所运用。其他欧洲国家也有很多动产信贷银行的模仿者，这些国家的当地资本按照它的模式和方法创建实业银行。

动产信贷银行成立之初就存在困难并与日俱增，到19世纪60年代中期达到了可怕的程度。根据动产信贷银行的章程，应通过发行债券扩大资产的固定资本（总额大约7.2亿法郎，当时股份资本为6000万法郎），但因诸多原因没能完成。由于股份资本耗尽，银行管理者开始使用客户活期账户的资金，这些客户大多数是通过动产信贷银行融资的企业。这些资金在终端账户中的滞留造成了1867年的危机。

动产信贷银行的破产是整体环境导致的结果：1866~1867年货币危机、19世纪50年代末60年代初银行间的激烈竞争，等等。动产信贷银行的创始人通过大量发行债券吸引居民存款的希望早早地破灭了。动产信贷银行和巴黎贴现办事处的经验指出了一条更现实的途径。尽管两家银行不是专门吸收存款的机构,但在它们客户的账户里积累了数额巨大的暂时闲置货币资本(现金储备等)。随着存款的增加,借贷资本的供应量也在增加,这种资本的来源是银行管理的定期存款或活期存款。

客观实际促使法国出现了合营银行,它们效仿动产信贷银行的资产业务,开始将吸收存款作为增加负债最重要的方法。

第一家这样的银行是工商业信贷总公司,1859 年在巴黎成立,创始人是与英国和德国银行家结盟的法国铁路和工业公司。为能像动产信贷银行和罗斯柴尔德集团一样发挥"第三力量"的作用,它在 1856 年尝试建立自己的银行——国际贸易信贷公司,但国会拒绝了它的申请。3 年后,他们更改了银行名称,掩饰了其创始人的跨国属性。工商业信贷总公司兼有储蓄银行和创建企业、为企业融资的功能。

第二家这样的银行是"里昂信贷",在资产业务性质上是实业银行,在负债构成上是储蓄银行,建于 1863 年,由里昂企业家和巴黎及日内瓦铁路商人、银行家共同出资。

最后,是 1864 年春成立的法国工商业发展促进总公司,与法国合营银行相似。它的创始人包括很多财团,其中起主要作用的是法国企业家和银行家集团,他们控制着国家最大的铁路巴黎—里昂—地中海铁路。该集团的同盟是英国和荷兰的银号,还有巴黎贴现办事处。1863 年春在英国成立的信贷和金融总公司也是联合创建的,其领导者

里昂信贷创始人及第一任董事会主席
安里·热尔曼

是英国集团。法国工商业发展促进总公司的创始人在公司注册 3 天后就签署了章程草案,但是直到 1864 年 5 月 4 日拿破仑三世法令批准后,章程草案

011

才生效。

大多数总公司的创始人与 Д. 罗斯柴尔德交往甚密，在某种程度上参与了其领导的反对动产信贷银行的斗争。尽管罗斯柴尔德没参与创建总公司，但这家银行是作为动产信贷银行的竞争者创建的。事实上，法国工商业发展促进总公司的创始人是在追求创建第二家动产信贷银行，但它更强大并且更完善，为此，他们借鉴了比利时总公司的经验。两家银行名字的相似并非偶然。创建者也声明，其目的在于能够"在法国实现比利时总公司在比利时40年间的辉煌业绩"[①]。法国工商业发展促进总公司创始人从同名的比利时银行借鉴的重要经验是组建省级分行网络。这就是为什么从一开始新巴黎银行就在主要的金融和工商业城市创建分行。

19世纪60年代中期出现了"四大银行"，它们是巴黎贴现办事处、工商业信贷总公司、"里昂信贷"和法国工商业发展促进总公司，是法国商业信贷系统的核心。但是一些大型巴黎私人银号在这个系统中也发挥重要作用，特别是在外国债券业务方面。

19世纪70年代初，法国银行系统进入了新的发展阶段，这一阶段的特点是大银行由合营银行同时变为储蓄和实业银行。

德国曾经是整个欧洲银行家的诞生地，在18世纪时就形成了很多著名的银行王朝。与法国不同，在法国很多大型私人银号都位于首都，在德国由于政治和经济具有分散性，银行业分布于很多区域经济中心，这也勾勒了它们利益的地理分界线。

像法国银行一样，德国私人银行诞生于贸易并与贸易紧密相连，是国家工业化的重要因素。19世纪30年代末，在私人银行的倡议下建立了第一批铁路公司。19世纪40年代，银行积极参加德国重工业建设，为建设煤井、矿井和钢铁公司融资。1848年初，由于工业业务扩大，私人银号 A. 沙夫豪森被迫停止在科隆支付，这促使了德国第一家股份银行的出现。当时，由于

[①] Société Générale pour favoriser le développement du commerce et de l'industrie en Franct. 1864 – 1964. p. 44.

私人银号 A. 沙夫豪森参与了很多莱茵州的企业，普鲁士商业大臣达维德·康杰曼担心它的破产将导致毁灭性的后果，于是他说服政府将银行改组成股份银行，银行股票被派发给债权人作为补偿。国家必须为银行支付股息进行担保。商业大臣有权委派银行的一名董事。

20 多年来，沙夫豪森银行联盟是普鲁士唯一的股份商业银行。19 世纪 70 年代初以前，所有试图得到普鲁士政府批准建立相似银行的尝试都没有成功。同时，信贷机构特别是银号为工业融资的经验表明，银号间的合作有利于动员资本、分担为工业企业提供贷款时的风险及开展发行业务。普鲁士的银行家采用了其他不需政府许可的商业团体形式并在普鲁士以外的地区创建了股份银行。1851 年，达维德·康杰曼在柏林创建了贴现公司（Disconto—Gesellschaft），它最初是以合作信贷联盟的形式创立的，5 年之后改组成合营公司，这使其能吸收追加资本。1856 年创建的柏林贸易公司也采用合营公司的形式。

达姆施塔特工商银行的创建者是科隆的银行家，与动产信贷银行的创始人是盟友，表现却与之大相径庭：因为不相信能在普鲁士境内建立股份银行，所以他们经黑森-达姆施塔特大公的同意，于 1853 年在达姆施塔特成立了一家类似的银行。

贴现公司和达姆施塔特银行都是在法国第一批银行的影响和参与下建立的。贴现公司的模板是巴黎贴现办事处，达姆施塔特工商银行和柏林贸易公司的模板是动产信贷银行。后来它们之间的差别消失了。德国银行的发展方向是成为综合信贷机构，从事吸收闲置资金、提供短期信贷、开展发行业务和分配公债业务等。

19 世纪 50~60 年代，德国共有 30 家左右的银行以股份公司或合营公司的形式开展业务。但只有达姆施塔特银行和贴现公司具有区域性，类似于当地私人银号的财团组织。在法国，铁路和工业公司在银行的创立中发挥了重要作用，德国的银行则主要出身于私人银号，这些银行的业务具有资金量大、风险高的特点。

19 世纪 70 年代前，德国商业信贷系统的领导者是私人银行和私家银号。在 1870~1872 年创业热潮后，就出现了 100 多家银行，其中有像德意志银行和德累斯顿银行这样的巨头，形势变化了，至少还需 10 年才能确定德国银行体系的基本轮廓。

这样，西欧国家形成了符合工业社会工业革命需求的银行系统，19 世纪 60 年代初，工业社会仍处于初级阶段。

英国本土及来自海外的资本超过了国内投资需求，股份储蓄银行首先在银行系统中出现并占据中心位置。英国银行在资产业务实践中投入大量资金发展短期信贷。但是，由于英国不需要银行为工业和铁路建设融资，因此银号不研究长期投资的技术，也不研究长期投资的制度。19 世纪 60 年代，英国才出现了专业的投资银行。

欧洲大陆的国家不像英国那样有丰富的资本。况且，这些国家首先需要长期投资。这是实业银行产生的条件和储蓄功能让位于长期投资的基础。这些国家的实业银行快速成为合营或综合银行。当然，不同国家的实际情况各有不同[①]。

第二节　俄国改革前的银行

19 世纪中叶前夕，资产阶级革命浪潮冲击了俄罗斯帝国以西大部分欧洲国家的封建秩序，只有俄国依然是欧洲强国封建关系和自然经济的坚固堡垒。但是，农奴制度内部也隐蔽着不可逆转的资本主义潮流。

16 世纪至 19 世纪上半叶，贸易的发展是这种潮流的最显著现象，贸易

---

① 本部分使用《银行百科辞典》。Т. 1：Коммерческий банк. Киев，1914；Landes D. S. Vieille banquet et banquet nouvelle：la revolution financiere du dix-neuvieme siècle// Revue d'histore moderne et contemporaine. 1956. T. Ⅲ，juillet-sept，pp. 204 – 222；Cameron R．(ed) Banking in the Early Stages of Industrialisation. N. Y. … 1967；Gille B. La banquet en France au ⅩⅨ-e siècle. Jeneve，1970；Cameron R．(ed) Banking and Economic Development. N. Y.，1972；La Societe Generale de Belgique. 1822 – 1972. Bruxelles，1972；Bouvier J. Un siècle de banquet francaise，1973；Born K. E. Geld und Banren im 19. und 20. Jahrhunder. Stuttgart，1977；Chaman S. The Rise of Merchant Banking. L．，1984；Cameron R．，Bovykin V. I.（eds）. International Banking. 1870 – 1914. N. Y.，Oxford，1991；Van der Wee H.（ed）. La Banque en Occident. Anvers，1991。

第一章 银行业的出现和初步发展

的发展得益于商品生产的增长、社会劳动分工的细化和市场关系在经济生活中的增强。

在拥有广袤土地的俄国只存在一种货币制度，兑换业没有得到充分发展，也不像在独立王国林立的西欧那样，在银行业形成中发挥重要作用。西欧的汇兑业务和信贷业务使货币兑换商成为银行家，在俄国，这个过程则由商人在互惠贸易中亲自完成。银行业在 19 世纪 30～50 年代才从贸易中产生，开始与贸易分离。

国家信贷机构：诞生和倒闭

从彼得一世开始，罗斯就有使用欧洲最先进成果的传统，这些成果改变了国家面貌。1733 年，首次尝试在俄国建立国家信贷机构，当时安娜·伊凡诺芙娜女皇授权铸币办事处发放金、银抵押贷款。

1754 年，伊丽莎白·彼得罗夫娜颁布了同时建立两家国有银行的命令：贵族银行（圣彼得堡和莫斯科分别有办事处）和圣彼得堡港口商业振兴银行。同时，政府信贷政策出现了两种倾向：支持贵族高层和奖励主要从事外贸的显赫商人。历史证明，第一种倾向是主要的。

贵族银行为贵族发放以金、银、钻石、珍珠及人口密集庄园作为抵押的货币贷款。最后一种形式的抵押最为普遍。初期，贷款不超过 3 年。但贵族极不愿偿还债务，政府被迫多次延长还款期限。1761 年，还款期限延长至 8 年。结果，官方提供给银行的启动资金

伊凡诺芙娜女皇（1693～1740）

很快枯竭。银行章程没有规定存款职能，1770年政府才授权其接受私人存款。18世纪末以前，存款额增长十分缓慢，所以政府只能定期从国库中为贵族银行补充资本，也就是由纳税人埋单。因此，银行的活动事实上是用国家收入为统治阶级谋利。国家为贵族银行注入的大量资金用于向地主发放贷款，而大部分贷款都被挥霍了。圣彼得堡和莫斯科国有儿童收养所，还有将信贷业务和慈善活动结合的地方社会救济机构，也为地主发放贷款。

在1786年叶卡捷琳娜二世时，贵族银行被改组成国家贷款银行，继承了前者的主要功能，获得了追加资本。但资本仍显不足，并且，新银行的贷款还款期限延长到了20年。贷款银行将吸收存款作为寻找资源的方向，为此，将存款年收入提升到5%。当时，国家资本积累明显活跃起来，国有银行存款的增长也印证了这一点。此时，曾依靠国库资金生存的贷款银行成为国家的债权人，它在1812年卫国战争期间和卫国战争后弥补政府开支方面的作用日益提升。19世纪20年代初，贷款银行为国家提供的贷款超过贷款总额的3/5。19世纪中叶前，国家"借用"的资金超过贷款银行资产的4/5，超过国家债务的35%。因此，贷款银行成为一种积累富人财富以弥补国家预算长期赤字的工具。

圣彼得堡港口商业振兴银行，目的是为经圣彼得堡港口进行贸易的商人提供贷款，当时，经圣彼得堡港口的贸易约占全国贸易总量的1/2。但是，银行没有从国家获得约定的50万卢布的资金，而仅获得20万卢布，因此信贷能力十分有限。但是，根据"旨意"，还要从有限的资金中抽调一部分为朝廷显贵服务。从1770年开始，因资金不足，银行实际上停止了活动。1782年正式停办。

伊丽莎白·彼得罗夫娜在位期间，为促进铜币流通，于1758年成立铜币银行（俄国国内铜币流通银行办事处），也为朝廷显贵及特权工厂主和商人提供贷款。该行用铜币发放贷款，以75%的银进行偿还。但5年后，叶卡捷琳娜了解铜币银行的业务后认为：银行几乎将300万卢布的资金全贷给了工厂主，他们增加了农民的工作量，胡乱地发放工资，或者根本不发，在

第一章　银行业的出现和初步发展

国家贷款银行

首都将从国家获得的资金挥霍殆尽①。这注定了银行的倒闭。铜币银行在圣彼得堡和莫斯科设立了"城市期票银行办事处",从事汇兑业务。但是,它们没有完成这种功能。

1769年,在圣彼得堡和莫斯科成立了"国家纸币交换银行"——俄国首批发行银行,它们发行叶卡捷琳娜二世的纸币——钞票。1786年,政府将它们改造成唯一的国家纸币银行。后来,纸币银行建立了贴现办事处,目的是"救助在一定时期内有资金需求的俄国商人、工厂主"②。它不仅发放贷款,也进行期票贴现。

1806年,贴现办事处在莫斯科、阿尔汗格尔斯克、敖德萨、塔甘罗格和菲奥多西亚成立。1817年5月7日,沙皇发布诏书,取消贴现办事处,"在建立之初就已察觉,其资本微弱并有诸多不便,不可能为贸易带来可观的益处",同时决定在圣彼得堡建立商业银行③。除了发放贷款

---

① Русский архив. СПб., 1865. С. 477.
② Полное собрание законов, 1, т. XXIX, № 18275.
③ Полное собрание законов, 1, т. XXXIV, № 26837.

017

俄罗斯帝国商业银行

伊丽莎白女皇（1709~1761）

和进行期票贴现，它还得到吸收存款的许可。存款规模迅速扩大，19世纪50年代中期时，接近2.5亿卢布。受制于严格的官僚主义规章制度，商业银行不能自主使用庞大的资金开展资产业务，而是将大部分资金用于"增加利息"，结果走上了为地主和国家提供信贷的道路①。

19世纪60~80年代是俄国由农奴制度向资本主义市场制度转变的转折时期。商业贷款系统的诞生是这时期国家经济生活和社会制度发生根本变化的现象之一。1859~1860年银行改革是这种革新的开端。银行改革消除了形成于18世纪下半叶至19世纪初对地主经济和农奴国家资本积累有促进作用的国有银行系统。唯一的国家银行取代了以前的国有银行，成为俄国经济社会体制改革最重要的工具。银行章程规定，其目的是"促进贸易周转和巩固货币信贷系统"②。

克里木战争要求必须加快武器和军事装备生产，这迫使沙皇政府迅速进行银行改革。俄国著名经济学家和国家活动家 В. П. 别卓普拉佐夫在战争期间写道："1855 和 1856 年是俄国这种运动的最高峰……工厂

---

① 关于改革前国有银行更详细的信息请参见 Боровой С. Я. Кредит и банки в России. М.，1958；Гиндин И. Ф. О кредите и банках докапиталистической России// Вопросы истории. 1961. № 7.

② Государственный банк. Краткий очерк деятельности за 1860–1910 годы. СП.，1910. С. 1.

主和商人到处都在向我们讲述这段时期：'当时我们发财了。'"① 政府发行货币的命令，不仅使企业家和商人，而且使所有参与订购、分配和购买商品的人空前富裕，别卓普拉佐夫认为，官员、军需官是"一些与资本生产需求无关的人"。并且，随着战争结束，生产需求会减弱。

国有银行依靠向地主发放用人口稠密的土地做抵押的利率为5%的贷款来为储户支付4%的利息。19世纪50年代前夕，大部分土地已被抵押，贷款业务开始萎缩。结果，存款增长超过贷款增长的部分越来越大。1855年初，存款超过贷款2000万卢布，1857年1月，达到了1.04亿卢布，5个月后达到1.45亿卢布。国有银行出现了不能为储户支付约

叶卡捷琳娜二世女皇（1729~1796）

定利息的危机。为使存款停止增长，时任财政大臣 П. Ф. 普罗克建议降低利率到3%。在国务会议讨论时，大部分官员拒绝这个方案，因为他们害怕存款从国有银行中流失。但亚历山大二世赞同大臣的建议，并从1857年8月1日起执行。

现代人认为，这个决定和俄国铁路总公司及俄国轮船和贸易公司的创始人对沙皇的影响有关。这两家股份公司成立于1856~1857年，享受政府的

---

① Безобразов В. П. О некоторых явлениях денежного обращения в России в связи с промышленностью, торговлей и кредитом. М., 1863. С. 20 – 21.

019

沙皇亚历山大一世（1777～1825）

特惠政策，成立之初计划在国外发行大部分股票，但由于西方货币市场行情变差，股票只能在俄国发行。这两家公司为实现该方案创造有利条件，吸引很多有影响力的高官成为股东，甚至亚历山大二世也持有1200股总公司的股票。正如1862年领导财政部的 M. X. 赖腾回忆的那样："降低银行利率好像向所有存款者暗示，政府希望私人资本集中到这些公司。"①

但是，国有银行拒绝的资本，不仅参与了俄国铁路总公司和俄国轮船和贸易公司，而且按照其模式创立了很多股份公司，很快形成了创业热潮。1857～1858年，俄国创立了更多股份公司，比当时整个国家已有的还要多。新公司的资本是老公司的5倍。整个国家散发着股份经营的气息。《工业通报》杂志描述1857～1858年俄国工商业生活特点时写道："新公司还没组建，看吧，它所有股票在正式发售日前就已售罄并马上开始转手，并有附加费。在圣彼得堡，想购买在莫斯科成立的火灾保险公司股票的人们，在正式发售日前夕就聚集到办事处门口，焦急地等待一整夜，但在开门时只有少数人能够得到想要的证券。"②

但是，在因克里木战争而货币流通不正常的情况下开始的股份机构增

---

① Рейтерн М. Х. Биографический очерк. СПб.，1910. С. 73.
② См.：Левин И. И. Акционерные коммерческие банки России. Пг.，1917. С. 117.

长，注定是短暂的。В. П. 别卓普拉佐夫证实："1858年国内生产和贸易开始出现滞后，1859年，这种滞后在俄国国内变成不可避免的危机。"①

发行没有保障的钞票来弥补克里木战争期间和战后长期的预算赤字的做法，加重了通货膨胀。1857年，西欧国家开始的经济危机加剧了形势的复杂性。1860年，收支一览表草案递呈财政部委员会，财政大臣 А. М. 科尼亚热维奇如此评价俄国的经济形势："金属货币甚至铜币普遍不足、私人和国家贷款萎缩、贸易萧条及货币贬值，对国家工商业产生了恶劣影响，而不断重复出现的赤字给国家经济带来了毁灭性影响。"②

亚历山大·马克西莫维奇·科尼亚热维奇

因此，1857年国有银行存款开始流失，并达到了警戒线：现金不可避免地减少。政府限制从国有信贷机构中发放贷款并尝试组建新股份公司，但存款外流仍在蔓延，国有银行的现金储备遭到了破坏。为补充资本，1859年3月政府只好使用国外债券，获得大约3000万卢布，并发行3360万卢布的货币。同时，政府尝试发行利率为4%的债券以延期支付国有银行中的存款，但是，几乎没人认购债券。1858年，储户提取了2.99亿卢布，存款外流仍在继续。当时，政府决定清理旧的国有银行。为与储户清算，发行利率为5%的银行券以换取存款证明。为督促储户完成交换，将存款利率降低到

---

① Безобразов В. П. Указанное сочинение. О некоторых явлениях денежного обращения в России в связи с промышленностью, торговлей и кредитом. С. 23 – 24.

② Гурьев А. Денежное обращение в России в XIX столетии. СПб., 1903. С. 167.

2%。总计发行银行券 2.775 亿卢布,但很多储户更倾向于提取自己的资金。仅在 1859 年提取的资金就超过 3.55 亿卢布,其余存款转至 1860 年 5 月 31 日成立的国家银行①。

实际上,旧的国有信贷机构的破产清算和负责农民改革结算的统一国家银行的建立(分行遍布整个俄罗斯帝国),为进行农民改革创造了条件。新银行的重要任务是在国家转向市场经济的过程中促进信贷系统的建立。

创建股份银行的初步方案

俄国改革后的财政部领导人在很大程度上决定了俄国商业银行的命运,他们很了解西欧银行业的现状。1862 年任财政大臣的 M. X. 赖腾,19 世纪 50 年代后半期在西欧和美国度过了 3 年,学习那里的金融制度。出于同样目的出国的还有国家银行的未来管理者 Е. И. 拉曼斯基。19 世纪 50 年代末至 60 年代初,俄国大型期刊对国外银行的活动也有很多报道。

当时,经济政策研究者在制定改革方案时,将目标定为使俄国步入西方的市场经济体系,赋予了银行和信贷特别意义。拉曼斯基写道:"在现代民族生活中,信贷是工业活动和工业基础的主要推动力,同时,工业基础决定民族精神生活和政治影响力。"② 当时,另一位有影响力的经济学家 В. П. 别卓普拉佐夫根据西欧国民经济发展经验得出结论:"没有信贷及其新武器——银行,工商业是难以想象的,而没有工商业,教育是不可想象的,文明更是不可想象的。"③

所以,动产信贷银行的活动引起俄国改革家的兴趣也就不足为怪了。俄国改革家将动产信贷银行视为促进俄国工商业快速发展的银行模板。正如 20 世纪俄国最出色的企业家之一科科列夫所指出的,当时"大部分人是善

---

① См.: Мигулин П. П. Наша банковкая политика(1729 – 1903). Харьков, 1904. С. 56 – 83; Шепелев Л. Е. Акционерные компании в России. Л., 1973. С. 69 – 78.
② Воспоминания Е. И. Ламанского// Русская старина. Т. 162. 1915. Апрель-июнь. С. 347.
③ Безобразов В. П. Указанное сочинение. О некоторых явлениях денежного обращения в России в связи с промышленностью, торговлей и кредитом. С. 96.

良的、诚实的,但不理解俄国生活的需求和需要"。可见,这些观点是基于"一些外国著作的研究"得出的结论①。

圣彼得堡首批银行的创始人是谁?虽然我们熟知他们的名字,但是回答这个问题并不容易。19世纪下半叶,俄国实业界的代表很低调。各种手册和百科全书的编者也没有关注到他们。与19世纪60~70年代形成稳固工商业王朝的莫斯科不同,同时代圣彼得堡的企业精英是极其复杂和不稳定的。关于圣彼得堡社会精英的史料很少并且零散。在研究俄国银行系统的历史时,更多的是关注政府的作用,较少注意银行创始人的动机和活动。

正如西欧国家所表现的那样,国家权力在银行系统形成过程中有重要影响,延缓(如在英国和德国)或者加快了股份银行的出现(如在比利时和法国)。但是股份银行发展的主要动力终究还是私人资本。在英国和德国,股份银行主要由私家银号创建。在法国,铁路和工业公司在股份银行的创建中发挥了积极作用。在各地甚至包括在英国,不仅当地资本家参与创建股份银行,还有外国私人银行或银号。当然,在欧洲外围国家——西班牙、意大利和奥匈帝国,首批股份银行是国外银行设立的分行。

最初研究俄国银行历史的研究者 И. И. 勒温注意到,私家银号在创建银行时特别积极,他写道:"在创始人名单中到处都有彼得格勒的私家银号……华沙银行家列奥波里德·克罗涅别尔戈、尤里·维尔特戈伊姆和 С. А. 弗列科里,里加的银行家海曼和威美尔曼。"此外,勒温认为:"现金在私家银号较少的省份中具有重要意义,人们习惯私家银号的业务,同时提供一部分闲置资金,可以说,私家银号已经具备从事银行业的条件。"②

正如前文指出的,西方银行业源于贸易并和贸易保持联系。在俄国,这种联系更加紧密。19世纪90年代初之前,俄国法律没有对银行机构和贸易企业进行区分。银行家属于商人并购买商人等级证明书。所以,银行家在商行招牌下进行活动,甚至从事银行业。通常情况下,商行融合了商业和银行

---

① Кокорев В. А. Экономические провалы. СПб., 1887. С. 30.
② Левин И. И. Указанное сочинение . Акционерные коммерческие банки России. С. 183.

俄罗斯帝国商业银行

业务。

　　国家最大的商业中心——圣彼得堡、莫斯科和华沙是比股份银行还要早的银号的发源地,当然还有出口粮食、木材的敖德萨、塔甘罗格、里加、阿尔汗格尔斯克等港口。1803 年,德国人路德维希·施吉格里茨创立的商行在圣彼得堡占有特别地位。在贸易中积累财富后,他开始从事银行业,19 世纪 20 年代前夕,其成为主要的宫廷银行家和圣彼得堡市场公认的领导者。1843 年,施吉格里茨死后公司由儿子亚历山大领导。公司的主要银行业务是根据政府授权在俄国国内外发行公债。同时,在 19 世纪 30 年代时,路德维希·施吉格里茨就为圣彼得堡的企业家提供巨额贷款。他的儿子也广泛参与企业活动,1847 年在纳尔瓦创建了制呢厂,1851 年创建麻纺厂。1857 年,开始用个人资金建设圣彼得堡到彼得戈夫的铁路并且成为俄国铁路总公司的创始人。

　　施吉格里茨竭力维护自己的垄断地位,全力阻止竞争对手的出现。当然,19 世纪上半叶圣彼得堡也存在其他银号,但主要从事施吉格里茨公司不从事的业务,它们大多数是外国银行或者私家银号代表处,但也有一些独立银行,如"Г. 沃尔科夫父子"、"С. 雅科比 и К°"及"А. 扎吉米洛夫斯基父子"等。

　　俄国最大的工商业中心莫斯科集中了农奴制时期积聚的大量资本,商人和工厂主的贷款需求通常通过其相互商业关系就能得到满足。只有外国人建立的公司在这里进行独立的银行业务,但即使是其中最大的公司——"И. В. 尤科尔 и К°"商行,在 19 世纪 50 年代前与贸易相

施吉格里茨·亚历山大·柳德维果维奇男爵

比，其银行业务也是次要的。

19世纪中叶前，波兰和波罗的海的银行业更加成熟。И.И.勒温指出："与俄国相比，波罗的海地区和波兰与西方联系更紧密、更了解银行，是俄国与西方的桥梁、中转站。德国银行家和波兰银行家在创建俄国银行系统中起到了不可忽视的作用。"①

敖德萨的"Ф.罗多科纳吉 и К°"、"费多尔·拉法洛维奇 и К°"、"拉法洛维奇兄弟"、"耶夫卢斯 и К°"、"Э.马斯 и К°"、"Ф.马夫洛克尔达托 и К°"和"斯卡拉曼卡 и К°"等公司，在创建圣彼得堡第一批股份银行时起到了积极作用。外国商人或当地希腊人和犹太人建立的公司，从事出口粮食业务并开展与之相关的银行业务。几乎所有公司在圣彼得堡都有代表处，甚至是分行。阿尔汗格尔斯克的公司也开展同样的业务，其中最大的一家公司是"Э.Г.勃兰特 и К°"商行，它在圣彼得堡也有分公司。

别尔季切夫市是改革前独一无二的银行中心，培育了很多独具一格的俄国银行家。在为基辅招标会（买卖契约签订会）服务时，别尔季切夫银行家为汇往圣彼得堡、莫斯科、敖德萨和其他城市的期票贴现。别尔季切夫银行业从业的人均数量可以和伦敦、巴黎相媲美。

如前文所述，19世纪50年代末60年代初是俄国资本主义信贷体系建立的转折时期。1855~1858年工商企业包括股份企业的快速增长和刚刚开始的私人铁路建设，催生了对资本的巨大需求。同时，改革前国有银行体系的破产造成存款大量外流。需要经纪人来确定资本需求和资本供应的相互关系，但大部分原有的圣彼得堡银号不能完成这一使命。А.Л.施吉格里茨创建的俄国铁路总公司非常失败，这动摇了其私家银号的地位。在收到政府管理国家银行的邀请后，他清算了自己的企业。此时，圣彼得堡开始创建更符合时代要求的新银号。1859年初，政府批准一等犹太商人在包括首都的国内各省从事商业，这促进了新银号数量的增加。结果，从事银行业的犹太企业家开始从西部和南部省份移居至圣彼得堡。若干年后，一位当时的移居者

---

① Левин И.И. Указанное сочинение. Акционерные коммерческие банки России. С.27.

指出："当时的圣彼得堡是怎样的？简直是一片荒漠！现在俨然成了别尔季切夫了！"①

当时，一些圣彼得堡的大型私家银号创始人是维杰布斯克拉比和靠酒类包销权致富的商人儿子 Е. Г. 金茨布尔格，英国臣民、"С. 雅科比 и К°"公司主管 Э. 迈尔和莫基列夫，以及 19 世纪 50 年代末圣彼得堡市场繁荣时期的大财阀 Л. М. 罗森塔尔。

俄国私家银号与伦敦的"商人—银行家"和巴黎的"高特银行家圈子"有诸多相似之处。它们的共同特点是以亲属关系为纽带的紧密的国际联系，这种特性也体现在其创建的圣彼得堡股份银行。

股份银行出现的同时，俄国的私家银号继续发挥作用。它们在刚刚确立的俄国银行系统中占有一席之地，是股份银行的桥梁。

19 世纪 60~70 年代，由于银行功能的扩展和复杂化，兼具银行和贸易功能的公司开始变为"纯粹的"私家银号。同时，一些大型商业公司尝试为自己成立一家甚至几家私人银行，为其商务活动服务。这就是为什么大部分在 18 世纪末 19 世纪初出现的大型商业公司和银号一样，在俄国股份银行创建中占据重要地位。

俄国刚刚出现的铁路商人在创建第一批股份银行时发挥了重大作用，他们来自不同的社会等级，能力出众、业务娴熟并洞察世事。

最终，外国银行和私家银号也成为俄国银行的创建者。需要注意，正是它们提出了俄国创建股份银行的第一个方案。1858 年上半年，德国最大银行达姆施塔特银行的创始人和管理者莫里兹·冯·哈柏和贴现公司的达维德·康杰曼携方案拜访了沙皇政府。他们建议在圣彼得堡建立银行贸易总公司，它的股份资本达到空前的 5000 万银卢布，拥有发达的分行网络（在莫斯科、敖德萨、塔甘罗格、华沙、里加，以及在所有国内大型码头和市场均有分行），制定了极其详细的经营方案。除银行业务外，它还从事贸易和运输，购

---

① См.：Ананьич Б. В. Банкирские дома в России. 1860－1914 гг. Очерки истории частного предпринимательства. Л.，1991. С. 105.

买矿井、工厂等不动产。英国《金融时报》在讥讽银行贸易总公司创始人"文雅的外表"时写道:"无所谓,好像一家英国银行或某个股份公司能拥有进行整个伦敦贸易的权力,并成为唯一开展军队、舰队业务及伦敦所有其他业务的银行家。"①

尽管创始人被公开批评涉嫌垄断,但其请求依然得到财政部的支持。1859年7月19日,沙皇批准了银行贸易总公司章程。但俄国经济行情骤然变坏,迫使公司创始人的愿望落空了。

4年后,有人提出了建立另一家股份银行的请求。1862年,圣彼得堡私家银号的领导人列昂·罗森塔尔将这份请求提交到了财政部。他建议建立一家资本为500万银卢布的银行,开展以下业务:贴现,办理不动产抵押贷款,汇款,买卖俄国基金和股票,为工业企业和铁路发放债券。银行在5年内在帝国所有省份设立分行。他要求得到银行在国家银行贴现2倍于上述固定资产金额的权利。同时,对财政大臣的稽查员进入银行董事会进行审查。但是,财政部对该方案非常谨慎。在国家银行重新典押贵重物品的权利引起了高度怀疑。财政大臣赖腾认为:这意味着国家银行将资金和全部利润给了竞争者,而其将全部风险留给了国家银行②。

1863年初,英国企业家提出建立英国—俄国银行的建议得到了赖腾的特别赞许,该行在英国建立并筹集资金,在俄国开展业务。他认为该方案的吸引力在于银行的运行并不需要本国资本。他认为:"在工业、农业所有领域都在抱怨缺少流动资金和贷款时,后一种情况尤其值得特别注意。很显然,从资金丰富国家引入资本可以作为我们尽快解决资金短缺问题的手段,而最好的方式就是建立外资银行。"③

尽管大臣委员会和国务会议反对英国人的方案,但赖腾得到了最高层的支持,批准建立英国—俄国银行。资料表明,一些权威的银行反对该方案。

这个方案是1863~1864年一系列递交俄国财政部海外方案的开端。勒

---

① Левин И. И. Указанное сочинение. Акционерные коммерческие банки России. С. 136.
② Левин И. И. Указанное сочинение. Акционерные коммерческие банки России. С. 145.
③ Левин И. И. Указанное сочинение. Акционерные коммерческие банки России. С. 148.

俄罗斯帝国商业银行

米哈伊尔·赫里斯托弗罗维奇·赖腾

温描述这种现象时写道："欧洲各国人，著名的、无名的、有关系的、没关系的，都向赖腾提出造福俄国的方案。他们来到圣彼得堡，与有影响力的、潜在的联合创始人建立联系，得到各种'租让合同'，并为履行合同在国外建立金融机构。"①外国创始人提出在俄国组建工业信贷银行方案时，通常要求得到土地所有权相关业务的权利。但是经过多次讨论后，1864年7月举行的国务会议认为，一个信贷机构不能同时开展工业贷款和土地贷款业务。

外国提案者对银行租让合同的热情激发了本国资本家的兴趣。赖腾希望知名的国外信贷机构参与创建俄国银行，但终究事与愿违。最后，1864年初，В. А. 科科列夫向赖腾建议组建俄国商人的银行，赖腾支持这个提案。但科科列夫提出的未来银行章程方案，因其独创性使受西欧影响的财政部官员感到困惑。当时，外国人和科科列夫在俄国建立股份银行的方案吸引了参加审议的机构和个人的注意，1864年7月28日，经过所有规定部门，圣彼得堡私人商业银行章程最终"被最高层批准"。

---

① Левин И. И. Указанное сочинение. Акционерные коммерческие банки России. С. 155.

Император Александр II

沙皇亚历山大二世

第二章
俄罗斯帝国信贷的确立

俄国工业产品总量在亚历山大二世实施改革走上经济现代化之路到俄国革命前的 50 年内，跃居世界第五位。俄国的工业潜力在两次工业上升时期（19 世纪末和第一次世界大战前）提升了两倍多。快速的铁路建设不仅使总里程超过 7 万公里，还使形成统一经济体系成为可能[①]。

20 世纪初，财政部领导人取得了惊人成绩，他们使俄国预算开始变为无赤字预算。从 1900 年到 1913 年，俄国国家总预算增加了近一倍：收入从 18 亿卢布增加到 35 亿卢布，支出从 19 亿卢布增加到 34 亿卢布。

第一节 信贷系统组建原则

1860 年成立的国家银行是俄国金融体系的核心。财政大臣直接领导后，国家银行融合了发行和商业功能。1895～1897 年货币改革后，俄国卢布成为"金卢布"（纸币自由兑换成流通的金币），国家银行有发行帝国货币（"纸币"）的权利。纸币由国家银行圣彼得堡总部大楼中的大量黄金储备担保。现代人测算，20 世纪初，运送国家黄金储备需要两列各有 50 节车厢的专用列车。

---

① 此处及后面的数字引自 Министерство финансов. Ежегодник. Вып. 1913 – 1914 гг. СПб. – Пг.，1914 – 1915.

得益于以俄国"黄金标准"的首创者 C. Ю. 维特及其继承者 B. H. 科科夫佐夫为首的财政大臣制定的政策,俄国在一战前成为拥有黄金储备最多的世界大国,金额超过 15 亿卢布,这是货币流通可靠的"稳定基金",卢布也成为世界"硬通货"之一。1897 年到一战前面值一卢布的银币能换 0.5 美国美元或 2.16 德国马克。

同时,国家银行是政府经济政策的强大推动力。1914 年,国家银行有 136 家分行,通过发达的分行网络开展各项业务(比如,国家主要的资金来源——粮食贸易),为独立的企业和整个行业融资。俄国的中央银行通过同业往来账户扶持自己的同行,使其更加具备典型欧洲"银行的银行"的特点。俄国的中央银行还控制网络密布的国家储蓄所。1913 年,国家储蓄所的数量超过 8000 家,有居民现金存款 16 亿卢布。储蓄所的资金首先用于国家贷款,客户通过贷款购买国内公债券。

俄国国家银行金库

俄国的国家银行与欧洲主要国家的中央银行不同,它不是独立的机构。1894 年章程规定,财政大臣是国家银行的最高领导,银行根据"大臣先生的直接命令"开展黄金和息票业务。银行由沙皇指定的主管人和由财政部门、国家检察机关代表组成的银行委员会及帝国审计总局共同管理。

委员会负责一般事务。银行的主要事务,如扩大业务利息规模、增加分行数量、提出立法倡议等,则需财政大臣审批。管理银行是执行权的体现,是财政部门的特权。大臣批准国家银行委员会决议,甚至可以通过只有少数成员赞成的方案。因此,在沙皇俄国不存在中央银行和财政部门的二人统治。国家银行是维特及其继任者的工具,他们利用帝国主要信贷机构的资源推行各种经济政策。

圣彼得堡的俄国国家银行

国家银行作为最大的商业银行逐渐将大部分资源交给私人银行机构,将其视为整个经济体的一部分。国家银行逐渐由竞争对手,变成股份银行期票再贴现,获取专用活期账户期票贷款、息票贷款及货物提单贷款的固定资金来源。1895~1913年,国家银行对私营信贷机构的贷款额从2.87亿卢布增加到35.33亿卢布。1910~1913年,资产业务从4.66亿卢布增长到10.65亿卢布。革命前,俄国也重复所有发达国家银行系统的发展历程:股份银行的增长节奏超过了中央银行并逐渐成为"银行的银行",起到了信贷系统最后准备金的作用。但俄国并没有完成这一进程,国有的国家银行一如既往地在国民经济信贷中发挥主要作用，既增加对私人银行的补助，也扩大自己的资产业务。

贵族银行（建于1885年）和农民银行（1883年）提升了信贷系统的国有比例，它们开展与土地不动产相关的业务。贵族银行支持"最重要的等级"，为其发放领地抵押长期贷款（长达67年），而且条件十分优惠。农民银行，从名称看得出，进行与俄国农民相关的业务，但条件非常苛刻：仅在购买大地主的土地时才能贷款。斯托雷平改革时"强壮的"主人成为未进行资本主义改革的贵族庄园主人，农民银行在此期间得到了显著发展。

股份商业银行是整个信贷系统的中心。俄国革命前大约有50家股份商业银行，尽管分行网络发达，但其代理人和经纪人的总数也有800多家。商业银行一般由小经纪人发展而来，人们普遍认为，它们促进了工商业发展，20世纪初，成为国民经济的主要神经节。在俄国没有一个行业，甚至没有一个企业，能在业务活动中不依靠这个或那个"友谊"银行。1913年前，商业银行平衡表的金额（55亿卢布）超过了俄国的国家银行（41亿卢布）。

商业贷款股份银行

序号	银行名称	固定资本 （百万卢布）	余额 （百万卢布）
1	2	3	4
	圣彼得堡的银行		
1	亚速—顿河商业银行	40.000	487.121
2	伏尔加—卡马商业银行	18.000	403.345
3	俄国外贸银行	50.000	598.645
4	俄国工商银行	35.000	434.303
5	俄国—亚洲银行	49.872	705.516
6	俄国—英国银行	5.000	16.211
7	俄国—法国银行	5.000	19.162
8	圣彼得堡国际商业银行	48.000	622.357
9	圣彼得堡商业银行	10.000	47.764
10	圣彼得堡贴现贷款银行	20.000	182.643
11	圣彼得堡私人商业银行	30.000	137.103

俄罗斯帝国商业银行

续表

序号	银行名称	固定资本（百万卢布）	余额（百万卢布）
1	2	3	4
12	西伯利亚商业银行	20.000	255.472
13	里昂信贷	—	72.996
	圣彼得堡的银行总计	330.872	3982.628
	莫斯科的银行		
14	莫斯科银行	20.000	62.578
15	莫斯科商人银行	15.000	242.997
16	莫斯科人民银行	1.000	2.279
17	莫斯科商业银行	7.500	51.515
18	莫斯科贴现银行	6.000	63.951
19	莫斯科私人银行	5.000	36.273
20	联合银行	30.000	294.213
21	容克 и K° 商业银行	15.000	—
	莫斯科的银行总计	99.500	878.232
	其他银行		
22	布祖卢克商人银行	500	1.448
23	比亚韦斯托克商业银行	2.000	11.685
24	华沙工商银行	613	5.035
25	华沙商业银行	20.000	194.408
26	华沙商品合作银行	1.750	9.911
27	华沙工业银行	3.000	14.049
28	华沙贴现银行	9.316	35.530
29	维尔诺私人商业银行	2.000	39.830
30	沃罗涅日商业银行	1.000	10.818
31	喀山商人银行	1.000	6.478
32	基辅私人商业银行	5.000	16.770
33	罗兹商人银行	5.000	22.825
34	罗兹商业银行	10.000	58.518
35	米塔瓦商业银行	1.000	6.378
36	下诺夫哥罗德商人银行	600	5.619
37	敖德萨商人银行	3.000	8.464
38	敖德萨贴现银行	2.000	20.096
39	普斯科夫商业银行	500	1.554

续表

序号	银行名称	固定资本（百万卢布）	余额（百万卢布）
1	2	3	4
40	里加商业银行	10.000	104.988
41	顿河畔罗斯托夫商人银行	3.000	17.017
42	萨马拉商人银行	2.500	9.226
43	斯摩棱斯克商人银行	500	1.483
44	北高加索商业银行	500	818
45	第比利斯商业银行	3.000	34.217
	其他银行总计	87.779	637.165
	特别银行		
46	利巴瓦交易所银行	225	2.901
47	里加交易所银行	3.513	26.337
48	里加城市贴现银行	2.000	19.868
49	尤里耶夫银行	500	4.760

注：本书表中数据为原版书中数据，个别数据经计算疑似有误，为尊重原书不做改动，全书同此。
资料来源：1913年1月1日汇总资产负债表，财政部年报，1914，圣彼得堡，1913卷。

银行更喜欢和有名望的、富有的客户开展业务。成千上万的中小企业得不到金融巨头的垂青，因而向"第二梯队"的信贷机构——相互贷款公司求助。20世纪初，俄罗斯帝国有1000多家相互贷款公司（1914年前为1108家），共有成员60万名。与股份银行不同，相互贷款公司的借债人必须同时也是存款人。

所谓的小额信贷企业和合作社得到了迅猛发展，合作社为农村业主提供资金，改善了他们的经济环境。贷款—储蓄合作社和贷款合作社联合了800多万名成员，他们是俄国最好的农民。1912年建立的莫斯科人民银行发挥了调度员的作用。俄国的城市也着手建立自己的信贷机构——247家市立自治公共银行发放期票和不动产抵押贷款，将所得利润用于城市公用事业。

除国有的贵族银行和农民银行进行土地贷款外，私人的银行也开展这项业务，但只能从事拥有"完全所有权"的土地业务。农民份地，也就是村社的土地不属于这类土地。因为沙俄政府担心，投机者购买土地后会将解散农民村社。但农业的进步没有受到农业法律二重性的影响。俄国私营土地所有权的原则，直到1917年也没有被法律确认。

10家发放土地和城市不动产抵押贷款的股份土地银行领导了私人抵押业务。这些银行在整个俄国欧洲部分和西伯利亚开展业务，并且都有自己的活动区域。为避免过度竞争，法律规定一个地区不能有两家以上土地银行活动。它们通过市场上的一般质押书提供贷款，一般质押书是一种特别的有价证券，实行浮动汇率，债务人"失信"时他的财产会被公开拍卖。银行抵押的高收入股票是俄国企业家和食利者最喜爱的投资对象。

19世纪和20世纪之交，俄国经历了城市建设高潮，当时，城市化浪潮几乎席卷了整个农奴国家，这也催生了一个有意思的信贷机构类型。城市的房东不仅可以在城市银行或抵押银行抵押自己的房子，还可以在城市信贷公司抵押。1914年前，36家这样的公司所拥有客户的债务高达13亿卢布。获得贷款后扩大不动产或建设新的房屋并将房屋出租，这种资本周转方式给我们留下了很多漂亮的建筑，有很多至今仍在点缀我们的城市。

发达的信贷基础设施在很大程度上促使俄国在19世纪下半叶做出了有利于市场经济的选择，使其在短期内走过了其他欧洲国家100年才能走完的路。尽管很多信贷机构已成过去，但革命前的经验在现代仍值得借鉴（国家扶植的信贷合作社促进了俄国农场业的建立）。至于银行业的其他形式，首先是现在规模超过1500家的商业银行，已经逐渐占领曾经属于它们前辈的经济"领地"。

第二节　商业银行：建立、业务、文书工作

银行像股份企业一样必须从筹集资金作为商业资本（固定资本）及确立章程开始，章程确定详细的银行业务。俄国银行法律规定，银行的固定资本最低为50万卢布，这样能防止出现大量小的、没有竞争力的机构。资本公积通过发行股票确立，股票不能低于250卢布。股票是购买固定资产的证明并由能获得银行纯利润的红利息票做担保。根据年度决算支付红利时，会截去相应的息票小票（由此产生了一句俗语"靠股息为生"，意思是通过获

得预存资金的红利而过着无忧无虑的生活)。

俄国银行股票常常以无记名形式发售,也有记名股票,记名股票中登记了持有人的姓名,出售时股票改写到新的持有人名下。国家证券发行处印刷股票,也印刷公债券。俄国革命前有价证券的印刷防伪技术(水印等),在今天仍是典范。

莫斯科土地银行、莫斯科商业银行、莫斯科人民银行的股票

银行设立人应在股票出售前在官方机构办理银行章程审批手续。俄国与大多数欧洲国家不同,实行股份企业许可证制度,该制度要求每个股份公司必须得到政府许可。国家官僚政治通过对章程的批准和拒绝,实现对股份公司包括银行的控制。

没有任何一个欧洲国家像俄国这样积极地参与银行生活。1860年末至1870年初,银行"热潮"掀起,出现了几十家股份银行,甚至出现了银行"过剩"现象。因为出现了市场和社会经济危机的征兆,财政部禁止设立新的商业贷款机构,禁令直到19世纪80年代下半期才取消。

俄罗斯帝国商业银行

里加商业银行股票

政府权力部门批准的章程确定了银行活动，章程是单独的法令。银行业务的一般类型由纳入《俄罗斯帝国法律汇编》的"信贷章程"确定，章程规定，股份银行在章程基础上开展活动，章程的内容应符合约定的范例（的确，大部分俄国银行的章程几乎一字不差，好像用复写纸誊写的一样）。

"信贷章程"的主要内容是大量的禁止和限制性法令，政府尝试通过这些法令把控私人银行的发展方向，章程中以1872年、1883年和1902年的法令最多。

1883年法律规定银行债券的金额应在银行自有资本的5倍（代替1872年法律10倍的规定）以内，每人贷款金额不应超过股份资本的1/10。1883年一些法律内容的滥用使俄国银行在建立初期遭受了巨大损失，如禁止董事会董事参加其他信贷机构的董事会，股东有要求政府稽查的权利，股东会议上每人的投票数限制在总数的1/10等。1902年的法律体现了财政大臣的"关怀"政策，该法律规定，银行职员除理事会成员外，不能使用所在机构任何形式的贷款。20世纪初开始的银行倒闭浪潮，使有权要求政府对银行进行稽查的股东数量减少了（1883年法律规定，由总数的1/3下降到1/10）。

当然，为控制私人银行的发展，政府不仅使用了"鞭子"政策，还有

"蜜糖"政策。对陷入窘境的银行进行大额补贴就是后一种政策的运用。1901年，为共同应对市场和社会经济危机，财政部设立了由特大型股份银行组成的"市场红十字会"，这些银行根据财政部门的命令在基金市场上进行干预以稳定有价证券汇率。个人因素在金融界与圣彼得堡办公厅之间发挥了不容小觑的作用。当时，一些在财政部门有影响力的官员退休后，在实力雄厚的银行董事会任职，银行为其权威建议支付十分可观的报酬。也存在相反情形——其中最让人吃惊的是1914年初任命的财政大臣 П. Л. 巴尔克，他以前是伏尔加—卡马银行的主管。

银行章程的批准掀开了银行历史的首页。

只有财政大臣和沙皇本人在章程扉页上签署"照此办理"的批示后，创始人才被授予开设公司的权利。根据俄国传统，审批章程要经过多重手续和部门，这要求申请者有丰富的"润滑剂"，否则事情就可能失败。在俄国给官员贿赂是公司成功的钥匙。

创始人拿到批准的章程和打印好的股票后，就进入了下一个阶段——在持有人之间分配股票。

创始股东为控制公司会为自己留下大量的股票，其余股票进入自由市场。报界会公布股票认购的时间和地点。在分配有价证券时，银行首先遇到的困难是害怕货币经纪人将资金分配给对俄国陌生的机构。随着时间推移，当银行开始支付高额红利时，就不排斥外人成为银行的合伙人了。股票购买者必须在约定日期内在信贷机构支付认购股票的价值（全部或者部分），随后承担相应的银行义务（在俄国存在另一种资本组织方式——所谓的商行，商行合伙人对自己全部财产负责并在公司破产时使用个人资金与债权人结算）。银行股票费用汇往其国家银行的账户中，国家银行为新公司提供贷款。下一步骤是银行股票进入市场流通并通过计算供求来确定市场行情。俄国商业银行的股票是最盈利的、最有威信的，股票的牌价经常超过票面价值的3倍（当然，是在银行业务比较成功的情况下）。

创始人在配销股票后，会召开股东大会——银行最高管理机构，会上股票的产物获得了"血和肉"。会议既讨论银行活动的原则性问题，也讨论银

俄罗斯帝国商业银行

行业务的开始（包括注销）、行政机构选举及年度决算批准等日常问题。如果出席会议的股东所拥有的股票超过股票总数的20%，那么就认为会议有效。否则，会议就改期举行，此时会议不再受股票数量制约，而且必须执行会议决议。决议由大多数票同意通过，投票权的额度不少于5股股票。对投票权额度的限定有利于避免大量小股东参与公司事务。

为使小股东的利益不受公司实际所有人的控制，银行法规定了一个股东在会议上投票的上限。比如，投10票（上限）的限度为500股及以上股票。即使一个股东有1000股或更多的股票，他在会议上也只能投10票。事实上，法律的障碍通常可以通过巧妙的方法规避。比如，广泛使用所谓的"冒牌股东"方法，银行领导人在会议前夕将少量但足以保证投票时占有优势的股票分配给"冒牌股东"，并让他们听命于自己。

莫斯科银行家里雅布申斯基家族就是这样做的，他们想控制哈里科夫土地银行——俄国第三大抵押贷款股份银行。银行创始人А.К.阿尔切夫斯基将大量但不是决定性的3500股银行股票作为贷款担保转交给了里雅布申斯基家族。根据银行章程，每位股东在会议上的限额为5票（500股及以上的持有人），里雅布申斯基并不安于这种限额。机智的银行家通过迂回的手段——将自己的股票分别登记在亲人和挚友名下，每人得到120张股票，获得3票的权利。这样一来，莫斯科财团在会议上能够操纵的不是约定的5票，而是近90票，并且保证其在董事会选举时占优势。通过"冒牌股东"的计谋，里雅布申斯基财团确立了对哈里科夫土地银行的控制，直到1917年[①]。

金融巨头有失道德的手段对政府来说并不是秘密，但在法律上不能成为诉讼的理由。这种公开的手段使主要股东能够独自确定银行政策，排挤小股东并在管理机构安排自己的候选人。

股东大会通常在春天准备年度决算后举行，也称为"普通会议"。股东在紧急情况下（增加或减少股份资本、出现大额亏损及设立分公司等）可以根据银行行政机构的倡议举行特殊会议，也称为"紧急会议"。

---

① См.：Снегирев Л. Ф. Подставные акционеры. М., 1904.

第二章 俄罗斯帝国信贷的确立

银行主要管理机构是股东会议选出的董事会和理事会。董事会由以主席和常务董事为首的 4~5 名董事组成，主持银行的日常活动。理事会一般由 15~20 名权威的企业家组成，主要执行监督机构职能，监督董事会的业务，同时做出保护公司利益的重要决策。公司主要股东参加董事会还是理事会决定了谁的地位更高。

在圣彼得堡的银行，董事会通常是第一把交椅，因为企业实际所有人参加的就是董事会。在莫斯科则相反，除个别情况外，理事会通常是第一把交椅，主要股东、大企业家及商人都集中在理事会，董事会邀请的是技能出众，但相对不富裕的专家——工程师。理事会成员的酬金取决于其参加的会议数量。董事会董事有稳定的待遇，此外还有年终奖金——一定比例的纯利润（红利）。董事会必须对业务管理负责，银行董事每周至少组织一次会议，并且定期（每月 1~2 次）向理事会汇报。董事会要在媒体公布银行资产负债表（一定时期账号的状态），同时准备年度决算——年度业务综合报告表，报股东大会批准。

董事会和理事会在股东大会上的报告中总结了银行业务，详细介绍了净利润及红利支付情况。法律规定，银行固定资本的核心部分（从 1/3 到 1/2）发生损失时必须宣布破产，所以俄国银行的股东在计算损失时，不止一次做了不光彩的事情。1875 年，位于莫斯科的商业贷款银行成为首家因此破产的银行。

商业贷款银行从建立到破产前的 5 年间有资本 300 万卢布，它与德国铁路投资人亨利·斯特鲁斯别尔戈之间的业务极为混乱。银行的董事们收受了德国商人的巨额贿赂，他们认为股东对公司业务一窍不通，只对红利感兴趣，后来股东们玩起了危险把戏。斯特鲁斯别尔戈仅用总价值 100 万卢布的有价证券做担保，就从莫斯科商业贷款银行获得了 800 多万卢布的贷款，其中甚至包括欧洲一些尚未建成铁路的股票！这些账户的直接损失为 700 万卢布，董事对此一直隐瞒，直到真相大白，除停止付款和宣布破产外没有任何办法。1875 年秋，出现了银行客户不能取回自己存款的戏剧性场景，这个场景成为 B. 马科夫斯基著名画作《银行倒闭》中体现的一个情节。

国家银行和财政部的协作击破了令人担忧的丑闻,成功遏制了莫斯科商业贷款银行破产引起的私人银行资本外流的势头。它们从国库中立刻划拨650万卢布作为商业贷款银行的存款,然后连续几年支付其剩余的债务。第一家倒闭银行的影响深远,19世纪70年代下半期7家股份银行相继倒闭。这些银行的领导一致认为,公司的不景气是莫斯科的灾难造成的。1884年甚至通过了"私营信贷机构清算"特别法,规定政府对股份银行业务进行更严格的控制[1]。

银行领导人品质的好坏直接决定银行能否成功,因此,俄国对金融领导人的要求非常高。一本银行业专著写道:"银行的领导人首先应具备健全的头脑,而后具备首创精神,面临多重选择时能够果断决定,管理公司沉稳,有魄力且行为连续,有丰富的业务知识,理智、谨慎、记性好、勤奋。"[2]

但即使具备上述所有品质,也不一定能保证成功,因为一个技艺不精的人,即使是天才的金融家也不能完成复杂的银行业务。当时的俄国银行家正确理解了美国著名亿万富翁安德鲁·卡耐基的格言,卡耐基指出:"在我的墓碑上应写上这样的话:于此长眠的人,善于团结比他更博学的员工。"第一次世界大战前夕,俄国47家商业银行大约有800家分公司和分行,雇用了几千名这样的职工,保证了国家经济体系的正常活动。

大多数俄国商业银行都有以下主要业务部门:期票部——开展国内期票业务;基金部——开展各种息票业务;行情部——开展外汇和金、银业务,也开展国内外资金汇兑业务;商品部——开展商品贷款和发行业务;存款和活期存款部——开展负债业务和结算业务。每一个部门由主管负责,主管在同组员工支持下开展工作。

出纳和商品及贵重品仓库主管是部门的执行人,他们接收、发放和保

---

[1] См. : Петров Ю. А. Первый банковский крах // Былое. 1992. № 1.
[2] Дмитриев - Мамонов В. А., Евзлин З. П. Организация и техника коммерческого банка. Пг., 1916. С. 24.

存银行的或者由银行抵押的有价证券和现金。会计处执行监察职能，根据意大利双重会计学规则管理银行账簿，对部门活动进行监督，提供银行财务状况、资产负债表及决算账户资料。辅助部门通讯部负责邮电往来。经济部管理银行自有财产（建筑和商品等）。秘书处负责公文处理，包括准备董事会和理事会会议备忘录。最后，市场互助会负责贵重物品的运送、分发，按银行合同工作。如果一名互助会工作人员滥用交付给他的资金，那么损失由整个互助会承担。有意思的是，早期在俄国银行工作的几乎都是男性。

俄国革命前银行的会计核算体系更值得详细研究。银行设立的会计账册可分为主要登记簿（日记账、流水账、现金账和总账）和辅助登记簿。对二者的管理不同，对后者的管理不是法律规定的。根据登记簿的记载特点可分为序时账册（日记账册）和系统账册。序时账册的所有业务按照时间顺序记录，系统账册则按照独立的账户记录，每个账户按时间记录。银行账册按年编排。周转（有价证券的收入和支出）分为与现金收入及支出相关的现金周转和仅在现金凭证基础上进行的转账周转。基本账户（资产负债账户）组成总账。当然，每个银行的账户清单是稳定的并且很少变化。总账中每个账户都有里页，里页上部有账户名称。账户上年的余额转到总账中下一年相应的账户。每个账户每天及月末会进行业务统计，年末进行总计。每个账户借方和贷方的差额（余额）决定其列入负债账户（贷方超过借方）还是资产账户（借方超过贷方）。

总账中所有负债账户和资产账户的余额构成银行主要决算汇总凭证——资产负债表。负债账户和资产账户的余额在资产负债表和每个独立的账户中分开记录，代表银行的资产和负债。为达到平衡，银行资产超过负债形成的账面利润需要记到负债下。反之，负债超过资产形成银行的亏损要记到资产下。法律规定俄国银行，如股份银行，必须定期（每月不少于一次）向媒体公布自己的资产负债表，使公众了解公司的状态。银行每年也公布年度决算，决算与银行负债表不同，它反映的不是账户在某一时期的状态，而是所有账户在一年的周转额。因此，决算更准确地反映了商业银行的主要方向和

俄罗斯帝国商业银行

圣彼得堡私人商业银行员工

业务规模①。

  俄国革命前银行的外部环境凸显了其作为经济生活主要"神经节"的作用。银行建筑是按照最优秀建筑师的方案建设的，坐落在像圣彼得堡的涅瓦大街、莫斯科的伊利因卡及库兹涅茨克桥这样最体面的俄国城市街道。按照当时的标准，银行是真正的技术进步中心。参观者面对的是豪华的、独立的业务大厅和银行领导人办公室，客户在这里享受最舒适的环境。训练有素的银行工作人员和各种新技术装备节约了客户时间，在遇到突发情况时依然优雅自如。20世纪初，打字机（最流行的两个品牌是"安德乌"和"瑞明顿"）、机械计数器（后来计算器的雏形）、复印器（胶版复印机）及美国

---

① См.：Шепелев Л. Е. Архивные фонды акционерных коммерческих банков. Проблемы источниковедения. Т. Ⅶ. Л.，1959.

卡片寄存器等替代了原始的墨水瓶和笔。

俄国革命前的银行到底有哪些业务？组织筹备后，就会将赢得客户信任这一最复杂、最重要的任务提上日程。一位当代人写道："每一家刚刚建立的银行得到政府权力部门许可后，就会通过官方机构发布消息，租用宽敞的、豪华的场所，安上带有金边的牌匾——银行开业了。"① 银行应在暗潮汹涌的金融界把握正确的航向，营造利润并避免破产。

正如当时一些银行业参考书所写的那样，银行的任务一般是"吸收私人存款和寻找货币资本，并将其分配给使用人"②。即便是当下，这也是金融集团业务的全球目标。当然，当今银行提供的服务远远比其前辈更加丰富多样。

根据银行的双重任务（筹集资本和功利地使用资本），其业务可分为负债业务和资产业务。银行创始人面临的首要问题是吸储。当然，银行能够使用贷款及其股份资本，但远远不能满足其庞大的业务需求。使用借入资金和存款更为有利，银行也要为此支付利息——负债利率。银行将存款作为贷款贷给需要资金的客户，从中抽取比负债利率更高的利息。这种形式的差额是银行利润。

负债业务在俄国实际上以存款形式存在，它们既来自个人（定期或活期存款），也来自将现金余额存入活期账户（与每天都发生的活期存款不同）的工商业公司。法律对俄国银行吸收负债的金额有限制，不能超过银行股份资本的5~10倍。为了不遏制存款业务的发展，银行根据需要扩大股份资本。

通过发放存单和有存款人姓名的债券来办理吸收负债的业务。单据记录了存款日期、金额（不少于100卢布）及银行应付利息。银行保留同样信息的债券存根以便管理。完成交易后需向交易参与者征收存款额5%的税。所有交易由专业的银行账册——日记账和存款清册记录。客户开立活期账户

---

① Банки России. М., 1911. С. 5.
② Дмитриев - Мамонов В. А., Евзлин З. П. Теория и практика коммерческого банка. Пг., 1916. С. 37.

045

时需向其提供存折和支票本：前者记录银行收入及支出的数额，后者仅用于记录账户存入的资金。后者是印刷好的、带有付款指令表格的小册子。填好活页后，账户所有人委托银行向指定人汇兑指定金额；支票有效期为 5 天。

当时俄国银行特别是国家银行出现了新的客户服务，如"背书—账目"，它可以不调动现金进行账户间的资金转移，实现非现金结算。因此，一家银行的两个客户通过简单的会计列账就能清偿彼此的债务，同时也节约了银行工作人员的时间和精力。尽管俄国支票流通以欧洲标准为基础，但与其他国家不同，直到 1917 年也没有颁布支票一般法。

上述机制是面向同一地点的银行客户。但是经常出现有业务往来的伙伴在不同地点，彼此没有银行分行的情形。这时，银行在客户的基础上相互开立活期账户。这些账户成为同业往来账户，通过它们银行不用汇兑现金即可进行支付，节省邮费的同时又增加了自己的收入。每年银行董事会在专门协议的基础上确定代理行名单。在大多数情况下，同业往来委托支付或现金支付，是以银行与伙伴约定的协议为基础的。通过所谓的汇票进行相互决算——一家银行根据客户指令对另一家银行委托付款的变形。

银行普通活期账户的客户始终是银行的债权人，银行的同业往来账户则不同，它既是债权人，又是债务人，既开展负债业务，又开展资产业务。会计术语将这种双重属性账户称为往来账户（源自意大利语"conto correnrto"——活期账户）。根据意大利会计体系，同业往来账户分为"loro"（"他们的账户"，也就是银行管理代理人的账户）和"nostro"（"我们的账户"——银行利用同业往来账户完成自己的任务）。起初，同业往来账户只用于银行间决算，但从 19 世纪末开始，它在全世界包括俄罗斯，被大型工商业客户用于完成大量相互贸易。由于同业往来账户未约定确定的日期，所以它是一种最灵活、最方便的长期贷款。俄国官方禁止银行将其资金用于长期投资，以免"冻结"大部分由短期存款组成的银行负债。在 19 世纪和 20 世纪之交的俄国实践中，代理行非担保有价证券"彼方账户"表现出了工业融资、期票和商品业务发展的趋势，这说明银行参与了对工商业周转的贷款。国家和政府有价证券担保的同业往来账户表明，银行资本被纳入

第二章　俄罗斯帝国信贷的确立

了国家贷款的轨道①。

俄国的银行可以通过中央银行期票再贴现获得补充资金。期票贴现（后文会完整介绍期票业务）会汇往国家银行的专用活期账户中，国家银行提供期票抵押贷款。通过再贴现，股份银行补充了消耗资金并得到为资产业务注入新资金的机会。

银行负债账户中的资金数量决定了银行的资金实力和竞争力。这就是为什么在货币市场上，特别是在经济活跃时期，当工商业对资本需求增加的时候会出现残酷的竞争。正如现代人指出的，真正使银行满足的是"追逐存款"。很多时候银行剑拔弩张的竞争造成了严重损失，因此不得不寻求协商。

1910年，圣彼得堡和莫斯科的大型银行签署了所谓的"负债协议"。合同参与人的存款和活期账户利率不能高于约定额度（3%~4%，具体取决于存款条件）。签署本协议之前，银行有时向客户支付5%~6%的利息，以使自己筹集资金并削弱竞争对手，有时甚至会损失部分利润（资产业务平均利率是6%~7%）。协议在一定程度上缓解了资本市场的对抗，但最终未能如愿。隐秘的竞争仍在继续，常见的是破坏合同条款。第一次世界大战前夕，莫斯科银行家集团决定正式声明废除协议，而该协议的圣彼得堡参与者对其的破坏更加严重。这个意图削弱地方银行的合同实质上是一种垄断，它表明20世纪初俄国银行业的资本集中程度达到了很高的水平②。

动用货币资本是银行开展资产业务的基础。这对国民经济的意义在于，使积累的资金没有闲置在储蓄罐里，而是继续参与资金周转，赋予经济发展新的动力。银行系统在欧洲文明历史中的意义不容置疑。甚至像卡尔·马克思这样严厉的资本主义批评家，对它也难免流露钦佩之情。他在《资本论》中指出，"银行系统是有组织、高度集中，非常专业、完美的作品，它完全

---

① Гиндин И. Ф. Русские коммерческие банки. М., 1948. С. 315.
② См.: Петров Ю. А. Картельное соглашение российских банков // Вопросы истории. 1986. No 6.

适应资本主义生产方式,使工商业资本家能使用闲置的,甚至只是潜在的、不发挥积极作用的社会资本。"①

俄罗斯帝国政府 2.5 万卢布的期票

银行积累的资本将会怎样？为了与储户清算并获得利润,银行应该这样使用筹得的资金,以保证返还存款和利息。在俄国,从商业银行出现开始,期票贴现就在银行资本业务中占据第一位。"革命前的银行界实业家强调,贴现业务是短期商业贷款银行业务很重要的一个领域,在这项业务上使用了存款业务筹集的主要资金。"②

在俄国,期票作为企业家债券的时间明显晚于其他欧洲国家。

直到 18 世纪初,期票也不是俄国法律讨论的对象,私人银行家制度没有在中世纪的俄国得到推广。在彼得一世时期,随着 1703 年圣彼得堡建立第一家证券交易所,欧洲企业标准开始在俄国商界深入推广。1729 年,正式确立了期票章程的主要原则（办理手续简单、快捷并在拒绝支付期票时,通过公共拍卖财产无条件追缴债务）。但在 18 世纪至 19 世纪上半叶,获得期票抵押贷款仍有很多限制,1860 年国家银行改组和股份商业银行网络出现时这一困境才被打破。

改革后的俄国由于国家工业的快速进步,对期票业务的发展需求与日俱增。期票成为生产商和贸易商最认可的形式,是商品交换在纸面上的影子。

---

① Маркс К. Энгельс. Ф. соч. Т. 25. Ч. 2. С. 156.
② Вознесенский Е. П. Операции коммерческих банков. СПб. , 1914. С. 64.

生产商品后，工厂主需要资金进行下一个生产周期。但是，由于销售商品需要时间，从工厂主批发购买商品的贸易商手中没有可用的现金。贸易商付给生产商有付款义务的期票，生产商将期票转交银行。从事期票贴现业务的银行，以现金方式支付工厂主期票金额，金额扣除了银行利润，俄国的贴现率在6%~8%范围内浮动。

这个时期，俄国银行的贴现率实际上高于欧洲同行。比如，1913年圣彼得堡私营期票贴现率为6%~7.5%，当时，伦敦为4%~6%，巴黎为3.5%~4%，柏林为3.2%~6%①。交易完成后，银行获得要求支付权，但工厂主有权按时获得债务。在客户（期票出票人或者收款人）拒绝支付的情况下，银行有权通过诉讼程序索赔期票金额。因此，通过期票贴现，银行提供了完成整个工商业资本流通所需的资金。

俄国商业实践中最广泛使用的期票是由出票人、收款人两人签字的期票。法律规定，出票人只能是成年男性（超过21岁）。出票人破产时，银行向客户索赔（通过所谓的"票据拒付证书"进行），以保证偿还借款。如果期票担保人想避免可能的义务，有权提供自己签名的"无追索权的背书"，但银行极不愿接受这种单方面的保证书。

商界有很多这样的情况，企业家蓄意在银行开立很多期票并获得现金后宣布自己破产，"翻破皮衣"，也只能提供给债权人"十戈比的硬币"。尽管这种清算方式饱受道德批判，图谋者也将面临牢狱之灾，但这些不怀好意的破产者在入狱前，就将财产转移到妻子和儿女名下，并借此获得贷款。虽然这些奸商在业界遗臭万年，但银行损失了自己的资金，后来银行更喜欢与"上层社会的人"开展贴现业务。

俄国期票平均日期在6~9个月浮动，欧洲有更发达的经济基础设施，所以其平均日期为3个月。未规定债务最低额度，俄国期票平均为1000~1500卢布，欧洲期票换算成卢布为250~300卢布。期票用专门的印花纸开具，印花纸的价格（国家税收，所谓的"印花税"）取决于期票金额（每

---

① Гиндин И. Ф. Русские коммерческие банки. С. 250.

100 卢布收取 20 戈比）。

大企业经验丰富的专家在银行组成了特别贴现委员会，它能对客户的实际贷款能力和需求做出专业评估，并对银行的期票存量进行评定。它整理的客户档案是研究俄国革命前商业的宝贵资料。鉴于期票业务的重要性和作用，一般由银行最有经验的职员来开展期票业务并担任期票部门主管。期票贷款须经银行董事会和理事会会议批准。

除了这里所说的普通期票，还使用汇票（出票人委托付款人向收款人支付期票金额）。当然，如果说在欧洲，汇票既广泛应用于国内生产，又广泛应用于国际结算（承兑业务），并且很少使用普通期票，那么在俄国，整个国内商品流通都是由普通期票完成的，汇票仅用于国际支付（在俄国银行业，汇往国外的汇票称为"汇票"）。

银行也进行单张汇票，也就是一人签署期票的期票贴现业务，该期票需有额外担保（不动产、商品及有价证券）。该期票业务在形式上与银行贷款相似，因为在期票拒付时银行成为抵押财产的所有者。由俄国的银行包括莫斯科的银行出具的以有价证券做担保的单张汇票贷款，一般提供给银行行政机构特别信任的具有还款能力的客户。

所谓的专用活期账户是期票贷款的变形，它们也被称为透支账户（源自英语"on call"——按需求）。与期票贴现不同，银行不对借债人的期票支付货币，而是开立期票抵押贷款，客户可以像使用活期账户一样按需要使用贷款。此外，银行不会成为抵押期票的所有人。与活期负债账户相反，透支账户一直是资产业务并含有供借债人使用的余额。银行家的意志决定这种账户业务继续与否，根据银行家要求，客户必须偿清债务或者进行额外担保。如果不满足这些条件，期票从抵押物变为银行的财产，银行有权提出拒付证书。像单张汇票抵押贷款一样，俄国银行只为拥有大量期票额度并需要临时周转和活期信用贷款的大公司开立债券抵押透支账户。

本国银行为以外币（外汇）开立的外国期票提供所谓的汇率业务，其实质是利用期票签发地和支付地点的外汇和卢布的汇率差，差额构成银行利润。与期票贴现相比，这种交易是对汇率进行的纯粹金融把戏，俄国将这种把戏称为"投机手段"。业务中经常开立所谓的"金融汇票",它们是俄国和外国银行间的保证书。银行间相互提供帮助并通过获得期票付款(托收)收取大量手续费。银行能帮助客户收取居住在另外一个城市的期票债务人的款项。银行通过托收业务积累了更多的金融资本。

银行通过以下账簿管理贴现业务:期票贴现日记账、定期账册(定期支付)、个人申请和开立账号账册及转交代理行托收的期票登记账册。

俄国商业银行的第二个主要资产业务是借款(贷款)业务,它与期票贴现不同,客户有义务偿还从银行获得的资金。贷款时债务人直接承担责任(与期票贴现的发票和账单提出的双重责任不同),在延期偿还贷款情况下,银行直接向债务人索偿债务。按照贷款清偿条件分为定期(按一定期限发放,但不超过9个月)、活期及活期放款(透支)。如果对客户信任,银行可以不需要任何保证(银行贷款)就提供贷款,但不超过银行固定资产的1/10。实际上这种贷款仅适用于银行行政机构特别信任的商人,很少发生。

通常情况下为保证还款(担保贷款),银行在提供贷款时会要求提供一定数量的贵重物品做抵押。透支账户期票、有价证券、商品和货物单据可以作为抵押品。在俄国有价证券可以是息票(公债券、国库券和私人银行债券),也可以是股息证券。与事先约定收入的息票不同,股息证券的收入取决于股份企业的利润。拥有股息证券的同时,也拥有了公司资产权和管理权(私营公司的债券与股票不同,股票没有这些权利)。私营有价证券是一个特殊的群体,其收入由国家担保(首先属于这类的是各种铁路股份公司的股票),在法律上等同于国家有价证券。股息证券对商业银行来说具有特别的吸引力。

股票作为资产阶级财富的象征,打碎了中世纪"吝啬骑士"自然财富的梦想。19世纪一箱黄金的地位不如同样价值的一张纸。当代人着重指出:"这种独一无二的由符号象征的财富,它的一点点力量就足以支持巨大的铁路及其主要设施、机车车辆、桥梁和高架桥建设。"[①] 俄国在尼古拉一世时

---

① Дмитриев-Мамонов В. А., Евзлин З. П. Теория и практика коммерческого банка. С. 154.

就有了股份公司,1836年通过了关于公司股票的法律。19世纪下半叶,股份公司开始快速增长。1914年,俄国有2262家股份公司,总资本46亿卢布(不包括铁路公司),其中56家贷款公司总资本为6.75亿卢布[①]。

沙皇尼古拉一世(1796~1855)

银行广泛开展与这些证券有关的贷款业务。而且,仅在私营公司所有人将股票、债券亲自抵押时,所得贷款才会用于生产(工业贷款的变形)。19世纪和20世纪之交,俄国有价证券抵押专用活期账户(透支账户)得到广泛发展,银行利用这些账户进行间接的工业融资,这也给予了小股东进行证券投机的机会。

比如,"透支人"可以在市场上购买1000卢布的股票,将它们抵押给银行,获得担保价值80%~90%的贷款,然后用所获资金购买股票,进行再抵押。根据证券投机专家的计算,1000卢布可以获得10倍的贷款,简直是"凭空"生钱。实际上银行不仅是借贷方,也是其客户的代理人,根据客户委托在市场上买卖证券。银行还收取佣金作为对贷款利率的补充,市场汇率变动的风险由客户承担。当然,公司在市场的状态决定了透支贷款的投机需求。如果市场总趋势是下滑,保证金额与贷款金额就会不符,银行就会要求客户追加资金。

不符合要求的公司,银行只能出售其在透支账户中剩余的股票。俄国贷

---

① Шепелев Л. Е. Акционерные компании в России. Л., 1973. С. 234.

款业发生过多次严重的证券危机，俄国银行尤其是圣彼得堡的银行深受透支账户的"切肤之痛"。市场繁荣时，有价证券透支账户给银行带来可观的收入，这些收入既来自贷款利率，俄国贷款利率水平比贴现率高1%以上，也来自有价证券的手续费，因此，银行在这些业务中投入了大量的资金。由于贷款机构急需闲置资金的时候，正是这些账户中银行资产处于呆滞的时候，所以与"透支人"相关的业务得到了当时专家正确的评价。"当贷款机构认为，优势业务是贴现业务而不是有价证券业务时，它才是稳固的、可靠的。"[1] 实用的透支贷款"由于完全不考虑公司的未来命运，引起不真实的有价证券分配……用在有价证券或透支账户的长期企业资本完全不是长期资本，而是国家周转资本在银行的存款的假象"[2]。

发行业务也是革命前像有价证券和透支贷款一样受欢迎的业务。19世纪末工业上升时期，国家工业化步伐明显加快，经济领域特别是建立交通网络和冶金体系需要大量投资。除工商业公司、交通公司和金融公司的股票外，货币市场还涌现了大量俄国政府定期在国内外发行的公债。第一次世界大战前夕，俄国公债规模紧随法国之后，达到88亿卢布，位居世界第二。俄国银行的功绩在于为发行的有价证券找到了买家，也就是全部发行（源自拉丁文"emittere"，意为发行、送出）。信贷公司的发行业务使数十家大公司得以建立和发展。

从19世纪90年代开始，俄国银行尤其是主流的圣彼得堡银行，热衷于工业投机热潮（源于德语"grüden"，意为创立、建立）。我们对难以依靠自身力量分配股票的企业有所了解（我们认为，原因可能是金额较大或者货币市场的有价证券过于饱和）。这时银行独自或与伙伴结成联盟，按照一定价格（行情）购买股票来帮助企业，然后再以更高价格出售。售价与银行约定价格的差额就是发行利润。如果由银行联盟（官方称谓为辛迪加，所谓的俄国银行财团）销售股票，那么业务发行的纯利润就按照参与者各

---

[1] Дмитриев‑Мамонов В. А., Евзалин З. П. Теория и практика коммерческого банка. С. 203.
[2] Гурьев А. Записка о промышленных банках. СПб., 1900. С. 9.

自承担的债务比例（份额）分配。银行为销售私营公司债券提供的中介服务属于发行服务。

在定期联合行动基础上出现了致力于垄断货币市场的银行联盟或财团。为了销售股票，它们在众多的二级金融公司中组建分支部门，给它们分配一定比例的股票，同时也利用众多的透支账户客户。

按企业要求开展发行业务前，银行会咨询专家研究企业的发展前景。此后，银行和公司会签订合同。协议规定由银行（辛迪加）发行全部或未被前股东消化的股票（指的是扩大公司资本）。然后确定行情，银行根据行情购买公司股票，有时，专业的代售行（发行）承担5%～10%（部分股票留给原股东）。在其他情况下合同不约定代售行，银行收入只由购买价格和市场后期出售行情的差额形成。如果公司弱于银行或本身的财务实力就很薄弱，那么银行会根据合同压低出售价，从而将大部分发行利润据为己有。

签订合同后，银行与其他参与发行的银行和银行家达成协议。领导发行的银行通过信函与"友好的"同事沟通，提出其参与发行辛迪加的份额。信函通常约定：①出售股票的数量（全部发行或者部分）；②发行的行情；③手续费（如果在与公司的合同中有规定）。预先约定领导行再次购买股票以调整市场行情的权利。约定领导辛迪加的特别手续费，一般为辛迪加总利润的5%。通常辛迪加有效期为半年或者根据需要延期，每次延期半年。

辛迪加成员中除了银行和私家银号外，还有大的交易所经济人、银行董事，有时还有股票发行公司的经理。辛迪加业务的会计形式是非担保有价证券"来户"的代理人账户形式。如果有价证券的市场反响良好，其行情就会逐渐走高，银行就不急于出手，而是建立新的辛迪加并从每个辛迪加获得发行利润。比如，1911～1912年，亚速—顿河商业银行就组建了4家销售同一种股票的辛迪加。结果，以155卢布价格购买，每股赚168卢布[①]！

银行在媒体上投放鲜活的公司广告以增加新证券的关注度。认购以报纸通信为基础，认购时可亲自也可通过邮件表达购买股票的意向。但最常见的

---

① Гиндин И. Ф. Русские коммерческие банки. С. 327－330.

发行不是通过认购完成的，而是在市场上自由出售证券，任何人都能在市场上按银行约定的行情购买证券。公司证券与市场行情挂钩，所以银行会争取更高的发行行情。

以大量金融资产为依托，银行自信地操纵着事件在俄国证券中心交易所即圣彼得堡和莫斯科证券交易所的进度。革命前的经济学家指出："我们的证券交易所历史性地成为银行的机构，越到后来，市场与银行的联系越紧密。谁能在市场上供给新证券？当然是银行。如果发行机关没有事先获得银行的许可和帮助，那么在市场上一定会有颗粒无收的风险，因此，银行的担保更有好处，即便担保需要付费。"① 银行寻求各种手段以促进需要的证券更快、更好地发展。比如，在正式宣布股票进入市场前确定银行代理商，由其提出比公布价格更高的股票价格。借此提高行情，给银行带来额外利润。专业的证券人员即经纪人操作市场上的交易。

如果银行有意控制企业的行政机构，对企业有长远打算，则其会保留一部分股票。19 世纪和 20 世纪之交，俄国银行参与本银行股份公司的会议成为普遍现象。银行和受其庇护企业的命运连在一起后，经常被迫采取金融手段降低业绩不好公司的股份资本。当时会进行所谓的"保健"（源于德语"Sanierung"），即通过缩减股份资本同时增加股东新投资来冲销亏损。为此，各种公司"合并"（源自德语"Fusion"）成一家公司，同时将老股票换成新公司的证券。

银行在市场上不仅根据合同积极与发行银行合作，也单独行动，也就是购买证券作为其"私有存量"。由于商业信贷机构的资金主要由短期存款和活期账户组成，购买债券消耗了大量不定期的呆滞资金，所以俄国法律规定这些交易的规模不超过银行股份资本的 25%。买卖市场有价证券是基于市场行情的把戏，是俄国银行首先是圣彼得堡的银行钟爱的业务。当然，由于银行自有资本不足以在市场上开展大规模业务，因此，经常要利用客户存款。银行将有价证券的支出记录到资产负债表"模糊的"条款中（代理行、

---

① Боголепов М. И. Биржа и банки // Бакковая энциклопедия. Т. II. Киев, 1917. С. 382.

转账等），来刻意隐瞒其风险业务，这对于现代人而言已不是什么秘密。当市场繁荣或比较稳定时，银行存款没有风险，但当证券危机爆发时，银行不仅一次成为致命诱惑的牺牲者。为减少市场有价证券的相关风险，1899～1917年，俄国大型商业银行组成了专门的辛迪加，它在国家银行的支持下活动以支持银行感兴趣的有价证券的市场行市。

大公司的证券相关业务由专门的证券部门负责，下设一些科。其中主要是证券部，在一位董事会董事监督下领导银行证券业务。俄国革命前，每天在市场上大约有20名主要银行集团的代表工作，其职责是按照银行领导人的指令出售或购买银行有价证券。由专业部门负责个人小额证券业务，透支账户科管理透支客户业务。会计科负责有价证券流转，通过各种银行账簿和客户卡片对业务进行可视跟踪，这些账簿和卡片至今仍保存在俄国革命前银行的档案中。贷款业务记录在专门的日记账、日期账（按期偿还贷款）、债务人分户账和逾期贷款账簿中，透支贷款业务记录在有担保的客户分户账和按担保种类区分的专门账簿中。证券部还管理银行参与联合发行的辛迪加账簿和银行买卖市场有价证券的账簿。

期票业务、证券业务及商品、货物单据业务组成了三位一体的资产业务。银行发放以质量均等、不易腐烂的日用品为抵押的贷款。在俄国，这类商品以粮食、面粉、糖、棉花、纯酒精和煤油灯为主。与期票贴现不同，这种贷款不以买方做担保，而是以所有人直接拥有的商品价值做担保。商品所有人不必出售自己的商品就能从银行获得贷款，可以等到市场行情好时再出售。

因此，当粮食大量涌入市场的秋季到来时，粮食价格通常会下降，各种转卖商抓住了这一时机。农民为偿付债务和支付国家赋税，不得不贱卖自己的收成。从银行得到粮食抵押贷款后，农民有能力偿付迫切的债务，而可在春天价格更高时出售商品。这种贷款对中小企业家来说具有重要意义，通过银行贷款，企业可以在商品实际销售前获得周转资金。在土地广袤、交通落后的俄国，商品抵押贷款释放了束缚在商品上的资本，加快了商品流转。

第二章 俄罗斯帝国信贷的确立

债务人既可用现货，又可用各种货物单据做抵押以获取贷款，贷款额为抵押额的 50%~90%。商品依然是所有人的财产，但在直接货物抵押融资时商品由银行专门仓库保管，直到完成决算。如果债务人不能清偿贷款，银行有权公开拍卖抵押物，用所得资金补偿损失。银行也接受货物在途文件（铁路运单、运输公司单据等）或在预售仓库保存的文件（入库证明书）。银行提供普通定期贷款，但更经常开立专用活期账户（货物抵押透支账户）。后者在大公司中很流行，它们在银行的帮助下可立刻获得大批货物。

20 世纪初，所有单据费用为 18%~20%，与货物相关的业务给俄国银行带来了大量利润。银行同时还收取贷款利息，与商品相关的代售业务是银行非常重要的收入来源①。银行发放贷款时为自己争取了代售抵押商品的权利。比如，在发放粮食运往港口城市的铁路运单预付款时，银行的条件是要参与粮食销售。同样，有融资需求的轧棉厂厂长得到的回复是纯棉要进入银行仓库销售。

商品代售业务反映了俄国银行从简单的中间商到直接参与商品交换的转变。第一次世界大战前，俄国贸易由于银行的扩张具有了文明的特性——中间商数量减少，贸易利润规模缩减，银行在更高的技术层面建立了自己的仓库。尽管法律禁止，但银行依然通过自有资金广泛地从事此项业务。随着俄国工业发展，俄国贷款巨头在商品代售业务的掩饰下，逐渐独揽俄国贸易，特别是以粮食为主的出口贸易。银行从粮食转向糖、棉花，逐渐占据了这些领域。1913~1914 年，俄国国内市场消费的 100 万普特棉花中，有 2/3 以上是通过圣彼得堡和莫斯科的银行销售的。

银行对商业影响的扩大，引起了从中取得商业收入的部分商人的消极反映。拥护消费者利益的媒体对银行这个"投机商人"进行了多次批评。但是，俄国一些严肃的经济学家十分肯定银行对商业的积极影响。一些专著中

---

① Каценеленбаум З. С. Коммерческие банки и их торгово-комиссионные операции. М.，1912.

057

写道:"俄国作为一个资本匮乏的国家,周转缓慢、通信网络落后,因此特别需要银行参与商品流转。"①

每一家银行既具有俄国贷款机构的共同特点,又独具特色。它们从建立之初就努力争取自己的金融"势力范围",并不断扩大。在章程上也有一套业务体系,但只重点关注某些业务。银行管理层在考虑客户需求的情况下有针对性地制定管理方针。

俄国主要有两类金融机构——存款银行和实业银行(或者称为投机银行)。其实,这些类型的金融机构出现于欧洲建立信贷体系时,后来转移到俄国。每一种类型各具优势。在评价1917年前夕俄国银行系统时,一位俄国大金融家——莫斯科商业银行董事 М. П. 里雅布申斯基在描述两种类型银行的根本特点时写道:"第一种银行,即所谓的存款银行,目标狭小:为一流的期票贴现、降低损失、积累信誉并吸收存款。信任越多,银行得到低利率的储户越多,这样就能够以便宜的利率进行期票贴现,然后从中选择最优……第二种类型的银行即投机银行,急切地给股东巨额股息,却没有得到只能通过长期、细致、谨慎的工作才能获得的公众信任,尝试各种投机手段制造价格差。当市场行情有利时,并且更重要的是当领导人才能出众时,这样银行才会获得大额利润,取得成功。"②

不过,狭隘的专业性是世界银行业发展早期阶段的特点,19世纪和20世纪之交,银行资源相互渗透的趋势越来越明显。在资本市场上积极开展各种业务的"混合"或"综合"成为主流,它为最有活力的工业部门提供巨大的财务支持和投资。

当时,一些德国的大型银行正是这种类型,它们吸引了具有远见卓识的俄国银行家的目光。俄国革命前夕,股份商业银行代表大会委员会(俄国银行家主要的专业组织)使政府关注工业化历史任务及俄国、德国银行在这一进程中的作用。委员会的简要陈述书写道:"在德国这一最年轻、最发

---

① Дмитриев - Мамонов В. А., Евзлин З. П. Теория и практика коммерческого банка. С. 359.
② Рябушинский М. П. Цель нашей работы // Материалы по истории СССР. Т. Ⅵ. Документы по истории монополистического капитализма в Росстт. М. ,1959. С. 610 – 611.

达的后起资本主义国家（与英国相比），出现了融资、寻找资金和建立新工业部门的问题。现在，最后一个任务在俄国是主要的。"①

米哈伊尔·里雅布申斯基以德意志银行这样的金融巨头为榜样，他写道："这些银行的目的和第一种银行一样，用细致复杂的工作赢取信任，用所得的资本建立大型企业。此外，与投机银行不同，这些银行的工作是创建公司并长期监督公司的行为……"②

革命前俄国的银行开始趋向综合化。

圣彼得堡和莫斯科是俄罗斯帝国主要的金融中心，本书认为两个地方的银行是投机银行和存款银行的起源。随着金融巨头的崛起，数量巨大、财务实力弱的地方银行逐渐消失。19世纪末，圣彼得堡的银行在俄国金融界独占鳌头，它们的贷款占俄国贷款总额的一半以上。地方银行的业务规模紧随其后（其中最发达的是波罗的海地区的银行），4家莫斯科的银行占据了大约1/5的资源和资产。

圣彼得堡贷款巨头的业务结构与其他银行明显不同，它的首要业务是有价证券交易，其投资占所有资产的3/4，当时，期票—商品抵押贷款只有27%。在莫斯科这种比例大致相同，而地方银行则出现相反的情景——期票—商品抵押贷款账户使用了2/3的银行资金。这些数字表现，圣彼得堡的银行在19世纪末经济繁荣时期进行无节制的证券投机。莫斯科和地方银行则不受这种"诱惑"。

20世纪初爆发的证券和国民经济危机沉重打击了圣彼得堡金融家的利益，迫使他们改变策略。第一次世界大战前夕，圣彼得堡集团（12家银行）和莫斯科集团（7家银行）在俄国货币市场上占统治地位。其余29家地方银行总计只占俄国银行周转总额的5%~7%。首都的银行家通过各地发达的分行网络牢牢控制着最大、最好的资本，同时，尽可能削弱俄国地方银行，剥夺其独立性。需要指出的是，一些地方银行（亚速—顿河银行、西

---

① О желательных изменениях в постановке акционерного банковского дела в России. Пг., 1917. С. 38.

② Рябушинский М. П. Цель нашей работы. С. 611.

伯利亚商业银行）不能容忍自己永远是局外人的命运，将总部搬到了帝国的金融麦加——圣彼得堡。

"北方的巴尔米拉"（指圣彼得堡）占据绝对首位，这里的周转额占总负债的4/5、总资产的3/4。莫斯科在"追逐存款"的资产业务上逊色于圣彼得堡的竞争对手。20世纪前13年，银行的结构发生了变化。圣彼得堡金融寡头吸取危机的教训，将主要注意力放在了发展期票—商品抵押业务上。由于史无前例的增长速度，该业务占圣彼得堡集团资产业务的比重提升到41%（1899年是27%），有价证券的投资比重从73%下降到59%。莫斯科的银行正好相反——开始明显注重证券业务，因此，其在资产中的比重（52%）超过了莫斯科银行"优势"业务——期票—商品抵押贷款（48%）。银行家对游离于主要证券市场的有价证券不感兴趣，因此，当地银行机构的业务结构并未发生实质性变化。

俄国银行的业务结构（1899，1913年的数据）

单位：百万卢布

银行		负债*	固定资产	期票—商品抵押贷款**	证券贷款***	购买证券
圣彼得堡的银行	1	2174.5	1776.6	478.9	604.8	692.9
	2	12669.4	13163.1	5434.9	3955.1	3793.1
莫斯科的银行	1	680.1	603.5	323.0	205.9	74.6
	2	2071.3	2961.1	1388.9	793.5	778.7
地方银行	1	937.9	940.5	612.6	219.0	108.9
	2	876.1	1214.8	889.1	200.7	125.0
总计	1	3792.5	3320.6	1414.5	1029.7	876.4
	2	15616.8	17339.0	7712.9	4929.3	4696.8

注：行1为1899年数据；行2为1913年数据。*存款和活期账户（一年）；**期票贴现、定期贷款、商品透支（一年）；***定期贷款和担保、非担保证券透支（一年）。

资料来源：短期贷款统计，圣彼得堡，1905，第一卷第六部1~52页；俄国股份商业银行1914年报表，圣彼得堡，1915。

两个主要银行集团发展方向的改变反映了 20 世纪初银行系统向综合性发展的特点。圣彼得堡和莫斯科的发展道路不同，但结果相似。圣彼得堡银行将部分资产调整到工商业流转贷款，为其发展提供了坚实基础。莫斯科银行积极开展有价证券业务，有价证券的增长速度甚至超过了圣彼得堡的同行。莫斯科银行用新的、有前途的银行业务丰富了自己的"储蓄"宝库，占领了越来越多的有价证券市场。

转变激起了俄国金融公司主要客户群体工商业企业家的新需求。新公司在银行的帮助下建立，需要长期的周转支持。老公司也需要追加投资扩大生产。19 世纪末以前，在俄国中部的纺织生产行业和乌拉尔冶金业这样早被开发的领域，存在自筹资金体系，资本通过这一体系实现扩大再生产。

不同姓氏的企业，在由唯一所有人向股份组织形式转变的过程中，不愿使用外来资本，而是根据需要使用内部资金。首先是摊定提成，扩大生产规模。"用于扩大生产的资金"是这些家族公司资产负债表里最庞大、最常见的项目。有远见的企业主不急于从公司取走股息红利形式的全部利润，而更喜欢用利润保证公司的财务灵活性。

为此，百万富翁以合伙人的名义为公司发放贷款，将财富投入自己的公司。俄国老一辈的企业家，特别是实业王朝的第二代、第三代中有很多百万富翁。比如，1899 年去世的莫斯科企业家、银行家 П. М. 里雅布申斯基留给子女大约 1600 万卢布；1898 年去世的著名伏特加酒公司创始人 П. А. 斯米尔诺夫留给继承者大约 900 万卢布；1911 年纺织品商人、西伯利亚商人 А. Ф. 弗托罗夫去世时财产超过 1000 万卢布；著名"红色工厂主"С. Т. 莫罗佐夫的母亲，家族公司尼古拉手工工场大部分股份的所有者 М. Ф. 莫罗佐娃在 1911 年死后留给莫罗佐夫家族大约 3000 万卢布的巨额财富[①]。

俄国富人将自己的工厂比作氏族世代相传的城堡，一直反对注入外部资

[①] См.：Петров Ю. А. Документы о личных состояниях крупных московских капиталистов в конце XIX - начале XX в. // Вопросы историографии и источниковедения дооктябрьского периода. М.，1992.

本，从而保证对企业的控制。他们只利用商业银行进行工商业周转贷款，不为固定资产融资。但是，19世纪末工业上升时期，扩大生产投资的需求加强，导致没有外来的帮助尤其是银行的帮助是不行的。

企业家抵押更多自己公司的股票以获得资金，同时也发行债券并由这些银行销售。债券只保证持有者的固定收入，不提供对公司财产的所有权。法律上工厂主依然是抵押股票的主人。问题在于，银行的抵押物与股票市场牌价挂钩。由于股金牢牢掌握在家族公司成员手中并且不进行市场交易，所以他们经常忽视牌价。

财政部试图与这种古老的传统做斗争，坚持所有工商业公司股票实行交易所开价公报。企业家也有自己的理由，他们要求摆脱无意义的行政监管。一封莫斯科证券交易委员会给财政部的信中写道："一些人控制了莫斯科和俄国中部地区最富有、最稳固的合股企业，别人对市场上这些企业的股票完全不感兴趣，然后这些公司的股票很少转手，在市场上也没有牌价……"①金融—工业上流社会的实业精英捍卫了自己的权力，"不看交易所行情单行事，而是对公司进行实质审查"，因为股票的市场价格不是一直客观和充分地反映公司状况的。由于政府不希望弱化自己对经济活动的控制，所以直到1917年才摆脱圣彼得堡办公厅的监督。因此，抵押证券市场上没有牌价的股票时，常常与财政部私人银行的主要监督机关——贷款特别办公厅发生冲突。

企业对工业企业证券的倡议总是与官员相悖。它是俄国的"工业巨头"吸引货币市场闲置资金最重要、最安全的融资方式，由于工业债券缺少发行债券的一般法律标准，因此没有引起俄国食利者的特别注意。

特别"工业银行"通过发行银行担保的公司债券来满足企业长期的融资需求。政府机关和实业界多次讨论了在20世纪初设立专业银行的方案，并在一战前夕拟定了公司章程。未来机构的任务包括提供长期贷款，使企业

---

① Центральный государственный исторический архив г. Москвы (ЦГИА г. Москвы), ф. 143, оп. 1, д. 261, л. 44 – 45.

家能够"扩大企业,用最先进的技术重组企业,增加周转资本"①。但是,拟定的计划没有实现,工业长期融资像以前一样主要由商业银行完成。

银行在俄国革命前的50年历史中,由小付款中间人成长为金融巨头,业务涵盖国民经济所有主要部门。作为股东私有财产的私营公司,或多或少触及了俄国大多数居民的利益。俄国经济学家写道:"银行,像铁路、水管、电车一样,超越了私营经济的框架。"

---

① См.: Петров Ю. А. Московская буржуазия и проблема промышленного финансирования в конце XIX – начале XX в. // Реформы в России XVII – XX вв. М., 1989.

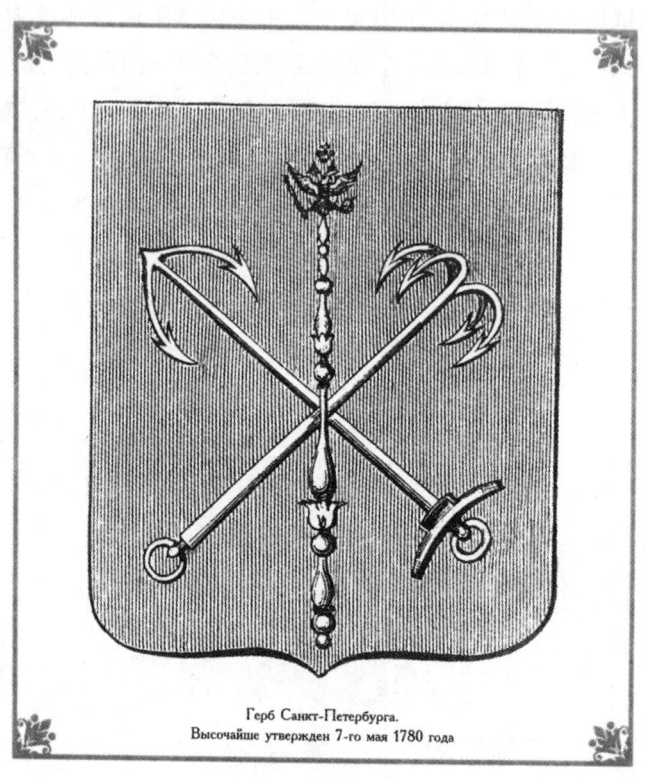

1780 年 5 月 7 日经沙皇批准的圣彼得堡徽章

第三章
圣彼得堡的银行业

第一节 俄国银行业之都

世界所有大金融中心的银行，在建立、发展后，分布都很接近。比如，在伦敦，银行集中在伦巴第人街及其附近的街道，在巴黎则是在歌剧院广场附近。根据银行所处的这样或那样的商业中心知名度，就可判断当地银行系统的成熟程度。

"私人银行"和"国际银行"是圣彼得堡的第一批银行，它们将"英国沿岸街"作为公司驻地。尽管这一地区知名度很高，但距圣彼得堡已有的商业中心较远，对银行很不方便。

贴现贷款银行与国际银行同时建立，更喜欢涅瓦大街（以下简称涅瓦）的位置。与涅瓦相交的海军街也开始吸引一些年轻的银行。最终"老者"——私人银行和国际银行也搬到这里。

19世纪末，涅瓦成为城市主要的商业区。这里有很多商店、餐厅、咖啡馆和宾馆，股份公司董事会、贸易代表处、法律办事处也坐落在这里。建筑物的正面有好几层牌匾，形象表现了俄国北方的财富和商业生活的多样性。几乎每一栋楼里都有一些商店，其中一定有很多花店、手套店和照相馆，甚至在总司令部到涅瓦的入口两侧也坐落着花店——美丽之花（Fleure de Nice）。银行业是这个斑驳世界的一部分。因此，圣彼得堡更像巴黎，巴

俄罗斯帝国商业银行

黎的银行没有特别的实业中心，而是坐落在深受巴黎人和外来人喜爱的商店、咖啡店中间。

在涅瓦起端与海军大街拐角的右侧，有一栋很大带阁楼的五层建筑（№1）。这是圣彼得堡私人商业银行。1911年，银行及其保护的10多家股份公司董事会搬到了这栋建筑。

圣彼得堡私人商业银行

接下来两栋建筑，第一栋是俄国多瑙河轮船公司，第二栋是圣彼得堡保险公司。再经过一栋楼后就看见果戈理大街拐角处一栋笨重灰暗的建筑，从远处看很像威尼斯的首长官邸（№9）。1912年，它由建筑师 М. М. 别列加特科维奇为圣彼得堡商业银行（以前的瓦维里别尔戈私家银号）设计建造。由于现在民航总局的售票处在银行以前的业务厅中办公，所以现代圣彼得堡人对这栋建筑也很熟悉。

在大街斜对面的№12栋楼中坐落着俄国最老的银号 И. В. 容克 и К°。1819年，这家银号在莫斯科建立，后来分为两家独立的私家银号——莫斯科私家银号和圣彼得堡私家银号。1912年，莫斯科私家银号改组成莫斯科工业银行，圣彼得堡私家银号开始成为其分行。

第三章 圣彼得堡的银行业

容克银行圣彼得堡分行

从这里面向涅瓦和海军大街的十字路口，在海军大街左侧拐角处有一栋非常漂亮的、灰色现代派风格的建筑，它几乎占据了涅瓦和总司令部（海军大街№3—5）拱门之间的空间，1909 年由建筑师 Ф. И. 里德瓦里设计建造。20 世纪初，亚速—顿河银行由塔甘罗格迁到圣彼得堡后在此经营。现在使用这栋大楼的是中央电报局。

穿过涅瓦沿着圣彼得堡曾经最富有、最著名的海军大街行走，大街左侧、从涅瓦数第二栋建筑，是圣彼得堡最贵的饭店——巴黎（De Paris），再过几栋楼是法别尔热公司，大街右侧不远处是帝国圣彼得堡水上俱乐部。20 世纪初，在海军大街上有两家大银行：俄国工商银行（№15）和俄国外贸银行（№30—34）。

现在回到涅瓦。从与海军大街的十字路口开始是涅瓦最有活力的部分。大街左侧、从海军大街到莫伊卡沿岸的整栋楼（№18）由工厂主 Д. А. 巴斯图霍夫的一家公司租用。这栋楼中有一家圣彼得堡最有名的饭店阿尔贝特，以法国菜和特别收藏的葡萄酒而闻名，这里的葡萄酒应有尽有。顾客可以阅读到含有几百种名称的卡片。但是，这家饭店的消费并不高：既可以用 75 戈比吃顿午饭，也可用 1 卢布吃顿晚饭。

067

俄罗斯帝国商业银行

涅瓦大街 18 号的私家银号 Г. 列辛

德国饭店 O. 列伊涅拉、众多商店和私家银号 Г. 列辛也租用巴斯图霍夫的场地。

大街对面有一栋像巴斯图霍夫大楼一样大的建筑（№15），从海军大街一直到莫伊卡沿岸，它属于圣彼得堡商人、银行家 П. С. 耶里谢耶夫。耶里谢耶夫将一些房子租给贵族俱乐部。一楼的各租户中，Я. 佩列茨商行的葡萄酒、水果和美食特别有名。Я. 佩列茨商行吸引客户的不仅是琳琅满目、高品质的商品，还有兼具咖啡店、饭店的服务，在这里人们既能享用精致的美食，也能根据需要预订午餐或晚餐。

圣彼得堡—亚速银行租用了 П. С. 耶里谢耶夫的大楼，直到 1902 年破产。

沿着警察桥穿过莫伊卡河，就会看见圣彼得堡最典型的巴洛克建筑——斯特罗加诺夫宫（№17）。它由著名的拉斯特雷利于 1752～1754 年设计建立，这栋建筑是涅瓦上为数不多的没有商业公司的建筑之一。下一栋建筑则不然，20 世纪初时属于 С. А. 斯特罗加诺夫伯爵，在这栋楼中有一些商店。

位于 №21 栋楼的是乔治·博尔曼公司的豪华糖果店。圣彼得堡的甜食爱好者非常喜爱这里的小吃。此外，这栋楼中还有艾克维杰普里保险公司。

第三章 圣彼得堡的银行业

涅瓦大街 23 号的莫斯科联合银行圣彼得堡分行

下一栋楼（№23）是 C. A. 斯特罗加诺夫伯爵的财产，1908 年成立的莫斯科联合银行圣彼得堡分行在此租用了场地。选择明显不是偶然的，因为这栋楼的公司能吸引有钱人。富有的女士非常乐意光顾阿尔邱尔商行的名贵内衣店。爱喝酒的人在马卡耶夫公爵的葡萄酒窖流连忘返，这里藏有上等的卡赫齐亚葡萄酒。圣彼得堡的烟民不在少数，他们喜欢光顾 A. H. 博格达诺夫 и K° 公司的烟草店。最后，关注时间的人，则喜欢享受传说中的圣彼得堡钟表匠巴维尔·布列的服务。值得注意的是，在这栋建筑中，至今仍有钟表铺在工作。

从莫伊卡沿岸到大马街，在涅瓦左侧有一栋楼（№20）。该栋楼中有很多商店，西伯利亚商业银行在 1899 年从叶卡捷琳堡搬到圣彼得堡后，建立自己大楼前的近 10 年中一直在此经营。后来，私家银号拉姆比 и K° 成了这里的租户。

在大马街拐角处、涅瓦前一栋楼，是著名的饭店——"熊"，街道左侧再往前有很多股份银行和私家银号。

大马街与涅瓦夹角对面的是№22 栋楼，私家银号 И. В. 容克 и K° 在搬迁到私有建筑前在此营业。它搬迁后，私家银号马夫里基·涅里科恩取代了

069

俄罗斯帝国商业银行

涅瓦大街 20 号的西伯利亚商业银行的古建筑

它的位置。这里还有国际卧铺车公司。

下一栋建筑（№24）因多米尼克饭店而出名，该饭店位于一楼。它以美味的菜肴和低廉的价格吸引众多消费者。在这里，4个菜的晚餐不超过75戈比。饭店上面是城市相互贷款公司。

№26 栋是圣彼得堡—莫斯科银行（1904 年注销）。后来是莫斯科银行（里雅布申斯基）圣彼得堡分行。邻近的 №28 栋在涅瓦与叶卡捷琳娜运河的拐角，建于 1907 年，由辛格尔公司的建筑师 П. Ю. 休佐尔设计。由于公司董事会即将搬往莫斯科，大楼主要租给其他公司。私人银行在建立自己的大楼前在这里短暂租用。第一次世界大战前夕，俄国—英国银行、Бр. 扎姆哈洛夫私家银号及生活保险总公司租用了这栋建筑。位于叶卡捷琳娜运河与涅瓦街角对面的建筑（№30），属于贴现贷款银行。它将一部分场地出租给友谊公司，包括著名的轮船公司高加索和梅尔库里。

贴现贷款银行正对面的 №27 栋有各种商店，还有卡夫塔里·汉德尔曼 и K° 私家银号。

№34 栋楼属于罗马—天主教会圣叶卡捷琳娜，由华沙商业银行圣彼得堡分行租用。

第三章 圣彼得堡的银行业

华沙商业银行圣彼得堡分行

伏尔加—卡马银行大楼

涅瓦与米哈伊洛夫大街的夹角后再过一栋楼,是一栋私人建筑№38,由伏尔加—卡马银行租用。银行将一楼出租。大楼里还有豪华女装店——巴黎精品大商场(Grand Bazar des confections de Paris)。这很方便:来银行办事的女客户,在等待时不会感到无聊。况且,这也是对客户本人的关心。希特

071

俄罗斯帝国商业银行

金·K.O 商行的葡萄酒店为客户提供周到的服务,既有很多莱茵河的葡萄酒,也有其他品牌。而彼得·波特金儿子的茶贸易公司也能满足最苛刻的顾客的需求。

下一栋建筑(№40)有 1912 年成立的俄国—法国银行。给建筑带来更大声誉的是,这里还有 A.C. 苏沃林书店、《新时代》报纸编辑部,还有 А.И. 阿普里克索夫父子公司的糖果店,它们的糖果品种多样、制作考究。糖果店里还有城市最好的咖啡馆。

涅瓦大街 40 号的俄国—法国银行大楼

再过一栋建筑是新古典主义风格的№44,由建筑师 M.C. 里亚列维奇设计建造。这里有西伯利亚银行。毗邻的№46 栋,也建于 20 世纪,有莫斯科商人银行圣彼得堡分行。这栋楼的主人有意将一楼出租给圣彼得堡特别流行的自助餐厅柯维西桑,这里每天都会吸引大量想少花钱快速用餐的人,也为那些不着急的人提供有服务员的普通餐厅。

至今仍在营业的商场(№48),它的新主人 H.A. 巴里亚金斯卡公爵夫人在 20 世纪进行了改建,有 64 家商店、音乐厅、展览厅、大咖啡店和糖果店,还有法国银行"里昂信贷"圣彼得堡分行。

№54 大楼位于涅瓦与叶卡捷琳娜大街夹角处,里面有很多公司(著名

第三章 圣彼得堡的银行业

莫斯科商人银行圣彼得堡分行

涅瓦大街48号的法国银行"里昂信贷"圣彼得堡分行

的 O. H. 勃勃沃伊书店、Ф. 巴烈糖果店、照相馆及帽子铺），还有圣彼得堡第三相互信贷公司。叶卡捷琳娜与涅瓦夹角对面的大楼（№56）被圣彼得堡人及外来人所熟知，在这里，著名的耶里谢耶夫美食店至今仍在营业。1907年，大楼由 Бр. 耶里谢耶夫总公司的 Г. B. 巴拉诺夫斯基设计建造。这

073

栋建筑里也有像在莫斯科一样的美食店，贸易厅的面积和装潢的富丽程度在欧洲独一无二。建设这栋建筑时规定，除剧院厅外，其余场地要出租给各种股份公司。第一次世界大战前夕，这里有很多受圣彼得堡国际银行保护的公司董事会。而在№58栋的是一战前俄国商业贷款机构中第二名的银行。№60大楼有三家私人银行：Г. 沃尔科夫父子银行、А. В. 斯米尔诺夫银行及И. 杨科列维齐和А. 瓦尔沙夫斯基银行。俄国银行的领导者——俄国—亚洲银行租用了整栋№62大楼。

沿涅瓦往前，在喷泉后的右侧（№45），与著名饭店帕尔金相邻的是私家银号扎哈里·日达诺夫。只有Э. М. 梅耶 и К° 私家银号从19世纪60年代起一直坚守英国沿岸。

视野之外的有圣彼得堡七八家相互贷款公司，它们是特有的合作社贷款机构。它们的地理分布表明了在圣彼得堡银行体系中的地位。股份银行的市级分行和数十家与大贷款机构有往来的私人银行办事处，不在我们研究的圣彼得堡银行范围内。

第二节　第一家股份商业银行

根据圣彼得堡私人商业银行章程，创始人包括路德维希·哈夫男爵、商业顾问格里高利·耶里谢耶夫、阿斯姆斯·西蒙谢 и К° 商行代表 Ф. 莫里、圣彼得堡一等商人艾杜阿尔德·卡扎列特、商业顾问罗别尔特·克列缅茨和耶果尔·勃兰特。其中，只有 Р. 克列缅茨从事的是纯粹的银号业务。其他人从事贸易，并且主要是对外贸易。创始人在给财政大臣的信中写道："在本地市场创建私人银行既对市场有利，又对促进整个国家发展贸易有利，并且这种效果会日益显著。"① 银行五十周年纪念刊物指出，与外国公司进行商务结算的困难使贸易的发展受到阻碍，促使本地商行的一些代表"寻找既能充实本地市场的商业资金，又能为本国国际贸易奠定更坚

---

① См.：Левин И. И. Акционерные коммерческие банки в России. Пг.，1917. С. 169.

实基础的方式"①。

创始人认为，银行的任务在于解决结算问题并为市场交易提供贷款。有意思的是，国务会议经济厅在审查创始人提交的章程草案时认为，"圣彼得堡私人银行"这种说法不够准确，提议改名为"圣彼得堡商人银行"，因为"这家银行是根据当地市场商人的愿望建立并主要满足商人需求的"。最终，国务会议全体大会通过了"圣彼得堡私人商业银行"这一名称，希望它能够"满足商业贷款需求"②。

耶果尔·耶果洛维奇·勃兰特

虽然 E. E. 勃兰特是创始人名单中的最后一位，但是他在创建银行时发挥了主要作用。1859 年，他接任圣彼得堡证券交易委员会主席的职务，前任主席 А. Л. 施吉格里茨被任命为国家银行主管。勃兰特是 К. 费烈伊杰和 Е. Е. 勃兰特 и К° 公司的合伙人，公司在圣彼得堡和阿尔汗格尔斯克有商行。勃兰特的合伙人 К. М. 费烈伊杰开始时是位店员，后来成为 Л. И. 施吉格里茨公司的主管，在 Л. И. 施吉格里茨的帮助下与勃兰特创立了公司。勃兰特也是 А. Л. 施吉格里茨组建的圣彼得堡委员会成员、俄国铁路总公司成员。因此，勃兰特和施吉格里茨交往甚久，这也解释了在创建圣彼得堡私人商业银行时为什么能得到财政部和国家银行的支持。圣彼得堡的实业界都知道，Е. Е. 勃兰特得到了"财政大臣 М. Х. 赖腾的支持和庇护"。当勃兰特寻求赖腾帮助的时候，得到了"能使公司获

---

① Петроградский Частный коммерческий банк за пятидесятилетие 1864 – 1914. Пг., 1914. С. 2.

② См.: Левин И. И. Указанное сочинение. Акционерные коммерческие банки в России. С. 174.

俄罗斯帝国商业银行

路德维希·哈夫男爵

罗别尔特·克列缅茨

得成功的各种有利条件"①。这种帮助首先表现在，指示国家银行购买银行总价 100 万卢布的 4000 股股票，也就是股份资本的 1/5。同时，国家银行将其股票红利的 5% 让利于其他股东，期限 10 年。此外，国家银行领导人 А. Л. 施吉格里茨建议，外国私家银号成为圣彼得堡私人商业银行代理行时，要认购总额为 100 万卢布的公司股票。

这些措施不是偶然的。财政部和圣彼得堡实业界考虑到西方创建首批股份银行的经验认为，公开认购新银行股票不一定能取得成功。但是，1864 年 8 月进行的 12000 股股票认购超出了人们预期，明显超过了要求的数额。

银行创始人组成了第一届董事会，其中包括财政部代表三品文官 А. К. 吉尔斯。勃兰特成为新银行的董事会成员和董事，继续领导圣彼得堡证券交易委员会直到 1870 年。邀请柏林私家银号门德尔松和巴黎私家银号罗斯柴尔德推荐的人员担任主要执行岗位——高级会计职务，主导会计事务，负责国外函

---

① Петроградский Частный коммерческий банк. С. 3－4.

电业务。1864年11月1日,俄国第一家股份银行圣彼得堡私人商业银行开张营业。

腾飞和陨灭

19世纪60年代末以前,Г. П. 耶里谢耶夫开始领导银行。由于国家银行参与圣彼得堡私人商业银行股份资本的10年期限已过,财政部代表吉尔斯不再担任董事会主席。1875年,Г. П. 耶里谢耶夫被选为银行董事会主席。按照非常了解圣彼得堡经济生活推动力的圣彼得堡高官 K. A. 斯卡里科夫斯基的话来说,圣彼得堡私人商业银行"很快从勃兰特转到耶里谢耶夫兄弟手中"。①

时间让人们忘记了俄国革命前大部分私营公司的名字。但是,耶里谢耶夫公司不同,几十年后,它在圣彼得堡和莫斯科建立的最好的食品店仍被人们称为"耶里谢耶夫食品店"。

20世纪初前,耶里谢耶夫的公司已经有百年历史。彼得·耶里谢耶维奇·耶里谢耶夫是公司的创始人,1813年,他在涅瓦大街上开设了一家水果商店。1858年,他的儿子格里高利和斯杰潘创建了耶里谢耶夫兄弟贸易公司,资本780万卢布,公司从事葡萄酒贸易和所谓的殖民地商品贸易。

1866年,圣彼得堡私人商业银行董事会报告指出,近两年公司业务"优先发展本国贸易",包括国

格里高利·彼得罗维奇·耶里谢耶夫

---

① Скальковский К. Л. Наши государственные и общественные деятели. СПб., 1890. С. 172.

际贸易。同时，银行进行商业票据贴现，并通过为客户开立活期账户及用支票取代现金支付来简化现金结算方式。报告还指出，银行业务要促进"国家工业进步"。通过银行中介和一些私家银号，使"梁赞—摩尔尚斯克铁路公司无须求助外国银行家，就能在俄国销售自己的股票和债券：这将是俄国资本家独立在俄国销售相似债券的第一个案例"。

董事会在1867年决算中指出，除期票贴现、息票及商品抵押贷款外，"买卖俄国和外国有价证券的业务和外国汇票周转一样，给我们带来了大量利润"。因此，公司业务的主要方向是：俄国期票贴现、国外汇票业务（汇票）、息票和商品抵押贷款及买卖有价证券。

1867年12月31日的资产负债表中，俄国期票贴现在银行资产的比例为27.5%，外国汇票为5.9%，息票抵押贷款为10.4%，自有有价证券为31.5%。但是，期票贴现创造了最大利润——利润总量的3/5以上。可能因此，在接下来的几年中，期票贴现在银行资产业务中的比重上升，而有价证券则相反，比重下降。

1868年末，银行自有有价证券的份额达到了240万卢布，其中180万卢布是俄国铁路总公司（超过7000股股票，总价值86.57万卢布）、其他铁路公司（包括奥廖尔—维杰布斯克、霍里科夫—克列缅丘格—狄纳堡—维杰布斯克、梁赞—摩尔尚斯克铁路）和俄国轮船和贸易公司的股票和债券。

从圣彼得堡私人商业银行董事会记录判断，19世纪90年代上半期，银行除了铁路有价证券业务外，还认购了1871年春在里加创立的波罗的海商业银行股票。银行董事会记录中还有关于认购高加索工业公司股票的记录，此次认购"没有获得更大的成功"。但在1873年，银行有价证券遭到损失时，银行董事会开始讨论在记录中并没有体现的"业务"：银行参与欧洲宾馆公司和古卢博夫石煤矿[①]。

银行除了直接拥有有价证券外，还拥有大量辛迪加账户及特别抵押有价

[①] См.: Бовыкин В. И. О взаимоотношениях российских банков с промышленностью до середины 90 - х годов XIX в. // Социально - экономическое развитие России. М., 1986. С. 199 - 200.

证券，其中，主要是政府担保的铁路公司股票、债券，银行愿意以这些债券担保提供贷款。

19世纪60年代末前，银行大约一半的资产是自有股份资本。银行不以"他人的"资本为目标，所以只吸收定期存款。但是客户活期账户中积累了大量闲置资金。1868年末，闲置资金达到760万卢布，同时定期存款达到170万卢布，它们第一次彻底地超过了股份资本。

起初，圣彼得堡私人商业银行的业务成就非凡。1865~1872年，平均每年支付股份资本的股息为12%。1871年前，银行的贴现业务和贷款业务都没有亏损。1871~1872年，一些客户破产致使出现第一次亏损。1870~1871年，法国—普鲁士战争的结果给俄国对外贸易带来了严重损失。但是，1872年上半年，俄国经济形势依然很好：1868年开始的工业上升期仍在继续。1872年下半年，首次出现了经济危机的征兆。

同时，19世纪70年代初，俄国股份银行的数量大量增加。如果在1870年以前整个国家一共只有6家股份银行，那么，在接下来的4年中其数量增加到39家。1873年，在经济危机已经开始的情况下，仍继续建立银行。这一切都使银行间的竞争更加激烈。

早在1872年夏，一些客户的破产就使银行面临着40多万卢布损失的风险。1873年初，作为银行铁路有价证券业务主要中间人的市场经纪人停止付款，又给银行带来沉重打击。5月，3位董事会成员辞职。支持这些董事会成员的公司紧急分割属于他们的银行股票。结果，价值250卢布的股票跌到50卢布。银行客户也急于取出存款。此外，经常得到银行支持、帮助的大企业家和资本家，此时也做出了对银行不利的事情："由于普遍惊慌，他们从活期账户中大量提现，有时甚至一次取出几十万卢布。"①

活期账户的债务有1450万卢布，而银行现款总计只有650万。如果政府没有给银行提供用银行有价证券做担保的、满足储户索赔所必需的资金，那么，银行破产将不可避免，因为，储户在近一个月内从账户中取出的资金

---

① Петроградский Частный коммерческий банк. С. 51.

就达到850万卢布。

政府的帮助挽救了银行。第二年银行偿还了贷款，甚至还支付了少量红利。但是，这次危机使其成为二流银行。

从1873年开始是俄国银行的艰难时期。圣彼得堡私人商业银行危机过后，接踵而至的是1875年莫斯科商业贷款银行的倒闭。它引起的惊慌使其他银行也濒于破产。1875~1879年，俄国股份银行的数量由39家减少到33家，而其固定资产（自有资金和存款）减少了28%。接下来的10年中俄国只建立了一家股份银行。1890年，银行资产才超过1874年的水平[①]。在银行存款外流的情况下，领导人必须严格限制资产业务。丧失付款能力的客户造成巨额损失，因此，他们努力避免期票贴现和发放贷款的各种风险。1876~1880年，期票贴现减少近一半，这种水平一直持续了10年。因为担心为工商业企业发放贷款积压资金，所以银行对19世纪70年代末80年代初的经济增长置若罔闻。银行的大部分资产投在稳定的、"有威望的"证券——国家债券和政府担保铁路债券。

1873年后，一些公司代表离开圣彼得堡私人商业银行董事会，使 Г. П. 耶里谢耶夫的领导地位得到进一步强化。尽管银行董事 Е. Е. 勃兰特不再担任圣彼得堡证券交易委员会主席，但银行和委员会之间的关系仍在（从19世纪60年代中期开始，Г. П. 耶里谢耶夫进入委员会，1872年担任副主席）。但是在新形势下，相互关系的内容发生了变化。为贸易流转首先是为圣彼得堡市场商品交易服务而建立的银行，主要进行有价证券市场投机活动。银行开始减少商业票据贴现业务。1878年1月1日，贴现在资产业务中的比重下降到4.3%。同时，有价证券业务占银行近40%的资产[②]。实质上，1879~1880年，当有价证券的资产负债存量超过固定资本的90%时，银行业务就已经"偏离了主要任务——发展本国工商业需要的短期贷款，

---

① Русские акционерные коммерческие банки по отчетам за 1914 г. с соответствующими данными за 1913. Пг. 1915. С. 56–57.
② Ежегодник русских кредитных учреждений. Вып. Ⅱ. 1878. СПб., 1882.

而不是冒着风险进行市场投机"①。私有有价证券的构成也说明了这点：成分经常变化。

19世纪80年代初，Г. П. 耶里谢耶夫退出圣彼得堡证券交易委员会，后来又退出圣彼得堡私人商业银行董事会。董事会主席职位由其儿子 A. Г. 耶里谢耶夫接任，但是时间不长。1884年4月28日举行的全体股东大会上，在上一次会议拥有近一半股权的耶里谢耶夫家族并没有出现。但是，与会者中出现了私家银号 И. Е. 金茨布尔格、Э. М. 梅耶 и К°、И. В. 容克 и К°及莫斯科商行沃高 и К°的代表。其中容克和沃高两位代表入选董事会，并且容克成为主席。

这种"干涉"的原因并不明确，可能这体现了俄国工商业和银行界在19世纪80年代经济不景气时力量分布的重新调整。这也注定了容克和沃高会在1886～1887年先后退出银行。从1885年4月开始，西门子·哈尔斯克公司圣彼得堡分公司负责人卡尔·西门子——维尔纳·西门子公司负责人的兄弟，接替容克成为董事会主席。

亚历山大·格里高利耶维奇·耶里谢耶夫

银行管理权易手时，其业绩就会变得更差。1879～1880年，存款减少了近40%，并在接下来的4年中持续减少。1883～1885年，资产降到了极低的水平。

卡尔·西门子领导圣彼得堡私人商业银行并利用它在1886年创建了电灯公司。该公司是俄国股份公司，但实际上是德国西门子·哈尔斯克公司的分公司。1888年，卡尔·西门子借助圣彼得堡私人商业银行，将电灯公司

---

① Петроградский частный коммерческий банк. С. 61.

俄罗斯帝国商业银行

卡尔·西门子

的股份资本从100万卢布扩大到500万卢布,并掌握了股票控制权①。

19世纪80年代下半期,银行业务趋于好转:存款增加并有条件发展资产业务。但是1890~1891年,巴黎私家银号 И. Е. 金茨布尔格和敖德萨公司 Ф. 拉法洛维奇 и К° 的破产,给银行带来了沉重损失。1891年,严重的歉收又给银行以沉重打击。1891~1893年,银行存款减少了60%,达到了历史的最低值②。1894年1月,卡尔·西门子离开了银行。显然,西门子·哈尔斯克公司的领导人,只是想利用圣彼得堡私人商业银行确立其在俄国电力行业中的地位。他们更喜欢与更强大的俄国银行——圣彼得堡国际银行开展业务合作。

1890年,Е. Е. 勃兰特辞去圣彼得堡私人商业银行的董事职务,由圣彼得堡商人、奥地利国民阿尔弗雷德·伊万诺维奇·穆拉尼接任。在他领导期间,银行经历了19世纪90年代下半期的腾飞及后来的陨灭。19世纪90年代中期以前,圣彼得堡私人商业银行的资产不仅逊色于大部分圣彼得堡和莫斯科的银行,也逊色于一些地方银行。1895年1月1日其股份资本总计500万卢布,储备金110万卢布,存款350万卢布。银行以十分有限的资金成为首批参与19世纪90年代下半期俄国实业界创业热潮的银行。

银行董事会比以前更愿意为工业公司发放贷款,从不定期贷款向定期贷

---

① См.: Дякин В. С. Германские капиталы в России: электроиндустрия в электрический транспорт. Л. 1971. С. 22, 31.
② Петроградский Частный коммерческий банк. С. 65－66, 73.

款转变。

为企业提供贷款时，银行一般会用企业股票做抵押。由于这些贷款经常延期，贷款企业在银行抵押的大额股票期限也相应变长。从1894年开始，银行更积极地参与老公司和新建公司的资本扩大业务，承担发行这些公司股票的任务。起初，银行领导人开展业务时，并不是为了控制银行持有股票的公司，而是以投机为目的，随时准备在时机有利时购买公司增发股票和新建公司的股票，以期在价高时出售。但是，这种业务常常很耗时。结果，想通过转卖公司股票谋利的银行在某个时间段成为公司大股东。因此，银行派自己的代表进入董事会以控制企业。1894年12月，圣彼得堡私人商业银行代表首先进入了北方玻璃工业公司董事会。

银行董事会由亚历山大·雅科夫列维奇·普罗霍罗夫领导，在此之前，他已经做了10多年董事会成员，是大交易所经纪人，1893年，被选为圣彼得堡证券交易委员会主席。在其领导下，圣彼得堡私人商业银行开展了19世纪90年代最大的业务——1895年夏，创建了俄国机车制造机械公司，该公司在哈里科夫建造了规模宏大的机车制造厂；1896年春，发行著名石油开采加工公司Г.М.利安诺佐夫的股票①。

1896年夏，康斯坦丁·洛基诺维奇·瓦赫杰尔接替А.Я.普罗霍罗夫董事会主席的职务。他来自德国商人家庭，1863年在圣彼得堡领导Ф.科鲁巴公司驻俄国的经纪人办事处。1875年，К.Л.瓦赫杰尔加入俄国国籍，并在国家种马场管理局任职。根据法律，不能授予其十四级官阶，而是六级，也就是六品文官。他在这个职务上没有领取国家薪水，1890年前夕，成为五品文官，根据官阶表被授予世袭贵族称号②。

实业界对瓦赫杰尔的评价是其善于寻找折中方案并有发达的关系网。这些特质引起了圣彼得堡私人商业银行大股东对他的注意。1896年4月以前，瓦赫杰尔没有接触过银行业，也不是圣彼得堡私人商业银行的股东，他以

---

① См. Подробнее: Бовыкин В. И. Зарождение финансового капитала в России. М., 1967. С. 261 – 264.

② Боханов А. Н. Крупная буржуазия России. Конец XIX в. – 1914 г. М., 1992. С. 229.

康斯坦丁·洛基诺维奇·瓦赫杰尔

100股股票的股东身份出席了全体股东大会并被选为董事会成员。几天后,董事会选举他为董事会主席。

К. Л. 瓦赫杰尔接任圣彼得堡私人商业银行领导岗位后没有改变银行的业务方向。银行继续加强创建、发行业务,积极参加各种股份公司。19世纪90年代末,它投资了近20家工业企业:冶金公司、机械制造公司、化工公司,等等。圣彼得堡私人商业银行一般不单独开展这些业务,而是与其他友好银行合作组建辛迪加。在投资这些公司时,圣彼得堡私人商业银行不仅与其他银行合作,还与能为公司建立提供技术援助的工业公司合作。因此,创建俄国轮船建设机械公司时,圣彼得堡私人商业银行与圣彼得堡—亚速银行和法国机械制造公司布埃(Usines Bouhey)进行了合作。圣彼得堡私人商业银行与法国财团一起,参与创建了伏尔加上游铁路材料公司、南俄冶金公司及俄国苏打加工销售公司。

1898年,圣彼得堡私人商业银行邀请法国伙伴在里昂创建里昂—马赛私人银行,总资本200万法郎(4000股股票)[1]。

1895年,圣彼得堡私人商业银行扩大了250万卢布股份资本,也就是达到了750万卢布。1898年第三次发行股票后,银行的联合资本达到了1000万卢布。1899年前夕,储备资本达到了560万卢布。1895~1898年,存款增加了两倍。银行资产明显增加,但这仍不能满足扩大创建、发行业务的需求。同业往来账户成为银行开展这项业务的主要资金来源。

---

[1] РГИА, ф. 697, оп. 2, д. 30, л. 219.

1899年1月，圣彼得堡私人商业银行的状况虽然不危急，但也很紧张。其现金头寸和在国家银行活期账户中的闲置资金总计为220万卢布。在代理行的账户中有180万卢布。银行有60万卢布的国家和政府担保的有价证券，其市场价值不会降低，银行还有160万这种证券抵押的贷款和同业往来账户。期票"预留"了1040万卢布。总计大约1600万卢布，这是银行能在任何情况下使用的资金。还有约500万卢布资产，但销售这些资产将带来重大损失（主要是在银行抵押的商品和商业债券）。最终，难以销售的资产总计为1860万卢布。这里包括同业往来账户的无记名贷款（350万卢布），还包括在银行抵押的非担保证券（1420万卢布）和自有资产（90万卢布）[①]。

银行参与销售的证券中绝大部分是刚刚建立、仍处于建设和组织阶段的工业企业的股票和债券。1899年春，圣彼得堡市场的有价证券行情出现下降趋势。同年夏，俄国工商银行的主要股东 П. П. 冯·杰尔维斯和著名铁路大亨 С. И. 马蒙托夫的破产，深刻影响了行市。

对圣彼得堡私人商业银行和俄国其他银行来说，困难时期来临了。1899年初，在圣彼得堡私人商业银行使用的2400万"他人的"资本中，银行只有400万卢布的闲置资金，并且只有不到1800万卢布的负债。因此，银行董事会和经理处的活动就像在走钢丝。

1899年，圣彼得堡私人商业银行的损失超过50万卢布。董事会出售了不久前在涅瓦大街购买的大楼并支付每股股票11%的红利。1900年，俄国经济形势变得更差。市场上大部分有价证券严重贬值。银行自有证券和股票价格的下跌使其损失了40万卢布。同时，"某些客户丧失支付能力迫使银行销售作为账户保证的抵押品"。由于在市场上销售抵押的股票和债券时，市场价格会非常低，只会给银行带来损失，所以董事会按照抵押价格将其收购。结果，这些债券没有贬值，反而快速增值，达到了惊人的370万卢布。然而，为了弥

[①] РГИА，ф. 697，оп. 2，д. 37，л. 8 – 20；д. 41，л. 8 – 21；Петроградский Частный коммерческий банк. С. 69；Статистика краткосрочного кредита. Операци акционерных банков коммерческого кредита в 1894 – 1900 гг. СПб.，1905.

补银行参加26家从事买卖各种公司股票的银行辛迪加带来的损失，决定从储备金中支出250万卢布。再一次向股东支付了红利，虽然不多（4%）①。

1902年4月7日，银行董事会在1901年全体股东大会上的报告中指出，由于"极糟的情况"，决定不发放红利。根据董事会的报告来看，1902～1904年，银行的业务开始好转：营业总额和存款增加，期票贴现和发放贷款业务更加积极。1902年和1903年红利为4.4%，1904年为5%。银行业务好转后，董事会在1904年实现了搬迁到涅瓦大街的愿望，在那里租用了场地。1905年，整体形势变坏，对银行的业务影响非常明显。银行董事会指出，存款严重外流（600万卢布），期票额度缩减（150万卢布）。但是，这一年仍发放了红利（4%）②。

但是，1906年春，在А.И.穆拉尼离开经理处、К.Л.瓦赫杰尔辞去董事会主席的职位后，银行"富足"的面纱被揭开了，秘密就在于没有冲销参加辛迪加和直接参加股份公司造成的巨大损失。

银行界的默默无闻者、三品文官瓦列金·雅科夫列维奇·戈鲁别夫成为圣彼得堡私人商业银行董事会主席和银行董事。在他任职时期，董事会最终宣布："银行的实际状态既是因为参加辛迪加，又是因为直接投资各种工业企业导致的。"审查发现了可怕的事实，资料显示，银行参加辛迪加"使其遭受了巨大损失"。此外，"许多银行代理行账户的债务人也让银行希望渺茫甚至毫无希望"③。

结果，董事会斥资580万卢布冲销辛迪加和银行代理行的损失。为补偿这笔金额，董事会建议冲销余下的储备金并发行新的银行股票。1907年5月16日的全体股东大会批准了这一方案：承认损失了处于流通中的1/5股份资本（共200万卢布）并发行同等数额的新股票④。

---

① Отчет С.-Петербургского Частного коммерческого банка за 1899 и 1900 гг. СПб., 1900 – 1901；Петроградский Частный коммерческий банк. С. 85 – 88.
② Отчет С.-Петербургского Частного коммерческого банка за 1901 г. СПб., 1902；Петроградский Частный коммерческий банк. С. 89 – 94；РГИА, ф. 597, оп. 2, д. 44, л. 28, 33 – 36..
③ Петроградский Частный коммерческий банк. С. 95 – 97.
④ РГИА, ф. 597, оп. 2, д. 48, л. 4 – 5, 8 – 17, 19 – 20, 50 – 59, 92 – 93.

第三章 圣彼得堡的银行业

圣彼得堡私人商业银行业务大厅

В. Я. 戈鲁别夫与里昂—马赛私人银行签订了合同，由该行负责认购俄国银行的新股票。但是，由于1907年下半年经济危机席卷西欧，合同没有履行。圣彼得堡私人商业银行的状况开始恶化，1907年末，戈鲁别夫解除了自己领导人的职务①。

1908年4月，二品文官弗拉基米尔·伊万诺维奇·科瓦列夫斯基成为银行董事会主席和常务董事。但是在了解银行业务后，他很快就退休了。大部分董事会成员也竞相仿效。令人吃惊的是，银行在这种情况下还能继续运营。

1909年2月，全体股东大会选出了新一届董事会成员。阿列克谢·阿夫古斯托维奇·达维多夫任本届董事会主席和董事。他所带来的是圣彼得堡私人商业银行的复苏和繁荣。

---

① Петроградский Частный коммерческий банк. С. 98；РГИА，ф. 597，оп. 2，д. 45，л. 53－55；д. 47，л. 76.

087

俄罗斯帝国商业银行

追逐领导人地位

如果我们打开布罗克豪斯和埃夫隆的《新百科全书辞典》，就会发现 A. A. 达维多夫的以下信息：出生于 1867 年，毕业于圣彼得堡音乐学院，作曲家、大提琴家，创作了歌剧《淹没的钟》。

阿列克谢·阿夫古斯托维奇·达维多夫

С. Н. 尤扎科夫主持编写的《大百科》中，还有一些补充信息：他在音乐学院 А. В 维尔什比洛维奇的班中学习大提琴，在 Н. А. 里姆斯基·科尔萨科夫的班中学习作曲，毕业作品"弓弦四重凑"为获奖作品，1894 年开始成为圣彼得堡音乐大会协会委员会成员并参加协会组织的歌剧《普斯柯维加克》和《鲍里斯·戈杜诺夫》的演出。还有，在圣彼得堡音乐学院学习的同时，1891 年 A. A. 达维多夫毕业于大学数学系，并获得一等毕业证书①。

当然，这不是错误。他正是我们感兴趣的那个阿列克谢·阿夫古斯托维奇·达维多夫。但是，我们如何解释他被邀请担任圣彼得堡私人商业银行的关键职位？原因在于，A. A. 达维多夫不仅仅是音乐家和数学家。圣彼得堡出版的最优秀的百科全书并未记录他对 20 世纪初圣彼得堡主导的证券体系的贡献。人们高度评价了他在仕途上的成功、在宫廷的地位及在文化和科学领域的成就，但是，他的商务活动没有得到应有的关注，而

---

① Новый энциклопедический словарь. СПб. , Т. 15；Большая энциклапедия. Т. 8.

А. А. 达维多夫正是将自己贡献给了这个行业。

他成长于特殊的文化环境，与很多俄国著名的文化和科学活动家交往甚密。他的祖父是一名医生，1839 年，由利巴瓦搬至莫斯科。他的父亲阿夫古斯特·尤里耶维奇·达维多夫是著名的数学家，莫斯科大学教授，理数系主任，一系列教科书的编写者，莫斯科数学协会创始人之一，并在 1864～1885 年期间任主席。

А. А. 达维多夫的舅舅卡尔·尤里耶维奇·达卫多夫（他的名字正是这样）更为著名。他在教育界是数学家，在音乐界是大提琴家。П. И. 柴可夫斯基称他为"大提琴家中的沙皇"。К. Ю. 达卫多夫也是著名的作曲家，他的长篇小说也特别流行。他在圣彼得堡音乐学院任教授多年，并在 1876～1887 年间任董事①。

出身于数学和音乐世家，А. А. 达维多夫也展现了这两方面的天赋。但他最终选择银行业作为自己的主要事业。1892 年，А. А. 达维多夫成为财政部贷款特别办公厅负责人最年轻的助手。19 世纪 90 年代中期他调任到圣彼得堡国际银行，很快成为银行的代理人。

圣彼得堡国际银行在 А. Ю. 罗特施泰因领导期间，依靠 С. Ю. 维特的支持，积极开展创建、发行业务。达维多夫开始开展银行的石油业务并在 1897～1898 年建立石油工业贸易公司"马祖特"——巴黎罗斯柴尔德和国际银行在其中发挥重要作用。在"马祖特"创始人大会上，他被选为公司董事会成员候选人。后来，达维多夫作为圣彼得堡国际银行代表进入一系列股份公司的领导机关②。因此，他是一名拥有各种关系、经验十分丰富的商人。

达维多夫取得圣彼得堡私人商业银行领导人职位首先要归功于财政部和

---

① Новый энциклопедический словарь. СПб., Т. 15; Большая советская энциклопедия. 2 - е изд. Т. 13. М., 1952.

② Монополистический капитал в нефтяной промышленности России. 1883 - 1914. М., 1961. С. 204 - 207, 210 - 211, 216 - 218; Материалы по истории СССР. Т. Ⅵ. Документы по истории монополистического капитализма в России. М., 1959. С. 753.

国家银行的支持。这种支持体现在，使寻找整顿圣彼得堡私人商业银行财务或者顺利进行清理业务的外国信贷机构变得容易。在一系列提案中，国家银行领导人 С. И. 吉玛舍夫更喜欢柏林私家银号门德尔松 и K° 的提案。该提案认为，只有逐渐出售资产，才能最终清理圣彼得堡私人商业银行，为此，提议再发行 300 万卢布股票。由于清算需要俄国一些大的商业银行参与，所以吉玛舍夫邀请这些银行的领导人参加 1909 年 6 月 3 日和 6 日举行的讨论圣彼得堡私人商业银行命运的会议。正如会议指出的那样，当时圣彼得堡私人商业银行有 600 万卢布的直接损失和超过 900 万"难以出售的、很可能变成损失的资产"。此外，有国家银行 560 万卢布债务。清偿负债总计需要 1400 万卢布，而银行总计只有 1200 万"容易出售的资产"①。

一些出席会议的银行，不久前也陷于相同的状况，能幸存下来仅仅是因为财政部和国家银行的扶持。但是吉玛舍夫号召商业银行领导人帮助国家银行挽救圣彼得堡私人商业银行，以避免其破产，并没有得到响应。同时，没有商业银行的积极参与，也不能进行圣彼得堡私人商业银行逐步清算的业务。圣彼得堡私人商业银行不能破产，因为这会给国家银行带来巨大损失。只能寻找其他方法挽救圣彼得堡私人商业银行。1909 年末，方法找到了。

在财政部的帮助下，1909 年 12 月 26 日，圣彼得堡私人商业银行与巴黎法国动产信贷银行（Креди мобилье Франсэ/Crédit Mobilier Francais）②、巴黎私家银号 Ж. 罗斯特 и K°、Гr. 塔里曼 и K° 和伦敦私家银号 Л. 吉尔什 и K° 签订合同，组建了财团重组圣彼得堡私人商业银行财务。重组的内容如下：银行股份资本由 800 万卢布减少到 200 万卢布，然后通过发行票面额 200 卢布的 60000 股股票，将股份资本增加到 1200 万卢布。其中 10000 股用于兑换旧股票（1 股新股票换 4 股旧股票），5000 股以优惠条件出售给老股

---

① РГИА, ф. 587, оп. 56, д. 369, л. 28 – 29, 32 – 38.
② Креди мобилье Франсэ 是前文提到的著名"动产信贷银行"的继承者，由别列伊尔兄弟创建。20 世纪初是二流银行，规模不大，股份资本 4500 万法郎。私家银号 Ж. 罗斯特 и K° 在组建财团中发挥主要作用，公司的领导人是精力旺盛、醉心于功名的银行家卓杰夫·罗斯特。

东，10000 股转卖给国家银行清偿债务（私家银号 Гr. 塔里曼 и K°与国家银行签订了购买股票的合同草案），最后 35000 股由财团支配，在巴黎市场出售。1910 年 1 月 14 日举行了圣彼得堡私人商业银行全体股东大会，批准了这一方案①。

由于圣彼得堡私人商业银行的股票控制权转移到了法国信贷手中，他们有 4 位代表被选为董事会成员（董事会由 8 人组成）、3 位代表进入理事会（理事会由 7 人组成）。其中 T. 罗姆巴尔多成为董事会主席助理，奥利弗耶·德·奥尔梅松伯爵成为理事会领导人。法国代表建立了巴黎委员会。圣彼得堡私人商业银行的新主人认为，这种双重领导机构体系能保证执行新主人的政策。遗憾的是，我们从私人银行的档案中没有发现这种机制发挥了作用。迄今为止没有发现巴黎委员会的会议记录，也没有在其他文件中发现它们的痕迹。银行在圣彼得堡的董事会会议记录中也没有记录，董事会成员中的法国财团代表一般不出席会议。同时，达维多夫和罗斯特之间的通信表明，他们之间的关系非同寻常。

银行财团重组圣彼得堡私人商业银行时获利颇丰，但其领导人并不满足于此。第一次世界大战前夕，俄国开始了新一轮铁路建设高潮。1908～1913 年，建立了 23 家铁路公司，资本达到了 2700 万卢布，政府担保的债券股本超过 70 亿卢布②。铁路公司的金融服务和有价证券的发行业务带来了既高又稳定的收入。所以在一战前，俄国银行和外国银行为争夺铁路许可和建立新铁路公司而展开激烈竞争。

20 世纪初以前，海外的俄国铁路有价证券主要在德国发售。1903 年，巴黎—荷兰银行（ПАРИБА）第一次组建辛迪加，主要在法国，也在比利时、荷兰和瑞士发行 3 家俄国铁路公司的债券。这次的尝试很成功，当时，

---

① РГИА，ф. 597，оп. 2，д. 47，л. 215－220；д. 55，л. 1－2；Петроградский Частный коммерческий банк. С. 104－107.
② См.：Соловьева А. М. К вопросу о роли финансового капитала в железнодорожном строительстве России накануне первой мировой войны // Исторические записки. Т. 55. М.，1956. С. 173－177；Боголепова И. Н. Финансовый капитал в железнодорожном строительстве России накануне первой мировой войны// вопросы истории. 1979. № 9. С. 52－53.

俄国在日俄战争和1905年革命后出现了铁路建设复苏的迹象，法国银行在等待开展新业务的时机。第一个机会是以巴黎—荷兰银行和总公司为首的法国银行集团参与北顿涅茨克铁路的建设和融资业务①。

Ж. 罗斯特在法国银行财团重组圣彼得堡私人商业银行的过程中发挥主要作用，财团想利用这个机会，在处于上升期的俄国经济，包括在俄国铁路建设中占有一席之地。Ж. 罗斯特在与俄国财政部谈话中表达了这一诉求，希望通过银行财团成员提供的服务优先获得西伯利亚和土耳其斯坦铁路建设的许可。虽然这种沟通不是正式的，但的确发生过。况且，财政大臣 В. Н. 科科夫佐夫在给法国驻圣彼得堡大使 Ж. 路易的信中指出："非常同意 Ж. 罗斯特的提议，财政部对重组圣彼得堡私人商业银行的银行财团充满好感。"②

1910年4月30日的全体股东大会，研究了一些银行董事会"支持自己业务"的"原则"，完全体现了圣彼得堡私人商业银行新主人的意图。在董事会报告中写道："为我们增发股票做担保的辛迪加，其目的是通过这项业务，促进俄国信贷机构发展，使其能够作为俄国企业和欧洲市场的中间人，成为一个完全了解国家工商业的机构并对哪些业务具有活力、适合辛迪加融资做出敏锐判断。因此，银行首先努力发展章程规定的业务，同时，建立必要机构以便履行外国资本和俄国工业中间人的职能。"大会通过了这些"原则"，还批准了董事会提出的，在吸引存款扩大分行网络时，不与其他银行竞争的提案③。

圣彼得堡私人商业银行作为外国银行和俄国企业的中间人，"利用相对

---

① См.: Ананьич Б. В., Лебедев С. К. Участие банков в выпуске облигаций российских железнодорожных обществ (1860 – 1914 гг.) //Монополии и экономическая политика царизма в конце XIX - начале XX в. Л., 1987. С. 5 – 33; Бовыкин В. И. К истории перехода французского капитала к новой стратегии инвестиций в России//Экономическая история: исследования, историография, полемика. М., 1992. С. 114 – 129.

② См.: Girfult R. Emprunts russes et invextissements francais en Russie. 1887 – 1914. Paris, P. 503 – 505; Ронин С. Иностранный капитал и русские банки. М., 1926. С. 68, 95 – 96.

③ РГИА, ф. 597, оп. 2, д. 53, л. 12 – 13.

便宜的国外贷款"扩大自己的贴现业务。由于近两年银行关闭了地方分行,莫斯科分行被改组成独立的股份银行莫斯科私人银行。同时,自有资本成为圣彼得堡私人商业银行资产业务最重要的资金来源。1911~1913年,银行的股份资本每年都在增加,达到了4000万卢布。1911年,由同一家银行财团担保,圣彼得堡私人商业银行发行了40000股新股票,进行了改组。银行只获得1103股股票。其余股票被认购。一共大约有3000股股票进入法国①。

圣彼得堡私人商业银行 250 卢布的股票

1911年,Ж. 罗斯特将自己的私家银号改组为法国信贷股份银行(Crédit Francais),资本2500万法郎。圣彼得堡私人商业银行参与了改组,因此,А. А. 达维多夫被选入新银行董事会。

1911年,罗斯特与达维多夫的联合取得了显著成就。由于更加强大的国内外银行集团参与了争夺铁路许可的斗争,罗斯特没有任何成功的机会。竞争集团尝试逐个击破新出现的竞争对手。俄国的银行许诺罗斯特和达维多夫,如果他们退出争夺,将来一定给予回报。罗斯特在1911年3月写给达维多夫的信中写道:"这个建议除了用各种可能的方式满足我们之外,别无目的。"罗斯特坚持参加争夺西伯利亚铁路的斗争,因为"根据大臣先生的承诺,应该会优先考虑我们"②。

最终,竞争对手只能坐下来谈判。1911年6月6日,在圣彼得堡举行

---

① РГИА, ф. 597, оп. 2, д. 62, л. 9 – 18.
② РГИА, ф. 597, оп. 2, д. 123, л. 72.

俄罗斯帝国商业银行

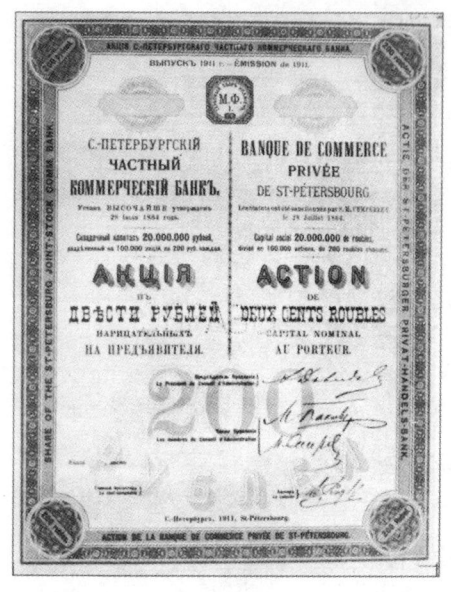

圣彼得堡私人商业银行 200 卢布的股票

了俄法两国的银行代表人会议,他们都想获得乌拉尔、西伯利亚和中亚的铁路建设许可。会议讨论了俄法两国银行关于分配 4 家铁路公司价值 1.69 亿卢布的股份资本和债券资本的比重问题。会议决定,8 家俄国银行(亚速—顿河银行、伏尔加—卡马银行、贴现贷款银行、国际银行、俄国外贸银行、俄国—亚洲银行、西伯利亚银行和工商银行)获得总额的 60%,圣彼得堡私人商业银行获得 5%,法国信贷银行获得 15%,巴黎—荷兰银行和总公司获得 20%。同时,"为划分参加企业融资的两家法国集团利益",会议决定,法国信贷银行和私人银行将参加东北乌拉尔和阿尔泰铁路的融资。参与比重为东北乌拉尔铁路 51.7%,阿尔泰铁路 35.7%。巴黎—荷兰银行和总公司参与西乌拉尔和谢米列奇耶的铁路融资(西乌拉尔铁路为 32.6%,谢米列奇耶为 45.5%)[1]。

但是,法国信贷银行和圣彼得堡私人商业银行还没来得及庆祝这个胜利。巴黎—荷兰银行和总公司的领导人对罗斯特集团取得的份额不满,认为这与其在法国银行体系中的地位明显不符,因而采取了措施,结果,被 Ж. 罗斯特寄予希望的俄国财政大臣,拒绝批准 6 月 6 日的会议决议,并拒绝法国信贷银行参与阿尔泰铁路事务。作为补偿,将法国信贷银行和圣彼得堡私人商业银行参加东北乌拉尔铁路公司的债券资本由 1116 万卢布增加到 1715.6 万卢布,占总额的 75%(俄国银行集团获得 25%)。但是,法国信

---

[1] Материалы по истории СССР. Т. Ⅵ. С. 584–588.

贷银行—圣彼得堡私人商业银行在该公司的股份资本份额由 51.7% 减少到 50%，与俄国银行集团均等。并且，6 月 6 日会议确定的由圣彼得堡私人商业银行创建东北乌拉尔铁路公司并领导发行辛迪加，现在改为俄国银行集团的代表俄国—亚洲银行。

"里昂信贷"总公司取代法国信贷银行—私人银行集团，参与销售阿尔泰铁路公司的债券资本。法国信贷银行被建议参加俄国银行集团，起初，Ж. 罗斯特同意了，但 1912 年 5 月又拒绝了。当时，圣彼得堡私人商业银行已经加入俄国银行集团，"与本组其他银行享有同等权利"①。

这意味着法国信贷银行与圣彼得堡私人商业银行的联盟事实上已经解体。1911 年 11 月，圣彼得堡私人商业银行与俄国最大的股份银行俄国—亚洲银行签署了《利益合作共同体协议》，协议也引起了 Ж. 罗斯特集团的法国银行竞争者总公司和巴黎—荷兰银行的兴趣。1912 年，他们还进行了对圣彼得堡私人商业银行影响的争夺。结果，两个法国银行集团成为担保定期发行圣彼得堡私人商业银行股票的辛迪加一员。但是他们的力量极不平衡，1913 年初，预料之中的事发生了：法国信贷银行代表离开了圣彼得堡私人商业银行的董事会和理事会，达维多夫也离开了法国银行的董事会②。1912~1914 年，在法国发行的大部分圣彼得堡私人商业银行股票回到俄国。根据法国 1918~1920 年的俄国有价证券登记结果，总额 4000 万卢布的银行股票中有 730 万卢布股票依然留在法国。

从 1912 年起，圣彼得堡私人商业银行成为俄国—亚洲银行最亲密的盟友，积极参加它的所有业务：在俄国创建军事工业巨头集团，在伦敦创建俄国石油总公司和烟草托拉斯。圣彼得堡私人商业银行因为与俄国—亚洲银行的特殊关系，从根本上挽救了自己的业务，并在 1914 年前成为俄国前十大银行。

---

① См.：Girault R. Op. cit. P. 506；Материалы по истории СССР. Т. Ⅵ. С. 579 – 580，590 – 593；Ананьч Б. В., Лебедев С. К. Указанное сочинение . Участие банков в выпуске облигаций российских железнодорожных обществ（1860 – 1914 гг.）С. 2；РГИА，ф. 597，оп. 2，д. 170，л. 169.

② РГИА，ф. 597，оп. 2. д. 132，л. 21.

第三节　竞争者还是同盟者？

1869年，圣彼得堡新建了两家商业银行——国际银行和贴现贷款银行。沙皇几乎同时批准了它们的章程：5月13日和28日。博学的К. А. 斯卡里科夫斯基回忆时说道："……希腊人在圣彼得堡创建了贴现贷款银行，犹太人创建了国际银行。"[①] 如果从创始人成员来看，那么希腊人在国际银行的组建者中占多数，而犹太人也参与了贴现贷款银行的创建。但是，某种程度上，我们看到的是非常复杂的公司。

国际银行在圣彼得堡的大楼

国际银行的创始人是银号和贸易公司的代表，他们来自圣彼得堡（斯卡拉曼卡 и К°、Ф. П. 罗多科纳吉 и К°、列昂·罗森塔尔）、阿尔汗格尔斯克（Э. Г. 勃兰特 и К°）、敖德萨（Ф. 马夫洛克尔达托 и К°）、塔甘罗格（斯卡拉曼卡 и К°）、华沙（С. А. 弗列科里）、汉堡（И. Б. 果斯列里 и К°）、法兰克福（Бр. 什列德尔、艾尔兰格尔 и с—я）、巴黎（艾米利·艾尔兰格尔 и К°）、阿姆斯特丹（Б. Г. 什列德尔 и К°）和伦敦（Ф. 乌特果夫 и К°及别尔 и К°）。圣彼得堡和敖德萨商行的领导人 Ф. П. 罗多科纳吉成为董事会主席，华沙银号 С. А. 弗列科里的创始人之一 В. А. 里亚斯基是另一关键职位银行董事和董事会

[①] Скальковский К. А. Наши государственные и общественные деятели. СПб., 1890. С. 172.

成员。除他们外，董事会成员还包括圣彼得堡银行家 Л. М. 罗森塔尔、С. К. 戈维耶尔，以及在阿尔汗格尔斯克创建商行，后来加入俄国国籍的汉堡经纪人后代 Э. Г. 勃兰特。

外国公司代表没有参与创建圣彼得堡贴现贷款银行。但尽管这样，我们在其创始人中依然看到奥西伯（耶夫杰里）·哈普里埃洛维奇和贺拉斯·奥西伯维奇·金茨布尔格，他们当时是圣彼得堡最有影响力的私家银号 И. Е. 金茨布尔格的领导人，银号在巴黎有分行并有广泛的国际联系，还有来自敖德萨银行家世家、在巴黎和维也纳拥有私家银号的伊戈纳吉·耶夫卢斯。贴现贷款银行创始人也包括华沙大银行家列奥尼德·克罗涅别尔戈和尤里·维尔特戈伊姆，与国际银行不同的是，贴现贷款银行还吸引了一些老圣彼得堡王朝的工商业公司代表。И. Е. 拉曼斯基认为这是自己影响力的结果，他回忆道："我说服拉法洛维奇邀请俄国商人代表参加银行，因此，伯列扎耶夫和耶里谢耶夫成为银行创始人。"① 这里所说的尼古拉·米哈伊洛维奇·伯列扎耶夫，是著名的圣彼得堡粮食贸易商，斯杰潘·彼得洛维奇·耶里谢耶夫，是圣彼得堡私人商业银行创始人的兄弟。伊万·亚历山大洛维奇·瓦尔古宁和他们一样，是俄国老商人代表——他是莫斯科的工厂主、商人、大家族公司的创始人。

Н. М. 伯列扎耶夫被选举为贴现贷款银行董事会主席。金茨布尔格的代言人阿普拉姆·伊萨科维奇·扎克任董事②。他们的影响力是进入 Г. О. 金茨布尔格董事会的保证。

虽然两家新银行各具特色，但在很多方面也有相似性。它们具有相同的命运：同一年建立，在发展过程中时而是对方强力的竞争者，时而是关系紧密的合作伙伴。

---

① Ламанский Е. И. Воспоминания // Русская старина. 1915. Т. 164. С. 209. Герман Абрамович Рафалович, о котором упоминает Ламанский, будучи учредителем Учетного и ссудного банка, выполнял организационные фукции.

② А. И. Зак служил до своего назначения директором Учетного и ссудного банка главным бухгалтером банкирского дома Гинцбургов. См.: Ананьич Б. В. Банкирские дома в России. 1860 – 1914гг. Л., 1991. С. 41.

寻找战略

两家银行的主要业务包括贸易、铁路建设及证券抵押业务。19世纪60年代末70年代初是俄国改革后第一次经济上升期，这一时期的特点是纺织生产扩大、冶金和机械制造业建立、贸易发展、铁路建设规模空前扩大、股份银行数量快速增加、土地银行体系出现。通常情况下，依靠内部积累扩大纺织生产和进行技术设备更新，不需要银行直接参与。国有订单和铁路对钢轨、机车、车厢、铁路设备不断攀升的需求促进了冶金和机械制造业的发展。但是，贸易和铁路建设是离不开银行贷款的。

1869~1872年，俄国银行的商业票据贴现增长11倍，商品和货物单据抵押贷款增长30倍。商品流转贷款在两家银行的资产业务中占据重要地位。国际银行的创始人在阐述其目的时写道："现在俄国到处都在快速建设铁路网，铁路让货物运输更方便，必将促进国家生产的发展……同时，贸易流转的成功也离不开使用低廉的贷款。"① 1874年初，商业票据贴现、商品及货物单据抵押贷款在国际银行资产中超过1/5，在贴现贷款银资产中约为1/3。

19世纪60年代末，创建支持铁路建设的股份银行的积极性更加高涨。1869~1871年，创建的股份银行数量相当于之前所有的总和。大部分政府担保的公债在国外配售。通常，19世纪80年代初以前，俄国股份银行不参加这项业务：铁路商人直接求助外国银行，或者求助国家银行和私家银号。但是，俄国股份银行执行了这一职能。正如Е.И.拉曼斯基在回忆中指出的：铁路建设许可需要大量短期贷款。这就是为什么"一些股份银行在其建立初期就将为刚刚建立的铁路公司及其创始人提供贷款作为自己的主要业务之一"。铁路公司创始人开立没有贸易意义的期票，并将从私人银行获得的期票抵押贷款，作为公司必需的抵押金和启动资金②。

国外销售的部分债券回到俄国。由于这些债券的收入由政府担保，在获

---

① См.：Левин И. И. Акционерные коммерческие банки в России. Пг.，1917. С. 190.
② Ламанский Е. И. Указанное сочинение. Воспоминания. С. 60，209 – 210.

取银行贷款时它们广泛用于提交保证金。1874年初以前,国家息票和担保息票抵押贷款,其中大部分担保息票是铁路公司债券,占据了国际银行和贴现贷款银行1/5的资产。

两家银行的非担保有价证券抵押比例大致相同。根据它们私有证券的构成判断,在办理非担保有价证券时,它们更喜欢股份土地银行的一般质押书业务①。1871年5月,第一家股份土地银行哈里科夫银行建立,一年内,俄国又建立了10家小规模的股份土地银行。19世纪80年代初,这些银行发行的一般质押书,超过了俄国非担保有价证券的2/3。

两家银行比较顺利地渡过了1873～1875年的困难时期。但是,经济行市的变化使其领导层改变了资产业务的发展方向。在国家工业生产萧条和贸易流转下降的环境下,银行开始缩减商业贷款——商业票据贴现和商品抵押贷款,积极开展有价证券业务②。

如果19世纪70年代初国际银行最主要的收入来源是商品抵押定期贷款,其中主要是"银行寄售糖的业务",那么,糖价在1875～1876年的下降则导致了该业务收入的严重缩水。1876年末,国际银行被迫关闭在哈里科夫的分行,基辅分行的运营也面临威胁。银行董事会在1877年3月30日全体股东大会的报告中指出,银行的状况"由于我们分行的主要客户从事糖业,而糖业现在普遍困难,所以不能让人满意"。一年后,在向全体股东大会解释定期贷款利息总额降低的原因时,银行董事会说道,拒绝寄售糖"是有利的",并且"这个措施的直接结果是明显减少了商品抵押贷款"③。

---

① Отчет по операции акционерных банков коммерческого кредита за 1874 и 1875 годы. СПб., 1877. Разд. Ⅲ. С. 6 – 9;Бовыкин В. И. О взаимоотношениях российских банков с промышленностью до середины 90 – х годов XIX в. // Социально - экономическое развитие России. М., 1986. С. 198.
② Гиндин И. Ф. Русские коммерческие банки. М., 1948. С. 444 – 445; Ежегодник русских кредитных учреждений. Вып. Ⅰ. 1877. СПб., 1880; Вып. Ⅱ. 1878. СПб., 1882.
③ Петербургский Международный коммерческий банк. Отчеты по операциям за 1876 и 1877 гг. СПб., 1877 – 1878.

俄罗斯帝国商业银行

为了补偿与此相关的利润损失，国际银行拓宽了资产业务范围。1877～1878年，银行利润最大的是外汇投机——一年100多万卢布。同时，银行开始积极买卖有价证券。以前董事会认为，这项业务"不是银行的直接收入来源，仅仅进行最低限度的投资以安置……银行储备金和满足……客户的需求"。① 现在董事会视其为增加收入的来源。结果，银行拥有的有价证券份额急剧增长。1877～1878年，其价值超过500万卢布。

在19世纪70年代下半期经济萧条的情况下，贴现贷款银行业务的趋势是贸易流转贷款减少和有价证券主要是国家和政府担保的有价证券业务的增加。

国际银行和贴现贷款银行的前10年，在业务发展上是齐头并进的。19世纪80年代初以前，它们在圣彼得堡的银行中占据领先地位，仅次于当时俄国最大的银行莫斯科商人银行。

1879～1882年，当国家工商业生活经历短暂但明显的上升期时，两家银行重新扩大了贴现和商品贷款业务。在随后的长期萧条期，主要从事有价证券业务——活期贷款和同业往来账户的股票和债券抵押贷款。由于在后者中以公债和政府担保的铁路公司有价证券为主，所以，它们成为银行开展业务的主要对象。

19世纪80年代上半期，由于外国银行对铁路公司发行新股票和债券的业务稍有松懈，所以，国际银行和贴现贷款银行开始长期开展这些业务。为此，国际银行联合了俄国外贸银行。1881年7月12日，它们签订了共同发行国家证券、铁路证券和其他有价证券的协议。协议规定："签订合同的银行一方，在获得政府、某铁路公司或者其他公司委托发行其全部或者部分债券时，应建议另一方在同等条件下参与业务，共同分享手续费。"还规定了德国私家银号门德尔松 и K° 参与国际银行的比重，以及德意志银行和维也纳银行（维也纳银行联盟）在俄国外贸银行中的比重。同时，"根据约定银行的

---

① То же за 1872. СПб., 1873.

圣彼得堡国际银行股票

一致意见",协议承认它们与"其他俄国或外国企业、个人"已有的业务[①]。

1882年,根据协议建立了银行财团,担保发行了伊万哥罗德—多姆普洛夫铁路公司债券1656.6万卢布。除了协议中提到的两家俄国银行和两家德国银行外,柏林贴现公司也签订了协议。后来,该行成为国际银行销售铁路债券的主要伙伴。1885年,国际银行和俄国外贸银行联合贴现公司和法国罗斯柴尔德银行共同发行了规模巨大的弗拉基高加索铁路公司和西南铁路公司债券,金额超过5000万卢布[②]。

同时,贴现贷款银行坚持走自己的路。1882年,它加入由国外银行和私家银号(门德尔松 и K°、罗别尔特·瓦尔沙乌耶尔 и K°、巴黎贴现办事

[①] Шемякин И. Н. О некоторых экономических предпосылках Великой Октябрьской социалистической революции (из истории финансового капитала в России) // Социалистические преобразования в СССР и их экономические предпосылки. М., 1959. С. 19 – 20; Лебедев С. К. Петербургский Международный коммерческий банк в консорциумах по выпуску частных железнодорожных займов 1880 - х – начала 1890 - х гг. // Монополии и экономическая политика царизма в конце XIX – начале XX вв. Л., 1987. С. 43 – 45.

[②] Ананьич Б. В., Лебедев С. К. Участие банков в выпуске облигаций российских железнодорожных обществ (1860 – 1914 гг.) // Монополии и экономическая политика царизма. С. 17.

处、果京格尔、别林戈兄弟 и K°和霍别 и K°）为销售外高加索铁路公司债券而建立的辛迪加。1884 年，贴现贷款银行从各种持股人手中购买了 42000 股俄国铁路总公司股票。它为销售这些股票组建了外国信贷机构，主要是德国信贷机构，包括柏林 HANDELS－GESELLSCHAFT 银行（Берлинер·Хандель—Гезельшафт）参与的辛迪加。

19 世纪 80 年代中期，贴现贷款银行与该银行确定了友好关系。1886 年，贴现贷款银行参加了柏林 HANDELS－GESELLSCHAFT 银行组建的兑换梁赞—科兹沃夫铁路公司债券的辛迪加。而后者将国际银行和俄国外贸银行作为自己的合伙人，从其份额中让给它们各 20%。同时，贴现贷款银行参加该业务的比重为 20%。第二年，该银行集团兑换了库尔斯克—基辅铁路公司的债券[1]。

可能是贴现贷款银行的成功引起了国际银行和俄国外贸银行的注意，激起了这些银行领导人与其谈判、共同开展业务的意愿。任何情况下，即便在 1887 年，国际银行和贴现贷款银行在与德国银行共同销售科兹洛夫—沃罗涅日—罗斯托夫铁路债券时，都是首先作为同盟者。同年 9 月，贴现贷款银行董事 А. И. 扎克在巴黎宣布，该行与国际银行的关系改善并将进行全方位的业务谈判[2]。

1887 年，德国和俄国的政治关系恶化，俾斯麦授意公司抵制俄国证券并下令德国国家银行不接受俄国证券抵押贷款，致使一段时间内德国市场没有发行新的俄国债券。然而，俄国债券在法国很受欢迎。当时，法国有充足的闲置资金，结果银行贴现利率下降，息票价格上升。1887 年初，И. А. 维什涅格拉茨基接替 Н. Х. 本格成为俄国财政大臣，按照前任大臣的设想，利用当时已经成熟的条件，通过法国的银行兑换俄国公债。В. А. 里亚斯基和

---

[1] Лебедев С. К. Указанное сочинение. Петербургский Международный коммерческий банк в консорциумах по выпуску частных железнодорожных займов 1880－х－начала 1890－х гг. С. 45；Mai J. Das deutsche Kapital in Russland 1850－1894. Berlin，1970. S/ 162－163；Ананьич Б. В. , Лебедев С. К. Указанное сочинение . Участие банков в выпуске облигаций российских железнодорожных обществ （1860－1914 гг.）. С. 17－18.

[2] Лебедев С. К. Указанное сочинение. Петербургский Международный коммерческий банк в консорциумах по выпуску частных железнодорожных займов 1880－х－начала 1890－х гг. С. 50.

第三章　圣彼得堡的银行业

А. И. 扎克是与法国银行家谈判的中间人。而其代表的圣彼得堡银行国际银行和贴现贷款银行是法国银行组建国际辛迪加的忠实成员，它们曾在1889～1894年销售10多亿卢布的俄国政府可兑换债券①。

1887年以后的10多年，国际银行和贴现贷款银行一起在国内外销售俄国铁路公司公债。1887～1899年销售了40种公债。俄国外贸银行也参加大部分业务。但是友好银行的关系并不稳固，每一家银行都坚决捍卫自己的利益，并且很难达成一致。在国际银行代理人Ф. К. 诺特哈夫特给国际银行经理处的一封信中写道："1893年，我与贴现贷款银行领导人对组建辛迪加作为莫斯科—基辅—沃罗涅日铁路债券的发行担保进行了谈判，他们就是'卑鄙的匪徒'。"②

尼古拉·赫里斯吉阿诺维奇·本格

---

① Конверсии были предприняты, чтобы сократить ежегодные платежи России по займам, размещенным за границей, снизив проценты, уплачивавшиеся по ним, рассрочив платежи. Проценты по российским займам значительно превышали проценты по займам западных стран, достигая 5% – 6%, в то время как Франция в эти годы не платила выше 4%. Кроме того, задача состояла в том, чтобы займы ликвидированных железнодорожных обществ, дороги которых с конца 70 – х годов перешли в казну, конвертировать в единый государственный заем или в серию таких займов. См.: Мигулин П. П. Русский государственный кредит. Т. Ⅱ Харьков, 1900. С. 80 – 237; Сидоров А. Л. Конверсии внешних займов России в 1888 – 1890 гг. // Исторический архив. 1959. № 3. С. 99 – 125; Ананьич Б. В. Россия и международный капитал. 1897 – 1914. Л. . 1970. С. 12 – 14.

② Лебедев С. К. Указанное сочинение. Петербургский Международный коммерческий банк в консорциумах по выпуску частных железнодорожных займов 1880 – х – начала 1890 – х гг. С. 52.

103

俄罗斯帝国商业银行

伊万·阿列克谢耶维奇·维什涅格拉茨基

1890年,在 B. A. 里亚斯基去世后,阿道夫·尤里耶维奇·罗特施泰因成为国际银行董事。在他的领导下银行进入了繁荣时期,他积极扩大业务和国际联系。1899年,罗特施泰因第一次访问美国就引起了美国媒体的广泛关注。一家报纸写道:"罗特施泰因先生43岁,在柏林出生,在英国获得了第一次实业经历……然后在德国首都市场做经纪人,专门从事俄国证券业务并因此名声大噪。26岁时移居俄国,就职于圣彼得堡国际银行……很快任银行参事并成为银行的主要董事……罗特施泰因先生以其特有的方式和言语给当下的美国商人留下了深刻印象。他深谙所有现代金融和政治问题,敏锐洞察事件的实质并清晰、快速地得出结论。"另一家报纸写道:"罗特施泰因是沙皇政府著名财政大臣维特的至交。罗特施泰因先生出身平凡,是普鲁士人、犹太族。现在他加入了沙皇俄国国籍。尽管能快速理解用俄语书就的金融合同和协议,但俄语说得并不好……他很粗鲁,他曾说过:礼貌和好的方式一无是处,因为'永远不能用内心去赢得象棋比赛,而只能靠头脑'。不能说罗特施泰因先生有俊美的外表。他像生病的靡菲斯特(歌德作品《浮士德》中的恶魔——译者注)。他有棕黄色的胡子和头发,驼背,高度近视,戴着眼镜。"①

С. Ю. 维特在回忆时说道,罗特施泰因是"非常有才能的金融家,诚

---

① РГИА,ф. 626,оп. 1,д. 1372,л. 3;д. 1371,л. 4.

实、聪明,但在交流时非常无赖、惹人烦"①。但是,与罗特施泰因共事过的人,包括维特本人,宽恕了他"不好的"方式。我们从罗特施泰因的商务信函中发现,整个 19 世纪 90 年代是欧洲金融界的繁荣时期②。这些通信不仅表明他有非常广泛的国际联系,也说明他在实业界享有威信。罗特施泰因任银行董事时相对比较年轻,知名度也不高,但不管与谁共事,都不受伙伴、竞争对手的职位高低的束缚,始终与其保持平等。他善于在谈判中寻找非常规的解决办法,并使反对者接受自己的"游戏规则"。罗特施泰因在 1889~1894 年的债券兑换中发挥了主要作用。当时,国际银行和巴黎的银行及私家银号确定了长期合作关系。罗特施泰因和罗斯柴尔德的关系特别近,甚至可以说非常信任对方。同时,他善于维护与德国的银行和私家银号的关系。结果,1894 年俄国和德国的关系改善后,圣彼得堡的银行在国际银行领导下与德国的银行和私家银号一起,重新销售俄国铁路公司的公债。

国际银行和贴现贷款银行与外国银行在销售国家和政府担保的铁路债券方面展开合作,它们同能吸纳资金和共同承担风险的国内外银行建立了联系。这种证券销售形式产生并得到发展:银行客户通过向银行抵押这些债券获得活期贷款来购买债券。

从 19 世纪 90 年代中期开始,销售刚建立和已有工业公司的股票和债券,在国际银行和贴现贷款银行业务中占据最重要的地位。在工业开始迅速增长的情况下,两家银行走上了为企业融资的道路。这时,它们通常与外国金融集团合作。

1894~1895 年,国际银行销售了普提洛夫工厂新发行的债券;购买并在自己客户中销售了大量亚历山大洛夫铸钢厂的股票;控制了雷瓦尔酒精工厂,将其改组为酒精厂合作社后,控制了一些私营精馏企业。

起初,国际银行的领导人更喜欢参与俄国外贸银行和贴现贷款银行的创

---

① Витте С. Ю. Воспоминания. Т. 2. М., 1960. С. 235.
② Подробнее о переписке А. Ю. Ротштейна см. Дьяконова И. А. Из конфиденциальной переписки А. Ю. Ротштейн // Исторические записки. Т. 115. М., 1987.

建、发行业务。正是在这种情况下，1895年春，国际银行参与了俄国—比利时冶金公司和俄国黄金公司的创建。但是，А. Ю. 罗特施泰因在1895年7月8日给贴现贷款银行董事德米特里·伊万诺维奇·彼得罗科吉诺（他接任1893年去世的А. И. 扎克的职务）的信中指出："我与德累斯顿银行董事哈特曼先生签订了临时协议，将在俄国建设一家生产铜锅、铁板、铜板轧钢机和机车锅炉管路的工厂。该厂将来能生产整台机车。约定股份资本总额400万卢布，共计40000股股票，每股100卢布。我个人购买一半股票，以便在公司建立时国际银行、其他企业和朋友也能够获利。"罗特施泰因建议彼得罗科吉诺购买3000股①。1896年，哈特曼在卢甘斯克建立的俄国机械制造公司是俄国最好的机车制造厂之一。当时，国际银行与其友好银行、工业公司一起创建了尼科波尔·马里乌波尔采矿冶金公司。

1895~1896年，圣彼得堡国际银行与巴黎国际银行建立了长期业务联系。后者拥有的股份资本相对不多，为2500万法郎，它代表以巴黎—荷兰银行为首的、意图利用俄国有利的经济行情扩大在俄国工业中影响力的大金融财团的利益。巴黎国际银行为该财团在俄国寻找有潜力的资本投资项目。它认为圣彼得堡国际银行是自己的理想伙伴。1896年，它们在法国建立了专门的金融机构——俄国工业总公司，其业务范围包括在俄国建立工业企业或获得俄国公司的控股权。在该公司的推动和圣彼得堡国际银行的积极参与下，1896~1898年乌拉尔—伏尔加冶金公司和图拉轧铜和弹药厂创建②。

有意思的是，由于创建俄国工业总公司，此前一起开展创建、发行业务的圣彼得堡国际银行和贴现贷款银行，此后就分道扬镳了。贴现贷款银行没有参加俄国工业总公司，却成为另一家金融公司——1897年初，在布鲁塞尔创建的俄国采矿冶金总公司的创始人，该公司领导者是巴黎银行总公司。

---

① РГИА，ф. 626，оп. 1，д. 1382，л. 27 – 28.
② См．：Бовыкин В. И. Зарождение финансового капитала в России. М．，1967. С. 225 – 226，252 – 253；Соловьев Ю. Б. Петербургский Международный банк и французкий финансовый капитал в годы первого промышленного подьёма в России（образование и деятельность 《Генерального общества для развития промышленности в России》）// Монополии и иностранный капитал в России. М．– Л．，1962. С. 378 – 401.

第三章 圣彼得堡的银行业

参加上述金融公司并不损害圣彼得堡国际银行和贴现贷款银行的利益。1898 年，国际银行和巴黎的罗斯柴尔德及圣彼得堡的 Г. А. 波里雅克父子商行一起创建了石油和贸易公司"马祖特"。同时，国际银行还参与了俄国两家最大的电力公司——西门子—哈尔斯克公司和统一公司的创建，前者的合作伙伴是德意志银行，后者的合作伙伴是德累斯顿银行。1899 年，国际银行与英国公司"赖恩·恩德·马康德柳"合作，扩大了石油业务范围①。1897～1899 年，通过俄国的友好银行、私家银号和工业公司的帮助，在没有外国资本参与的情况下开展了一系列创建、发行业务。

贴现贷款银行在参加俄国奥姆尼乌姆的同时，与巴黎—荷兰银行一起创立了伏尔加—维舍尔采矿冶金公司和 6. 维伊赫里特公司。贴现贷款银行是俄国外贸银行在创建、发行业务上的长期合作伙伴，因此，也对索尔莫沃冶金公司、俄国—比利时冶金公司及 А. И. 曼塔舍夫 и K° 石油和贸易公司感兴趣。银行档案中的辛迪加会计账簿显示，它在 1896～1899 年参加了 36 家发行辛迪加②。

起初，银行在工业上升时期开展创建、发行业务时，无意将自己永远与其创建的公司的命运联系在一起。但是，销售数量巨大的股票，特别是刚刚建立的企业股票需要一些时间。所以，银行在某一阶段成为这些企业的合伙人，应该对其进行监管，为此，要把自己的代表派往企业的领导机关。这样就产生了银行的利益圈，银行成为拥有各种企业的跨行业公司。国际银行的利益圈包括冶金公司、采煤公司、石油公司、机械制造公司、电工公司、玻璃公司和其他公司。贴现贷款银行庇护的企业也同样复杂。由于国际银行和贴现贷款银行最初共同开展创建、发行业务，它们的利益圈有共同创建的企业，因此有一部分利益是重合的。

---

① Фурсенко А. А. Нефтяные тресты и мировая политика. . 1880 - е годы - 1918 г. М. Л. , 1965. С. 83 - 104; Дякин В. С. Германские капиталы в России. Электроиндустрия и электрический транспорт. Л. , 1971. С. 31 - 33; Бовыкин В. И. Зарождение. С. 257 - 259.

② О желательных изменениях в постановке акционерного бакновского дела в России. Пг. 1917. С. 38.

19世纪90年代末，国际银行的发展速度明显快于它的长期合作伙伴和竞争者。1899年1月1日，国际银行的负债是贴现贷款银行的一倍，从负债和资产业务结构上看是典型的混合（综合）银行。当然，19世纪90年代下半期，由于国际银行开始开展工业融资业务，它明显向实业银行改变。这种趋势表现在银行的自有资本从1895年1月1日到1899年1月1日增加了1倍，在固定负债中的比重由22%提升到32%。[①]但是，这种趋势是短暂的。

1899年下半年，俄国开始出现经济危机，中断了银行急剧发展的创建业务。同年，С. И. 马蒙托夫的破产，给国际银行带来了大约140万卢布的损失。1900年，国际银行被迫注销了总额超过150万卢布的息票账户。第二年，国际银行的损失约为400万卢布。

1901年，俄国财政部对国际银行的工业公司融资业务的稽查表明，只有5家公司向银行抵押了大约1400万卢布，它们分别是尼科波尔—马里乌波尔公司、俄国黄金公司、图拉轧铜弹药厂、莫斯科玻璃公司和日洛夫石煤矿场。银行是这些公司的债权人——银行拥有这些公司近一半的股票和大部分债券。稽查发现，银行拥有尼科波尔—马里乌波尔公司13735股股票和150万卢布债券。此外，还有其他公司的股票和债券（包括哈特曼公司的11836股股票和300万卢布债券）。稽查表明，"银行没有严格遵守章程，将大部分资金用在了购买刚刚兴建的企业股票和为它们提供贷款"[②]。

贴现贷款银行在工业融资方面也受到了损失。董事会在1900年的决算中指出："工业公司的发展遇到了挫折，产品订单不足并且产品价格下降，冶金企业尤为突出……这导致很多公司严重亏损和贬值。因此，既给我们持有的股票，也给我们自己的股票带来了损失，这些股票只能低价出售。"结

---

① Статистика краткосрочного кредита. Операции акционерных банков коммерческого кредита в 1894 – 1900 гг. СПб., 1905.

② Отчет по операциям С. - Петербургского Международного Коммерческого банка за 1899г. СПб., 1900；то же за 1900 г. СПб., 1901；Браедт Б. Ф. Торгово - промышленный кризис в Западной Европе в и России (1900 – 1901 гг.). Ч. Ⅱ. СПб., 1904. С. 142 – 144；Левин И. И. Указанное сочинение. Акционерные коммерческие банки в России. . С. 270.

果，银行不得不注销总额 50 多万卢布的有价证券账户。第二年，银行有价证券的损失超过了 170 万卢布[①]。

但即便是在最困难的 1900~1902 年，两家银行也继续向股东支付红利，为此使用了储备资本。从 1903 年开始，两家银行的业务趋于好转。但是，1904 年开始的日俄战争和 1905~1907 年的革命，遏制了经济行情的改善。而在 1908 年，当政治环境趋于稳定之后，国家又突然遭受了十分短暂但很严重的经济危机。因此，国际银行和贴现贷款银行收缩了创建、发行业务并仅扶持 19 世纪 90 年代银行创建的有生命力的企业，主要开展商品流转贷款和国家有价证券业务。1909 年开始的一战前工业上升期为银行开辟了新的发展空间。

争夺铁路许可和军事订单的斗争

20 世纪初，国际银行和贴现贷款银行迎来了新领导人。1899 年，在国际银行董事会主席这一职位上任职近 25 年的尼古拉·尼古拉耶维奇·安奇费罗夫辞职，接任俄国轮船和贸易公司及普提洛夫工厂董事会主席，他是圣彼得堡工商界和银行界的杰出人物，但资料显示，他在国际银行的作用是消极的。而 1904 年，А. Ю. 罗特施泰因在手术台上去世，银行又失去了实际的领导人。

谢尔盖·斯杰潘诺维奇·赫鲁列夫成为银行董事会新主席。他毕业于贵族子弟学校并通过了哈里科夫大学法律副博士考试，供职于司法部，任圣彼得堡高等法院副检察长。1895 年退休并被选为波尔塔瓦土地银行董事会主席。1901 年，俄国财政部委托赫鲁列夫对国际银行进行稽查，此后，他受邀任该行董事会主席。他学识渊博、兴趣广泛，出版了一系列法律方面的书籍，著有《我们的抵押贷款》并对果戈理的作品有所研究。

亚历山大·伊万诺维奇·维什涅格拉茨基成为罗特施泰因的继任者。他

---

① Отчеты С. - Петербургского Учетного и ссудного банка за 1900 и 1901 гг. СПб., 1901 - 1902.

俄罗斯帝国商业银行

谢尔盖·斯杰潘诺维奇·赫鲁列夫

是工程专家，1887～1892年财政大臣的儿子，毕业于圣彼得堡大学，供职于财政部贷款特别办公厅，1897以前，任副主任职务。1902年，他作为财政部代表被选为华俄道胜银行董事会成员。1906年，他辞去国家公职，成为国际银行董事会成员和常务董事。与大多数圣彼得堡的银行领导人不同，维什涅格拉茨基并不是工作狂，不奉行禁欲主义。严格地说，他不喜欢阅读公文，在俱乐部和网球场度过的时间比在银行还要多。但是，维特十分欣赏他，认为他是"银行界最出色的金融家之一"①。亚历山大·伊万诺维奇不仅深谙贷款事务，而且非常善于选用员工并博得谈话人的好感。在他的领导下，国际银行达到了发展和繁荣的顶峰。

贴现贷款银行也更换了领导层。在使银行遭受损失后，Д.И.彼得罗科吉诺被迫辞去董事职位。1903年，取消了该职位和之前烦琐的9人董事会，建立了如下机构：理事会——银行最高执行机关，实际上执行监察职能；3人董事会，执行银行业务管理职能。

大部分前董事会成员进入了理事会，而前主席 Э.В. 普列辛格接任了银行创始人 Н.М. 伯列扎耶夫的职位，成为理事会主席。董事会由雅科夫·伊萨科维奇·乌京领导。与以"外来人"身份进入国际银行的赫鲁列夫和维什涅格拉茨基不同，乌京是贴现贷款银行的"自己人"。1860年，乌京毕业于圣彼得堡大学法律系，在司法部任职25年。1885年，在颁布

---

① Витее С. Ю. Воспоминания. Т. 1. М., 1960. С. 143.

国家公职人员不能参加股份公司的法律后，他从三品文官的官阶上辞职，全身心投入商业活动中。从此，他的名字一直都在贴现贷款银行董事会成员名单之中。1903年，他成为银行董事会主席，掌握了银行的领导权。

乌京的优点是经验丰富、交际广泛。但是，他几乎是俄国银行中年龄最大的领导人，岁月在他身上留下了痕迹。他的一年中有3~4个月是在欧洲的疗养院中度过的，所以他将银行托付给更年轻的助手们管理。

雅科夫·伊萨科维奇·乌京

1909~1914年的国际银行决算说明了银行资产的极速增长。1909年前夕，银行股份资本为2400万卢布。在经济上升期银行经历4次较大的增长：1909年大约为3000万卢布，1910年大约为3600万卢布，1911年大约为4800万卢布，1914年大约为6000万卢布。银行储备金在这段时间从1200万卢布增加到3000万卢布。

存款和活期账户的增加更加明显。其总额从1908年12月31日的8310万卢布增加到1913年12月31日的2.648亿卢布。

所有新股票由以国际银行老伙伴贴现清算银行和尤尔·汉杰里·恩德工业银行（Банк фюр Хандель унд Индустри）为首的银行财团发行。同时，一些德国银行和俄国银行也参与其中。股票在德国和俄国发行，它们的买家是谁？

国际银行档案中保存了参加全体股东大会的正式名单，但不能让我们对银行的领导力量有明确的认识。首先，是因为在股东大会前银行一般会

111

发行少量股票①。其次，在上述名单中除了银行理事会、董事会成员，经理处职员及一些手册中我们熟知的银行和工业活动家外，还有一些手册中我们不知道的成百上千个名字。他们可能是银行的实际股东，也可能是假冒股东，经理处在大会前夕将自己的股票分配给他们，以便保证足够的票数。

在档案材料中，除了正式的股东名单外，还有一些手稿名单，银行工作人员做了一些标注，指出了所代表股票的出处。1908年、1911年和1913年有这样的名单。从这些名单来看，1908年3月26日和1911年3月26日举行一般股东大会暨董事会年度决算上的股票分布情形十分相似。在此之前，股东大会20%~30%的股票分别存在基金仓库、储备仓库、银行经理钱柜或莫斯科和基辅的分行。这些股票大部分归银行董事会成员、银行职工或者与银行关系紧密的机构所有。德国银行在股东大会前提供大量股票，但并不要求投票权。

1913年11月13日，为解决国际银行增加资本问题举行了特别全体股东大会，在会上出现了另一种情形。这时，银行发行的股票总数增加到了19.2万股。股东大会的股东代表72751股股票，代表471票。国际银行董事会和经理处代表在股东中的比例比平时少一些。银行拥有12%多一点的股票和23%的投票权。贴现公司也公开了自己的实力。除了自己拥有的3802股股票外，30位股东还向其委托了由其保存的不同数量总计为9846股的股票。结果，贴现公司及其授权人得到28%的投票权。还有20%的国际银行股票属于德国市场的所有人，他们是贴现公司的伙伴达姆施塔银行、德累斯顿银行及私家银号门德尔松和普列伊赫列杰尔。他们代表了5份大份额股票，却仅得到了5%的投票权②。

后一种情况表明，贴现公司此时不急于与圣彼得堡国际银行董事会和经理处斗争。相反，它们很快紧密合作。因为，贴现公司的伙伴已经获得明显

---

① 根据银行章程，如果股东代表的股票数多于总体的1/5，那么会议有效。
② РГИА. Ф.626, оп..1, д.11, л.122–131, 170–179; д.18, л.49а–51а.

多数投票权。可能是因为以贴现公司为首的财团面临解决银行股份资本扩大和销售新股票的问题,所以,国际银行和贴现公司决定排除任何在股东大会上出现的反对力量。因此,贴现公司决定通过调动自己客户手中的股票帮助国际银行的领导人。

1913年11月13日会议力量的分布表明,贴现公司及其伙伴对国际银行的业务具有控制力。但是,它们不喜欢直接干涉银行的业务,而是给予其充分的业务自由。

国际银行的决算说明了资产来源和资产业务的方向,表明它是俄国典型的混合(综合)银行。国际银行的工业有价证券在1899～1903年经济危机及在经济危机后不稳定的市场行情下,遭受了巨大损失,它努力通过发行固定利率证券、国家担保证券和开展商品流转贷款业务来补偿损失。此时,国际银行开始积极扩大常规业务范围,并通过在地方建立分行网络推广这种业务。1909年,国际银行已有24家分行和17家代理行。在1910年3月26日举行的全体股东大会上,决定再成立20家分行。1914年,有39家分行和12家代理行。

1909年1月1日,分行和代理行拥有银行57.8%的存款和64.4%的期票。1914年,分行和代理行在上述指标上的比重提升到65.3%和79.3%。期票贴现是银行最重要的业务和可靠的收入来源。1909～1913年,期票贴现规模增加了1倍,而其带来的利润增加了2倍。但是,5年间它在银行资产业务中的比重从23%降到了20%。透支贷款和同业往来账户是开展贷款和基金业务最重要的形式。这些业务也迅速发展,特别是透支贷款形式的有价证券业务,其利润甚至比贴现业务增长得还快。结果,1913年,有价证券业务和期票贴现业务大体持平。非担保证券的透支贷款和非担保证券的同业往来账户增长表明,银行在一战前加大了对股份公司的贷款力度。

1907年,当俄国经济开始复苏时,国际银行与其他俄国银行巨头一起参加了由巴黎证券界提议建立的法国—俄国银行财团,该财团将在法国资本扶持下在俄国组建以铁路企业和工业企业为首的各种企业。虽然这种倡议没有变成现实，但促进了1908年北方顿涅茨克铁路公司的建立①。国际银行也参与了该公司股票和债券的发售业务，这开启了俄国铁路有价证券的系列发行。

1908~1914年，资本市场上有大约50种沙皇政府担保的俄国铁路公司公债，总价值将近10亿卢布。大部分公债由外国银行销售到国外，因此，它们获得了最多的利润。但是，俄国银行也获得很大一块"蛋糕"。前文指出，8家俄国银行参加了争夺乌拉尔、西伯利亚和中亚的铁路许可的斗争。1911年，国际银行和贴现贷款银行成功地与法国银行达成协议，协议规定，在销售4家新铁路公司的股份资本和债券资本时，俄国银行获得总额的60%，法国银行获得40%。俄国银行和外国银行在发行9家铁路公司总额2.5亿卢布的联合铁路债券时，也是这种比例关系。通常，俄国银行在其他与铁路证券相关的业务上参与比重很小②。

1908~1914年，国际银行参与销售了17种支线铁路的债券及联合债券。国际银行持有的有价证券说明了它对铁路公司的浓厚兴趣。1909年初，银行拥有的铁路公司担保证券和股票为460万卢布，占其拥有的国家和担保有价证券的37.1%。包括170万卢布的东南铁路公司债券，90万卢布的梁赞—乌拉尔铁路公司债券，80万卢布的莫斯科—基辅—沃罗涅日铁路债券，60万卢布的莫斯科—温道—雷宾斯克铁路的债券。此外，银行拥有100多万卢布的铁路公司股票。要知道，这仅仅是冰山一角，遗憾的是，不能准确计算出铁路公司在银行抵押的大部分有价证券。

1914年1月1日，国际银行拥有担保的铁路公司有价证券金额达到了

---

① См.: Бовыкин В. И. К истории переходы французского капитала к новой стратегии инвестиций в России // Экономическая история: исследования, историография, полемика. М., 1922. С. 119–129.

② Ананьич Б. В., Лебедев С. К. Указанное сочинение. Участие банков в выпуске облигаций российских железнодорожных обществ (1860–1914 гг.). С. 5–33; Материалы по истории СССР. Т. Ⅵ. Документы по истории монополистического капитализма в России. М., 1959. С. 584–588. Об истории 《объединненного железнодорожного займа》 см: Ананьич Б. В. Россиия и международный капитал. 1897–1914. Л., 1970. С. 271–291.

970万卢布。除了以上提到的4家公司的大量债券外，我们还发现银行拥有弗拉基高加索铁路公司和俄国第一专用铁路公司的债券，分别为210万卢布和260万卢布。而其持有的铁路公司股票增加到了820万卢布。其中包括弗拉基高加索公司股票（1800股，共计390万卢布）、莫斯科—温道—雷宾斯克铁路公司股票（8200股，共计320万卢布）和俄国第一专用铁路公司股票（5400股，共计80万卢布）。[①] 与债券不同，持有大额股票不仅能够保障获得收入，还能控制发行股票的公司业务。

从第一次工业上升期开始，国际银行恢复了工业贷款业务。19世纪90年代初，它投资了20多家工业公司。并不是所有公司都经受了经济危机的考验，但大部分都在继续营业。当市场行情低迷时，银行受制于企业生存状况，为企业提供周转资金。当行情利好时，银行又面临着新的任务，其中最重要的是为有前途的行业和企业融资。

发端于19世纪90年代的银行与工业公司的交往，具有十分偶然的特点，前文指出，它主要是以这样或那样的创建、发行业务的利益为前提，而不是以所建立企业的长远发展前途为基础。由于长期的经济危机，银行成为互相竞争、属于不同产业的企业合伙人或者实际的所有人，所以，银行必须做出有利于自己利益的变化并确定对工业的主导地位。

1909年前夕，国际银行继续保持对尼科波尔—马里乌波尔采矿冶金公司，图拉轧铜弹药公司，俄国哈特曼机械制造公司，科洛缅斯基机械制造公司，索尔莫沃制铁、铸铜和机械公司（与贴现贷款银行联合），普提洛夫工厂等的投资。

进入上升期后，国际银行改变对其所庇护企业的消极支持做法，转而为其提供融资，并努力进行企业间的劳动分工和生产合作。因此，从1909年开始，银行在伏尔加河流域船只建造公司中开始整合科洛缅斯基工厂和索尔

---

① Отчет по операциям С. Петербургского Международного Коммерческого банка за 1908 и 1913 гг. СПб., 1909, 1914.

莫沃工厂的业务。最终，尽管公司在形式上保持独立性，却统一了领导①。

1911年，国际银行和俄国—亚洲银行为扩大和调整在采金行业的利益，掌握了在英国创建的列娜·果尔德菲尔茨公司，该公司控制了该行业最大的公司列娜采金公司。

1912年，在伦敦创立的俄国石油总公司使它们获得了有益经验。尽管这家公司的主要动力是俄国—亚洲银行的董事 А. И. 普提洛夫，但国际银行的作用也不容小觑。通过共同努力并预先取得大部分圣彼得堡银行的支持（除亚速—顿河银行和伏尔加—卡马银行外），俄国—亚洲银行和国际银行试图将一些非诺贝尔和壳牌集团的石油公司的股票控制权集中在它们创建的英国控股公司中②。

但是，参与一战前全面展开的武器装备竞赛是国际银行工业贷款的主要方向。在这方面，它与俄国—亚洲银行已经不是同盟者，而是主要竞争者。

沙皇政府为了备战，开始积极鼓励部分工厂生产武器装备并以优惠条件提供军事订单。1907~1912年，沙皇和国家杜马批准了一系列加强军事力量的方案，其中包括1907年的"小造船计划"、1910年的"小军事计划"、1911年的"加强黑海舰队计划"及1912年的"小造船计划"（也称为"加强波罗的海舰队计划"）。"军事措施大计划"和"轮船建设大计划"规定，加大对武器生产的经费投入。所有这一切，向私人军事工厂应允长期、更高和更稳定的利润，促使国际银行领导人考虑使其庇护的冶金和机械制造企业进行军事化。结果，1911~1913年，国际银行与贴现贷款银行和俄国外贸银行一起组建了强大的军事工业集团。该集团的核心是"纳瓦里—卢苏德"托拉斯，它是两家股份公司尼古拉耶夫工厂和造船厂公司（纳瓦里）与俄

---

① Бовыкин В. И., Тарновкий К. Н. Концентрация производства в развитие монополий в металлообрабатывающей промышленности России//Вопросы истории. 1957. № 2. С. 28 - 29; Голиков А. Г. Образование монополистического объединения 《Коломна - Сормово》 // Вестник Московского университета. Серия 《История.》 1971. №5. С. 74 - 87.

② Ананъич Б. В. Банкирские дома в России. 1860 - 1914 гг., Л., 1991. С. 63; Монополистический капитал в нефтяной промышленности 1883 - 1914. М. – Л., 1961. С. 730 -732.

国轮船公司（卢苏德）的结合。这些公司承担了为黑海舰队建造军舰的官方订单，通过个人联合和生产合作与国际银行利益圈的公司保持联系。它们必须向纳瓦里和卢苏德提供建造军舰的所有必需品：钢板（俄国—比利时冶金公司）、装甲（尼科波尔—马里乌波尔采矿冶金公司）、铸钢件和柴油机（科洛缅斯基机械制造公司）、锅炉（俄国执法和机械公司）、转向设备（索尔莫沃公司）、铜制件（图拉铸铜弹药厂）、电器设备（电力总公司）。为了生产武器，1913 年，国际银行和贴现贷款银行创建了俄国制炮公司，在察里津建造了工厂①。

1914 年前夕，国际银行的利益圈不仅明显扩大，而且更具组织性。一战前夕，银行总计投资了 50 多家工业、铁路和保险公司。

银行——小伙伴

一战前的几年中，圣彼得堡贴现贷款银行已经无力与国际银行竞争了。1909 年，贴现贷款银行有股份资本 1000 万卢布，储备金 330 万卢布，还不到国际银行的一半。"他人的"资本（存款和同业往来账户负债）也明显少于同盟者：7150 万卢布对 1.661 亿卢布。20 世纪，贴现贷款银行也开始在地方开设分行，但经营萧条。1901~1908 年，贴现贷款银行一共成立 3 家分行和 1 家代理行。因此，它们在资金动员方面的能力十分有限。

由于发行两次股票（1910 年和 1912 年），1914 年初，贴现贷款银行的股份资本达到了 2000 万卢布，储备金和特别储备金为 990 万卢布。存款和同业往来账户负债增加到 1.394 亿卢布。并且，代理行成为资产的主要来源，提供了一半以上"他人的"资本。这些代理行或者是贴现贷款银行的友好银行、公司，或者是其所庇护的企业。银行领导人明显不想发展存款业务，停止成立分行就是最好的证明。贴现贷款银行的负债总额在俄国银行中排第 11 位，位于俄国工商银行、西伯利亚银行和圣彼得堡私人商业银行之

---

① Бовыкин В. И. Банки и военная промышленность России накануне первой мировой войны // Исторические записки. 1959. Т. 64. С. 108 – 124；Шацилло К. Ф. Государство и монополии в военной промышленности России. Конец XIX в. – 1914. . М. 1992. С. 186 – 207.

俄罗斯帝国商业银行

圣彼得堡贴现贷款银行

后，19世纪90年代末，这些银行还远远不如贴现贷款银行①。

1911年3月19日银行董事会向全体股东大会做的报告表明，1910年发行的股票"是在没有任何国外辛迪加的参与下进行的，并且我们的股东购买了大部分股票"。1912年发行的股票在银行主要股东中就售罄了。但是专门研究股东成分问题的研究者 С. Л. 罗宁客观地认为，数据"十分不足并且不具有代表性"。唯一清楚的是，在1910年银行股份资本增加时，银行创始人的继承者有权得到一半新发行的股票，但他们将大部分让给了其他股东。此次发行的1.2万股股票中有1167股被德国股东购买②。

全体股东大会提供的股票一般不到流通股票的一半。1910年3月27日，股东大会提供了银行发行的40000股股票中的13778股，1913年大会是80000股股票中的30447股。大部分股东有几十股股票，超过1000股股票的很少。1913年3月16日股东大会上只有国际银行（2000股股票）是超

---

① Отчеты С. -Петербургского Учетного и ссудного бакнка за 1908 – 1913 гг. СПб., 1909 – 1914.

② Ронин С. Л. Иностранный капитал и русские банки. М., 1926. С. 63.

过1000股股票的股东,参加此次股东大会的唯一外国银行总计登记了255股股票①。因此,出席全体股东大会的股东名单本身不足以确定其统治集团。但是,如果将这份名单和银行理事会成员对比,就有理由认为,银行的大股东除了国际银行外,还有 А. И. 瓦尔古宁商行的理事会主席 К. А. 瓦尔古宁、Э. Г. 勃兰特公司商行的领导人 В. Э. 勃兰特和 Г. Г. 耶里谢耶夫,也就是说,主要是一些商行的代表。

同时,贸易流转贷款在贴现贷款银行的资产业务中居于次要地位。在圣彼得堡银行中,在一战前的几年中,期票贴现和商品抵押贷款是比重最小的业务,比重最大的是非担保证券业务,也就是各种企业贷款。

正如我们推测的,贴现贷款银行由于资产限制不能充分发挥自主权。但是,它积极开展以国际银行为首的大银行倡导的业务。贴现贷款银行是国际银行在铁路事务、组建俄国石油总公司和创建前述提到的军事工业集团的合伙人。但在争

圣彼得堡贴现贷款银行临时证明

夺军事订单的斗争中,依靠 Э. Л. 诺贝尔的支持,它成功获得了自主活动的经营领域。

从19世纪90年代开始,贴现贷款银行就资助生产蒸汽机、锅炉、冰箱和泵的 Г. А. 列斯涅尔机械制造和铸铁、锅炉公司。贴现贷款银行领导人利用这家公司增强军事生产能力,该公司的核心是 М. С. 普罗特尼科夫,他在短时间内由普通工程师升任公司领导人,后来成为贴现贷款银行的董事会成

---

① РГИА, ф. 598, оп. 2, д. 41, л. 41, л. 1 – 4;д. 42, л. 1 – 7.

119

圣彼得堡贴现贷款银行10股股票

艾玛努伊尔·柳德维果维奇·诺贝尔

员。根据他的提议,列斯涅尔公司在一战前的几年中转而生产炮弹、水雷、水雷发射器和各种军舰上用于传送炮弹和水雷的装置。М.С.普洛特尼科夫回忆道:"大约在1911年,当有传闻要进行小轮船建造计划时,我头脑中就产生了建设一家独立的轮船建造工厂的想法。我当时勾勒了实现这个想法的大致计划:由于水雷工厂列斯涅尔生产水雷武器,而诺贝尔工厂生产柴油发动机,所以,我决定利用这两家公司已有的设备和力量建立生产潜水艇的工厂。建造这种专业的潜水艇工厂所需的花费相对不多(500万~600万卢布),况且,还可以从列斯涅尔和诺贝尔获取水雷武器和发动机。Э.诺贝尔也很欣赏这个提议,同意在资金上给予支持。贴现贷款银行也承诺给予财务支持。由于在列斯涅尔事务上与海军部有过交流,所以,我在海军部也有一些多年的相识。"[①]

根据1912年9月Г.А.列斯涅尔机械制造和铸铁、锅炉公司和路德维

---

① См.:Шацилло К. Ф. Государство и монополии … С. 208;Гиндин И. Ф. Баенки промышленность России до 1917 г. С. 86 – 99;Он же. Русские коммерческие банки. С. 366 – 367.

希·诺贝尔机械制造公司签署的创建子公司诺贝列斯涅尔的协议，为完成"加强波罗的海舰队计划"的潜水艇军事订单，М. С. 普罗特尼科夫和 Э. Л. 诺贝尔应各购买新公司 30000 股股票中（其股份资本为 300 万卢布）的 6000 股，其余 18000 股由贴现贷款银行购买。

1913 年，诺贝列斯涅尔公司着手在雷瓦尔建设潜水艇生产工厂。当时，贴现贷款银行通过列斯涅尔公司得到了菲尼克斯机械制造公司用作银行贷款担保的大量股金。因此，集团又联合了一家专门生产金属切割机床、水压机和起重设备等设施的公司，公司后来被改组成生产各种炮弹、水雷、鱼雷和其他武器的公司。同时，列斯涅尔公司开始在圣彼得堡、菲奥多西亚近郊和彼尔姆建设一些工厂。

随着国际银行和贴现贷款银行的军事工业集团的建立，它们之间也确立了更加紧密的生产合作关系。合同从 1914 年 1 月 1 日起生效，合同规定，诺贝列斯涅尔公司不能在俄国南部建造生产潜水艇的私有工厂，并且不能在自己的工厂生产用于南部海域的潜水艇，纳瓦里和卢苏德公司在俄国北部水域也承担相应的义务。同时，诺贝列斯涅尔向纳瓦里和卢苏德转交了自己的潜水艇方案[①]。

因此，贴现贷款银行的军事工业集团开始与国际银行集团联合，并具有其分公司的特点。而贴现贷款银行，曾经，时而是国际银行的竞争者，时而是其同盟者，如今，成为它的小伙伴。

第四节　В. А. 科科列夫的结晶

瓦西里·亚历山大洛维奇·科科列夫即便在俄国最具特点的企业家群体中依然出众，他有见解、独立、做事有魄力。К. А. 斯卡里科夫斯基在《我们国家和社会的活动家》一书中对 В. А. 科科列夫有一个特写：他"非常聪明、观点独特，非常善良，是典型土生土长的俄国人，有自己的优势和缺点，不

[①] Бовыкин В. И. Банки и военная промышленность… С. 124 – 126.

排斥高雅文明，但用两根手指画十字架，喜欢西方好的东西，但是相信俄国是男人的国家。喝着加了克瓦斯和腌黄瓜盐汤的香槟。有时喜欢吃路边大妈卖的加了奶油的碎豌豆。他擅长运用词语巧妙地阐述自己的想法，非常睿智。他写作时喜欢引用圣经中的格言，文采出众并且别具一格"①。

当然，科科列夫绝对不是完美的人，也有一些其他特点。他具有资本积累初级阶段俄国投机商人的典型特点，这些商人在陌生的社会环境中经营公司，不仅没有政治权利，也没有公民权利，完全受制于国家机关和科科列夫所鄙视的官员。著名莫斯科资本家 Ф. В. 奇若夫非常了解瓦西里·亚历山大洛维奇，把他与当时另一位出色的企业家普提洛夫工厂的创始人尼古拉·伊万诺维奇·普提洛夫做对比时写道："他们两个人为达到目的会采取各种手段：贿赂是他们的主要方式，然后是谎言……一句话，他们没有任何的道德情感也不曾有过……没有一句话与金钱至上无关。"② 奇若夫是另一种社会出身的人，有的完全是另一种性格，他是数学教授，后来成为企业家，他对科科列夫不可遏止的"宏伟想象、纯粹的美国心机"感到厌烦③。奇若夫将他和普提洛夫称为"奸商"，同时指出："科科列夫比普提洛夫聪明，普提洛夫比科科列夫有文化。"④ 所有人都承认，科科列夫聪明、独特、有远大抱负。斯卡里科夫斯基写道："我们的商人等级很少有人能够与科科列夫的智慧、天赋和性格相比，甚至在俄国整个半个世纪中，这种人也不多见。"⑤

В. А. 科科列夫是盐商的儿子，从事包销业务后，建议政府对此进行根本改革。这不仅给他带来了财富，也给他在圣彼得堡上层带来了知名度和影响力。С. И. 马蒙托夫认为，他正在成为"包销沙皇"⑥。但是，科科列夫

---

① Скальковский К. А. Наши государственные и общественные деятели. СПб., 1890. С. 164.

② См.: Лаверычев В. Я. Крупная буржуазия в пореформенной России. 1861 – 1900. М., 1974. С. 74.

③ Чероков А. Федор Васильевич Чижов и его связи с Н. В. Гоголем. М., 1902. С. 39.

④ Лаверычев В. Я. Указанное сочинение. Крупная буржуазия в пореформенной России. 1861 – 1900. С. 74.

⑤ Скальковский К. А. Указанное сочинение. Наши государственные и общественные деятели. С. 177.

⑥ Боткина А. П. Павел Михайлович Третьяков в жизни и искусстве. М., 1960. С. 61.

天生的冒险精神使其不断地对新业务、领域产生兴趣。他从事的主要领域有：拟定一份俄国发展黄金业的简要陈述书，尝试调整与波斯和中亚的贸易，参与了伏尔加—顿河铁路公司、俄国轮船和贸易公司及伏尔加—里海轮船公司的创建，建立了巴库第一所石油蒸馏厂。所有这些都发生在1861年改革前。而1862~1865年，科科列夫在莫斯科的索菲亚沿岸街建造气派的宾馆—仓库联合体"科科列夫会馆"，这使当时的人更加震惊①。

瓦西里·亚历山大洛维奇作为文学和艺术的资助人，也给自己留下了美名：从1862年开始，他收集俄国和西欧艺术家的作品，将作品安置在大三圣胡同的莫斯科大楼中。1870年，游廊面向游客开放，成为莫斯科第一家普及艺术博物馆，是著名的特列季亚科夫博物馆的先驱。后来收集的绘画归宫廷部所有并被转交给位于圣彼得堡的米哈伊洛维奇博物馆（现为俄国博物馆）。

瓦西里·亚历山大洛维奇·科科列夫

科科列夫提出在俄国建立股份商业银行的方案，是当时的首批方案之一。他积极参与了莫斯科商人银行的创建。但他由来已久的梦想是建立一家全俄性质的银行，它依靠在地方积聚的资本来满足整个国家的工商业需要。伏尔加—卡马银行的创建上实现了В. А. 科科列夫的梦想。25年后，同胞们这样评价这家银行建立的意义："60年代出现的股份银行业

---

① Подробнее о В. А. Кокореве см.: Из истории российского предпринимательства: династия Кокоревых (Автор М. Л. Гавлин). М., 1991.

务,始于股份银行的建立,它们具有地域特性并将满足自己附近区域的贷款需求作为主要任务。后来出现了建立这样的短期贷款银行机构的想法,在圣彼得堡和莫斯科运营,并在首都附近的所有主要人口聚集点设立分行,这样就将首都和各地的资金流转紧密联系在一起。按照创始人的想法,这种银行在各地通过存款吸收闲置资金,并将其用于银行业务和促进贸易中心的资本流转,这样一来,就促进了资本的供需平衡,降低了贷款费用并促进了工商业发展。基于这些因素,伏尔加—卡马商业银行应运而生了。"①

伏尔加 —卡马银行

1870年2月24日,沙皇批准了伏尔加—卡马银行章程。新圣彼得堡银行的创始人构成明显与以前的银行不同。国际银行和贴现贷款银行的创始人中私家银号占多数,而伏尔加—卡马银行则不同,该行的创始人主要是企业家和商人。并且,我们通过贴现贷款银行所熟知的 И. А. 瓦尔古宁、М. М. 伯列扎耶夫和 А. М. 伯列扎耶夫等圣彼得堡人是少数。科科列夫成功吸引了莫斯科和地方上有影响力的企业家,如莫斯科证券交易委员会主席

---

① Волжско - Камский коммерческий банк. Краткий обзор за 25 - летие (1870 - 1894). СПб., 1895. С. 3 - 4.

Т. С. 莫罗佐夫、莫斯科商人 К. Т. 索尔达杰科夫和 Г. И. 赫鲁多夫、雷宾斯克证券交易委员会主席 И. А. 米柳金和雅罗斯拉夫商人 В. Ф. 霍尔谢夫尼科夫等。

伏尔加—卡马银行的股份资本为600万卢布（6000股，每股1000卢布）。章程规定，在莫斯科、雷宾斯克、下诺夫哥罗德、喀山、萨马拉、萨拉托夫和阿斯特拉罕设立分行。可见，银行的名称不是偶然决定的。

在1870年3月23日的全体创始人大会上选出了银行的领导机关：理事会、董事会及莫斯科和雷宾斯克贴现监视委员会。理事会主席是财政部工商业厅厅长 А. И. 普托夫斯基，董事会则由 В. А. 科科列夫亲自领导。

果兹玛·杰列奇耶维奇·索尔达杰科夫

伏尔加—卡马银行在创建第一年就开始在地方布局分行网络。1870~1871年，建立了3家分行和10家代理行。结果，1872年初，分行和代理行的贴现额度几乎是圣彼得堡期票贴现总额的一倍。而存款的对比为1790万卢布和1360万卢布。并且，地方分行和代理行（不包括莫斯科）占期票贴现的比重为40.7%，占存款的比重为28.5%。

1872年，伏尔加—卡马银行有13家分行。分行在银行负债和资产业务上的作用不容小觑。分行将银行董事会和莫斯科、伏尔加河流域最大的商业中心，还有哈里科夫、基辅、勒热夫和叶卡捷琳堡联系在了一起。银行进入地方对于地方了解首都的经济生活具有重要意义。斯卡里科夫斯基客观地认为："在此之前，我们的地方除了高利贷者，就是陷于官僚主义的国家银行

伏尔加—卡马银行理事会成员
阿列克谢·雅科夫列维奇·普罗佐罗夫

分行。"①

1873~1875年，分行数量增加到19家。这不仅使银行在危机条件下能维持生计，更能获得支付红利的利润。科科列夫作为银行的绝对领导人，一直利用银行的资源实现自己一个又一个的企图。1871年，他作为莫斯科资本家集团成员参加了铁路公司的组建，后来该公司购买了国有莫斯科—库尔斯克铁路，1873年，将其拥有的石油蒸馏厂改组为巴库石油公司，第二年，参与了乌拉尔铁路公司的创建。在那些年中，科科列夫还创建了几家股份公司。结果，按照斯卡里洛夫斯基的话来说："他与银行的关系变得如此紧密，以致后来需要国家银行参与，才能在中断关系时不给国家财产带来特别大的损失。"②

1875~1876年，银行董事会不得不"通过期票再贴现和抵押有价证券向国家银行大量贷款"。1876年1月1日，伏尔加—卡马银行对国家银行的债务总计为2060万卢布。

事实上，财政部和国家银行在复杂的形势下挽救了伏尔加—卡马银行。1876年末至1877年初，财政大臣 M. X. 赖腾根据 B. A. 科科列夫的请求，取得了沙皇关于向使用伏尔加—卡马银行资金的商人提供非法定的1110万卢布贷款的批准，以便其偿还银行债务。结果，科科列夫成功理顺了银行业

---

① Отчеты Волжско‑Камского коммерческого банка за 1870/1871 и 1872 гг. СПб., 1872‑1873；Скальковский К. Л. Указанное сочинение. Наши государственные и общественные деятели. С. 172.

② Скальковский К. Л. Указанное сочинение. Наши государственные и общественные деятели. С. 172.

务，使银行摆脱了难以销售的资产，并保留了股票控制权，但他不得不放弃直接领导权。

19世纪70年代下半期，伏尔加—卡马银行的领导层发生了变化。1875年10月，无所不在的叶甫盖尼·伊万诺维奇·拉曼斯基接任理事会主席，直至1901年去世。1878年，B. A. 科科列夫由于"复杂的个人业务"退休后，伊万·费多洛维奇·多斯被选举为董事会主席。后来，从1892年到1900年，他任理事会副主席。1879年，亚历山大·弗列孔托维奇·穆欣成为董事会成员和银行董事。他是银行近30年间的实际领导人。仅在1906～1911年，董事会成员和银行董事职位由财政部的彼得·利沃维奇·巴尔克担任，穆欣

叶甫盖尼·伊万诺维奇·拉曼斯基

被选为董事会主席，他不得不将银行日常管理的权力交给更加年轻和更加积极的后辈。但是1912年初，巴尔克被任命为工商业副大臣，穆欣重新成为银行董事并保留董事会主席职务。

在此期间，伏尔加—卡马银行的控股权一开始归B. A. 科科列夫，在他1889年去世后，归其继承人①。但是，不管是他本人，还是其继承人，都没有深入了解银行的业务——即使其中一位儿子是银行理事会成员。19世纪90年代初，从其继承人购买股票的尝试也没有结果。

从当代人的资料来看，与不喜欢计算的科科列夫不同，穆欣以银行会

---

① Гиндин И. Ф. Государственный банк и экономическая политика царского правительства (1861–1892 годы). М., 1960. С. 271, 285.

俄罗斯帝国商业银行

彼得·利沃维奇·巴尔克

计开始职业生涯，因此，他不喜欢冒险并通过严格推算战略的前途来确定战略。也正是他实现了科科列夫的最初设想：创建一家银行，通过它来吸收俄国本国资本并为国家工商业流转提供原动力，以此来唤醒促进经济增长的沉睡力量。

在困难的19世纪80年代，伏尔加—卡马银行依靠18家分行逐渐加快流转。补充一点，它在维亚特卡、彼尔姆、乌法、辛比尔斯克和塞兹兰也设立了分行。10年间，伏尔加—卡马银行的存款增加了一倍，并且分行存款占了3/5以上。这段时间，银行最重要的资产业务是商业票据贴现，它构成了银行1/3左右的资产。分行对期票贴现的作用也非常大：它们保证了3/4的期票额度。19世纪80年代末，银行有价证券贷款特别是专用活期账户贷款增长迅速。19世纪90年代初，有价证券贷款远远超过了期票贷款。这时，银行开展俄国铁路公司公债的发行和销售业务。后来，这些业务在银行的业务中占据显要位置。但是，银行对工业创办无动于衷，而19世纪90年代下半期，其他圣彼得堡银行对此却趋之若鹜。

在19世纪90年代下半期经济快速增长的条件下，伏尔加—卡马银行的主要经营方向是继续进行以商业票据贴现和有价证券贷款为主的工商业流转贷款。从1895年1月1日到1899年1月1日，它的期票额度从4150万卢布增加到6010万卢布，商品和商业债券贷款是350万卢布，有价证券贷款从4430万卢布增加到5730万卢布。

19世纪90年代初，伏尔加—卡马银行的资产就已经超过其他俄国银行。10年后，它的领先优势更加明显。1899年1月1日，其资产为1.706

亿卢布，这时，位于其后的国际银行仅仅有 1.408 亿卢布。

同时，伏尔加—卡马银行的股份资本只增加到 1000 万卢布。而所有"自有的"资本不超过 1700 万卢布。可见，银行 90% 是在使用"他人的"的资本，其大部分是 1.049 亿卢布的存款。这些存款中圣彼得堡占 15%，莫斯科占 22%，其他分行占 63%[①]。

因此，伏尔加—卡马银行在资产结构、资产来源和资产业务特点上是典型的储蓄银行。

1899~1903 年危机期间，伏尔加—卡马银行没有像其他一些银行一样受到明显影响，但也有损失。其中最大的损失是 1901 年著名的哈里科夫银行家、企业家 A. K. 阿尔切夫斯基的破产，这导致了哈里科夫商业银行停止支付，使哈里科夫土地银行、阿列克谢耶夫采矿公司（АГО）和顿涅茨克—尤里耶夫斯基冶金公司（ДЮМО）面临破产的风险。阿尔切夫斯基本人及其领导的哈里科夫商业银行，在伏尔加—卡马银行开有以哈里科夫土地银行、АГО 和 ДЮМО 公司股票为担保的账户。在不可能"加快销售"这些股票的情况下，伏尔加—卡马银行只能自己购买。因为股票价格已经明显低于抵押价格，银行损失了近 300 万卢布。这也与两家处于困难状态日渐消沉的工业公司和土地银行有关。当向股东解释这些损失的时候，银行理事会在 1901 年的总结报告中特别强调："银行没有对这些机构投资，也没有发行它们的股票，给银行带来的损失纯粹是因为贷款业务。"[②]

不管怎样，银行的领导人只能持续关注 АГО 和 ДЮМО 公司，直到成功将这些公司的股票转卖给外国财团。这种关注包括，伏尔加—卡马银行积极参加组建普罗杜戈利——顿涅茨克流域矿物燃料贸易公司，这是矿物燃料企业的垄断联合体。1907~1908 年，伏尔加—卡马银行、亚速—顿河银行

---

① Отчеты Волжско‑Камского коммерческого банка за 1880‑1899 гг. СПб. , 1881‑1900；Статистика краткосрочного кредита. Операция акционерных банков коммерческого кредита в 1894‑1900 гг. СПб. , 1905.

② Отчет Волжско‑Камского коммерческого банка за 1901 г. СПб. , 1902.

俄罗斯帝国商业银行

伏尔加—卡马银行股票

和北方银行与普罗杜戈利签署了金融服务协议①。

整体上，在 20 世纪初伏尔加—卡马银行坚持了既定的业务战略。它继续发展在各地方的分行网络，逐渐扩大业务范围。1914 年，它在俄国各地，包括中央地区和边疆区共有 60 家分行和经纪人。银行的股份资本总计 1800 万卢布，"自有的"资本总额 3800 万卢布，所有固定负债总额 3.15 亿卢布。

因此，伏尔加—卡马银行的"自有的"和"他人的"资本比例和 19 世纪 90 年代末大致相当。"他人的"资本结构变化也不明显：同业往来账户贷款比例增长不多。尽管圣彼得堡的分行数量增加、存款比重明显提高（达到 27%），但是，银行的主要存款依然是地方吸收的。

资产业务结构也没有发生根本变化。期票贷款总计 1.388 亿卢布，商品和商业债券贷款 3350 万卢布，有价证券贷款 9810 万卢布。因此，对各种公司的融资业务甚至减少了②。

从伏尔加—卡马银行保存的档案材料来看，它在一战前的工业上升期和 19 世纪 90 年代下半期，依然不为工业融资。有可靠的资料表明，它仅仅参加了 1913～1914 年担保发行两家公司新股票的辛迪加：上伊谢季采矿冶金工厂和吉那莫公司。伏尔加—卡马银行为铁路公司提供贷款的作用仅限于与其他俄国银行一起组成更大的发行银行辛迪加。它不单独开展这种类型的业

---

① РГИА，ф. 595，оп. 2，д. 286，292，295，296；Бовыкин В. И. Формрование финансового капитала в России. М.，1984. С. 244 - 245.

② Отчёты Волжско - Камского коммерческого банка за 1901 - 1912 гг. СПб.，1902 - 1913；Русские акционерные коммерческие банки по отчетам за 1914 г. с соответственными данными за 1913 г. Пг.，1915.

务。银行不做有价证券特别是非担保有价证券的长期资本投资业务，更喜欢在为有威望的客户提供贷款时接受它们作为抵押。像 Э. Л. 诺贝尔、著名的糖厂老板 Л. И. 普罗茨基、М. И. 杰列谢科、Л. 科诺普和 Г. П. 哈里托诺涅克父子商行、Бр. 扎姆哈洛夫和 Э. И. 梅耶 и К° 私家银号等这样的客户，经常使用几百万卢布的贷款。当然，这种贷款是短期贷款，却是定期重新开立的，既能被债务人用来补充周转资金，也能用于发展生产。很显然，伏尔加—卡马银行资产业务的主要方向依然是工商业流转贷款。如果在 19 世纪 90 年代，伏尔加—卡马银行在这个领域已经远远超过了其他银行，那么，在第一次世界大战前夕，它在建立分行网络、调动资产和开展资产业务上则是更加幸运的竞争者，这使其在俄国银行中位居第六。

第五节　来自地方的移民

不是所有圣彼得堡的银行都在圣彼得堡市建立，其中有一些银行来自地方。1899 年，西伯利亚商业银行将自己的董事会由叶卡捷琳堡搬至圣彼得堡，开始与首都商业圈和宫廷圈建立紧密的联系。4 年后，在塔甘罗格创建的亚速—顿河银行迁至首都。

"土豹子"并不胆小。亚速—顿河银行和西伯利亚银行利用 20 世纪首都的银行因过度开展创建、发行业务所带来的困难，不仅在圣彼得堡银行界站稳了脚跟，而且占据了重要地位。

银行——持不同政见者

1871 年 6 月 12 日，亚速—顿河商业银行章程得到沙皇批准。创始人将塔甘罗格作为董事会所在地。

我们对塔甘罗格的认识源于 А. П. 契诃夫关于童年和青年时代的小说。这些小说塑造了舒适的、郁郁葱葱的南方城市形象。1698 年，彼得一世作为亚速海军港和碉堡建立的塔甘罗格，在与土耳其的战争失败后，根据 1711 年普鲁特和约被毁。仅仅在 1774 年亚速海沿岸地区最终划归俄罗斯

俄罗斯帝国商业银行

圣彼得堡海军大街5号的亚速—顿河银行大楼

后,塔甘罗格才开始重建。后来,它丧失了海军基地的意义。

改革后,俄国南部商品粮生产的增长和粮食出口的发展促进了塔甘罗格成为大的外贸港口。经此出口的是顿河州及其周围地区生产的小麦。而经此进口的则是所谓的"殖民地"商品,即契诃夫父亲在其店铺中出售的商品。港口的发展使塔甘罗格吸引了富裕的希腊人和犹太商人,还有从事外贸的银行家的注意,他们也是亚速—顿河银行的创始人。

19世纪60年代,"一等外商"伊万·彼得洛维奇·斯卡拉曼卡在塔甘罗格定居,并在这里创建了商行,他的家族在圣彼得堡也有商行。И. П. 斯卡拉曼卡成为大粮食出口商后,开始积极在俄国创建提供外贸贷款的银行。1869年,他成为圣彼得堡国际银行的创始人,1871年6月,参与创建了俄国外贸银行。

1868年,奥尔沙一等商人雅科夫·索罗莫诺维奇·波里雅科夫也移居至塔甘罗格,他是著名铁路商人萨姆伊尔·索罗莫诺维奇和更加著名的莫斯科银行家拉扎里·索罗莫诺维奇的兄弟。1870年,他也在这里建立了商行。

亚速—顿河银行的创始人中还有1位塔甘罗格商人马尔克·瓦里雅诺,1位罗斯托夫商人马尔克·德拉什科维奇,3位圣彼得堡银行家费多尔·罗多科纳吉、萨姆伊尔·戈维耶尔和列昂·罗森塔尔,此外还有萨姆伊尔·波里雅科夫。

新银行的股份资本为300万卢布。当时的地方银行中只有敖德萨商业银行有更多的股份资本。1874年初,亚速—顿河银行的资产在地方银行中居第三位,逊色于敖德萨商业银行和基辅私人银行。在新银行的资产业务中占主要地位的是商业票据贴现和为代理行发放贷款,这表明,此时它们为贸易提供贷款①。

1873～1875年的危机使亚速—顿河银行和其他商业银行的负债和资产业务减少。1877年初,这些业务减少了近1/4。1877～1878年的俄土战争使亚速—顿河银行的状况更加复杂。它不得不注销50万卢布的股份资本,但是,它的业务状况逐渐好转。19世纪90年代中期,亚速—顿河银行成为俄国资产规模和业务范围最大的银行之一。而在19世纪最后10年年末,它超过一些首都贷款机构,成为俄国的五大行之一。此时,它不关注创建、发行业务,主要进行商品流转贷款,其商品贷款业务在俄国银行中十分出众②。

1903年,亚速—顿河银行将董事会迁至圣彼得堡。这时,鲍里斯·阿普拉莫维奇·卡缅卡成为常务董事,他掌握了银行管理权。1882年当他27岁时,被任命为亚速—顿河银行罗斯托夫分行主管;1894年当他39岁时,成为董事会成员。

在迁至圣彼得堡时,亚速—顿河银行的资产规模小于一些首都的银行。但是与它们不同,亚速—顿河银行没有因为危机而遭受重大损失。1909年,它的自有资本规模几乎与当时最大的圣彼得堡国际银行持平。而在存款和活期账户上,亚速—顿河银行甚至更多(8410万卢布)。

1909～1914年,亚速—顿河银行的股份资本达到了5000万卢布,而存款和活期账户达到了2.116亿卢布。贴现—贷款业务规模增加了1.5倍多。在结构上,它们与圣彼得堡国际银行的相似业务差别不大。主要的区别是亚速—顿河银行的期票贷款和商品贷款的比例比圣彼得堡国际银行高,而有价

---

① Отчет по операциям акционерных банков коммерческого кредита за 1874 и 1875 годы. СПб., 1877.
② Ежегодник русских кредитных учреждений. Вып. 1. 1877. СПб., 1880; Статистика краткосрочного кредита. Операции акционерных банков коммерческого кредита в 1894 – 1900 гг. СПб., 1905.

俄罗斯帝国商业银行

鲍里斯·阿普拉莫维奇·卡缅卡

证券贷款比例较低。亚速—顿河银行在同业往来账户"彼方账户"方面增长缓慢,这是辛迪加业务规模较小的特点①。因此,与圣彼得堡国际银行相比,亚速—顿河银行较少开展工业贷款业务,更多的是进行商业贷款业务。

亚速—顿河银行的股份资本来源依然是十分复杂的问题。1908～1913年,它在法国 Контуар насиональ д'Ескoнт 银行和 Сосьете марсейез де Креди эндюстриель е комерсьяль е де депо 银行的帮助下,发行了4次银行股票。1911年开始,银行股票正式在巴黎交易所挂牌发行。所以,自然能够推测,在法国销售了大部分银行股份资本。根据革命前的统计学家 П. В. 奥里的计算,1915年,法国参加的资本为1000万卢布。苏联经济学家 С. 罗宁通过研究20世纪20年代俄国财政部贷款特别办公厅的档案资料,得出了法国在亚速—顿河银行的投资总额应该不少于1250万卢布的结论②。在法国经济和财政档案馆保存的法国政府在1919年进行的俄国有价证券登记资料表明,亚速—顿河银行的股票总额为1950万卢布(按其股票票面定额)③。

亚速—顿河的股票也在德国销售。从1910年开始,股票在柏林证券市

---

① РГИА,ф.616, оп. 1,д. 25,35,41,51,60,64(отчеты банка за 1908 – 1913 гг.).

② Ронин С. Иностранный капитал и русские банки. М.,1926. С. 76 – 77;Оль П. В. Иностранные капиталы в России. Пг.,1922.

③ Архив экономики и финансов Франции(далее – AEF),F 30,1091.

场挂牌发行。达姆施塔特银行、柏林 HANDELS – GESELLSCHAFT 银行和德意志银行（Дойче банк）促进了股票的发行。但是，罗宁认为："根据我们已有的资料，完全不能确定哪怕是推测出德国参加银行固定资本的比例。但是，可以自信地说，德国资本在这家银行的比重比法国资本低。"[①] 不得不承认，从此刻起，情况就没有改变过。

亚速—顿河银行档案中有每年全体股东大会的参加者名单等内部资料，这能够弄清谁在控制股东大会的问题。亚速—顿河银行股东大会的参加者人数比圣彼得堡国际银行股东大会的参加者人数少。这些会议的出席者构成十分稳定，其代表的资本甚至不到银行股份资本的 1/5，所以，如果参与首次会议的股票数量不足，就会马上确定召集例行会议的日期[②]。

1909~1914 年的亚速—顿河银行股东大会的参加者构成表明，理事会、董事会和银行稽查委员会成员在会议上有大部分股票和投票权。拥有大量股票和没有进入银行领导层的"外来"股东不多。1909 年 4 月 8 日大会上这样的股东包括达姆施塔特银行的代表 Э. 兰茨果夫。从 1912 年开始，他成为亚速—顿河银行股东大会的长期参加者，拥有大量股票和 5 个投票权。至于其他外国银行 Контуар насиональ д'Есконт 银行、Сосьете марсейез де Креди эндюстриель е комерсьяль е де депо 银行和柏林 HANDELS – GESELLSCHAFT 银行，也就是亚速—顿河银行的股票持有者，一般会寄来其经理处的委托书。但是，在 1914 年 3 月 27 日会议上，达姆施塔特银行将大部分股票的证明书交给了 Б. А. 卡缅卡，而不是 Э. 兰茨果夫。这意味着达姆施塔特银行没有任何挑衅的意图[③]。这就让人们认为，外国银行或者没有机会，或者认为没必要向亚速—顿河银行股东大会强加自己的意志。

至于亚速—顿河银行领导机关中的法国代表问题，在法国财政部和外交部关于准许银行股票在 1913 年批量进入巴黎证券交易所的通信中得到了十

---

① Ронин С. Указанное сочинение. Иностранный капитал и русские банки. С. 77 – 78.
② 例行全体股东大会在提供任何数量的股票下都有效。
③ РГИА，Ф. 616，оп. 1，д. 34，л. 8；д. 39，л. 6 – 7；д. 40，л. 3，20；д. 59，л. 4 – 5，44；д. 67，л. 5 – 6，62，65 – 67；д. 68，л. 86 – 87；д. 79.

分清楚的说明。外交大臣认为，应向亚速—顿河银行提议"在监视委员会中为法国人提供更加显要的位置"，财政大臣解释道，在亚速—顿河银行的理事会中已经有两位法国实业界的代表——M. 列格拉夫和前法国驻俄领事 P. 米绍。尽管如此，财政大臣依然通知法国 Сосьете марсейез де Креди эндюстриель е комерсьяль е де депо 银行，在亚速—顿河银行在巴黎证券市场发行股票时充当中间人，以在后者的理事会中"为法国人夺得第三的位置"①。

M. 列格拉夫受命将财政大臣的意愿转达给 Сосьете марсейез де Креди эндюстриель е комерсьяль е де депо 银行的常务董事巴杰。列格拉夫在财政大臣的答复信中写道，他被选为亚速—顿河银行理事会成员"以便1912年6月在巴黎证券市场发行16万股股票"。至于米绍，银行领导人 Б. А. 卡缅卡提议将其选入亚速—顿河银行理事会。法国财政部从没有提过在亚速—顿河银行中选入第二位法国代表的问题。列格拉夫指出，批准亚速—顿河银行在市场上发行新一批股票一定与另一位法国人进入其理事会相关，因为这次发行的股票仅仅是上述16万股股票中的一部分。在谈到巴杰对此的观点时，列格拉夫写道："巴杰先生非常了解俄国金融界，他认为，这时在理事会中再要求一个职位是完全不可能的，并坚信相似的提议将在圣彼得堡产生消极的影响。"②

需要补充的是，从亚速—顿河银行理事会资料来看，列格拉夫在银行任职期间一次也没有参加过银行的会议。

在亚速—顿河银行档案中有一份有意思的文件，它表明，银行领导人并不清楚亚速—顿河银行股票的销售地点。这封未写日期的便函，从其内容看，属于一战时期，它的内容是董事会主席卡缅卡委托制作一张银行法国股东的卡片③。

亚速—顿河银行股票的分布特点是股票分布于大量小的"固定的"持

---

① Архив МИД Франции, Russia, 61, p. 139（письмо Ш. Дюмона - МИД, 12 ноября 1913 г.）; AEF, F 30, 336（отпуск письма Ш. Дюмона）.

② AEF, F 30, 336. Леграв - министру финансов Франции, 5 ноября 1913 г.

③ РГИА, ф. 616, оп. 1, д. 46, л. 24 - 26.

有者，这使银行的领导集团可以通过支配相对不大的股票就能实现对银行的控制。著名俄国银行史专家 И. Ф. 金丁确信，1914 年初，在亚速—顿河银行抵押的透支贷款有价证券中，有 8000~9000 股银行股票。1914 年 3 月 27 日，全体股东大会上提供股票的 1/3，则完全处于银行董事会的控制下。但是，正如出席这次会议的股东名单所表现的那样，银行领导人不需要动用在银行抵押的股票，而是利用了从其他银行——莫斯科商人银行、伏尔加—卡马银行、俄国外贸银行和圣彼得堡贴现贷款银行获得的股票[①]。因此，它们还有大量的备用资本可用来巩固自己的地位。

与圣彼得堡国际银行从 19 世纪 90 年代下半期开始积极创建股份公司不同，亚速—顿河银行几乎既不与工业公司联系，也不与其他股份公司交往。20 世纪，它开始涉足工业。亚速—顿河银行在这段时间的业务档案材料重塑了一幅生动的画面，即银行如何在危机和不景气的条件下控制业绩不佳的企业。为企业提供贷款时，银行想要得到对企业的控制权。基于这个目的，银行经常购买企业的债券。

这种行为的第一批受害者是上第聂伯冶金公司和叶卡捷琳诺斯拉夫铸铁、铸铜公司。受银行控制的企业逐渐增多。其中包括南俄盐业公司、A. A. 奥尔巴赫水银公司、亚速煤矿公司、顿涅茨克水泥厂和莎普沙尔烟草公司等。

亚速—顿河银行从控制大部分之前受外国人控制的小公司，开始向"夺取"规模更大的企业转变。第一家这样的企业是由比利时资本在 1896 年创建的塔甘罗格冶金厂。亚速—顿河银行在债权人中起主要作用，1905 年，债权人迫使比利时股东离开，塔甘罗格公司为避免破产使股票标定额下降到 90%。在为企业支付贷款而获得有保障的股票后，亚速—顿河银行及其伙伴成为公司的主要股东。随后，亚速—顿河银行开始尝试将外国集团从顿涅茨克—尤里耶夫和阿列克耶夫采煤公司中排挤出去。

[①] Гиндин И. Ф. Банки и промышленность в России до 1917 г. М. – Л., 1927. С. 111；РГИА, ф. 616. оп. 1, д. 79.

随着国家经济行情的好转，亚速—顿河银行的业务目的性越来越强。银行从控制处于困境的企业，开始向重组和创建新股份公司转变。亚速—顿河银行也从小企业着手。1908年，银行在卡尔波夫—奥普雷夫石煤公司基础上组建了同名的股份公司。最终，在银行控制下形成了石煤公司集团，除卡尔波夫—奥普雷夫公司外，集团还包括亚速煤业公司、A. 阿乌艾尔巴赫公司及谢列兹涅夫和布良斯克公司。

同时，银行围绕顿涅茨克水泥厂建立了一些水泥企业（茨普公司、波尔特—昆达公司及黑海水泥厂），使其能够向水泥辛迪加——联合水泥工厂提出条件。1908～1910年，一些糖厂及方糖厂也受亚速—顿河银行的控制。但是后来，银行失去了对这个俄国工业领域的兴趣。

1911～1912年，亚速—顿河银行对苏灵冶金公司进行了财务重组。1912年，从国家银行购买刻赤冶金工厂后，银行将其与塔甘罗格工厂合并组成塔甘罗格公司并置备了生产高炉，该公司成为俄国南部最盈利的冶金企业。1912～1913年，亚速—顿河银行进入了乌拉尔地区并同时进行了两次大的重组——博戈洛夫工厂及舒瓦洛夫家族的雷斯瓦采矿厂。

1914年，亚速—顿河银行对俄国工业其他部门也产生了兴趣。它控制了里温果夫玻璃厂、北方造纸纸浆工厂及俄国火药生产和销售公司，它们都是各自领域的大型公司。亚速—顿河银行的利益范围还包括一些纺织工厂——谢尔普霍夫工厂、第聂伯工厂和博戈罗茨克—格卢霍夫工厂，等等。

在第一次世界大战前夕，亚速—顿河银行开始积极涉足石油工业，是俄国大银行中唯一不参加创建俄国通用石油公司（Рашен дженерал ойл кориорейшен）的银行，它开始建立自己的石油企业集团。但是，它在俄国石油工业的地位与诺贝尔相似。

亚速—顿河银行的兴趣不局限于工业。它与顿河土地银行联系紧密，参加创建了一些铁路公司。但是需要特别指出亚速—顿河银行在融资和贸易贷款上的作用，它控制了19世纪90年代末创建的俄国出口贸易公司和俄国殖民贸易公司，积极与俄国轮船和贸易公司（РОПИТ）、格尔哈尔德与盖伊公司、路易·德烈伊弗斯 и K°公司等合作，参与了一些轮船公司。

同时，亚速—顿河银行也从事贸易，进行商品寄卖或者自己出资开展贸易业务。它销售粮食、面粉、糖、棉花、煤、铁矿和锰①。

1910 年，亚速—顿河银行创建了俄国采矿寄卖公司（Росгорн）。事实是，银行理事会主席成为这家资本不多（20 万卢布）的公司董事会主席，前工商业大臣 M. M. 费多洛夫见证了银行赋予这家公司的重要意义。这家公司正像保存在亚速—顿河银行档案中的笔记所阐明的那样，将"仔细研究需要资本的俄国企业，勘测俄国矿产主要是待开发的矿山，为所研究的企业提供贷款并促进建立十分有活力并十分盈利的公司"作为目标②。

俄国采矿寄卖公司成为专门研究和组建各种性质的公司——工业公司、交通公司和贸易公司的中心。它有权勘测矿产，进行技术经济科学研究，从事股份公司创建工作。亚速—顿河银行不是要控制所有俄国采矿寄卖公司创建的企业，它将一些不盈利的企业转给其他银行或者工业金融集团。但是人们认为，亚速—顿河银行大量购买租赁权、勘测权、特许证、工业企业和矿床的目的是垄断创建业务。

由于大量进行工业和贸易贷款及融资业务，亚速—顿河银行与国外伙伴的联系更加积极。在向国外工业金融集团创立的日渐萧条的企业提供贷款时，银行与它们建立了各种关系。确定自己对企业的控制后，银行一般准许这样或那样的外国银行继续参与。这样的情形包括塔甘罗格冶金公司，其大部分股票继续由比利时的银行和工业公司持有③。

亚速—顿河银行档案资料不能对其与外国银行的关系做出十分完整的说明。与上述提到的法国 Сосьете марсейез де Креди эндюстриель е комерсьяль

---

① 在俄罗斯国家历史档案馆的亚速—顿河银行档案中包含了几十家公司，反映了各个公司的融资历史。И. Ф. 金丁在其上述提到的研究《1917 年的俄国银行和工业》中对银行的金融联系做了最好的阐述。
② РГИА. Ф. 616, оп. 1, д. 857, л. 1 - 4；ф. 80, оп. 1, д. 1, 15 и др. О РОСГОРНЕ см.：Лачаева М. Ю. Английский капитал в меднорудной промышленности Урала и Сибири в начале XX в. //Исторические записки. 1984. T. 108. C. 87 - 88.
③ РГИА, ф. 616, оп. 1, д. 629, л. 6 - 16.

139

е де депо 银行的通信提供了最详细的记述。1906 年 5 月 23 日的通信正式确定了协议，协议规定在法国由 Сосьете марсейез де Креди эндюстриель е комерсьяль е де депо 银行做中介，第一次发行亚速—顿河银行股票。但是，通信中并不明确，为什么亚速—顿河银行寻求这家地方银行。法国的档案资料也没有解释，为什么 Сосьете марсейез де Креди эндюстриель е комерсьяль е де депо 银行承担了这项业务。很可能，它在俄国有某种利益。1911 年，它又参加了莫斯科联合银行的资本扩大业务[①]。但是从 1906 年开始，Сосьете марсейез де Креди эндюстриель е комерсьяль е де депо 银行与 Контуар насиональ д'Есконт 银行一起成为发行亚速—顿河银行股票的长期伙伴[②]。

创建俄国采矿寄卖公司后，亚速—顿河银行的领导人打算为其组建的公司吸收更多的外国资本，打算在国外建立俄国采矿寄卖公司的代理公司以便为俄国企业融资。1911 年春，М. М. 费多洛夫多次到伦敦和巴黎进行创建该公司的谈判。结果，同年在伦敦建立了俄国国际公司（ИРК），该公司与俄国采矿寄卖公司签署了在俄国创建各种公司并为其融资的业务合作协议[③]。

尽管在俄罗斯国家历史档案馆的俄国采矿寄卖公司档案中有俄国国际公司的资料，但是，研究公司业务的尝试仍遇到了诸多问题。首先，研究者不能在伦敦证券市场参考书中找到俄国国际公司，而这些参考书通常记录所有正式在英国登记的公司[④]，这提出了该公司的地位问题。其次，它所有保存的资料都局限在 1911 年。然而，即使后来俄国国际公司注销，毫无疑问，它存在过的事实也是亚速—顿河银行发展国际关系上的一个重要里程碑。

亚速—顿河银行董事会以发展国际联系为由，在 1911 年 3 月 22 日给俄国财政大臣的信中说明了在巴黎设立分行的必要性。信中写道："由于目前亚速—顿河银行与国外主要是法国代理行的交往快速发展，并应注意到，银

[①] Нацилнальный архив Франции (далее – ANF) Serie AQ 65, A 961. Доклад обещему собранию 11 апреля 1912 года.
[②] РГИА, ф. 616, оп. 1, д. 343, 344, 409.
[③] РГИА. ф. 616, оп. .1, д. 857, л. 1–4; ф. 80, оп. 1, д. 128.
[④] См.: Лачаева М. Ю. Указанное сочинение. Английский капитал в меднорудной промышленности Урала и Сибири в начале XX в. С. 85.

行的大部分股票在很久以前就集中在了法国资本家手中并分布在很多法国城市，所以，银行董事会打算尽快在巴黎创建分行。"财政大臣 В. Н. 科科夫佐夫认为，亚速—顿河银行的这个请求为时"过早"。在 1911 年 8 月董事会第二次请求后，他表示"同意在巴黎设立银行分行，但不能早于 1912 年 1 月 1 日"①。但是，亚速—顿河银行没有在巴黎设立分行。面对俄国财政部的不友好态度，银行找到了满足自己需求的另外一个途径。

1911 年 2 月，在巴黎建立了佩恩北方银行，它是 3 家斯堪的纳维亚银行——丹麦农民银行、挪威中

亚速—顿河银行股票

央银行和瑞典北欧斯安银行的产物，巴黎—荷兰银行对其给予了帮助②。从 1911 年末开始，佩恩北方银行对俄国公司产生了兴趣并与亚速—顿河银行建立了业务联系，后者档案中的大量通信就是最好的证明③。

通过通信可以看出，1914 年初，卡缅卡被选为佩恩北方银行行政委员会成员④。虽然亚速—顿河档案中的资料没有描述两家银行积极合作的内容，但可以通过俄罗斯国家历史档案馆的佩恩北方银行全体股东大会资料来继续研究。

---

① РГИА，ф. 616，оп. 1，д. 58，л. 1 – 4.
② ANF，Serie AQ 65，A 749（досье《Банка дей Пейн дю Нор》）.
③ РГИА，ф. 616，оп. 1，д. 378，437.
④ РГИА，ф. 616，оп. 1，д. 378，437，л. 1（письмо вице – президента《Банка дей Пейн дю Нор》эстье – Каменке 10 апреля 1914 г.）.

俄罗斯帝国商业银行

1912年3月23日，举行了两次会议。在第一次会议——普通会议上听取和批准了第一个业务年度的总结，在第二次会议——特殊会议上解决了关于将银行资本从2500万法郎增加到3000万法郎以"确立与亚速—顿河银行的直接联系"的问题。银行理事会的报告中写道："正如你们所了解，这次资本增加，能使我们与亚速—顿河银行缔结更加紧密的联系。为了保证它有足够的兴趣，我们请求你们不要使用认购新股票的优先权。"①

理事会在1913年3月15日会议上的报告中指出，过去一年的主要成绩是："我们看到，我们与俄国的关系有了更加坚实的基础，过去一年，在亚速—顿河银行的帮助下我们扩大了资本。"

而一年后，理事会在1914年4月24日的全体股东大会上，号召股东同意选举卡缅卡进入理事会，为此，做了如下发言："先生们，你们清楚我们和亚速—顿河银行的关系。该行的杰出主席鲍里斯·卡缅卡先生同意在我们理事会任职。我们相信，你们和我们的评价一样，他给予我们的帮助对于我们银行特别重要。"② 选举卡缅卡的必要性表明，这不是简单的客套。在巴黎—荷兰银行档案中发现的关于亚速—顿河银行的简短参考资料也印证了这点，该参考资料的作者指出，亚速—顿河银行"拥有大部分佩恩北方银行的股票"③。

亚速—顿河银行在俄国实业界和在广大群众中享有"欧洲"银行的声誉。因为在过去100年中很多概念和术语被赋予了新的意义，应该指出，亚速—顿河银行的特点正在于此。可能，读者已经发现了在圣彼得堡的银行领导者中有很多犹太人。但是，他们大部分信奉东正教或者路德教，其中一部分人是第二代或者第三代基督教徒，其他人信奉基督教，以此摆脱法律和各种法令对犹太教徒的限制。

虽然在俄国商业和银行业很多地方并不限制犹太教，但所有与犹太教有关的事物与沙皇政权、与监督银行业务的沙皇国家机关的关系都不好。同时，亚速—顿河银行常务董事 Б. А. 卡缅卡在1910年被选为董事会主席，

---

① ANF, Serie AQ 65, A 749.
② ANF, Serie AQ 65, A 749.
③ Архив Парижско‐Нидерландского банка（далее Arch. PARIBAS），AA, 190/14.

他不仅不隐瞒自己是犹太教的信徒,还成为圣彼得堡犹太教会的领导人,是圣彼得堡犹太教会经济董事会和欧洲殖民公司中央委员会的成员。他的不羁行为使亚速—顿河银行与财政部的关系十分冷淡。银行对政府的态度也很消极,为反对军官党提供物质帮助。

迁到首都后,亚速—顿河银行在与一些大型圣彼得堡银行的关系上也保持十分独立的地位。并且,它尝试将自己周围的二级银行和私家银号分类。1910年8月17日,签署了"共同行动"协议,除了亚速—顿河银行,参加这一协议的还有俄国工商银行、西伯利亚银行,以及私家银号 Г. 瓦维里别尔戈、И. В. 容克 и К°、Бр. 里雅布申斯基和 Бр. 扎姆哈洛夫。协议约定:"每一家银行和私家银号,如果想投标或者创建铁路公司,购买或发售政府、城市和私营公司的公债或债券,必须联合其他银行共同开展这些业务。"协议缔结方也不能接受"任何单独参加其他俄国银行或私家银号集团的发行业务"。协议有效期为一年[①]。

我们看到了签署协议的银行和私家银号代表的会议记录,日期从1910年下半年到1911年上半年。后来这个联盟解体了。1910年创建的俄国—亚洲银行成功地将俄国工商银行和西伯利亚银行拉进自己的影响范围内。在俄国—亚洲银行和圣彼得堡国际银行竞争尖锐化的情况下,亚速—顿河银行也没有袖手旁观。卡缅卡在1912年4月27日的亚速—顿河银行理事会会议上说道,银行"现在是以下银行集团——圣彼得堡国际银行、圣彼得堡贴现贷款银行和俄国外贸银行的一员"[②]。可能,这是临时措施。在实施快速发展和自由战略后,亚速—顿河银行希望获得独立。

显贵巨头创建的银行

创建于1872年的西伯利亚商业银行在创始人构成上明显与之前所有银行不同。该行的创始人包括一些乌拉尔采矿企业主:御前大臣 П. А. 舒瓦洛

---

① РГИА, ф. 616, оп. 1, д. 455, л. 22. См. Также л. 1, 3, 4–5, 6–9, 14.

② РГИА, ф. 616, оп. 1, д. 62, л. 7.

夫伯爵、П.П.杜尔诺沃少将，银行家、金矿主 Г.Е.金茨布尔格男爵，还有著名包税商的儿子、金矿主 Н.Д.别纳尔达吉。同时，参与创建这家银行的还有我们多次提到的圣彼得堡银行家 Л.М.罗森塔尔。

圣彼得堡涅瓦大街44号的西伯利亚商业银行

根据西伯利亚商业银行章程，银行董事会位于叶卡捷琳堡。至于理事会，它应由两部分组成：较小部分（4位成员）位于叶卡捷琳堡，较大部分（8位成员）位于圣彼得堡。全体股东大会地点也定在圣彼得堡①。因此，不管从其创始人的构成还是从机构设置来看，西伯利亚商业银行都是典型的首都和地方的利益共同体。

与亚速—顿河银行不同的是，西伯利亚商业银行的发展首先是基于工业生产的需要，但是它逐渐开始增加商业贷款。由于19世纪末乌拉尔地区的经济严重萧条，所以，从19世纪90年代下半期开始西伯利亚商业银行不再参与创建、发行风潮，与其他金融机构相比增长速度明显偏慢。这促使其领

---

① Устав Сибирского торгового банка. СПб. , 1972.

导人在 1899 年将董事会搬至圣彼得堡。

在这段时间，银行由在董事会搬迁前不久去世的前银行董事阿里别尔特·米哈伊洛维奇·索罗维奇科的亲属们控制，但是亲属们并不团结。董事会成员 Э. С. 曼德尔在银行中发挥领导作用。他是经验丰富的律师，是已故者亲属中的长者，具有很大影响力。他的侄儿绝对服从他，А. М. 索罗维奇科的女婿 М. Л. 伦茨也进入了董事会。Э. С. 曼德尔得到了董事会主席 Л. З. 兰谢烈的支持，他成为一些保险公司的领导人后，没有特别干涉西伯利亚商业银行的业务。

米哈伊尔·阿里别尔托维奇·索罗维奇科

А. М. 索罗维奇科的儿子米哈伊尔·阿里别尔托维奇反对这个集团，他对董事会普通成员的地位不满意。一位西伯利亚商业银行的董事 В. В. 塔尔诺夫斯基后来回忆道："索罗维奇科是一位气质非凡、精力充沛、手段丰富、能力和前途都在其他董事会成员之上的人，他不能容忍自己卑微的地位，他的地位限制了他的自主性，侵犯了他的'王朝'权力，他希望得到作为银行多年领导人唯一的儿子在银行中的主导地位。"①

西伯利亚商业银行在圣彼得堡开展业务时股份资本并不多，有 240 万卢布。首都的条件要求动员新的资金。1904 年，银行资本增加了 160 万卢布，但这也不够。同时，在国内资金市场上也不可能再发行一次股票。1906 年，董事会成功与德意志银行

---

① Материалы по истории СССР в период капитализма. М.，1976. С. 138.

145

约定由其协助将资本增加 300 万卢布。在论证在国外发行股票的必要性时，银行董事会给俄国财政大臣写了一封信："这个措施能够完全保证发行成功，同时扩大与银行业务有关和对银行业绩感兴趣的人员范围。"1907 年，股票发行了，主要在德国销售。德意志银行持有西伯利亚商业银行的股票近一年，然后以 50% 的市场加成出售[①]。

迁到圣彼得堡后，西伯利亚商业银行保持了自己的优势：它继续主要为乌拉尔、西伯利亚和远东地区的贸易流转服务。银行 28 家分行中的 25 家都分布在这些地方。

西伯利亚商业银行在这片广阔地区的唯一竞争者是华俄道胜银行，它是一家半政府的贷款机构，1895 年，由时任财政大臣 С. Ю. 维特提议，在法国银行的参与下建立，其目的是保证俄国在远东的政治扩张。与日本战争失败后，沙皇政府丧失了对它的兴趣并将持有的部分股票出售给巴黎—荷兰银行。华俄道胜银行曾将目标定为远东的海外业务，现在应为自己寻找新的业务领域。这个任务落到了 1908 年初任命的银行常务董事阿列克谢·伊万诺维奇·普提洛夫身上，后面我们会对他做详细介绍。

华俄道胜银行将目光由海外转向了西伯利亚、远东地区的国内业务，这使其有必要调整与西伯利亚商业银行的关系。索罗维奇科与普提洛夫进行了谈判，他们在彼得大学法律系的学生时代就认识了。1908 年，急剧恶化的经济形势加快了谈判进程，他们很快找到了切入点。1909 年 3 月 24 日，西伯利亚商业银行和华俄道胜银行签订了关于在远东和西伯利亚的城市"调整经营"和"约定业务"以"防止过度竞争"的协议[②]。

但是，在谈判过程中索罗维奇科和普提洛夫认为，解决问题的最佳方案是两家银行合并。普提洛夫 1909 年 5 月 14 日给财政大臣 В. Н. 科科夫佐夫的秘密信函中通过以下方式论证了这种合并的必要性："现在我们和西伯利亚商业银行在远东经营。在与索罗维奇科先生研究了远东的形势后，我们觉

[①] Ронин С. Л. Указанное сочинение. Иностранный капитал и русские банки. С. 74.
[②] РГИА, ф. 632, оп. 1, д. 51, л. 6–9; д. 54, л. 115.

得两家银行之间有必要签署协议并且我们签署了这样的协议。但在这一工作过程中我们开始明白,详细的协议只能治标,只有两家银行完全合并才能治本;这种合并不仅能够消除现存的激烈竞争,还提供了创建强大的'俄国—亚洲银行'的可能。它将是真正的股份银行,而不是依靠政府恩惠的半政府机构。"

从后来的信函中可以看出,该方案得到了大臣同意:"公爵大人,我很荣幸通知您我们方案的主要内容,并得到您对继续研究这一方案的同意。我与索罗维奇科先生联系过,他现在柏林,想让他与德意志银行谈判,它是西伯利亚商业银行的主要股东之一。索罗维奇科先生刚刚通知我,德意志银行原则上同意方案的计划并邀请我于5月26日赴柏林对这一问题进行深入的谈判。在去柏林之前,我应该通知您公爵大人,然后与我们的法国股东谈判,他们持有华俄道胜银行的大部分股票。"

确实,这份文件被准确地译成法语,但不是在俄国财政部档案而是在法国财政部档案中被发现的。迄今为止,在俄国财政部贷款总务厅和特别办公厅的档案中依然没有找到这份文件。它是怎么出现在巴黎的?这是前法国外交官M. 维尔斯特拉特的活动结果,他成为北方银行副主席,同时也是华俄道胜银行理事会成员。他将普提洛夫的信函转给了自己的兄弟——总公司经理处秘书 Ж. 维尔斯特拉特,他于1909年6月16(29)日将信函寄给了法国财政部①。从这一刻起,华俄道胜银行和西伯利亚商业银行的合并问题就成为圣奥诺尔街重点关注的对象,这里是法国财政部所在地,因此,我们有机会了解谈判的进程。

从俄罗斯国家历史档案馆的华俄道胜银行工作信函中,我们可以发现几个华俄道胜银行和西伯利亚商业银行合并的方案。第一种方案是扩大西伯利亚商业银行的资本,将银行改名为俄国—亚洲银行并由其吞并华俄道胜银行。后来又有两个方案,它们都坚持一个原则:两家老银行被新银行俄国—亚洲银行吞并。但是,在这两种方案中吞并银行的条件不同:它们规定的旧

---

① AEF,F30,337.

股票与新股票的兑换比例和新股票发行价格不同①。

在讨论这个问题时各方利益发生了冲突。首先是西伯利亚商业银行领导人之间存在意见分歧。当时 M. A. 索罗维奇科积极支持合并,很可能是希望通过这种方式取得相比亲属更加独立的地位,其他董事会成员或者根本排斥这种提议,或者认为其难以实现。

此外,因为在西伯利亚商业银行存在德意志银行的利益,而在华俄道胜银行存在巴黎—荷兰银行的利益,解决这个问题在很大程度上取决于它们的意见。同时,如果索罗维奇科成功取得德意志银行领导人的事先任命,那么,普提洛夫无论如何也不能打消巴黎—荷兰银行行政首长涅茨灵的疑虑。

涅茨灵在1909年9月4(17)日答复普提洛夫的信中,详细阐述了自己的观点,他在9月10(23)写道:"……我应该等到你的到来,以便和你解释,因为我正在寻找理由充足的观点,它们确实存在并且十分重要,因此,在我看来,你的出发点是完全错误的。不能在信中讨论你信中的所有内容……我甚至更喜欢静静地等,以期在我们见面时结束所有重要的事。对我最重要的事,是在我们与西伯利亚商业银行代表见面前能完全解决这些问题,如果你能提前一天来,我将万分感激,并且我向你承诺为你保留一整天的时间。此外,这项工作能使我们商讨与其他代表的地位关系。"②

法国人对这个问题的看法也不一致。从法国在圣彼得堡事务代理人德·巴纳夫耶紧急报告的复印件来看,后来法国外交部将报告转交至财政部,法国外交官对华俄道胜银行和西伯利亚商业银行的合并持消极态度。德·巴纳夫耶将这个方案看作科科夫佐夫"改善在俄国公司投资的、非常强大的德国金融集团组织力量,使其能够与现在占优势的法国集团势均力敌"的方式。他认为,两家银行合并会导致"德国银行将法国元素赶出领导层",其结果是"法国黄金将被用来支持和促进德国公司在远东的发展"。因此,德·巴纳夫耶甚至表达了对涅茨灵的不信任:"他曾说:'我不是法国人。'"

---

① РГИА,Ф. 632,оп. 1,д. 60,л. 252 – 259.

② РГИА,Ф. 632,оп. 1,.д. 59,л. 1 – 6.

(涅茨灵是瑞士出生的德国人)①

看来,法国财政部支持另一种意见,明显积极支持谈判。9~10月,谈判进入了关键阶段。1909年9月16(29)日,由于普提洛夫、索罗维奇科和德意志银行代表要到巴黎,所以,涅茨灵拜访了财政大臣。可能,涅茨灵的地位得到了认可。

第二周,在巴黎举行了谈判。根据当时在巴黎的M.维尔斯特拉特的信件来看,他向法国财政部通报了谈判进程,谈判接近完成。在9月29日(10月12日)秘密信函中维尔斯特拉特传达了达成的协议,他甚至提议自己作为法国利益在新银行董事会的代表。一天后,他写道:"普提洛夫在与涅茨灵先生长期谈判后,今天动身去柏林,而涅茨灵决定组建辛迪加并任领导人。普提洛夫可能近日与德意志银行和西伯利亚商业银行代表返回巴黎。一切都将取决于应该在明天,也就是周五在柏林举行的会议。但是,如果会议没有取得令人愉快的结果我将会很惊奇。"②

同时,为了迫使索罗维奇科拒绝两家银行合并的方案,他的西伯利亚商业银行董事会亲属,在他出国谈判期间,编造了关于他的诋毁材料。他们知道索罗维奇科会使用西伯利亚商业银行的资金,会留下签字的但没有注明日期的支票。所以趁其不在的时候,他们对资金进行突击稽查。索罗维奇科的账户中没有足够的资金支付支票,但他却不能对此加以证明。况且,有未注明日期的支票备忘录作为稽查结果,有理由指控索罗维奇科利用银行的不计利息的和法律上不确认的贷款③。但是这些文件最终没有使用,因为,与维尔斯特拉特的期望不同,德意志银行的领导人在拟定的方案中处于不利地位。10月6(19)日维尔斯特拉特通知法国财政部,柏林会议没有"取得令人满意的结果"。一天后,涅茨灵从柏林返回圣奥诺尔。他认为:"德国人已经宣布,他们将放弃方案。"④

---

① AEF, F 30, 337. Копии писем де Панафье.
② AEF, F 30, 337. Записка о визите Нецлина и сообщения Верстрата.
③ Материалы по истории СССР в период капитализма. М., 1976. С. 140 – 141.
④ AEF, F 30, 337.

俄罗斯帝国商业银行

　　1909年和1910年，西伯利亚商业银行在德意志银行的帮助下又发行了两次股票，分别为300万卢布和250万卢布。只有1/5的新股票在国外发行。①

　　1911年，西伯利亚商业银行的股份资本达到1250万卢布，预备资本620万卢布。此外，银行有专门储备金（"备用利润""储备资本"）200万卢布。整体上银行自有资本在两年间从1150万卢布增加到2000万卢布，存款从5780万卢布增加到1.34亿卢布。这时，资产业务结构发生了一些变化。1909年1月1日时，最重要的资产业务是商业票据贴现，现在排在第一位的是贷款。但是整体上，资产业务中占明显优势的是期票贷款和商品抵押贷款。

西伯利亚商业银行股票

　　两年间，银行在原来28家分行的基础上又成立了13家分行，其中大部分位于北哈萨克斯坦和中亚。分行在吸收存款中的比重和以前一样，大约3/4。但是，它们在贴现贷款业务方面的作用迅速增强。分行在期票贴现业务上的比重由65%提升到81%，在贷款方面的比重由65%提升到73%。这时，90%以上的非担保证券贷款在圣彼得堡，而大约90%的有价证券、期票和商品贷款在地方②。

　　1910年，西伯利亚商业银行成为亚速—顿河银行集团的一员，这符合索罗维奇科反对者的利益，但这是他们最后的胜利。从1910年开始，银行领导集团开始发生变化。由于银行董事会主席 Л. З. 兰谢烈任期届满，艾尔涅斯特·卡尔洛维奇·戈鲁别被选举为董事会主席。

---

　　① Ронин С. Л. Указанное сочинение . Иностранный капитал и русские банки С. 75.
　　② РГИА, ф. 638, оп. 1, д. 7, 13（отчеты банка）.

150

第三章 圣彼得堡的银行业

戈鲁别是俄国化的德国人，从圣彼得堡的中学毕业后被父亲派往英国学习政治经济和企业活动实践技巧。1890 年返回俄国，年满 24 岁时他任一些外国公司的代理。1899 年，戈鲁别获得刚刚建立的俄国东亚轮船公司的邀请，这是一家股份公司，股东包括丹麦王室成员和守寡的俄国女皇玛利亚·费德罗夫娜，也就是尼古拉二世的母亲。由于公司的业务与女皇有联系，戈鲁别在谈话中客观地评论了维特，被激怒的财政大臣命令传唤这位粗鲁的商人。但是，大臣与其结识后，建议他来财政部任职。

艾尔涅斯特·卡尔洛维奇·戈鲁别

1900 年，戈鲁别被任命为财政部驻德黑兰代表并同时管理贴现贷款银行驻波斯办事处，事实上，这个办事处是俄国国家银行的分行。1906 年，他任俄国国家银行圣彼得堡办事处主管，一年后转任诺贝尔兄弟公司董事。戈鲁别是一位见解独到、自信并擅长业务谈判的人，他善于平衡矛盾双方的相互关系。他在企业界、政府和宫廷有广泛的联系。邀请他任西伯利亚商业银行董事会主席时，曼德尔及其支持者希望他能够约束索罗维奇科。但是戈鲁别保持中立，尽量不参与日益激烈的家庭纠纷。

这时，索罗维奇科继续与普提洛夫谈判，他从 1910 年末开始领导俄国—亚洲银行，它是华俄道胜银行与北方银行合并的结果。现在，已经是西伯利亚商业银行和俄国—亚洲银行合并的问题。为给合并打下基础，俄国—亚洲银行在马努斯的帮助下从 1910 年开始大量购买西伯利亚商业银行的股票。索罗维奇科也约定为马努斯在俄国—亚洲银行和俄国工商银行开立透支

151

贷款用于购买西伯利亚商业银行的股票。结果，在1912年4月7日的全体股东大会上，索罗维奇科在俄国—亚洲银行和马努斯的支持下提出了自己的要求。曼德尔及其支持者被迫退出西伯利亚商业银行董事会。

4月16日举行的紧急全体股东大会通过了将西伯利亚商业银行的资本再增加750万卢布的决议。俄国—亚洲银行主导发行新股票的辛迪加。参加辛迪加的有法国工商银行，它将在巴黎证券市场发行股票，还有巴黎私家银号 Л. 吉尔什 и K° 和塔里曼 и K°。在向财政大臣提出分配西伯利亚商业银行的股份资本时，银行董事会指出："发行将在法国市场进行……因为在国外发行一般不需要本国资本。"①

1912年，西伯利亚商业银行股票在巴黎证券市场挂牌发行。很快，法国工商银行的两位代表 A. 奥姆别尔戈和 Ш. 久·别鲁成为西伯利亚商业银行理事会成员。同时，戈鲁别进入了法国银行理事会。但是，两家银行的合作时间并不长。可能，法国银行不想持有西伯利亚商业银行的股票。利用这个机会，西伯利亚商业银行大量购买了自己的股票。为了控制这些股票，1914年初，西伯利亚商业银行在巴黎成立了子行法国银行信贷公司（Сосьете Франсэ де банк э де креди）②。

1914年，西伯利亚商业银行的自有资本增加到3500万卢布，存款1.64亿卢布，期票贷款5400万卢布，贷款8500万卢布。这时，分行数量也增加到46家并且作用越来越大。像以前一样，银行主要的业务还是商品流转贷款。同时，在1912~1913年，银行开始积极为各种企业——铁路公司、轮船公司及工业公司融资③。西伯利亚商业银行在15年的时间里由二流的地方银行发展成一家大型首都信贷机构。1914年初，西伯利亚商业银行的资产和资产业务在俄国的商业银行中排名第七，排在伏尔加—卡马银行之后。尽管西伯利亚商业银行的大部分股票在国外，但是，它的活动

---

① Ронин С. Л. Указанное сочинение. Иностранный капитал и русские банки. С. 75.
② Girault R. Op. cit. P. 511；РГИА, ф. 638, оп. 1, д. 10, л. 253-254；д. 16, л. 6.
③ РГИА, ф. 638, оп. 1, д. 14, 16（отчеты банка）, а также д. 47, 49, 56, 57, 59, 60, 62, 65, 66, 81, 84т. д.

看不到外国信贷机构的影响。西伯利亚商业银行不像国际银行和亚速—顿河银行一样追逐领导地位,它通常是更强大银行的伙伴,但要比圣彼得堡私人商业银行或者贴现贷款银行更加独立。

第六节 神秘的巨人

即使在圣彼得堡最昂贵的大街海军大街上,有两栋建筑也显得格外雄伟豪华。大楼的主人意在显耀自己的繁荣富贵。在这两栋建筑的三角门架上仍然保留着一些字母,这些字母是信贷机构名称的缩写词——РВТБ 和 РТПБ,也就是俄国外贸银行和俄国工商银行,它们当时是俄国最大的银行。但是,我们对它们的了解并不多,因为档案全部损毁了。这意味着,我们未必能完全清楚它们在银行界中达到了怎样的高度。不管怎样,重要的是在第一次世界大战前夕,РВТБ 和 РТПБ 名列俄国五大最具实力的银行。

俄国外贸银行

1871 年 6 月 4 日,俄国外贸银行章程被沙皇批准。根据 Е. И. 拉曼斯基的资料,这家银行"是按照一些主要私家银号的倡议建立的",以便"为俄国商人在国外贷款和与外国商行缔结更加亲近的关系时提供更便捷的服务"①。的确,俄国外贸银行的创始人不是单独的个人,而是一些私人银行和商行。它们中的大部分我们已经熟知,如圣彼得堡的私家银号 Э. М. 梅耶 и К°、维尼肯 и К°、И. Е. 金茨布尔格、列昂·罗森塔尔,圣彼得堡的贸易公司 С. К. 戈维耶尔 и К°、耶里谢耶夫兄弟,莫斯科的商行沃高 и К°、В. И. 雅库奇科夫 и К°、斯图肯和什皮斯,敖德萨的私家银号耶夫卢斯 и К°、拉法洛维奇兄弟、Э. 马斯 и К°、Ф. И. 罗多科纳吉,塔甘罗格的公司斯卡拉曼卡 и К°,华沙的公司 И. А. 弗列科里,阿尔汗格尔斯克的公司 Э. Г. 勃兰特 и К° 和里加的公司海曼·威美尔曼。

---

① Ламанский Е. И. Воспоминания // Русская старина. 1915. Т. 164. С. 211.

俄罗斯帝国商业银行

俄国外贸银行理事会主席
瓦西里·伊万诺维奇·吉米里亚杰夫

俄国外贸银行的注册股份资本很多——750万卢布。但是，它的业务在很长时间内没有取得进展。1875年1月1日，它的自有资本远远落后于所有圣彼得堡银行，甚至少于遭受危机的圣彼得堡私人商业银行。它缺乏存款并且2/3的负债是股份资本。19世纪70年代末，俄国外贸银行在首都银行中的地位没有太大变化。它的负债和资产业务仅仅超过还未从损失中恢复过来的圣彼得堡私人商业银行，但是与三大银行——伏尔加—卡马银行、国际银行和贴现贷款银行的差距依然很大。这一时期，它的存款不超过200万卢布。"他人的"资金是借用代理行的资金，为400万～500万卢布。股份资本依然占据一半的负债[1]。

1881年，俄国外贸银行的股份资本很快增加了1250万卢布，达到了空前的2000万卢布。新发行的50000股股票中有30000股销售给了购买第一次发行股票的股东，其余20000股也落入了"老股东的手中"，由德意志银行和维也纳银行获得。因此，俄国外贸银行的理事会和董事会中有外国信贷机构的代表[2]。

同年，正如以上所述，俄国外贸银行和圣彼得堡国际银行签订了共同销售新发行的公债、政府担保的铁路公司债券等有价证券的协议。从此，俄国

---

[1] Отчет по операциям акционерных банков коммерческого кредита за 1874 и 1875 годы. СПб., 1877；Ежегодник русского кредитных учреждений. Вып. 1. 1877. СПб., 1880.

[2] Дегио В. Русские ценные бумаги. СПб., 1885.

外贸银行成为在俄国和国外发行俄国有价证券的银行辛迪加的长期参与者。

19世纪90年代中期，俄国外贸银行的固定负债和资产业务在俄国银行中甚至超过了国际银行，位居第二（位列伏尔加—卡马银行之后）[1]。在俄国银行中，它第一个对工业融资并开展了一系列创建、发行业务。但此时它更为小心：既不深入也不广泛参与有风险的业务[2]。

19世纪90年代末，俄国外贸银行在所有主要指标上又开始明显落后于其主要竞争对手。但是，在工业有价证券业务上的谨慎使其在20世纪的经济危机中受到的损失较小。

俄国外贸银行董事会成员、
董事（1892～1913）
阿尔杰米·费多洛维奇·拉法洛维奇

在一战前经济上升初期，俄国外贸银行的股份资本总计为3000万卢布。1909～1914年，股份资本增加3次，共计增加3000万卢布，1914年8月，总计为6000万卢布，也就是说与圣彼得堡国际银行股份资本持平。所有一战前发行的3次股票由以德意志银行为首的银行集团担保。从俄国财政部贷款特别办公厅的档案资料和俄国报刊的消息来看，俄国外贸银行大约一半的新股票在国外主要是在德国发行。研究这个问题的С.Л.罗宁认为，整体上"德国资本在这家银行的比重不少于40%"[3]。到目前为止，研究员也没能突破这种推测。俄国外贸银行与德意志银行及其他德国信贷机构的竞争情况

---

[1] Статистика краткосрочного кредита. Операции акционерного банков коммерческого кредита в 1894-1900 гг. СПб., 1905.

[2] Бовыкин В. И. Зарождение финансового капитала в России. М., 1967. С. 211 и сл.

[3] Ронин С. Л. Иностранный капитал и русские банки. М., 1926. С. 61.

俄国外贸银行董事会成员、董事
(1896~1911)
安德烈·雅科夫烈维奇·博梅尔

依然不明确。

同时，也应介绍一下俄国外贸银行的业务。И. Ф. 金丁曾指出："俄国外贸银行与自己的名字相反，它不是专业的外贸贷款银行。"① 但是，根据相关文献资料中零散的数据能够推测，在第一次世界大战前夕，俄国外贸银行在粮食和棉花贸易中发挥了重要作用。在这方面，银行注重与沃高公司进行合作②。

俄国外贸银行在第一次世界大战前夕公布的特别陈述书《关于银行在出口贸易中的作用》中提到了以下在外贸贷款方面的业务。首先，"粮仓"贷款，也就是银行所有的或是出租给银行的粮仓中的粮食贷款；其次，"在途"贷款，也就是处于途中的贷款；最后，"大粮仓证明"贷款。此外，银行不仅为地主、农民和信贷公司提供粮食播种、收割金融票据贴现，也为港口经济人进行金融票据贴现。银行为由经纪人票据和其他商业债务担保的光票贴现。另外，银行罕见地开展了商品寄售业务。遗憾的是，该陈述书没有提供任何数字信息使我们对上述业务规模及其在银行业务中的地位有完整的认识③。

---

① Гиндин И. Ф. Русские коммерческие банки. М. , 1948. С. 364.
② Китанина Т. М. Хлебная торговая Россия в 1875 – 1914 гг. Л. , 1978. С. 155 и сл. ; РГИА СССР, ф. 599, д. 54 (ведомости оборотов хллопка) ; История монополии Богау (т оргового дома 《Богау и К°》) . Материалы по истории СССР. Т. Ⅵ М. , 1959.
③ Записка Русского для внешней торговли банка. СПб. , 1913.

不管怎样，金丁对俄国外贸银行的特点认识是完全正确的，他认为"俄国外贸银行与俄国其他大型银行不同，它更积极地为商品流转贷款，相对消极地为工业融资"①。从俄国外贸银行 1909～1913 年的决算来看，尽管与有价证券相关的业务明显增长，但是资产业务中占优势地位的依然是期票和商品抵押贷款。

从俄国外贸银行档案来看，它在工业贷款方面明显落后于其他大型银行。根据俄国外贸银行与工业公司的联盟来看，20 世纪初，银行在这种联盟中主要是"合伙的"角色，也就是说，通常情况下，银行是作为其他银行的合伙人，由这些银行在这种或那种企业中发挥主导

俄国外贸银行董事会成员、董事
（1896～1917）
伊万·伊万诺维奇·科斯特林

作用。在俄罗斯国家历史档案馆俄国外贸银行档案中有一份它参与的辛迪加名册，名册表明，在第一次世界大战前夕，俄国外贸银行只在一个俄国工业领域与其他信贷机构的合作中发挥了主导作用，这个领域就是制糖业。在革命前的专著中就发现了俄国外贸银行对这个行业的兴趣。在 20 年代 И. Ф. 金丁就对此进行了关注，根据他的计算，俄国外贸银行集团在 1915 年前夕控制了大约全俄精制方糖生产的 30%②。根据档案资料，俄国外贸银行在俄国银行向制糖业渗透过程中发挥了积极作用。特别是，它领导了 1912～

---

① Гиндин И. Ф. Указанное сочинение. Русские коммерческие банки. С. 364.
② Гиндин И. Ф. Банки и промышленность в России до 1917 г. М. Л.，1927. С. 163.

俄罗斯帝国商业银行

俄国外贸银行 250 卢布的股票

1913年俄国银行对布罗茨基公司的控制活动。

正如俄国外贸银行的辛迪加参加目录所表现的，它更喜欢参与而不是领导工业公司的有价证券业务。1912~1914年，在多次发行公司新股票及买卖公司旧股票的辛迪加中，它只主导了4次。可以确定的是，俄国外贸银行参与了康采恩沃高 и K°控制的一些企业。银行的辛迪加目录确定了1912~1913年在英国创建俄国通用石油公司（Рашен дженерал ойл корпорейшен）和俄国烟草公司（Рашен тобакко компани）的事实①。

俄国外贸银行也与索尔莫沃公司、圣彼得堡车辆制造公司和圣彼得堡皮草生产公司保有联系。有资料表明，俄国外贸银行与比萨拉比亚—塔夫里奇土地银行、俄国劳埃德保险公司和俄国轮船公司科特拉斯—阿尔汗格尔斯克—摩尔曼斯克有利益往来。

在俄国外贸银行中也保有大量特洛伊茨公司、罗斯托夫—弗拉基高加索铁路、莫斯科—基辅—沃罗涅日铁路、波多利斯克铁路、基辅土地银行、别比萨拉比亚—塔夫里奇土地银行、俄国第一保险公司的有价证券，在分析银行业务活动时，也应对此加以注意②。

在创建俄国外贸银行时，其章程就约定了要建立一家伦敦分行。后来，在热那亚、巴黎和君士坦丁堡也建立了分行。同时，它在俄国建立了超过

---

① РГИА, ф. 599, оп. 1, д. 385－389.
② Отчеты Русского для внешней торговли банка за 1909－1913 гг. СПб., 1910－1914.

158

70 家分行的广大网络。在俄国银行体系中它与亚速—顿河银行排名相当,但是,它们在资本构成和资产业务结构上是不同的。如果亚速—顿河银行更像实业银行,那么,俄国外贸银行更像储蓄银行。

俄国工商银行

俄国工商银行创建于 1889 年,当时,俄国结束了长期萧条并出现了经济复苏的初步特征。它的创始人中莫斯科人占多数。这是一个大企业家集团:有萨瓦·吉莫费耶维奇、达维德·伊万诺维奇、康斯坦丁·瓦西里耶维奇·莫罗佐夫、伊万·伊万诺维奇·卡扎科夫、亚历山大·格里高利耶维奇·库兹涅佐夫,还有著名的银

俄国外贸银行莫斯科分行主管
尼古拉·费多洛维奇·吉尔什巴乌姆

行家拉扎里·索罗莫诺维奇·波里雅科夫。此外,创始人还包括博戈罗茨克—格卢霍夫斯科手工工场、С. П. 奥克尼什尼科夫父子商行和 А. 卡图阿尔寡母子商行。

圣彼得堡实业界的代表有 Г. И. 巴里杰公司的领导人、书写纸工厂主 П. П. 别尔戈,一等商人 П. М. 戈林瓦里德和商行古斯塔夫 А. 哈夫 и К°。创始人还有基辅糖厂老板 Л. И. 布罗茨基、巴黎和敖德萨私家银号 М. 耶夫卢斯 и К° 及 3 家不太出名的银号。

但是后来,银行股票控制权由著名的俄国铁路巨头巴维尔·格里高利耶维奇·冯·杰尔维斯的儿子巴维尔和谢尔盖持有。他们既没有进入银行的理事会,也没有进入董事会,而是通过自己的代理人——理事会主席 А. А. 博梅朗采夫、董事会主席 И. Е. 阿达杜洛夫和常务董事 Н. А. 马什科夫采夫来实施控制。

159

俄罗斯帝国商业银行

圣彼得堡海军大街 15 号的
俄国工商银行大楼

俄国工商银行成立时，股份资本为 500 万卢布。1895 年 1 月 1 日时，它的业务规模在圣彼得堡银行中只超过圣彼得堡私人商业银行。1899 年，它的资产和资产业务增加了 1 倍多，接近贴现贷款银行，但是，与领军者伏尔加—卡马银行、国际银行和俄国外贸银行的差距依然很大。

从资本构成和资产业务特点看，俄国工商银行是混合银行（综合银行）。它扩大了地方分行网络，结果，在 1895～1898 年股份资本扩大 1 倍的情况下，存款增加了 3 倍。在资产中，商业票据贴现和商品贷款比有价证券业务多，但是后者发展更快①。

像大多数圣彼得堡银行一样，俄国工商银行在 19 世纪 90 年代参加了创建、发行业务，但是它在工业融资方面的作用仍然是次要的。

1899 年夏，П. П. 冯·杰尔维斯破产，使俄国工商银行陷入极其困难的境地。财政部稽查发现，"银行自有资金更多地用在了不动产方面"。革命前的俄国银行史研究者 И. И. 勒温在评价这个结论时写道："损失的原因不在于常规业务，不在于滥用，而是紧紧与工业贷款相关。银行为东方货物仓库公司、伏尔加轮船公司、伊斯齐因工厂、伏尔加钢铁厂、因泽尔采矿公司、静湖公司等提供贷款，为这些公司相互开具友好性质的期票贴现，为同业往来账户提供贷款，参加发行这些公司股票的辛迪加并同时发放这些股票的贷款。"

---

① Статистика краткосрочного кредита.

但是，从勒温对这家公司的后续叙述中可以看出，也存在滥用现象。巴维尔和谢尔盖·冯·杰尔维斯将他们控制的大量银行资源用于为自己的企业融资、进行市场投机和各种借用。勒温指出："在期票贴现方面，巴维尔和谢尔盖·杰尔维斯将所有企业500万卢布中的250万卢布据为己有；大约一半非担保证券贷款落入了巴维尔·杰尔维斯一个人的口袋，谢尔盖也得到70多万卢布。大量的资金被分配给了他们的近亲。这一切都很容易：要知道，当时冯·杰尔维斯控制着这些私人公司的主管。"[1]

幸亏俄国国家银行提供400万卢布的紧急贷款，俄国工商银行才站稳脚跟，当时，客户误以为 П. П. 冯·

俄国工商银行创始人
萨瓦·吉莫费耶维奇·莫罗佐夫

杰尔维斯破产，急于取出自己的存款。国家银行的支持也意味着拯救了大部分被 П. П. 冯·杰尔维斯拉进俄国工商银行融资体系的公司。根据报纸消息，冯·杰尔维斯2400多万卢布债务的债权人管理机构，成功销售了冯·杰尔维斯持有的部分股票，因此在1900年7月前资产超过负债大约200万卢布，赤字消除[2]。这使银行向管理机构追索冯·杰尔维斯的债务并与国家银行清算。

但是，俄国工商银行也遭受了其他危机引起的损失。1901~1908年，由于银行高估持有的有价证券，只能注销拒付期票，以偿清大约400万卢

---

[1] Левин И. И. Акционерные коммерческие банки. Пг., 1917. С. 269-270.
[2] Бовыкин В. И. Формирование финансового капитала в России. М., 1984. С. 128-129.

俄罗斯帝国商业银行

俄国工商银行创始人、莫斯科商业银行理事会成员伊万·伊万诺维奇·卡扎科夫

布的专用活期账户和其他不良债务。

1902年初，银行全体股东大会全面分析了银行的状态，批准了下一步经营方案："停止任何在圣彼得堡的投机行为，逐渐发展中央局的商务业务，将资产活动主要集中在地方的纯贸易业务，发展政府期票业务和各种商品抵押贷款业务并逐步注销旧账户……"①

1907~1908年，俄国工商银行的股份资本从1000万卢布增加到1500万卢布。在1910年和1912年接连发行新股票，每次金额1000万卢布。1914年，银行股份资本总计3500万卢布，而自有资本总额为4400万卢布。

根据上述方案，银行明显扩大了地方的分行网络，1914年，它拥有111家分行和代理行，超过任何一家俄国银行。这促进了分行在俄国工商银行业务中比例的提升和存款的增长。1909~1913年，存款由5730万卢布增加到1.956亿卢布②。

正如银行负债表所指出的那样，1910年前，银行资产明显分为贴现业务和商品贷款业务。甚至在透支贷款中，占主要地位的也是商品贷款，而不

---

① Отчеты Русского Торгово - промышленного коммерческого банка в С. - Петербурге за 1901 - 1908 гг. СПб., 1902 - 1909; РГИА, ф. 634, оп. 1, д. 8, л. 31. Доклад правления Русского Торгово - промышленного коммерческого банака общему собранию акционеров 28 марта 1903 г.

② Отчеты Русского Торгово - промышленного коммерческого банка за 1909 - 1913. СПб., 1910 - 1914.

是有价证券贷款。后来，状况发生了改变。1912年，有价证券透支贷款增加了1倍，而同业往来账户金额增加了2倍。但是，1914年1月1日的俄国工商银行资产结构表明，在其业务中期票和商品抵押贷款明显多于企业贷款。无论是从资产构成，还是从资产业务特点来看，俄国工商银行都与伏尔加—卡马银行相近，是典型的俄国储蓄银行。

С. Л. 罗宁在研究贷款特别办公厅资料的基础上认为，俄国工商银行在1907~1908年和1910年发行的股票"全部在俄国销售"。1911年，我们先前介绍的俄国—亚洲银行在圣彼得堡大经纪人 И. П. 马努斯的参与下大量购买了俄国工商银行的股票，随后将这些股票转移给英国银行家 Б. 克里斯普，克里斯普在伦敦建立了专门控制俄国工商银行的金融公司——英国—俄国银行。克里斯普作为代表进入俄国工商银行董事会，而银行代表 А. О. 古卡索夫成为英国—俄国银行的董事①。

克里斯普在这段历史中的作用值得研究。有理由认为，在他的帮助下，俄国—亚洲银行在某种程度上实

俄国工商银行董事会主席
叶甫盖尼·德米特里耶维奇·马克西莫夫

现了"银行托拉斯"的愿望，而这种愿望最初是计划通过在法国建立强大的公司来实现的。但是不管怎样，从1912年开始，俄国工商银行被纳入了俄国—亚洲银行的发展轨道。

---

① Ронин С. Л. Указанное сочинение. Иностранный капитал и русские банки. С. 78 – 79；The Russian Year – Book. L. , 1912. p. 678.

俄罗斯帝国商业银行

俄国工商银行股票

英国—俄国银行与巴黎法国动产信贷银行一起在1912年发行了1000万卢布的俄国工商银行股票。С. Л. 罗宁认为，事实上只有巴黎的银行参与了此次发行，它获得了没有被老股东购买的6007股股票（总计40000股股票）[①]。

由于缺少俄国工商银行董事会的会议记录，所以不能确定克里斯普在银行中的影响。但是根据他久居伦敦，只是偶尔去圣彼得堡的事实来看，选举他更多的是象征意义。罗宁通过研究贷款特别办公厅的材料确定，1913~1914年，克斯斯普在俄国国家银行抵押了其拥有的大部分股票，因此，他仅仅是这些股票名义上的持有者。

但是，在俄国国家银行档案中还没有找到克里斯普抵押俄国工商银行股票的资料。克里斯普在俄国工商银行历史中的神秘作用或许可以通过研究英国的档案得到发掘。

第七节　买卖婚姻

19世纪90年代初以前，法国企业界尤其是一些工业公司和工业集团热衷于在俄国建立分公司。但是，随着法国工业和银行的联系日益密切，银行开始积极为工业集团在国外设立的分行融资。1886~1887年，罗斯柴尔德

---

① Ронин С. Л. Указанное сочинение．Иностранный капитал и русские банки. С. 79–80.

私家银号进入俄国石油业是法国银行资本独立、主动开展俄国事务的开端。19世纪90年代中期,法国对俄国直接投资的动力源已由工业集团转向银行。在后者中发挥主要作用的除了罗斯柴尔德私家银号外,还有总公司和巴黎—荷兰银行。总公司把俄国南部的煤矿和冶金业作为自己的融资目标。巴黎—荷兰银行的利益范围并不确定,它参与创建各种公司:采矿公司、冶金公司、金属加工公司、机械制造公司。其中大部分公司位于俄国中心地区和伏尔加河流域。

1899~1903年的危机对很多在俄国的外国企业造成了极为不利的影响,总公司和巴黎—荷兰银行也面临一系列严重问题。根据两家银行理事会行政会议的备忘录,两家银行的领导人在当前条件下或者放弃处于破产边缘的企业,或者与企业的债权人协商,通过寻找新的资金来源来维持企业生存,等待市场行情好转。

同时,总公司和巴黎—荷兰银行与在19世纪90年代下半期在俄国一起创建股份企业并为其融资的俄国银行的关系,也开始受到危机的破坏性影响。法国银行的主要伙伴——圣彼得堡国际银行、圣彼得堡贴现贷款银行、俄国工商银行、圣彼得堡私人商业银行,在20世纪初处于极其困难的境地,而圣彼得堡—亚速银行在危机的打击下破产了。可能正是这种环境促使了总公司和巴黎—荷兰银行的领导人仔细考虑在俄国设立分行的事宜。

北方银行——巴黎总公司的分行

总公司的领导们首次实现了自己的蓝图。这个蓝图是以圣彼得堡—亚速银行1900年1月"参加银行事务"的提议为基础的。当时研究这个提议时,总公司理事会决定不与濒临破产的银行合作。但是1年后即1901年2月,理事会会议传闻理事会主席艾里·德·奥谢里伯爵赴俄国研究在俄国创建以俄国章程为基础的独立银行作为总公司分行的可能性[①]。半年后,分行

---

① Архив французского банка 《Генеральное общество》 (далее: Arch, S G.), Proces-verbauz du Conseil d´Administration, 16, 23 janv. 1900, 21 fev. 1901.

165

俄罗斯帝国商业银行

圣彼得堡涅瓦大街62号的北方银行，
1910年起为俄国—亚洲银行

即北方银行开始营业。

北方银行是一家在圣彼得堡创建的俄国信贷机构，然而事实上其资本和领导人都是法国的。总公司在自己的客户中配售北方银行的股票。董事会由艾里·德·奥谢里领导，董事会还包括总公司董事 Л. 多里松，法国驻圣彼得堡大使馆商务参赞莫里斯·维尔斯特拉特被任命为北方银行常务董事。

北方银行起始股份资本为500万卢布。1902年末，第一业务年度结束后，已经有1500多万卢布存款并在同业往来账户中有2300万卢布。但是，北方银行创建于俄国危机最严重的时期，它的建立和发展非常不易。

总公司向北方银行转移了自己在俄国的部分资产和负债，并使北方银行关注由其融资的、在危机中处于困难的企业。其中包括鲁特切科夫采矿公司，克里沃罗格铁矿公司，俄国铸铁、钢铁总公司，布良斯克钢轨轧制、制铁和机械公司等。总公司在这些企业的直接参与额为700万卢布。其中大部分是银行持有的这些公司作为发放贷款担保的股票和债券。所以，银行非常关心这些股票和债券的保值。但是，危机给采煤冶金行业带来了沉重打击。为了避免这个行业中与总公司有利益往来的大部分企业破产，就需要不断向其提供贷款。北方银行提供了大部分贷款。结果，北方银行每年不得不冲销大笔资金。1904年，金额达到70万卢布[①]。

总公司的领导人在创建俄国分行时认为，分行的主要任务是为受母公司保护的企业寻找当地的资金来源。但是，北方银行在吸引存款之初就面临着

---

① Отчеты Северного банка за 1902 – 1904 гг. СПб.，1903 – 1905.

第三章　圣彼得堡的银行业

来自其他银行的激烈竞争，这些竞争不仅包括俄国的银行，也包括法国的银行。M. 维尔斯特拉特在1901年10月给法国财政大臣 Ж. 卡约的机密信函中写道，北方银行运营一个月后，就受到了"里昂信贷"极不友好的对待。"里昂信贷"可以说是唯一一家法国银行，也可以说是唯一一家在俄国拥有分行的外国银行。一个月后，维尔斯特拉特在给 Л. 多里松的信中写到了北方银行在圣彼得堡的竞争态势："尽管我预判到了竞争，但是有理由认为，我并没有预料到，竞争来自全国各地。"① 由于没有稳

路易·多里松

定的客户，就不能保证稳定的存款，作为总公司分行的北方银行自然要向总公司求助。维尔斯特拉特在1901年11月3日写给多里松的信中指出，总公司必须将给北方银行的贷款从300万法郎增加到1200万法郎，以便"公司能马上形成坚实的客户群体"。但是，多里松没有同意这个请求，他警告北方银行常务董事不要有任何冒进行为。维尔斯特拉特在1901年11月21日给多里松的信中写道："我一定会遵守您在信中提出的控制我们业务规模和资产规模的建议。一切都很顺利。"但是，11月28日他请求总公司为北方银行提供250万法郎贷款，以便保证北方银行的正常运转。维尔斯特拉特在1902年10月4日给多里松的信中再次写道："我非常感谢并一定遵守您的建议。我和您同样认为，我们现在应该巩固自己的地位，而不是继续扩展业

---

① Griault R. Emprunts russes et investissements francais en Russie：1887 – 1914. Paris，1973. p. 360 – 361；РГИА，ф. 637，оп. 1，д. 5，л. 68. Письмо от 10 октября 1901 г. Конкурекнтами были： Ротштейн （Петербурский Международный банк），Петрококино （Учетный и ссудный банк），Мураний （Петербургский Частный банк）и《лионцы》.

167

务。我们不能无限制地快速发展。任何政策都各有其时。"但是，这封信的最后一句话是关于北方银行的资本扩大问题①。

1903 年，北方银行的股份资本从 500 万卢布增加到 1250 万卢布，但这些资金也不充裕。1905 年，银行希望连续扩大资本。但还出现了其他问题，北方银行作为俄国大型信贷机构，它的发展越来越受到总公司普通分行这一现实地位的制约。1901 年 11 月，当北方银行刚开始运营时，维尔斯特拉特就向多里松提出了赋予北方银行在分配总公司所提供贷款上更多的自主性。4 年后，维尔斯特拉特在论及北方银行行政机构被赋予的自由时指出："必须为行政理事会提供现实的权力，而不是虚构的假象。"②

同时，位于巴黎普罗旺斯大街的总公司经理处也在考虑，如何应对在俄国迅速发展并且日渐独立的分行，而此时，位于绍沙大街的巴黎联盟银行领导人却对分行产生了兴趣。这家银行由比利时总公司和巴黎私家银号集团于 1904 年创立，巴黎国际银行董事、著名俄国事务专家 T. 罗姆巴尔多在此找到了用武之地。正是他提出了利用北方银行发展巴黎联盟银行在俄国业务的想法。

两家银行的领导人很快达成了共识。在 1906 年 4 月 18 日总公司理事会会议上提出了与巴黎联盟银行进行谈判，由其参与北方银行资本扩大的议题。1906 年 5 月 9 日，总公司理事会批准了开展该业务的申请。北方银行的资本增加了，达到 1250 万卢布。巴黎联盟银行自己承担了 500 万卢布，巴黎—荷兰银行 100 万卢布，其余由总公司承担③。

1906 年末，北方银行的新股票在巴黎证券市场挂牌上市。根据巴黎联盟银行参与北方银行股份资本的规定，该行的两位代表 T. 罗姆巴尔多和 П. 达尔西成为北方银行经理处成员。由于两家法国银行在利益协商时出现

---

① РГИА, ф. 637, оп. 1, д. 5, л. 41, 85, 98, 320.
② РГИА, ф. 637, оп. 1, д. 5, л. 43. 401. Верстрат - Доризону, 16 ноября 1901 г., 18 ноября 1905 г. н. ст.
③ Arch. S. G., Proces – verbaux du Conseil d'Administration, 22 mai 1906; Arch. PFRIBAS, Proces – verbaux du Conseil d'Administration, 6 juin 1906.

了问题,所以创建了北方银行巴黎委员会,其成员包括总公司和巴黎联盟银行代表。1906年11月14日,举行了委员会第一次会议①。

杰奥菲里·罗扎里耶维奇·罗姆巴尔多是北方银行的灵魂,他是19世纪末20世纪初杰出的国际商务商人代表,来自萨罗尼克(希腊),曾在德国和法国留学,擅长多门外语。从1891年起,罗姆巴尔多作为法国银行和工业公司代表常驻俄国,是很多俄国股份公司董事会成员和创始人。在俄国和法国档案中有其大量信函,这些信函不仅文字优美,而且字迹工整。

罗姆巴尔多是一位精力充沛、能力出众的人,他推动了北方银行的迅速发展。1907~1908年,北方银行扩大了地方分行网络。1909年初,分行的数量达到了40家。2年内,银行存款从4540万卢布增加到8580万卢布。1908年,期票贴现增加了1/3。但是,北方银行法国保护人所庇护的企业是银行的沉重负担。1907年秋,罗姆巴尔多在一封信中对此抱怨道:"我们不得不做总公司高兴的事,但是这些事务,完全不在我们的业务范围内。"②

北方银行融资的企业受1908年经济危机的影响举步维艰,结果银行大部分资产被冻结。1909年秋,形势更加严峻。1909年10月中旬,罗姆巴尔多向远在法国的维尔斯特拉特发电报:"遗憾地通知您,北方银行的资金十分困难。我们已经在国家银行再贴现530万卢布,我们的储备金已经降至最低点,因此,不得不请求总公司提供帮助,以免陷入绝境。"③

维尔斯特拉特在得知西伯利亚商业银行和华俄道胜银行合并谈判破裂几天后,收到了这封电报。

华俄道胜银行和巴黎—荷兰银行

巴黎—荷兰银行简称ПАРИБА,19世纪90年代,它更喜欢在巴黎国际银行和总公司的帮助下参与俄国工业事务。但这两家银行由于危机的沉重损失而破产,此后,巴黎—荷兰银行没有继续走总公司的路,其经验已经表

---

① AEF, B 31.260, dossier《Benque du Nord》; РГИА, ф.637, оп.1, д.31, л.2.
② РГИА, Ф.637, оп.1, д.90, л.10.
③ РГИА, Ф.637, оп.1, д.44, л.122 [тел. от 10 (23) октября 1909 г.].

明，在俄国创建新银行是一项非常复杂的工作。在巴黎—荷兰银行档案中的资料表明，银行领导人另有方案：控制一家已经存在的俄国银行。1906年，巴黎—荷兰银行经理处开始与伏尔加—卡马银行董事 П. Л. 巴尔克谈判，内容是从伏尔加—卡马银行的主要股东手上购买大量股票。还讨论了在巴黎—荷兰银行参与下扩大伏尔加—卡马银行资本的可能性。但事实证明，时机还不"成熟"。巴尔克既不能保证在近期大量出售伏尔加—卡马银行的股票，也不能保证发行股票①。

谢尔盖·尤里耶维奇·维特

正在这时，巴黎—荷兰银行有望进一步参与华俄道胜银行。前文指出，这家银行于1895年在圣彼得堡创立，其目的是为中东铁路建设融资并促进俄国资本深入中国。华俄道胜银行的创始人和首创人是时任财政大臣 С. Ю. 维特，银行的常务董事是圣彼得堡国际银行董事 А. Ю. 罗特施泰因。在创建华俄道胜银行时，有以巴黎—荷兰银行为首的法国财团的参与，法国财团消化了银行股份资本的5/8。但事实上，俄国财政部控制着华俄道胜银行，因为俄国国家银行购买了3/8左右的股票。华俄道胜银行董事会包括6名俄国代表和3名法国代表，其中包括巴黎—荷兰银行董事 Э. 涅茨灵。维特想利用法国资本加强俄国对中国的影响，而法国银行在中国北部的地位不如在南部强势，因此想依靠华俄道胜银行在北部排挤英国和德国竞争者的势力。这就是为什么在银行董事会除了涅茨灵外，还有一位巴黎—荷兰银行的领导人——中国丝绸出口商 O. 莎普里耶尔。华俄道胜银行扩大了在中国的分行网络，并且上海分

---

① Arch. PARIBAS, AA, 190/17.

行与巴黎贴现办事处也建立了联系。

尽管华俄道胜银行的分行主要位于远东地区，但银行的主要业务是面向中国并在沙皇政府推行对外政策时提供巨大经济援助。但是，在俄国与日本战争失败后，政府开始疏远华俄道胜银行。1906年3月，圣彼得堡国际银行根据财政部委托与巴黎—荷兰银行一起组建了辛迪加，以从俄国国家银行购买1.2万股华俄道胜银行股票，并在后期自由出售。大部分股票在法国金融市场出售。1906年4月，又提出从俄国国家银行购买一部分股票。巴黎—荷兰银行理事会同意这个提议，但条件是以小批量的形式分批从俄国国家银行购买华俄道胜银行的股票。理事会还认为，俄国国家银行不能完全不参加华俄道胜银行，应在银行保有一定的利益①。

巴黎—荷兰银行的领导人明显没准备好接手华俄道胜银行。但是，与巴尔克关于大量购买伏尔加—卡马银行股票谈判的破裂促使他们借机参与华俄道胜银行。1907年，巴黎—荷兰银行开始成为兑换华俄道胜银行股票的银行辛迪加的长期参与人。1907年末，大部分股票被转移至巴黎，因此，1907年12月14日，华俄道胜银行决定从理事会的法国成员中抽调人员组建巴黎委员会②。随着巴黎—荷兰银行涉足华俄道胜银行，华俄道胜银行的主要伙伴圣彼得堡国际银行开始与其逐渐疏远。1908年末，法国驻圣彼得堡大使 M. 波姆巴尔根据百事通维尔斯特拉特的消息，向法国外交大臣 C. 皮绍传达了华俄道胜银行"事实上已经与国际银行分道扬镳了"的消息③。

1907年，华俄道胜银行的财务业绩特别差，这尖锐地提出了未来命运的问题。为此，1908年2月7日，财政大臣 В. Н. 科科夫佐夫专门召集会议讨论银行的情况，参加会议的有工商业大臣 И. П. 什波夫，俄国国家银行主席 С. И. 吉玛舍夫，贷款办公厅副主任 Л. Ф. 达维多夫，以及华俄道胜银行

---

① Arch. PARIBAS, AA, 190/17. л. 464（Верстрат Доризону, 2 сентября 1905 г. н. ст.）; Arch. PARIBAS, Proces - verbaux … 26 mars, 8 mai 1906, 26 juillet 1906; AEF, B 31260, dossier 7.

② РГИА, ф. 632, оп. 1, д. 1.

③ AEF, B 31260.

171

俄罗斯帝国商业银行

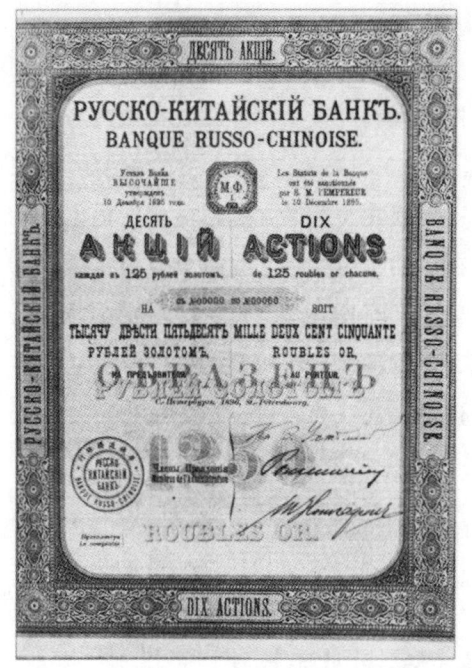

华俄道胜银行股票

董事会董事 Э. Э. 乌赫托姆斯基、А. И. 普提洛夫、С. С. 索里斯基、А. И. 维什涅格拉茨基、Э. 涅茨灵和 М. 维尔斯特拉特。在会议结束时，科科夫佐夫回答了涅茨灵提出的"改善银行业务'最需要'的是俄国政府提供的'高级保护'"的建议，科科夫佐夫指出："政府提供的帮助是有限的，现在银行应缩小业务规模。一方面财政部会竭尽所能支持银行，另一方面，法国资本家也应该为银行提供贷款。"①

挽救这家衰落银行的紧急而又复杂的任务落在了阿列克谢·伊万诺维奇·普提洛夫的肩上。

他出身于下诺夫哥罗德贵族，1889 年毕业于圣彼得堡大学法律系。由于关于刑法的学位论文被大学委员会授予金质奖章，所以，他被留系进一步培养。但是，可能他对学术这条道路不感兴趣。1890 年，普提洛夫到财政部法律处任职，后来调至财政部总务厅，1902 年，他成为总务厅主管。一年后，他被任命为财政大臣、贵族土地银行及农民土地银行主管。但是，由于普提洛夫在报告书中指出，巩固农民土地所有制必须依靠国家强制购买地主土地，所以，1905 年尼古拉二世命令普提洛夫辞去国家职务。只不过在形式上，他仍是华俄道胜银行的董事会董事。1908 年 2 月 15 日，他被选为华俄道胜银行常务董事。几年后，按照 С. Ю. 维特的话来说，普提洛夫成为"圣彼得堡和国外银行界最具影

---

① РГИА, ф. 632, оп. 1, д. 46, л. 37 – 47.

172

第三章 圣彼得堡的银行业

响力的、最炙手可热的金融家之一"①。

文献资料没有记载普提洛夫在新职位上的初期活动。圣彼得堡的银行资料在国有化后被堆放在地下室中，这些资料由于1924年大水遭到了严重损坏。华俄道胜银行档案中的大部分银行理事会备忘录文本遭到了侵蚀，已不能阅读。1908年6月12日的备忘录是为数不多能够阅读的文件之一，文件确定，1907年银行的损失为720万卢布，但根据银行巴黎委员会的要求在银行本年度决算中记录的则是1140万卢布②。但是，备忘录中没有指出银行领导人采取哪些措施防止进一步损失。根据1908年报告，措施之一是冻结亏损的分行，包括收拢国外分行网络，在俄国另建分行。

同时，我们注意到，普提洛夫开始与西伯利亚商业银行董事索罗维奇科谈判，谈判分两个阶段，第一阶段是围绕防止西伯利亚商业银行和华俄道胜银行出现过度竞争，第二阶段是围绕两家公司合并。谈判破裂后，又

弗拉基米尔·尼古拉耶维奇·科科夫佐夫

谢尔盖·伊万诺维奇·吉玛舍夫

---

① Витте С. Ю. Воспоминания. Т. 1. М., 1960. С. 143 – 144.
② РГИА, ф. 632, оп. 1, д. 46, л. 230.

173

俄罗斯帝国商业银行

华俄道胜银行董事会董事
巴维尔·阿道里弗维奇·伯克

产生了合并华俄道胜银行和北方银行的想法。

关于合并北方银行和华俄道胜银行的谈判

看来，在柏林进行的关于合并华俄道胜银行和西伯利亚商业银行的谈判失败使巴黎出现组建新组合的讨论。结果，1909年11月13（26）日，多里松在总公司经理处会议（中央委员会）上指出：在某种情况下萌生了合并北方银行和华俄道胜银行的想法，这种想法正是"由于后者与西伯利亚商业银行合并失败"产生的[1]。法国历史学家 P. 日罗试图通过史料还原俄国—亚洲银行的创建史，他指出，这个组合的提倡者是 M. 维尔斯特拉特[2]。北方银行的档案资料表明，1909年夏，不久前在华俄道胜银行任职、后来进入北方银行的 Э. 阿哈德将这种组合的意图建议给维尔斯特拉特[3]。况且，这个想法正合维尔斯特拉特之意，他比阿哈德更加了解北方银行的境遇。

北方银行的领导人非常清楚，尽管华俄道胜银行的业务非常糟糕，但是，政府在该银行的利益使其具有非常特别的地位。1908年春，罗姆巴尔多在一封寄往巴黎的信中指出："我们应该认识到，华俄道胜银行涉及很多政府事务，俄国政府在这家银行有非常多的金融、经济和政治利益，这非常

---

[1] Arch. S. G., 5690. Extrats du process – verbal du Comite Central du 26 nov. 1909.
[2] Girault R. Op. cit. P. 499.
[3] РГИА, ф. 637, оп. 1, д. 55, л. 1 – 11.《Личное》и《очень конфиденциальное》письмо Э. Агада М. Верстрату от 20 июля 1909 г.

具有吸引力。华俄道胜银行的签字对我来说,对于所有了解形势的人来说就是胜利的标志……这家银行不可能破产。"①

1905年末,总公司和巴黎—荷兰银行的联合极大地促进了华俄道胜银行和北方银行的合并。1906年1月,两家银行达成了在法国和国外相互支持,包括共同配售有价证券业务的共识②。

总公司领导人在1906年3月17日的全体股东大会上宣布改善与巴黎—荷兰银行的关系,指出:"我们很高兴与其改善关系,这加强了两家机构活动的一致性,但并不妨碍各自的独立性。"理事会在1907年3月16日给总公司全体股东大会的报告中指出:"我们与巴黎—荷兰银行的关系已经加强了,根据达成的协议,巴黎—荷兰银行将指派两位能力出众的主管人,代表其研究双方共同关注的事务。"③ 巴黎—荷兰银行和总公司的协议为其在俄国的联合行动奠定了基础。

在北方银行档案中保存的电报还原了新方案讨论初期的面貌,这些电报是圣彼得堡的普提洛夫和巴黎的维尔斯特拉特在1909年10月末和11月初往来的。我们从这些电报中发现,在普提洛夫从柏林返回巴黎后,他和维尔斯特拉特取得了原则上的一致,他们与涅茨灵和多里松就新业务交换了想法。看来,巴黎—荷兰银行和总公司的领导人一开始对参加新方案——北方银行和华俄道胜银行合并并不十分感兴趣。维尔斯特拉特在10月30日(11月12日)给普提洛夫的电报中传达了自己与涅茨灵和多里松谈判的信息并指出,问题在于对两家银行股票的估价很复杂。普提洛夫在回复的电报中提出了这样的劳动分工:他负责自己的保护人——涅茨灵,维尔斯特拉特也应该说服自己的保护人——多里松。他写道:"当我去巴黎的时候多里松提出了如下建议:北方银行5股旧股票兑换6股新股票,华俄道胜银行

---

① Это письмо было обнаружено французким историком Р. Жиро в архиве Банка Парижского союза. См.: Girault R. Op. cit. P. 498.
② Arch. S. G., Proces – verbaux … 25, 31 octobre 1905, 30 janvier 1906; Arch. PARIBAS, Proces-verbaux…31 octobre 1905.
③ Arch. S. G., Rapports du Conseil d'Adminnistration, 30 mars 1906; 27 mars 1907.

10 股旧股票兑换 6 股新股票……我建议你同意这个观点。我也努力说服涅茨灵同意。"①

这里没有必要赘述谈判的细节，重要的是分析谈判的机制和阐明各方力量的分布。正如我们看到的那样，维尔斯特拉特和普提洛夫谁是首创者并不重要。但是，巴黎—荷兰银行和总公司的领导人起了决定性作用。在谈判初期，普提洛夫和维尔斯特拉特积极发挥了中间人的作用。

准备谈判的初期工作比较困难。但是，11 月 9 日（22）维尔斯特拉特发电报说："今天的谈话（与涅茨灵）很成功。涅茨灵提出了一个多里松能够接受的组合方案。他希望能在'近期'达成最终协议。"②

涅茨灵的提案表明，一些主要参与人越来越积极并且他们本身也有兴趣完成这个业务。1909 年 11 月 10（23）日，普提洛夫给维尔斯特拉特发去了电报："现已收到您和涅茨灵发来的电报，我认为涅茨灵也希望我们能够成功合并。"谈判进入了关键阶段。1909 年 11 月 11（24）日，维尔斯特拉特通知北方银行董事会董事 В.Ф. 达维多夫（俄国财政部贷款特别办公厅主任 Л.Ф. 达维多夫的兄弟）："在与涅茨灵进行多轮谈判后，我们几乎达成了一致意见。据我推测，明天多里松也会同意，事情进行得很顺利。"但是，维尔斯特拉特请求暂时"保密"。同一天，普提洛夫通知维尔斯特拉特他已经与财政部贷款特别办公厅主任 Л.Ф. 达维多夫进行了会面，达维多夫说："财政大臣'原则上同意'拟定的合并方案。"普提洛夫写道："达维多夫坚决要求近期达成协议，以免重蹈西伯利亚商业银行的覆辙。"

普提洛夫在这封电报后又发了一封，他在这封电报中补充了一些谈话细节，并对维尔斯特拉特说："达维多夫担心北方银行经理处会反对合并。请就这个问题与涅茨灵和多里松进行沟通。烦劳通知我们贵方的打算和涅茨灵关于未来银行理事会和经理处成员和组织的意见，以便我们能将这些意见反

---

① РГИА, ф. 637, оп. 1, д. 55, л. 12, 18, 21, 23.
② РГИА, ф. 637, оп. 1, д. 55, л. 51. 55（телеграммы Верстрата）; Arch. S. G. 5691 (《Note》 du 22 dec., 1909).

馈至财政部。请注意,达维多夫已经表达了希望提高他兄弟地位的意愿。"①

但是,普提洛夫的担忧是多余的。11月12(25)日清晨,他收到了维尔斯特拉特发来的电报:"非常棒的一天。完全同意。"11月13(26)日,总公司中央委员会批准了协议草案,同意按其建议创建新银行,银行注册资本3000万卢布、储备金2200万卢布②。11月12(27)日,法国报纸刊登了华俄道胜银行和北方银行将要合并的消息。11月15(28)日,维尔斯特拉特告知 В. Ф. 达维多夫,他拜访了法国财政大臣,财政大臣对华俄道胜银行和北方银行的合并感到十分乐观。次日,普提洛夫来到了巴黎,以便两家银行"完成谈判"③。11月17(30)日,巴黎—荷兰银行和总公司行政理事会听取了常务董事涅茨灵和多里松关于华俄道胜银行和北方银行合并的初期谈判结果和方案内容的汇报④。

从总公司档案中保存的谈判备忘录来看,谈判至少进行了3天。参加谈判的有:华俄道胜银行和巴黎—荷兰银行的代表 Э. 涅茨灵、巴黎—荷兰银行的代表 A. 别纳克、总公司的代表 A. 斯比特采尔和 П. 门弗耶里、华俄道胜银行的代表 А. И. 普提洛夫和 Г. 兰德尔及北方银行的代表 M. 维尔斯特拉特。根据涅茨灵提出"并得到各利益方同意的基本合并原则",11月17~19日,在巴黎—荷兰银行举行了会议,参会者研究了新银行的自有资产结构、华俄道胜银行和北方银行合并的法律形式、旧股票兑换新股票的重要条件及新银行增发股票等事项。

最终,1909年11月20日(12月3日),华俄道胜银行和北方银行的代表签署了备忘录,确定了两家银行的合并"准则"。备忘录规定,新银行的股份资本为3500万卢布,储备金为17004330卢布。同时,华俄道胜银行存

---

① РГИА,ф.637,оп.1,д.55,л.60,62,64,66.
② Arch. S. G.,5690.
③ РГИА,ф.637,оп.1,д.55,л.74;Arch. S. G.,5690. Сообщение о прибытии Путилова было сделано на заседании дирекции (《центрального комитета》) Генерального общества 29 ноября 1909 г.
④ Arch. S. G,Proces - verbaux du Cons. d' Adm.,30 nov. 1909;Arch PARIBAS,Proces - verbaux du Cons. d;Adm.,30 nov. 1909.

俄罗斯帝国商业银行

款为 1925.5 万卢布，其中 1293.75 万卢布应作为新银行股份资本。6.9 万股（每股 187.5 卢布）新银行股票兑换华俄道胜银行股票，同时，628.75 万卢布为新银行的储备金。北方银行的存款为 2600 万卢布，其中 17499450 卢布为新银行的股份资本，93332 股新银行股票兑换北方银行股票。此外，决定增发 24334 股价值为 4562750 卢布的股票。因为担保发行股票的财团在认购股票时需要收取每股 91.095 卢布作为佣金，所以，应补充新银行的储备金，其额度也就是佣金总额 2216580 卢布。

1910 年 1 月 1（14）日，双方开始合并。双方同意在两家银行原有章程的基础上拟定新银行的章程，但是，他们之前就确定了新银行的理事会由 15~18 人组成，银行经理处由 5 人组成。决定在 1910 年 6 月 30 日前完成合并。签署的协议在执行前应提交至俄国财政部审查①。

这样，在主要问题上达成了一致。从此开始按照双方约定的章程进行各项常规工作，包括按照沙皇制度进行逐级审查，协商解决大部分实际问题。

1910 年 1 月 11 日，在司法副大臣 А.Г. 哈斯曼的领导下组织了特别会议，会议的主题是讨论华俄道胜银行和北方银行的合并事宜，参加会议的有司法部代表、财政部代表、工商业部代表、国家监管处代表及"应邀前来说明情况的"А.И. 普提洛夫。大会认为，在既定原则基础上进行的华俄道胜银行和北方银行的合并"是可行的，不会引起任何异议"②。

利益方为解决出现的问题又在巴黎举行了两次会议，一次是 1910 年的 1 月 15（28）日，一次是 2 月 4（17）日。2 月 8（21）日，普提洛夫和维尔斯特拉特通知涅茨灵和多里松，已经取得了财政部的同意，可以按计划合并华俄道胜银行和北方银行，并在合并后创建俄国—亚洲银行，发行银行股票。3 月，两家银行举行了全体股东大会，批准了合并方案。3 月 24 日（4 月 6 日）和 3 月 29 日（4 月 11 日），在圣彼得堡又举行了华俄道胜银行和北方银行的代表会议，与会者研究了新银行的组织机构及领导机构职能问

---

① Arch. S. G., 5690.
② РГИА, ф. 630, оп. 1, д. 1, л. 1–34.

题。多里松参加了第二次会议并"同意了即将成立的俄国—亚洲银行组织机构的基本方案"①。

返回巴黎后,多里松向总公司中央委员会和行政理事会呈交了圣彼得堡会议结果报告。他认为,新银行董事会将由6人组成——3名俄国人和3名法国人,新银行的董事会主席是普提洛夫,副主席是维尔斯特拉特,总公司在董事会的代表是其在马赛的代理行经理K. 久普列里,总公司的视察员P. 列格兰和P. 尚杰罗是其在北方银行的代表,前者在新银行的职务为总视察员,后者为中央部门副经理②。

1910年4月13(26)日,巴黎—荷兰银行和总公司的领导人Э. 涅茨灵、A. 图列基尼、A. 别纳克、A. 斯比特采尔、Г. 兰德尔及M. 维尔斯特拉特在巴黎—荷兰银行的会议上,批准了在圣彼得堡达成的决议并研究了新银行巴黎成员构成的理事会组织工作问题。该理事会在备忘录中被称为"巴黎理事会"或"巴黎委员会"。与会者明显想赋予这个理事会银行高级机构的地位,由其领导董事会活动。备忘录写道:"理事会每周定期召开两次会议。文件包括每个月末的总结和平衡表、检查文件、资金状况决算、董事会会议备忘录副本都应由其审理。"圣彼得堡董事会在未与巴黎理事会事先协商的情况下不能决定财务问题。董事会必须定期向巴黎理事会报告银行、银行中心机构和分行的业务状况。为了确定圣彼得堡理事会和巴黎理事会的关系,还需要制定特别的内部章程。所有维护巴黎和圣彼得堡关系的任务都落在了兰德尔身上。会议还讨论了理事会的成员问题。

最后,1910年4月19日(5月2日),巴黎—荷兰银行又举行了一次会议,专门商讨俄国—亚洲银行的筹建问题。由于俄国政府表现出了不想参加该银行的意图,所以,会议再次确认了关于俄国—亚洲银行发行股票数量的决议。会议决定组建特别辛迪加以便从俄国国家银行购买8609股俄国—亚

---

① Arch. S. G. , 5690;РГИА, ф. 637, оп. 1, д. 55, л. 103 – 107.
② Arch. S. G. , Proces – verbaux du Cons. d'Adm. , 19 avr. 1910; 5690, Extrait du Process – verbal du Comite Central du 18 avr. 1910.

洲银行的股票并用这些股票兑换华俄道胜银行的股票①。

1910 年 5 月 25 日（6 月 7 日），在华俄道胜银行和北方银行合并的基础上，俄国大臣会议通过了创建俄国—亚洲银行的决议。1910 年 6 月 1（14）日，涅茨灵向巴黎—荷兰银行行政理事会会议提交了报告，他在报告中指出，所有关于华俄道胜银行和北方银行合并的问题已经得到最终解决②。

但是 4 个月后政府决议才生效，在 10 月才公布了俄国—亚洲银行章程，组建了发行新银行股票的辛迪加③。1910 年 10 月，俄国—亚洲银行开始实际运营。

第八节　法国的银行还是俄国的银行

华俄道胜银行和北方银行合并后出现了一家俄国历史上不曾出现过的银行巨头。1911 年 1 月 1 日，该银行资产负债表中的股份资本为 3500 万卢布，各种储备金超过 2000 万卢布。因此，银行在各种账户中自有资本超过 6000 万卢布。

泥足巨人

俄国—亚洲银行的固定资产总额将近 6 亿卢布。但是，这些巨额资金的配置暗藏危险。在银行资产业务中占优势的是贴现业务和商品贷款业务，1911 年 1 月 1 日，其规模达到了 2.6 亿卢布，占资产的 2/5，这是资产中最具清偿能力的部分。在有价证券担保的 7700 万卢布贷款中，非担保证券贷款、活期放款及透支和同业往来账户贷款占 4/5，其中包含北方银行在各种股份公司和组建银行辛迪加时持有的业绩不佳企业的大额股票，并且，这些

---

① Arch. S. G., 5690.
② РГИА, ф. 23, оп. 12, д. 787, л. 24. 《Высочайшее утверждение》последовало 14（27）июня 1910.
③ Arch. A. G., 5624（соглашение Русско－Китйского и Северного банков с Парижско－Нидерланским банком и генеральным обществом）; 5690（соглашеине между Парижско－Нидерландским банком и Генеральным обществом）.

股票的抵押估值过高。需要注意，银行各种账户的巨额资金——5200万卢布，是无记名贷款，也就是没有任何担保的贷款。

俄国—亚洲银行的特点是有大量的分行——175家，其中大部分位于国外。许多分行还是在日俄战争前为执行俄国对外政策建立的，现今已经亏损了。银行董事会在1911年6月25日全体股东大会的报告中总结了第一个业务年度的情况并指出，董事会"不能为所有分行补充所有需要的资金"。董事会建议冲销360万卢布"以清偿不良债务"，尽管这将减少银行一半的利润①。

俄国—亚洲银行董事会董事В.Ф.达维多夫在1911年7月18（31）日给多里松的信中指出："您对俄国—亚洲银行处于困难处境的推测是完全正确的，我认为，您也不会怀疑，我们对公司这种状态所做的充分说明。"不久后，普提洛夫在回复多里松的指责时提醒道："俄国—亚洲银行是什么？它是两家银行的合并，一家是破产、应丧失全部固定资产的银行，另一家是接近破产、除了合并无路可走的银行。"②

况且这是两家完全不同的银行，它们的利益没有任何交集。华俄道胜银行的注意力在远东；北方银行，与名称相反，其注意力在俄国欧洲部分的中部和南部。前者从事工商业流转贷款，目的是促进俄国在远东的扩张；后者则支持一些法国金融财团投资的工业企业。因此，需要采取一些非常措施将两个不同的个体融合为一个整体。

关系渐明

总公司档案中保存的资料说明了两个事实：一是俄国—亚洲银行在1910年和1912先后两次发行股票；二是确定，两次发行的大部分股票在法国销售。俄国财团在上述业务中参与的比重为25%，其余75%的股票由巴黎—荷兰银行和总公司均分③。

---

① Отчет Русско－Азиатского банка за 1910 год. СПб.，1911.
② Arch. S. G.，5649.
③ Arch. S. G.，5624，5690.

俄罗斯帝国商业银行

　　法国银行的参与保证了俄国—亚洲银行大部分股票在法国的成功发行，其中巴黎—荷兰银行和总公司发挥了领导作用，这一作用在创建俄国—亚洲银行时就已凸显。当然，这两家银行也努力控制它们建立的分行的业务活动。

　　因为这是俄国银行，安排法国人作为董事会主席显得不妥。组建者们将 А. И. 普提洛夫列为候选人，他的业务能力和与财政部领导人的良好关系让人十分满意。同时，董事会主席和副主席维尔斯特拉特的工作内容是一样的，并且事实上也是平等的。此外，俄国—亚洲银行的董事会还包括：前华俄道胜银行董事会成员 П. А. 伯克、前北方银行董事会董事 В. Ф. 达维多夫及总公司代表 К. 久普列里。董事会中也为巴黎—荷兰银行预留了位置，后来，前文提到的 Р. 列格兰到此赴任，同时被选为总公司代表。

　　如果在董事会实现了俄国人和法国人的人数均等，那么，在17人的理事会中有9人是法国人。可见，巴黎—荷兰银行的领导人并不打算直接干涉董事会的事务，而在理事会中为法国银行预留了更多职位。这个优势通过将涅茨灵选为理事会主席而更加明显。因为巴黎理事会的作用，正如上面指出的那样是监督董事会的活动，这就很容易发现，控制权掌握在巴黎—荷兰银行领导人的手中，而总公司代表则保证对执行现行决议的必要影响。后来，这种劳动分工愈加明显。

　　可见，巴黎—荷兰银行和总公司在创建俄国—亚洲银行时就采取了措施，以便能够确立对后者的日常控制。它们达到自己的目的了吗？为了

阿列克谢·伊万诺维奇·普提洛夫

第三章 圣彼得堡的银行业

尝试回答这些问题，必须了解俄国—亚洲银行的行政管理方式，领导人如何通过决议并分析决议是否符合法国保护人的指示和利益。我们看到的档案可以为我们提供一些感兴趣的历史活动片段。

俄国—亚洲银行建立的第一年对其来说是非常困难的。

维尔斯特拉特在北方银行时就没有展现出一个金融家应有的能力，现在，在银行规模更大、任务更复杂的情况下，他更加不能完成自身肩负的使命。另一位总公司的代表——久普列里，是一个银行业的行家，但是，他不懂俄语和不了解当地环境。况且他们之间时有争吵，巴黎董事们的活动最终难以为继。

巴黎委员会也名存实亡。俄国—亚洲银行的法国组建者创建的领导体系过于烦琐和笨重、效率低下。这使在圣彼得堡通过的决议在征得巴黎同意时格外复杂。同时，在俄国—亚洲银行组建之初普提洛夫和他的巴黎保护人就有分歧。况且，两者在新银行的业务和任务上的观点也不十分一致。两家银行的领导人都将俄国—亚洲银行视为实现自己在俄国利益的工具。普提洛夫提出了一系列有前途的业务方案，但是，这不是两家巴黎银行的关注点，所以遭到了否决。当时，巴黎保护人不顾普提洛夫的反对为俄国—亚洲银行捆绑一些股票，但也失败了[①]。

普提洛夫认为，在当前情况下，俄国—亚洲银行可以利用其巴黎保护人的支持进行一些资本巨大的运作，这会使银行在圣彼得堡银行业中占据主导地位。

1911年7月，在科特尔（法国）休假的巴黎—荷兰银行领导人涅茨灵被选为俄国—亚洲银行理事会主席，В. Ф. 达维多夫立刻提出了普提洛夫的两项主张：①合并俄国—亚洲银行和西伯利亚商业银行；②组建银行集团以获得政府对建设铁路和发行新铁路公司股票和债券的许可。

涅茨灵对普提洛夫的主张非常消极。1911年7月3（16）日，涅茨灵在

[①] Эта характеристика дана на основе изучения документации, обнаруженной в фонде Русско-Азиатского банка в РГИА, а также в архивах Генерального общества и Парижко-Нидерландского банка.

183

俄罗斯帝国商业银行

通知多里松达维多夫将要来访时写道:"这促使我向他提出我们的基本要求。他应该明白,我对此十分谨慎,因为他们银行的措施不会给我们带来任何好处。"6月16(29)日,涅茨灵从科特尔又给多里松寄去了一封信,他在信中写道:"向普提洛夫先生表达了同样的想法,他应该察觉资本长期固化的危险,这将耗费他大量闲置资金。"随后,涅茨灵宣布自己辞去了俄国—亚洲银行理事会主席的职务,他解释做出这一决定的理由是其已被选为巴黎—荷兰银行主席,同时还补充道:"巴黎—荷兰银行在俄国—亚洲银行的利益不变。"①

巴黎—荷兰银行主席(1911~1915)
埃杜阿尔德·涅茨灵

涅茨灵的辞职引起了势力格局的变化:俄国—亚洲银行的领导权由巴黎—荷兰银行转到总公司。多里松充当着俄国—亚洲银行领导人主要导师的职能。也正是他和普提洛夫之间发生了矛盾。

1911年7月12(25)日,多里松向达维多夫寄去了信函,他在信函中表达了对银行业务状态的担忧,他写道:"各种形式的借款规模过于庞大,这不仅在俄国,而且在世界的其他信贷机构中也是极其罕见的,这对整个资产负债表来说都是沉重的负担。你们的措施过于冒进,一旦发生国家信贷危机,你们马上就会成为国家银行的囊中之物。"②

达维多夫在7月18(31)日答

---

① Arch. S. G.,5649.
② Arch. S. G.,5690.

复多里松的信中也转达了普提洛夫的观点并承认俄国—亚洲银行的情况确实十分复杂,他还深刻分析了这种情况形成的原因并指出,银行巴黎保护人的理事会和活动绝对没有促进形势的好转,他们要求俄国—亚洲银行扩大业务、增设分行,却不给予必要的支持。因此,柏林的德意志银行向俄国—亚洲银行开立了500万卢布的无记名贷款,达维多夫强调:"我们希望庇护我们的机构所提供的支持至少不比旁人少。"[①]

但是,在得到异常平静答复的半个月后,普提洛夫分别于8月4日、8日和9日向多里松连发了3封信函。普提洛夫对多里松的论调十分气愤,他在信中威胁辞职并向俄国—亚洲银行巴黎董事会和理事会提出了一系列要求。

有意思的是,普提洛夫不反对俄国—亚洲银行的从属地位,恰恰相反,他写道:"请考虑一下,我是商务人士而不是外交家,我认为俄国—亚洲银行完全独立于巴黎是完全没有理由的。我非常清楚,因为总公司和巴黎—荷兰银行掌握我们公司大部分股票,所以,它们才是我们公司真正的主人,我们包括董事会都是他们的职工,或者根据主人的命令做事,或者选择离开。"

在使多里松相信自己会成为一名优秀的法国导师时,普提洛夫指出,在当前条件下,他不能完成自己的使命,所以要求:①整顿法国代表在俄国—亚洲银行董事会和理事会的活动,使圣彼得堡和巴黎之间形成良好的互动;②不对其吹毛求疵,不向不了解俄国—亚洲银行的人做报告,提供在银行业务经营方向和采取具体决议方面的广泛自由。[②]

可以认为,多里松的责备最终突破了普提洛夫的忍耐极限。但是,普提洛夫正是想利用这个时机,以便在俄国—亚洲银行的保护人在巴黎完成"新旧交替"时提升自己的地位。结果,普提洛夫8月4日的信引起了多里松的强烈不安,可能是普提洛夫的辞职意图使其深感不安。

[①] Arch. S. G., 5649.

[②] Arch. S. G., 5649.

多里松给普提洛夫的回信尽管也有很多责备，但总体上是调解性质的。多里松承认法国人在俄国—亚洲银行的工作有缺陷，总公司和巴黎—荷兰银行的代表行为不一致。他写道："你要求我赋予你无限权力。我认可你关于不能由巴黎遥控在圣彼得堡的银行的观点。但是，我也认为，你应全身心投入自己的事业，并且不要推脱自己的责任。"多里松建议与普提洛夫和达维多夫一起在9月见面，以便讨论后续工作的组织问题。事实上，多里松提出了另一种关系模型，并事先在上述巴黎会议上进行了研讨。这种关系的基础是多里松和普提洛夫直接的业务联系①。

普提洛夫在回复多里松时指出，他已经准备好在9月赴巴黎，并希望他们会面所确立的商务关系不会因为观点分歧受到影响。他写道："如果我们两个人都坚持自己的观点，那么，我会继续在你的领导下为俄国—亚洲银行工作。"

普提洛夫和达维多夫与多里松在1911年9月的会面是唯一的文献线索，它保存在记录俄国—亚洲银行领导层"行为准则"主要条款的巴黎总公司档案的备忘录中。看得出，总公司的备忘录是多里松按照普提洛夫8月20日的信件内容制定的，普提洛夫在信中请求为其提供领导人应遵循的"基本指令"。但是，除了应根据情况相机而行这样老生常谈的内容外，这个备忘录再也没有其他内容，这再一次说明巴黎并不了解俄国的银行巨头该做什么，也不清楚银行该往哪个方向努力。普提洛夫在1912年2月12日给多里松的信中间接总结了9月会谈的结果，信中写道："从去年秋天开始，我们之间就形成了更加紧密的关系，甚至可以说是最真挚的关系，我认为总公司和巴黎—荷兰银行不仅是俄国—亚洲银行的主人，也是朋友。"②

---

① Arch. S. G., 5649. Копия письма Доризона – Путилову, 23 августа 1911 г. н. Ст. (Доризон написал его от руки и просил прислать ему копию).

② Arch. S. G., 5649. Копия письма Доризона – Путилову, 23 августа 1911 г. н. Ст. (Доризон написал его от руки и просил прислать ему копию).

巴黎否决的提案

获得相对的活动自由后，普提洛夫着手确定俄国—亚洲银行的战略发展方向。1911年末1912年初，他建议法国保护人一起开展一些资金巨大的业务。普提洛夫认为，只要与其他一些首都银行联合，俄国—亚洲银行就能在与老牌银行的激烈竞争中胜出，即便这些银行有稳固的业务联系和足够出色的业绩。尽管普提洛夫关于俄国—亚洲银行和西伯利亚商业银行合并的提议没有得到涅茨灵和多里松的同意，但他仍然坚持为两家银行的合并做准备。同时，圣彼得堡私人商业银行也引起了普提洛夫的注意。

1911年，俄国—亚洲银行和 Бр. 扎姆哈洛夫私家银号、圣彼得堡证券交易商 И. П. 马努斯一起建立了辛迪加，开始大量购买私人银行在俄国和国外特别是法国的股票。结果，俄国—亚洲银行和圣彼得堡私人商业银行开始接近。11月，它们签订了合作协议，有效期为10年。协议的第一章写道："俄国—亚洲银行和圣彼得堡私人商业银行将协商两家银行所有共同政策的重大问题。"为此，创建了特别委员会，每家银行各派3名代表作为成员。协议确定了委员会的任务和工作流程[①]。

在巴黎总公司档案中发现了一份说明书和两份俄国—亚洲银行与圣彼得堡私人银行的协议草案，这表明两家银行有意结成更加紧密的联盟，但没有实现。刚刚签订的协议实质上是两家银行相互参与对方的股份资本，为此，它们有意扩大股份资本[②]。

普提洛夫的下一步方案是创建由4家圣彼得堡银行组成的托拉斯。普提洛夫在1912年1月23日（2月5日）给多里松的信中写道："在与私人银行签订协议时我就向您提出了在圣彼得堡组建银行托拉斯的想法，它将是你们的金融机构在圣彼得堡的代表。当时，您同意了这个提议，但是，我们都认为实现这个提议为时尚早。在我和达维多夫返回圣彼得堡后，我们继续思

---

① РГИА，ф. 630，оп. 2，д. 143 – 148.
② Arch. S. G.，5691.

考这个问题并向另外两家银行，也就是西伯利亚商业银行和俄国工商银行的代表说明了自己的想法，我们认为，应该就这个托拉斯开始磋商。"后来，普提洛夫指出，组建托拉斯的条件已经成熟，因为已经具备了控制西伯利亚商业银行和俄国工商银行必要数量股票的现实条件。普提洛夫指出："尊敬的多里松先生，看来我们已经具备了开展既定业务的各种必要条件，并且不需要额外支出。为了使托拉斯有坚实的基础并且有广阔的发展空间，最好能像我在巴黎时对您说的那样，创建一家能够长期持有托拉斯银行股票资本的比利时公司。"

1912年2月3（16）日，普提洛夫在通知多里松他已经采取措施实现上述方案时写道："我请您对此仔细加以研究并给我明确指示，因为现在是最好的时机，我指的是必须及时创建一个团结一致的集团，既是为了对抗俄国银行之间令人疲惫的竞争，也是因为国际银行已经对我们表现了敌对态度，同时，也是为了保护我们的利益。"①

遗憾的是，不管是在巴黎总公司的档案中，还是在俄罗斯国家历史档案馆的俄国—亚洲档案中都没有找到多里松给普提洛夫的回信。档案中也没发现普提洛夫关于这一话题进一步谈判的内容。但是，巴黎—荷兰银行档案保存的"俄国银行托拉斯"案卷表明，1912年4月末5月初，普提洛夫借助伦敦银号 Л. 吉尔什的巴黎代表扎克·金兹堡伯爵，再次向巴黎—荷兰银行的领导人提出了组建托拉斯的想法。

受普提洛夫委托，1912年4月18日（5月1日），扎克·金兹堡向巴黎—荷兰银行总经理 A. 图列基尼转交了便函，便函中写道："巴黎谈判提出了创建4家银行组成托拉斯的原则。"后来，提出了创建法国公司的方案，该公司将用自己的股票大量兑换俄国—亚洲银行（8万股）、圣彼得堡私人商业银行（4.5万股）、西伯利亚商业银行（2.5万股）和俄国工商银行（2.9万股）的股票。还有一个"简单的"法国公司方案：4万股俄国—亚洲银行股票、3万股圣彼得堡私人商业银行股票、1.2万股西伯利亚商业

---

① Arch. S. G., 5649.

第三章　圣彼得堡的银行业

银行股票、2万股俄国工商银行股票①。在案卷文件中指出，这个方案的原动力就是前文提到的圣彼得堡证券交易商伊戈纳吉·波尔费里耶维奇·马努斯，关于他我们会做特别介绍。

这是一位在圣彼得堡政府高层和金融界声名狼藉的人。关于他如何登上银行证券业的奥林匹斯、如何接近拉斯普京、如何影响宫廷高层有很多自相矛盾的言论。这些言论已从当时的报刊和当代人回忆写进了苏联历史侦探小说作品，变得完全不可信②。

但是，尽管名声不好，马努斯在圣彼得堡实业界仍然举足轻重并且如鱼得水。1911年，当他开始与普提洛夫合作时，马努斯已经年逾五十，在年龄上他比当时很多圣彼得堡的银行领导人都要大。与流言不同的是，马努斯并非出身于贫穷家庭，而是一位医生的儿子。尽管他言语粗鲁，但并非目不识丁，他毕业于古典中学，在实践摸索中掌握了商业知识。但是，在进入证券业之前，马努斯曾有15年在各种铁路公司的任职经历，也就是说他成为金融家的过程并不是一蹴而就："事实上，在90年代中期进入圣彼得堡证券市场后，他才展露天赋。"在随后的15年中，他对俄国首都基金市场产生了巨大

伊戈纳吉·波尔费里耶维奇·马努斯

---

① Arch. PARIBAS, A. A. 190/12.
② 比如根据耶果尔·伊万诺维奇的《小说纪事》《无声的枪炮》，马努斯被选为德国情报机关驻圣彼得堡主席。

影响。虽然没有在证券市场担任任何官方职务，但马努斯确实是他们的实际领导人。没有他的支持，或者说如果他反对，想要成功发行大量股票是不可能的。

  这段时间，马努斯十分富有，他持有大量银行、铁路公司和工业公司的股票。但是，这个人的性格非常令人讨厌，与他的合作总是伴随无休止的争吵。尽管惧怕马努斯，但圣彼得堡的商人在很多事情上不得不求助于他。

  马努斯和普提洛夫也出现了矛盾，但他们能够把握尺度和平共处。马努斯对托拉斯的提议很感兴趣并极力推动提议的实现，当然，总公司和巴黎—荷兰银行也支持，因为最后一个方案草案约定，为取得4家俄国银行的股票控制权，需建立一家法国控股公司。但普提洛夫没有得到法国银行的支持。

  在上述档案案卷中没有发现巴黎—荷兰银行领导人的答复文件，因此，也就不能弄清他们拒绝的实际原因。但是，不难做出猜测，总公司和巴黎—荷兰银行并不能控制俄国—亚洲银行。提案是普提洛夫提出的，也必然限制两家银行在业务上的参与程度。因此，普提洛夫关于组建的银行托拉斯将会成为总公司和巴黎—荷兰银行在俄国利益代言人的说法，并不能使这两家银行的领导人信服。

  大约同时普提洛夫还说服自己的法国保护人进行另外一种尝试——组建一家以普提洛夫工厂为核心的大型军工集团。

  早在1911年秋，在巴黎与多里松和涅茨灵会谈时，普提洛夫就提出了由总公司和巴黎—荷兰银行发行部分普提洛夫工厂股票的想法。两家巴黎银行原则上同意普提洛夫的提议，随后提出了一些条件。总公司董事会在1911年10月4（17）日给俄国—亚洲银行的信中主要提出了以下条件：①普提洛夫工厂要事先取得生产大中口径武器的政府订单；②法国财团同意在"仔细研究克勒佐改制新方案，普提洛夫工厂生产状态、工厂收入并全面考察技术、工业和会计指标后"参加；③法国财团应取得在普提洛夫工厂董事会的代表权。在同意这些条件的基础上法国财团有义务承担相应的责任，但是，规模不超过股票和债券总额的10%～15%。法国银行家认为，这一金额不应超过1500卢布。总公司只同意在巴黎市场发行普提洛夫工厂的债券,至于股票,总公司建议主要在俄国资本市场发行。

普提洛夫对上述条件感到不满,因为帮助有限却提出了过分的要求,这只能使俄国—亚洲银行与竞争对手的斗争更加复杂。但是,尽管如此,普提洛夫还是再一次向总公司和俄国—亚洲银行的领导人说明了进行计划的重要意义。1911年12月6(19)日,普提洛夫给多里松寄去了一封长信,信中描述了两家与外资联系紧密的大型俄国银行争夺普提洛夫工厂的残酷画面。

普提洛夫指出,普提洛夫工厂主要涉及两家银行——国际银行和俄国—亚洲银行的利益,他写道:"前者代表德国资本,后者代表法国资本。普提洛夫工厂与克勒佐有合同关系,后来也与克虏伯有业务往来。克勒佐想包揽一切,以能够对其产生特别影响,克勒佐向俄国—亚洲银行给予了支持并借此清除或减少国际银行对普提洛夫工厂董事会的影响,但是,我们工厂的所有资产和负债业务都是与国际银行进行的,要知道,这是一家银行的主要利益所在。目前,国际银行对普提洛夫有决定性的影响,因为工厂在很早以前就在其控制之下,仅在半年前我们银行(当时是华俄道胜银行)才涉足这家企业,结果,我进入了普提洛夫工厂董事会。如果普提洛夫股票像现在一样,主要在俄国发行,我将不可能与国际银行继续斗争,因为,在圣彼得堡证券市场它比我们更强,由于它们与场外交易所和私人银行有往来,它们将比我们拥有更多股票。对我来说斗争的唯一可能就是,你们在巴黎的客户持有一定的股票。在持有一定数量股票的克勒佐和俄国—亚洲银行客户的帮助下,我就能在与国际银行的对决中占上风。国际银行非常清楚形势,每次发行时都要求在俄国市场发行股票,并阻止股票流入巴黎市场。在研究这个问题时我提出了这种对策。国际银行表示,反对法国资本参与新发行业务。但是,经过不懈努力和采用巧妙的手段后,我成功说服国际银行同意法国资本参与整个业务。国际银行仍没有放弃将法国资本排除于债券业务的尝试:它竭尽所能以免股票流入巴黎市场。"

鉴于这种形势,普提洛夫请求总公司领导人:第一,不要坚持法国资本在工厂董事会的代表权力;第二,建立公司以便获取流入巴黎市场的普提洛夫股票,不管是旧股票还是新股票。此外,普提洛夫在随函寄去的协议书草案中提议，将普提洛夫工厂的股票和债券发行总额扩大到 2000 万卢布。

多里松给普提洛夫的答复十分冷淡："实不相瞒，新方案让我们犹豫不决。"后来，直到口头谈判前才给予了最后答复："但是我们担心，至少在没有深入研究当前方案的情况下，巴黎银行很难保证该业务的成功。"很快，总公司也最终拒绝了①。

最后 1912 年春，普提洛夫以"俄国—亚洲银行的俄国银行集团"名义，提出了在法国创建铁路托拉斯控股公司的想法，公司的存量由在法国资本市场上的俄国铁路公司债券组成。这个提议同样没有得到巴黎方面的认可②。

自行安排

拒绝支持普提洛夫的方案，也没有提出任何建设性的意见，实际上总公司和巴黎—荷兰银行的领导人是让俄国—亚洲银行自行处理。1912～1913 年，银行开始完全自主活动，确定了银行的主要业务方向和在俄国银行系统的地位。

1912 年 1 月，俄国—亚洲银行的资产保持不变。但是，银行资产负债表的结构变化表明，银行业务发生了显著变化。在存款规模减小的情况下，同业往来账户在负债中的规模明显扩大。期票贴现金额在资产业务中减少，透支账户和同业往来账户非担保有价证券业务规模在资产业务中增大。通过降低在银行国外分行业务中的比重，圣彼得堡在负债业务和资产业务中的比重都有提高。

1913 年 1 月 1 日，资产负债表说明了调整的主要方向。股份资本增加了 1000 万卢布，但是，存款和活期账户的增加使银行资产增长了 7500 多万卢布。在资产中增幅最大的是非担保有价证券业务。同时，圣彼得堡办事处和分行之间出现了明显的劳动分工：前者主要从事基金业务，后者从事期票

---

① См.：Бовыкин В. И. Банки и военная промышленность России накануне первой мировой войны// Исторические записки. 1959. Т. 64. С. 85 – 87.

② Arch. S. G.，5698.

贴现业务，还有期票、商品和货物单据贷款业务。结果，通过俄国分行，圣彼得堡在银行业务中的比重迅速提高。1914年1月1日的资产负债表也确定了这种趋势①。

这种趋势表明，俄国—亚洲银行通过利用它在俄国和国外的分行网络，继续积极开展商品流转贷款业务。银行的粮食、棉花和羊羔皮业务规模很大。但是，银行的主要业务方向是为铁路建设、武器生产和其他俄国工业行业发展融资，同时组建一些有实力的金融工业集团。

普提洛夫没有放弃组建银行托拉斯的想法，并且坚持寻找在法国保护人不提供帮助的情况下实现方案的可能。结果，1912年，俄国—亚洲银行周围就形成了"联盟"银行集团。在这一集团中除了圣彼得堡私人商业银行外，还有西伯利亚商业银行和俄国工商银行。但是，俄国—亚洲银行和后两家银行的关系没那么密切。

总公司和巴黎—荷兰银行拒绝参加普提洛夫的资本扩大业务，迫使其向新集团求援。1912年1月，普提洛夫再次出访巴黎。他在这里与什涅德尔—克勒佐公司领导人一起，向巴黎联盟银行提出了参加普提洛夫工厂资本的方案。通过与巴黎联盟银行和什涅德尔—克勒佐公司的合作并在以私人银行为首的俄国银行的帮助下，俄国—亚洲银行在1912～1914年组建了一家军事工业巨头，其中包括：普提洛夫工厂、涅瓦轮船建造和机械工厂，俄国炮弹和军用物品生产公司，П. В. 巴拉诺夫斯基机械、弹筒和制管工厂，以及俄国—波罗的海造船厂。整个俄国—亚洲银行集团联合了8家股份公司，固定资本达到8500万卢布。这些公司通过参加彼此业务和合并加强了联系。联盟的工业企业生产蒸汽机机头、蒸汽机、军舰、塔楼设备和武器、炮弹和地雷、光学瞄准镜及其他设备②。

俄国—亚洲银行与国际银行在军事订单的争夺上也发生了激烈竞争，同时，如前文所指，两家银行在争取铁路建设和发行铁路债券业务许可上也进

---

① Отчеты Русско‐Азиатского банка за 1911‐1913гг. СПб., 1912‐1914.
② Бовыкин В. И. Указанное сочинение С. 88‐108.

行了联合。它们在采金业也结成了联盟，在伦敦组建了俄国石油总公司。

俄国—亚洲银行的业务范围每年都在扩大，1914年，又涉足了烟草和榨油业。

但是，银行仅在铁路建设事务上与其法国保护人进行了合作。实质上，银行不关心总公司和巴黎—荷兰银行在俄国的工业利益。与巴黎"主人"在俄国的"业务"不同，实际上，俄国—亚洲银行走出了一条自己的道路。但是，"主人"继续保有对俄国—亚洲银行的股票控制权。1912年，俄国—亚洲银行增发股票表明，总公司和巴黎—荷兰银行无论如何也没有打算让出控制权。

1912年8月12日（9月3日），普提洛夫向多里松转达了本年度上半年银行业务的喜人成果，提出了再发行1000万股股票的建议。普提洛夫写道："圣彼得堡证券市场对俄国—亚洲银行股票的需求急剧攀升，俄国集团希望参与发行股票并准备在俄国销售所有法国银行未销售的股票。"他强调，为了俄国—亚洲银行的进一步发展，非常希望这些集团参与公司有价证券的发行业务。

多里松的答复极为简洁："法国保护人建议将银行增发股票延期至明年初。"[①] 尽管多里松的理由是上次发行股票时就曾存在困难，但他回答的意思已经十分明显。总公司和巴黎—荷兰银行的领导人不希望俄国—亚洲银行的股票在俄国发行，因为他们担心股票控制权会易主。

1914年，俄国—亚洲银行的股票总数为24万股，在法国有18.3万股，银行向这些股票支付了红利。所以，3/4的银行资本都集中在了法国银行手中。但是，由于总公司和巴黎—荷兰银行的领导人认为，由巴黎控制俄国的大型信贷机构并不适合，所以，给予了普提洛夫和其他俄国—亚洲银行董事会成员的活动自由。这种"新战略"表明，承认俄国—亚洲银行领导人有权自主决定和拒绝强加给他们的政策，这标志着俄国—亚洲银行和巴黎保护人的关系已经转为伙伴关系。

---

① Arch. S. G., 5624.

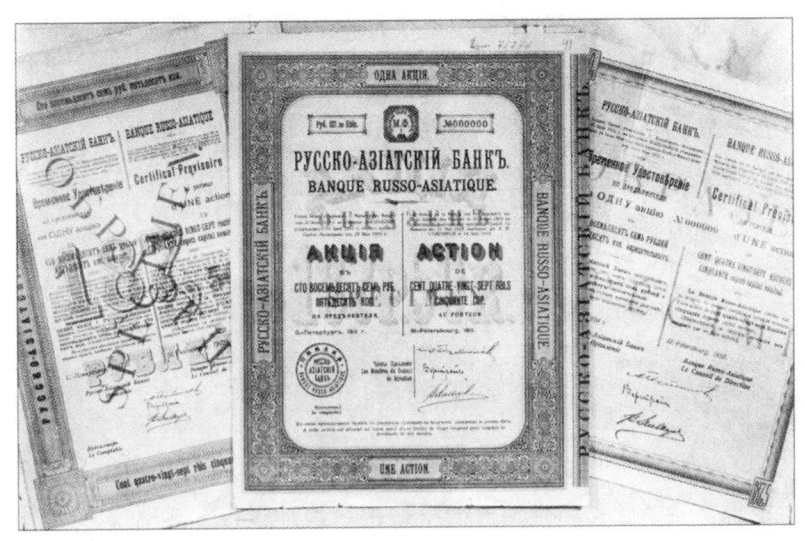

俄国—亚洲银行股票

当然，总公司和巴黎—荷兰银行的领导人拥有俄国—亚洲银行的股票控制权，完全能够安置听话的人作为银行领导人。但是他们也清楚，他们所控制的俄国—亚洲银行的股份资本规模并不大，在固定负债中的比重仅略高于5%，固定负债的主体资本还是俄国本土资本。俄国—亚洲银行的股份资本总额为4500万卢布，而1913年1月，银行仅在客户存款这一项就达到了3.405亿卢布，1914年1月，达到了3.677亿卢布。

普提洛夫和财政大臣的接近使银行获得了大量国家支持。1913年1月1日，俄国国家银行提供的贷款达到了5390万卢布，1914年1月1日，达到了5720万卢布[①]。换言之，银行主要依靠俄国资金开展自己的业务，并为自己的股东带来了利润，其中大部分股东是总公司和巴黎—荷兰银行的客户。

俄国—亚洲银行的早期活动表明，以普提洛夫为首的银行董事会善于利用获得的独立自主权。俄国—亚洲银行在短期内由一家"外强中干"的银

---

① РГИА，ф.630，оп.1 д.38，44.

俄罗斯帝国商业银行

行成为一家强大的、资产负债情况良好的综合性信贷机构。俄国—亚洲银行在俄国开展业务时并没有发展空间,但经过几年的发展,银行逐渐战胜自己经验丰富的对手,在俄国商业银行中取得了领导地位。1914 年,俄国—亚洲银行的固定负债规模(6.29 亿卢布)位居第一,在这一指标上,超过第二位的圣彼得堡国际银行 1.5 亿卢布以上。

俄国—亚洲银行在以贸易贷款为特征的期票贷款和商品抵押贷款业务上位居第一(2.58 亿卢布),超过了之前处于领先地位的一批银行,如俄国外贸银行(1.87 亿卢布)、伏尔加—卡马银行(1.79 亿卢布)、俄国工商银行(1.78 亿卢布)、亚速—顿河银行(1.73 亿卢布)。但是,俄国—亚洲银行快速涉入了工业和交通融资领域,它在这一领域的资产达到了 3.33 亿卢布。此时,作为这一领域长期领跑者的圣彼得堡国际银行,其规模总计为 2.75 亿卢布[①]。

俄国—亚洲银行的成功在很大程度上取决于它所建立的银行联合体。第一次世界大战前夕,通过参与、控股等最新的金融组织形式,它已经在机械制造、冶金、石油开采和加工、烟草和油脂工业取得优势地位,还成功进入其他一些工业生产领域及铁路和河运领域。

普提洛夫非常清楚本地力量对俄国—亚洲银行的重要性,所以在一战之前,他就与在伏尔加河流域进行贸易的 И. И. 斯塔赫耶夫—П. П. 巴托灵集团建立了联系。一战期间,与这家集团的联系得到了加强,这使银行将利益范围扩大到了粮食贸易、纺织工业、木材生意和棉花生产领域。1917 年,俄国—亚洲银行控制的公司超过 160 家,股份资本金额近 10 亿卢布。其中包括 124 家工商业公司、20 家铁路公司、4 家轮船公司、3 家保险公司和 2 家土地银行[②]。

最终,普提洛夫在 1916 年 4~5 月实现了早已计划好的方案,发行俄

[①] Гиндин И. Ф. Русские коммерческие банка. Из истории финансового капитале в России. М., 1948 С. 361–367.

[②] Гиндин И. Ф., Шепелев Л. Е. Банковские монополии накануне Великой Октябрьской социалистической революции // Исторические записки. 1960. Т. 66. С. 45, 62–64.

国—亚洲银行股票 53333 股，将银行资本扩大了 1000 万卢布，只在俄国认购股票。同时，1916 年 8 月，在法国派发红利的股票跌至 12.1 万股。1916 年 12 月，这一数字为 11.6 万股，一年后为 8.2 万股。总公司的领导人认为，"这种萎缩"是由于"俄国人大量购买股票和应征入伍者在兑换股票时遇到困难或者股票遗留在被占领的国家区域"[①]。1919 年一战结束后，法国政府清查了所有法国人持有的俄国有价证券，结果只发现 10.24 万股俄国—亚洲银行股票，占其股票总量的 35%[②]。可见，总公司和巴黎—荷兰银行在一战期间丧失了对俄国—亚洲银行的股票控制权。

控制权落入了谁的手中？有理由认为，普提洛夫在俄国—亚洲银行成立之初就控制有大约 25% 的银行股票，一战期间，通过购买银行在法国的股票和在俄国发行新股票又极大地增加了他所控制的股票份额。很明显，俄国—亚洲银行利用在一战期间围绕自己创立的银行联合体如圣彼得堡私人商业银行、斯塔赫耶夫—巴托灵金融集团等，在 1917 年上半年持有大量俄国—亚洲银行的股票[③]。这对于确定俄国资本在这家银行的独霸地位足够了吗？争夺领导权的斗争还将面临哪些挑战？只可惜，历史在这一问题上并没有给予答案。

---

① Arch. S. G., 6941.

② AEF, F 30, 1091. См. также: Бовыкни. В. И. Французкий капитал в акционерных предприятиях в России накануне Октября // История СССР. 1991. № 4. С. 174, 181.

③ См.: Гиндин И. Ф., Шепелев Л. Е. Указанное сочинение; Китаника Т. М. Военно - инфляционнные концерны в России. 1914 - 1917. Л., 1969.

1883 年 3 月 16 日经沙皇批准的莫斯科徽章

第四章
莫斯科银行业

第一节　莫斯科的伦敦城

俄国首都有一条街道，在革命前经常被称为"莫斯科的伦敦城"。苏联时期，这条街道以布尔什维克者瓦列里安·古比雪夫命名，在不久前才恢复了以前的名字——伊利因卡。街道自红场开始到伊利因卡门结束，它的确可以与伦敦金融中心媲美。直到今天，"商业莫斯科"时代巨大、瑰丽的建筑群仍然被大型商业银行所用。

约 1880 年的莫斯科证券交易所

俄罗斯帝国商业银行

旧版《京都指南》中写道:"莫斯科拥有开展银行业务所需要的巨额闲置资金,这为银行贴现提供了坚实的基础,莫斯科拥有巨额存款,通过银行投资了证券和息票,与所有省份都有广泛的收支往来。换句话说,莫斯科工商业在所有银行业务中发挥着中流砥柱的作用。"① 19世纪末20世纪初,莫斯科这座特大城市的实业生活脉搏在这里、在伊利因卡大街上强劲地跳动。

在尼古拉街道和瓦尔瓦尔卡街道之间的街区有一座"中国城",银行、保险公司、贸易办事处、仓库、商店都集中在伊利因卡及附近胡同(雷布内街、赫鲁斯塔里内街等)的狭小空间里。

拉扎里·索罗莫诺维奇·波里雅科夫的南俄工业银行

伊利因卡街面上的建筑名称反映了莫斯科商业中心的地位,而这条莫斯科街道所具有的意义则更为深远。克里姆林宫斯帕斯塔门对面的商业历史悠久,至今仍屹立着由 Дж. 科瓦列吉设计,建于1790~1810年的旧商城。19世纪下半叶,伊利因卡开始成为显贵商人的象征,是大型工商业公司的驻地,它们在这里的很多仓库中都存有货物。

描写莫斯科商人日常生活的著名作家彼得·波波雷金富有表现力地描写了19世纪末"中国城"主要街道的景象:"大板车一望无际。人们在搬运

---

① Путеводитель по Москве и её окрестностям. М., 1913. С. 237.

第四章　莫斯科银行业

约 1840 年的伊利因卡上的交易市场

着一箱箱印有神秘商标、用浅绿色蒲包包裹的广东茶，一包包棕色的、鼓鼓的、有点丑陋的布哈拉棉花，一块块锡锭和铜锭。刺耳的方铁和轮箍叮当声不绝于耳。用大圆桶运输食品、方糖和咖啡的马车川流不息。同时，还会袭来马车阵阵的恶臭，白天时尽是此类景象。谁需要这些商品哪？'中国城'吸纳了这些货物并把它发往全国各地。钱、期票、有价证券在这里的市场频繁交易，人们希望在这里发财，这里的日子没有买和卖一天也过不了。"[①]

我们就"莫斯科的伦敦城"为读者进行一次简单的讲解，我们的访古旅程从红场开始。

在赫鲁斯塔里内街旧商场的大楼中，2 号是莫斯科贴现银行，在本书中对该行有专门记述。雷布内街的新商场是莫斯科商人互贷公司的营业场所，这是莫斯科一家十分有影响力的信贷机构，建于 1869 年。1906 年，在雷布内胡同发生了俄国银行史上最大的银行抢劫案，使该公司被全俄国人民所熟知。武装的社会革命党人从互贷公司的柜台抢走了大约 100 万卢布，这些革命党人准备刺杀总理 П. А. 斯托雷平，同年 8 月，革命党人实施了刺杀行动。

穿过雷布内街，我们来到卡卢宁广场（或称交易所广场），这里是伊利

[①] Боборыкин П. Д. Китай - город. М., 1985. C. 20.

俄罗斯帝国商业银行

因卡的建筑中心和实业中心。广场的主体部分是由建筑师 A. C. 卡明斯基设计，建于 1873~1875 年的莫斯科证券交易所大楼。在革命前，莫斯科的证券交易业务都集中在这栋建筑中（当今为№6），现在取而代之的是俄罗斯联邦工商会。交易所对面带有角形塔楼的建筑建于 1870 年，是谢圣三一大教堂会馆所在地，是莫斯科第一栋五层建筑。穿过广场的№7 建筑属于俄国一家著名的修道院——约瑟夫—沃洛科拉姆斯克修道院。自古以来，莫斯科沙皇就在伊利因卡街上建设修道院会馆，供来到莫斯科的僧侣休憩。但在新时代，监督司祭的管区将这些场地用于商业结算：19 世纪末，修道院会馆成为一个营利性场所，利润来自修道院的场地租金。在交易所广场深处耸立着一座与城市老区不相符的建筑№2，它是 20 世纪初俄国现代派建筑的杰作，由俄国现代派之父 Ф. О. 舍合杰里为里雅布申斯基私家银号设计，建于1902~1904 年。后来，该银号改组为莫斯科股份商业银行。我们发现，从里雅布申斯基的办公室到伊利因卡，在交易所广场后面，街道是一条连续不断的线，建筑物一个挨着一个，其样式仔细看来没有什么相似之处。这并不奇怪，从这里开始就是独特的建于 19 世纪末 20 世纪初的伊利因卡"银行一条街"。

莫斯科贴现银行

202

毗邻交易所的建筑№8并非俄罗斯风格，建于1882年，由建筑师Б. В. 弗列伊杰别尔格设计，归莫斯科商人公司所有，曾以"外交会馆"闻名于首都（当时，在此坐落着莫斯科沙皇外国公使庭院）。该栋建筑的主要承租人是伏尔加—卡马银行莫斯科分行，主要租用2层和3层。按照莫斯科传统，一层主要是销售生活用品的商店。

街道偶数一侧的№10是莫斯科商业银行的大楼，它归商人纳伊杰诺夫家族（后文将详细介绍）所有。我们发现，莫斯科最有威望和富有的银行非常乐于购买私有土地。官方查询手册中的"伊利因卡""私有大楼"对于金融公司来说是最好的名片。商业银行在一栋由Б. В. 弗列伊杰别尔格设计，建于1890年的大楼中租用了顶层（从1907年开始，部分场地出租给西伯利亚商业银行），一层是西乌公司糖果店、库夫什诺夫文具店和其他公司。

其他两家圣彼得堡银行——北方银行（从1910年开始，变为俄国—亚洲银行）和俄国外贸银行的分行，也在№12大楼找到了驻地，这栋大楼

里雅布申斯基家族的莫斯科银行

建于1904~1907年，由建筑师Р. И. 克烈恩设计，他也是艺术博物馆，也就是现在的普希金造型艺术博物馆的建筑师。现在，克烈恩作品的所有者是俄罗斯共产党中央委员会档案馆（以前的苏联共产党中央委员会档案馆），参观者在阅览室可以欣赏银行业务厅美轮美奂的造型，尽管饱经沧桑，但仍保持了原貌。在去大厅的途中，银行的客户可以游览一楼的莫泽尔公司钟表店和外国维里伯恩公司的葡萄酒店。

俄罗斯帝国商业银行

伊利因卡大街偶数一侧的银行列厅以首都最大的莫斯科商人银行的私有大楼（建于1884～1904年，设计师Б.В.弗列伊杰别尔格）为终点。面向伊利因卡和旧广场的拐角里，有一栋三层建筑，至今仍以其完美的姿态吸引着人们的目光。莫斯科的银行政策在这里诞生，这一点读者可以从与这家银行有关的概要中去印证。同时需要指出，银行的建筑也体现了工商业公司与其金融伙伴之间的密切联系。在里雅布申斯基家族银行所在地，就有该银行控制的公司董事会，商业银行的整个楼层都是纳伊杰诺夫家族子公司——莫斯科工商公司的经理处。商人银行在20世纪时，其1楼至3楼的30间房屋都出租给了Л.科诺普商行的机械和棉花销售办事处，这是银行在棉花贸易领域的主要伙伴。

莫斯科商业银行

伊利因卡左侧即奇数侧的№9大楼是圣彼得堡在首都的特殊属地。它的左侧建筑（建于1910～1911年，设计师А.Э.艾里赫松）是圣彼得堡国际银行莫斯科分行，右侧建筑（建于1912年，设计师А.Н.杰里戈松）是亚速—顿河银行分行。有意思的是，两家圣彼得堡银行界巨头分行的建筑是它们在涅瓦大街公馆的翻版。革命后，在两栋令人印象深刻的建筑中办公的是财政部。在相邻№13大楼的是另外一家圣彼得堡银行分行——私人商业银行，该行在一战前改组成独立的莫斯科私人银行。

伊利因卡最悠久的建筑遗迹是大十字尼古拉教堂，由菲拉齐耶夫商人出资，建于17世纪80年代。革命前，教堂被"分割"成一些银行办公室。美丽的"中国城"文物古迹在20世纪30年代变成了废墟，现在是荒凉的小公园，周围是两座高耸的巨塔。伊利因卡最高的建筑（№21—23）建于1910～1911年（设计师 И. И. 列尔别尔戈），在这里坐落的是一家莫斯科大型保险公司——北方保险公司（不久前在这些建筑中举行的俄罗斯宪法法院会议吸引当今舆论的注意）。

莫斯科国际商业银行

在莫斯科还有一个金融中心——

"里昂信贷"分行

俄罗斯帝国商业银行

著名的街道库兹涅茨克，它是莫斯科主要的商业干线之一。与伊利因卡不同的是这里的银行与"中国城"的工商业活动联系并不大。按照19世纪初的传统，库兹涅茨克以其"永恒的革新"而成为大部分外国豪华时髦商品店和古董店的聚集地。在这里，不属于莫斯科显贵商人圈的金融家也能找到自己的立足之地。

1898年，银行家 Л. С. 波里雅科夫（后文将详细介绍）按照设计师 С. С. 艾布什采姆的方案，在库兹涅茨克和罗日杰斯特文卡的拐角处为莫斯科国际商业银行建造了一栋大楼，大楼的外形像一个五斗柜。不久前在这里的是经济互助委员会银行，它倒闭后，莫斯科国际商业银行成为这栋楼的新主人。离莫斯科国际商业银行不远的是亚美尼亚扎姆哈洛夫兄弟的银行和德国金融家容克罗夫的银行的办事处，一战前，这些办事处改组成股份商业银行 И. В. 容克 и К°。

"里昂信贷"分行租用了位于库兹涅茨克和涅戈林内拐角的特列季亚科夫大楼场地，该行是唯一一家被沙皇政府批准在俄国开展业务的外国银行（俄国银行家反对欧洲银行资本进入俄国市场，为此，他们与政府联合，而政府则制定了保护俄国信贷机构免受更加强大的外国银行竞争的政策）。沿着涅戈

扎姆哈洛夫家族的私家银号

林内大街向前是俄国国家银行莫斯科办事处（涅戈林内街№12，设计师是 К. М. 贝科夫斯基，建于 1893~1895 年），现在，在这栋建筑里的是俄国中央银行总部。

库兹涅茨克吸引了很多中型私家银号，这些公司想在繁荣的街道设立自己的企业。除了扎姆哈洛夫和容克罗夫，20 世纪初，И. А. 阿夫杰耶夫 и К°、А. А. 维杰尔尼科夫、Г. 沃尔科夫父子、З. Э. 克罗涅恩普列赫、А. В. 斯米尔诺夫等公司办事处也在这里开展业务。它们为客户提供的几乎是一揽子服务，商业银行不仅与大型企业有业务往来，而且还通过中间人向富裕的公众提供服务，这些人想借助交易游戏来增加自己的资本，这是一些银行家最喜爱的游戏。

历经百年沧桑，银行和其他金融机构的大楼至今仍然是库兹涅茨克最美的建筑。现在，这些建筑的所有人不仅包括直系继承人（莫斯科建设银行），还包括其他类型的组织（检察机关、科学技术图书馆等）。

笔者希望通过对莫斯科银行场所的简短讲述，使读者对银行在俄国经济生活和城市街道景观的中心地位有更加直观的了解。

第二节　实业精英的银行

从 19 世纪 60 年代初开始，莫斯科商人创建私人银行的呼声越来越高。1864 年，圣彼得堡首先将这种呼声变为实践。莫斯科最富有的商人之一——В. А. 科科列夫最早提出创建银行。

在 1864 年年中举行的创始人大会上，决定将所建银行取名为"莫斯科商人银行"。银行股票认购活动吸引了 70 多位莫斯科企业家，认购金额共计 172 万卢布。新银行的领导核心是大棉纺织工厂主创始人集团，他们是大型尼古拉工场主、著名"红萨瓦"之父 Т. С. 莫罗佐夫，1865~1868 年莫斯科证券交易委员会主席 И. А. 里亚明，当时最出名的科斯特罗马亚麻纺织工场主 П. М. 特列季亚科夫及位于莫斯科近郊拉缅斯科的俄国主要棉纺厂之一的工厂主 С. П. 马柳金等。银行创始人还包括莫斯科毛皮和手工业巨头

П.П. 索罗科乌莫夫斯基和 В.Д. 阿克谢诺夫、铁路建设行业的成功商人 И.Ф. 马蒙托夫（未来的文学资助人之父）和莫斯科—雅罗斯拉夫铁路的所有人 Ф.В. 奇若夫。

莫斯科商会主席
彼得·巴甫洛维奇·索罗科乌莫夫斯基

新金融机构也有反对者。Н.А. 纳伊杰诺夫回忆说，最大的棉花和纺织工厂设备贸易商 Л. 科诺普也开展银行业务，他担心来自银行的竞争，劝说一些纺织工人不要参与银行。莫斯科企业家的倡议也没得到政府的认可。美国历史学家 А. 里贝尔对 Ф.В. 奇若夫的通信研究表明，尽管向财政部官员进行了大量行贿，但科科列夫所有加快批准银行章程的努力长期没有结果[1]。

1866 年 12 月，章程才得到批准。同时，银行的固定资金小于原始认购资本，总计为 126 万卢布，共 252 股，每股 5000 卢布。大部分股份由莫斯科创始人所有。同时，邀请 А.Л. 施吉格里茨和俄国国家银行主席 Е.И. 拉曼斯基作为股东，莫斯科商人善于博得后者对新企业的好感。

银行采用莫斯科企业家流行的"股份公司"资本结合方式，它与普通的股份公司不同，其股份只在原始股东之间流通，销售股票需要全体股东同意并通过董事会特别决议[2]。莫斯科商人银行采用这种方式有助于防止竞争对手持有股份。但是后来，Ф.В. 奇若夫提议从银行章程中删除银行的"合

---

[1] Rieber, A.J., *Merchants and Entrepreneurs in Imperial Russia*. Chapel Hill：University of North Carolina Press, 1982. pp. 192–193.

[2] Устав Московского Купеческого банка. М., 1866. С. 4. 6.

伙"属性，并提出有必要吸收新股东。银行理事会第一任主席是 B. A. 科科列夫，董事会主席是 Ф. B. 奇若夫。

费多尔·瓦西里耶维奇·奇若夫在创建莫斯科商人银行时，不仅是一位著名的莫斯科企业家，还是一位知名的社会活动家。他年轻时在乌拉尔养蚕，并在那里与 H. B. 果戈理交好。19 世纪 50 年代，移居莫斯科后成为斯拉夫主义者，与 И. C. 阿克萨科夫和 И. K. 巴斯特创办了《工业通报》杂志、《股东》报和《莫斯科》报，这都表现了莫斯科商

费多尔·瓦西里耶维奇·奇若夫

人的斯拉夫主义情结。И. Ф. 马蒙托夫邀请其进入莫斯科—雅罗斯拉夫铁路公司董事会，他是当时莫斯科最富有的人之一。1878 年，奇若夫去世后，他的资产主要是铁路公司的股票，估价为 600 万卢布，按照他的遗嘱，他的遗产用于在科斯特罗马省，也就是他出生的地方建立中学和职业中学。奇若夫在莫斯科商人银行董事会的时间不长，随后，又进入了 1869 年成立的莫斯科商人相互贷款公司董事会，即便如此，他也为第一家莫斯科银行奠定了成功的基础。

奇若夫离任董事会主席后，莫斯科大学政治经济学教授伊万·康德拉齐耶维奇·巴斯特应邀赴任。正是由于他的努力，莫斯科商人银行自始至终都在进行可敬的、有别于任何投机活动的业务。19 世纪 50 和 60 年代之交，经济学家巴斯特在莫斯科商界得到了广泛好评，他与失意的赫尔岑保持联系，公开支持解放农奴和对整个俄国国民经济制度进行改革。其演讲《促进国民资本增加的条件》给他带来了特别声誉。他在 1856 年印刷的发言稿中提出了一系列改革计划，其中，占首要地位的是创建发达的私有信贷机构

俄罗斯帝国商业银行

伊万·康德拉齐耶维奇·巴斯特

网络的思想。

19世纪60年代,巴斯特与企业家的联系紧密,他定期就经济问题在阿克萨科夫的《莫斯科》和《莫斯科人》上发表言论。当提出选举莫斯科商人银行董事会主席候选人的问题时,其与圣彼得堡统治等级的亲密关系也被考虑到了(1862~1863年,他执教过早逝的皇储亚历山大二世长子尼古拉·亚历山大洛维奇及后来成为沙皇的亚历山大三世)。

并不是所有知识分子都能接受大学教授涉足银行业的巨变,按照俄国固有的传统,对各种企业行为都抱有一定成见。H. A. 涅克拉索夫在《现代人》上就对巴斯特进入莫斯科商人银行进行了一番讽刺:

> 看,这个莫斯科人——创始人
> 一群奸商的。
> 而对祖国呕心沥血的人,
> 最好,莫过于教授。
> 古时候他唱着那样的歌曲,
> 伊斯坎杰尔是他的朋友,
> 除了结石病,
> 他一无所有。
> 那个年代的失宠者
> 是民主党人,
> 是人民和自由的朋友,

而现在，他却是个财阀！

投机钻营的勾当

巧妙地进行着

而科学的功用

使这个老爱国者……

但是，这样的攻击没有动摇巴斯特，因为他进入银行业不是为了"投机钻营"，而是另有目的。他在一篇文章中写道："银行首先是促进工业和商业发展的机构，它的意义在于为工业提供最方便和廉价的资金并为商业交易和贷款交易提供方便……依靠自有资金买卖息票时，银行应避免干涉企业的自由。"莫斯科商人银行行政领导人恪守这种实业信条，并为银行成为工业进步真正的发动机而不遗余力。

起初，莫斯科商人银行坐落在科科列夫位于索菲亚沿岸街的大楼内，后来搬往伊利因卡大街，奇若夫强调说，"这是莫斯科商业活动的中心"。银行的业务快速发展，收入也随之提高：利润率从1867年的12%提高到1869年创纪录的19.4%。银行利润的诱惑使更多的人成为新股东，1870年，银行固定资本增加到500万卢布。

莫斯科商人银行是莫斯科的主要资金源。银行的负债规模在俄国所有登记的银行中紧随伏尔加—卡马银行，居第二位。资产业务中占主要地位的是期票贴现。从1870~1880年银行的报告来看，贴现所占用的资金平均是有价证券抵押贷款（银行规模第二大的业务）的2~3倍，每年产生的利润为100万~200万卢布，当时，所有其他账户的利润仅为这个金额的一半。

两项基本业务——负债业务和资产业务与工业生产的状态紧密相连。活期账户负债集中了临时脱离生产进程的资本，而期票贴现是工商业贷款，并且流通的期票金额直接取决于生产商品的数量。所以，莫斯科商人银行的业务进程准确反映了中部地区的工业资本周期。在19世纪70年代初的工业上升期，银行的业务规模达到了银行初期的顶点，随后衰落。19世纪80年代初，出现了新的工业复苏，贴现业务再次活跃起来，随后又出现了长期萧

俄罗斯帝国商业银行

条，一直持续到 19 世纪 90 年代初，相应地，银行开始收缩资产业务规模。董事会董事 Э. Т. 巴什科维奇在 1897 年银行未来业务的发展报告中准确地指出，19 世纪最后 10 年不会达到 70 年代初的水平，因为莫斯科的工业是"周期性"发展的，银行只能"时而放出存款（因为银行没有进行核算——译者注），时而重新吸收存款"，结果是银行"原地踏步"。1891 年，银行董事会甚至采取了一项史无前例的措施来降低存款利率。同时，银行董事会鉴于工商业萧条的情况认为，银行"在吸收存款时不产生损失是极其困难的"①。

银行将部分资产调配到资本密集的、利润丰厚的铁路公债销售业务领域。19 世纪 90 年代初，由于财政部购买铁路作为国有资产并发行铁路担保的债券，大量有价证券流入市场。为了"为莫斯科寻找有利的、可靠的资本配置方式"，董事会在 1892 年开始讨论在圣彼得堡成立分行。事实表明，没有分行，银行不能"参加财政部的发行业务，这已经成了一些圣彼得堡银行的垄断业务"②。1893 年，银行在铁路债券投资了 2000 多万卢布，随着 1894 年在圣彼得堡成立办事处，银行开始以平等的身份参与圣彼得堡银行的发行辛迪加。在发行东南铁路公债的国际辛迪加中，银行获得了总额 1500 万卢布中的 6% 的份额。但是，发行业务不能从根本上改变负债状况，19 世纪 90 年代中期，工业市场行情的变化给银行带来了沉重负担。

银行在工业上升初期就已形成了工业客户圈。期票业务是主要的信贷渠道，但在银行档案中没有保留关于贷款分配的决算委员会资料。除了莫罗佐夫的一家企业博戈罗茨克—格卢霍夫斯基手工工场外，在莫斯科工业企业的档案中没有发现相应的资料。在该公司档案中有一份"商人银行核算单"的卷宗，其中有一份 1867 ~ 1890 年票据信贷的目录③。档案卷宗结算表明，该公司每年向银行提供期票的金额为 100 万 ~ 800 万卢布。毫无疑问，其他大企业家的融资规模也不小，根据有价证券抵押贷款的资料能够大致还原企

---

① ЦГИА Москвы, ф. 253, оп. 1, д. 120, л. 98 – 110；д. 102, л. 1.
② Левин И. И. Акционерные коммерческие банки в России. С. 290.
③ ЦГИА Москвы, ф. 771, оп. 2, д. 1, л. 1 – 6.

第四章　莫斯科银行业

业家的构成。

事实上，银行从19世纪70年代初开始进行这种类型的贷款。因为在形式上这些贷款具有无担保的性质（无记名的），所以，需要银行完全信任债务人。发放股票（股份）贷款需要董事会和理事会的特别许可，在它们的会议备忘录中记录了无记名融资的所有情况。这种业务的客户是莫斯科地区一些主要的纺织厂，其中很多在银行理事会有代表，是银行的实际领导人。

戈罗季谢制呢厂工厂主 С. И. 切特维里科夫和波克罗夫斯克工厂主 И. А. 里亚明是第一批抵押自己公司股份的企业家，后者1870年接替 В. А. 科科列夫成为莫斯科商人银行理事会主席。后来，客户圈子不断扩大，19世纪90年代初，一些大纺织企业家通过抵押自己公司的股份获得了银行贷款。约定的贷款通常会定期延期，具有长期融资的性质，尽管这种规模相对不大（大约30万卢布）。

19世纪70年代初，银行大量为"我们最好的，正如董事会中声明的，铁路建设者"提供贷款①。银行在此期间为一些参与铁路热潮的投机商提供

莫斯科商人银行理事会成员
谢苗·瓦西里耶维奇·列别什金

莫斯科商人银行理事会成员
尼古拉·彼得洛维奇·阿列克谢耶夫

---

① Отчет Московского Купеческого банка за 1872 г. М., 1873, С. 3.

213

了金融支持。1869~1870年，在银行的促进下，欧洲资本市场发行了莫斯科—雅罗斯拉夫铁路公司债券，该铁路的所有者 И. Ф. 马蒙托夫和 Ф. В. 奇若夫进入了银行的领导层。后来，莫斯科—梁赞铁路公司所有者 П. Г. 冯·杰尔维斯从银行获取90万卢布，В. А. 科科列夫、Ф. В. 奇若夫、И. А. 里亚明和 Т. С. 莫罗佐夫获得100万卢布，他们从官方赎买了库尔斯克铁路[①]。但是，随着铁路建设热潮的消退，银行事实上停止了这个领域的业务。

В. 阿列克谢耶夫公司经理、
莫斯科商人银行理事会成员
谢尔盖·伊万诺维奇·切特维里科夫

在19世纪末的工业上升期，出现公司领导人从银行合伙人中分离的趋势并继续发展，公司领导人掌握了银行控制权。纺织大王科诺普开始控制莫斯科商人银行。

随着科诺普进入莫斯科商人银行，银行的领导核心就是棉纺厂主，这也说明了 Л. 科诺普商行在莫斯科棉花市场上的作用。

19世纪20年代末，俄国来了一位年轻的德国商人——出生于不来梅的路德维希·科诺普，在此之前，他在曼彻斯特的一些纺织厂工作过，包括向俄国提供棉纱的德·泽西公司。科诺普在莫斯科开展的棉纱经纪业务很成功，这使他获得了当地有名望的商人的信任。列夫·赫拉西莫维奇，正像莫斯科合作伙伴用俄国方式对他的称呼那样，在俄国纺织工业的形成过程中发挥了突出作用。

1842年，英国政府取消工业设备出口限制后，俄国手工工场才有机会使用以英国为首的"工匠世界"生产的最好的纺织机床设备。通过利用老的私

———————
① ЦГИА Москвы, ф. 253, оп. 1, д. 2, л. 27, 95-96, 148.

人关系（与他年轻时供职的德·泽西公司和普拉特兄弟机床制造公司），科诺普为中部地区几十家纺织企业配备了一流的设备，其中包括著名的莫罗佐夫的尼古拉手工工场。19世纪60年代，科诺普公司的贸易额在俄国所有外贸公司中位列第一。幸运的商人获得了至高无上的赞扬，他的名字成为俄国俗语："有教堂的地方就有教士，有工厂的地方就有科诺普。"

1852年，加入俄国国籍后，他着手建立自己的公司——列夫·科诺普商行。25年后，"由于对工商业领域的突出贡献"，这位出生于不来梅的人被授予了俄罗斯帝国男爵称号。

**莫斯科商人银行理事会成员
弗拉基米尔·格里高利耶维奇·萨博什尼科夫**

1857年，科诺普与莫斯科商人赫鲁多夫和K. T. 索尔达杰科夫一起，在爱沙尼亚北部的纳尔瓦近郊建立了当时世界先进的纺织机械公司。此后，科诺普参与了其他几十家纺织公司的管理。商行的实力因进口加工细布所需的高等级纱而迅速增强。科诺普也开展棉花原料业务，为俄国工厂从埃及、印度和美国进口棉花，他的公司在这些地方也有分公司。从19世纪80年代开始，俄国的棉花播种面积迅速扩大①。

---

① Контора Кноп и её значение. СПб., 1895；Брант Б. Ф. Иностранные капиталы в России и их влияние на Экономическое развитие страны. СПб., 1901. Т. Ⅲ. Ч. Ⅲ. С. 51 – 52；Лаверычев В. Я. Монополистисческий капитал в текстильной промышленности России. 1900 – 1917. М., 1963. С. 77 – 98, 124 и сл.；Amburger E. Der fremde Unternehmer in Russland bis zur Oktoberrevolution im Jahre 1917 // Tradition. Zeitschrift fur Firmengeschichte und Unternehmerbiographie 2, 1957, №4. S. 354 – 355, Tabelle 5；Carstenson F. V. Foreign participation in Russian Ecjnomic Life：Notes on British Enterprise. 1865 – 1914// Entrepreneurship in Imperial Russia and the Soviet Union. Princenton, 1983. P. 147 – 148.

俄罗斯帝国商业银行

费多尔·里沃维奇·科诺普

安德烈·里沃维奇·科诺普

列夫·科诺普在生命的最后阶段返回了自己的祖国，于1894年去世。他几乎是唯一一位在俄国（在纳尔瓦的克列果里姆手工工场）和德国都被建立了纪念碑的企业家。在他的家乡不来梅，这位俄国男爵在老年为城市的公共事业做出了巨大贡献。他在俄国的儿子费多尔和安德烈继承了他的事业，科诺普公司在他们的领导下继续保持在俄国棉花市场的主导地位。

19世纪90年代，科诺普兄弟完全掌握或部分掌握12家股份公司，其中包括9家中部地区和波罗的海沿岸地区的棉花企业，3家辅助公司——埃及棉花进口公司、煤炭加工公司和保险股份公司。他们决定夯实自己康采恩的金融基础。1894年，与科诺普有亲属关系的商行合伙人 И. К. 普罗维进入了莫斯科商人银行理事会，正如前文指出，当时，科诺普强烈反对这家银行的创建。

从1894年开始，纺织和化工厂主 П. И. 撒宁出任银行最高行政机构主席，他在19世纪70年代以莫斯科—库尔斯克铁路公司董事的身份开始了企业家生涯。银行的创始人及其继承人依然是理事会成员。

银行的股东构成比较稳定。20世纪初，股东总数大约为300人，主要是一些家族企业的代表，他们决定银行政策。尽管莫斯科商人银行的标价很高，在市场上也有牌价，但是，由于股份集中在固定的人手中，事实上并没有发生交易。

19世纪90年代，银行逐渐开始向莫斯科以外的区域发展。圣彼得堡的分行非常活跃，在经济上升初期就开始向莫斯科的工业融资。1897年，银行的客户包括普提洛夫工厂、布良斯克轧制钢轨厂、圣彼得堡沃罗诺夫纺织厂等。当时，俄国南部工业的快速发展吸引了银行的注意，

莫斯科商人银行理事会主席
彼得·伊万诺维奇·撒宁

董事会指出，在南部"票据资源甚至要比莫斯科丰富"。1898年设立的基辅办事处与一些大型糖厂建立了紧密的信贷关系，并为 И. Г. 哈里托涅克（400万卢布）、布罗茨基（100万卢布）、伯普林斯基（20万卢布）等提供了大额贷款[①]。

但是，莫斯科商人银行资本的主要使用区仍是莫斯科，莫斯科的工业继续发展。同时，莫斯科的印花布销售市场扩大到了中亚、外高加索和一些东方国家，这也扩大了贷款需求。银行继续通过有价证券抵押进行融资，但是，在科诺普的代表进入理事会后，这些贷款主要向与其有联系的 Н. 孔申手工工场（30万卢布）和马柳金手工工场（60万卢布）发放。

---

① ЦГИА Москвы, ф.253, оп.1, д.97, л.218－219; д.120, л.29 об.; л.98－110; д.121, л.147－172.

糖厂主、参议员、贵族联合委员会主席（1906～1912）阿列克谢·亚历山大洛维奇·伯普林斯基伯爵（1852～1927）

销售公债是银行业务的转折点。19世纪90年代，越来越多的莫斯科公司开始使用公债。债券与股票不同，债券保证持有人稳定的收入，但是不给予对公司的所有权。历史学家 Л. Е. 舍别列夫根据圣彼得堡的银行资料确定，企业通过债券账户加强了与银行的结算，也就是说，债券账户成为使用工业贷款的集中形式①。

通过理事会成员 Н. И. 普罗霍罗夫的关系，1896年，莫斯科商人银行销售了普罗霍罗夫·特廖赫戈尔内手工工场总额为150万卢布的公债。一年后，Н. Н. 孔申的科诺普公司额外获得300万卢布股份抵押贷款以便向银行出售公债。公司通过银行能够获得发行的大部分资金，而不必等到债券在市场上发行，而对银行有利的是银行能在市场上以更高的行市销售购买的证券。

国家银行官员注意到，莫斯科商人银行积极参与债券交易并指出："银行近期积极开展有价证券业务，对贴现业务造成了直接损失。"②

银行在为莫斯科的公司进行融资时，事实上并没有参与创建、发行业务，这是当时圣彼得堡的银行广泛开展的业务。莫斯科商人银行只参加创建了莫斯科机车制造工厂，但是没有持有股票，而是在市场上进行了转卖。它与圣彼得堡的银行辛迪加一起参与传统有价证券的发行业务。1897年，与

---

① См.：Шепелев Л. Е. Акционерные компании в России. Л.，1973. С. 140 - 142.
② РГИА，ф. 587，оп. 60，д. 14，л. 146об. - 147.

圣彼得堡国际银行一起销售了莫斯科公债 950 万卢布。

在莫斯科证券交易委员会档案中有一封莫斯科商人银行董事会 1899 年 11 月份的信函，它能使我们对银行在俄国工业上升末期的客户有一个认识①。在信中董事会提议，延展部分企业有价证券抵押贷款。但是，铁路企业家 С. И. 马蒙托夫于 1899 年秋破产后，财政部对接收私人公司证券抵押进行了限制，因此，提议受到了影响。信中指出，特别禁止接收未在市场上流通的股份和股票抵押。但是，董事会坚持继续为 30 家公司进行这种形式的融资，其中 19 家是莫斯科的纺织企

糖厂主、国务会议成员（1909～1915）
安德烈·亚历山大洛维奇·伯普林斯基伯爵
（1859～1930）

业，其余企业是轻工业、食品工业、化学工业公司，还有贸易公司。只有莫斯科机车制造工厂是重工业企业，银行参与了该公司的股票辛迪加。上述公司中有 8 家与银行以私人合并的方式联系，其中 5 家是科诺普工业集团的成员。

20 世纪初，银行进入了新的历史发展阶段。从 1903 年开始，著名莫斯科纺织工厂主、前理事会成员 Г. А. 科列斯托夫尼科夫接替已故的 П. И. 撒宁，成为理事会主席。

从 18 世纪中叶开始，科列斯托夫尼科夫家族就闻名于世，当时，他们是佩列亚斯拉夫卡的商人。银行家的曾祖父更是因 1812 年捐助反拿破仑战争 5 万卢布而被人们所熟知（在当时，这是一笔巨款）。从 19 世纪 20 年代开始，科列斯托夫尼科夫家族成为莫斯科商人，从 50 年代开始，公司由亚

---

① ЦГИА Москвы，ф. 143，оп. 1，д. 128，л. 27，37.

219

俄罗斯帝国商业银行

莫斯科商人银行理事会成员
尼古拉·伊万诺维奇·普罗霍罗夫

历山大·康斯坦基诺维奇领导,他是后来成为银行理事会主席的格里高利·亚历山大洛维奇的父亲。根据他的提议,在莫斯科的波利亚纳镇建立了棉纺厂,在喀山创办了硬脂厂,它们是俄国首批化工厂。同时,一些科列斯托夫尼科夫家族的早期工厂在60年代开始将希瓦汗国和布哈拉的棉花从刚并入俄国的中亚各州进口到莫斯科。

莫斯科商人银行的领导人是俄国第四代的优秀企业家。如果前辈只有小学文化,那么,格里高利·亚历山大洛维奇则是中学毕业,然后进入莫斯科大学数学系深造,毕业后在家族的喀山硬脂厂和莫斯科—库尔斯克铁路公司董事会掌握了经商之道。19世纪90年代初父亲去世后,他执掌了家族企业——创建于1871年的科列斯托夫尼科夫兄弟贸易公司。

尽管相对年轻,但他在商界享有较高的威望,被选举为1896年下诺夫哥罗德全俄展览会专家委员会主席就是证明。同时,他被选入莫斯科第一银行理事会。1892年,科列斯托夫尼科夫建立了俄国第一家纺织设备生产企业——莫斯科机械设备公司,这使他博得了银行领导人和纺织工厂主的青睐。另外一个非常重要的选举理由是他已经和著名的纺织巨头女代表、萨瓦·吉莫费耶维奇·莫罗佐夫的亲妹妹尤利娅·莫罗佐娃成婚。

莫斯科主要银行领导人的职务是科列斯托夫尼科夫政治生涯的起点,1905年,他在 H. A. 纳伊杰诺夫去世后成为证券交易委员会主席,该委员会是实业界主要的代议制组织。Г. А. 科列斯托夫尼科夫在1905年创建工商业党和"10月17日联盟"中发挥了主要作用，是这些机构中央委员会的成员。直到第一次世界大战前，他都是莫斯科企业和政治生活的领导人。他的成绩得到了政府高层的称赞：1906~1915年，他是国务会议成员、工商业活动家代表。1910年，科列斯托夫尼科夫家族被授予世袭贵族称号①。

科列斯托夫尼科夫在莫斯科商人银行最亲密的助手是理事会副主席 И. А. 巴拉诺夫，他与科诺普集团有联系。需要指出，20世纪初，科诺普在银行的地位更加稳固。1904年，公司的合伙人 Ф. Л. 科诺普接替去世的 И. К. 普罗维进入了银行理事会。虽然 Ф. Л. 科诺普不像其他的银行领导人那样是银行的大股东②，但他在理事会有非常大的影响力，在理事会除了巴拉诺夫外，还有一些企业家也支持他。与他同时被选入理事会的还有科诺普公司控制的 Н. 孔申公司董事会成员 В. С. 巴尔舍夫，科诺普在中亚的合作伙伴棉花贸易公司主席 Б. А. 什维佐夫及沃高商行的代理人、卡列特尼科夫手工工场董事会成员 К. К. 阿尔诺，从1904年起，科诺普和沃高联合控制了卡列特尼科夫手工工场。

如果不考虑银行在圣彼得堡和基辅办事处的损失，那么，莫斯科商人银

格里高利·亚历山大洛维奇·科列斯托夫尼科夫

---

① Финансовые деятели. Представители международной промышленности. Именитое Российской империи купесество. М., 1912. С. 25; Бурышкин П. А. Москва купеческая. Нью－Йорк. 1954. С. 179－185.

② 银行固定资本总额为500万卢布，从19世纪70年代初开始没有发生变化，分为1000股，20世纪初大约有300名股东，大部分股东是银行创建者的继承人。

伊万·亚历山大洛维奇·巴拉诺夫

行还是比较轻松地渡过了世纪之交席卷俄国的股票危机。1899 年,基辅分行在与糖厂资本家的业务中损失了 25 万卢布。银行领导人不得不从总额为 2000 万卢布的 340 个账户的已放贷款中紧急注销 145 个小客户的账户,总金额达到 380 万卢布。同时,布罗茨基、伯普林斯基等糖业大亨的贷款增加了 150 万卢布。1900 年末,圣彼得堡办事处进行的稽查表明,该分行的行政部门在透支业务中超过了抵押证券的股价限额。办事处的管理人员被建议"尽快整顿逾期贷款",并将资源集中到可靠的期票贴现上来。在注销部分损失后,办事处的业务重回正轨①。

在 1900 年经济困难的情况下,莫斯科商人银行向股东派发了创纪录的红利——19.5%。这是 19 世纪 90 年代谨慎政策的结果,当时银行不热衷参与创建业务。1901 年初,理事会再次拒绝了圣彼得堡的银行提出参与辛迪加维持有价证券汇率的提议。董事会的信函中写道:"立足于银行创立之初的一贯原则,银行不会出资购买红利证券,主要是辛迪加不参与的息票(国家息票和政府担保的息票,也包括债券。——译者注)。"② 1901 年,银行的私人存量中只有 2.75 万卢布的库帕夫纳工厂股份和 46.5 万卢布未销售的普罗霍罗夫公司、孔申公司和库兹涅佐夫公司的债券。债券逐渐售罄,1905 年,债券在银行的存量金额总计估

---

① ЦГИА Москвы, ф. 253, оп. 1, д. 146, л. 11 – 19, 87, 115 – 122, 164.
② ЦГИА Москвы, ф. 253, оп. 1, д. 146, л. 48..

第四章 莫斯科银行业

价为 6.8 万卢布。①

同时，莫斯科商人银行依旧对"安全"交易价证券保有兴趣。1900～1903 年，银行参加了莫斯科、圣彼得堡和敖德萨的公债发行业务，投入资金约 1000 万卢布。1905 年，经验最丰富的商人、前莫斯科证券交易所经纪人、曾在银行理事会任职的 А. Д. 什列京格尔应邀任银行董事会主席。

银行在这一时期主要的融资对象是莫斯科的纺织工业。1900 年，纺织公司有价证券抵押贷款占工业担保基金的 73％，1903 年，90％ 的有价证券抵押贷款是纺织行业企业股份和股票的贷款。

弗拉基米尔·谢尔盖耶维奇·巴尔舍夫

它们在银行的抵押额度超过 450 万卢布。档案中 1900～1902 年和 1907～1908 年的银行理事会和董事会资料表明，在定期进行股份和股票融资的 24 家企业中，有 18 家是纺织公司。银行从 19 世纪末开始与这些企业合作。科诺普企业中融资规模最大的是孔申手工工厂。在 1901～1902 年银行就为该公司的股份预付了 55 万卢布。此外，银行在 Л. 科诺普商行和 Н. 孔申提供保证书作为交易担保的情况下，发行了该公司 150 万卢布的公债。孔申公司借助银行贷款进行了彻底改造，结果，公司的机械和建筑价值从 1897 年的 690 万卢布增加到 1909 年的 1570 万卢布。②

---

① Отчет Московского Купеческого банка за 1900г. М.，1901；Отчет Московского Купеческого банка за 1904 г. М.，1905.
② ЦГИА Москвы，ф. 253，оп. 1，д. 134，л. 79，188，190，217，304；ф. 673，оп. 8，д. 53，л. 20.

223

俄罗斯帝国商业银行

20 世纪初，银行也为一些与其有私人合作的公司融资，比如沃高的企业波克罗夫斯克公司和罗曼诺夫亚麻手工工场。

1907 年成立的 3 家企业——Н. 孔申公司、М. С. 库兹涅佐夫公司和普洛霍夫·特廖赫戈尔内手工工场，其没有往来账户担保的贷款总额达到了 2.5 万卢布。这些客户被列入了代理行名单，与银行机构地位相同①。

尼古拉·尼古拉耶维奇·孔申

这一时期银行对其他的工业领域不感兴趣。可以发现，银行仅在 1908 年向诺贝尔石油工业公司发放了一笔 Э. Л. 诺贝尔用金融期票贴现的 400 万卢布巨额贷款。交易具有一次性的特点，并且其目的是将银行最丰富的金融资源进行再分配。

有价证券融资增加了期票—商品抵押贷款。已经指出，档案中没有保存银行期票总量的资料。只在国家银行莫斯科办事处为企业发放期票贷款的案卷中，发现了银行为与其关系密切的企业进行期票贴现的一些信息。在其他条件下，办事处要求使用其他银行的类似贷款。

孔申公司董事会指出，1911 年，公司在莫斯科商人银行的期票贷款为 100 万卢布，在其他的银行（莫斯科贴现银行、莫斯科商业银行和圣彼得堡国际银行）为 90 万卢布。1908 年，罗曼诺夫手工工场在各种银行主要是莫斯科商人银行期票贴现的金额大约为 100 万卢布。1910 年，М. С. 库兹涅佐夫贴现贷款 150 万卢布，包括在莫斯科商人银行的 30 万卢布和在 8 家银行的小额贷款。1899 年，Н. И. 普罗霍罗夫在莫斯科商人银行和伏尔加—卡马

---

① ЦГИА Москвы, ф. 253, оп. 1, д. 238, л. 18, 27–28, 32, 55, 60, 82.

224

银行贴现。1904年，波克罗夫斯克手工工场主 С. И. 里亚明"在莫斯科商人银行和商业银行有一定金额的贴现业务"：对两家银行的债务总计超过100万卢布[①]。

虽然数据不全面，但都表明了一个事实，公司期票的主要债权人首先是莫斯科商人银行，它为公司提供了有价证券抵押贷款。可以认为，这种融资以期票贴现形式进行，具有广泛的贷款基础，另外也为企业扩大了这种债券的贷款范围。

20世纪初，银行业务的新领域是为中亚棉花生产区的莫斯科公司棉花贸易进行融资。科诺普公司是最大的棉花买家之一，是银行在这个领域的主要合作伙伴。银行理事会的档案资料表明，与科诺普公司的交易始于1907年，当时与其签订了协议，根据协议条款，向公司提供了对于私营公司来说创纪录的800万卢布贷款，而银行有权分享科诺普购买中亚棉花所得的利润[②]。协议表明，科诺普和银行的关系进一步密切，它们已经不是简单的融资关系，而是互利的伙伴关系，银行利用了公司现有的贸易机构，为公司扩大收购提供了必要资金。

与科诺普公司的交易是促进银行重要转变的推动力。1908年初，全体股东大会确定将固定资本从500万卢布增加到1000万卢布，并将委托第三方购买商品的条款写入章程，发放抵押商品价值80%的贷款（取代2/3）[③]。需要注意，向科诺普提供贷款的金额标准并不是根据这个内容制定的。

Г. А. 科列斯托夫尼科夫是新举措的首倡者，他在向股东大会出具的说明书中坚持扩大银行固定资本，"既能巩固银行一流机构的地位"，又是银

---

① ЦГИА Москвы, ф. 450, оп. 8, д. 89, л. 81 об. ; д. 358, л. 2－3, 14－15 ; д. 340, л. 88 и об. ; д. 508, л. 1－2.

② Гиндин И. Ф. Московские банки в период империализма, С. 49. 同时理事会命令公司在费尔干纳和浩罕的全权代表 В. В. 格列齐舍夫"了解业务状况"。后来在1910年设立了银行驻浩罕分行。

③ ЦГИА Москвы, ф. 7253, оп. 1, д. 248, л. 11－19. 1905年2月14日法律赋予所有商业银行开展这些业务的权利，大约与商人银行同时，主要的圣彼得堡银行也将这些业务写入章程。

俄罗斯帝国商业银行

行发展商业业务的主要方式。科列斯托夫尼科夫写道："银行资金的持续增长（固定资本扩大的结果。——译者注）给予了银行扩大经营范围，在其完全没有涉足或势力微弱的领域占据主导地位的可能：我指的是商品抵押贷款，在不久的将来，这一业务必将迅猛发展，莫斯科商人银行应该先拔头筹。"① 实施科列斯托夫尼科夫的计划时，银行也进入了一战前工业上升期。

莫斯科商人银行股票

1913年前，莫斯科商人银行固定资本增加至1500万卢布，并且为了不使竞争对手进入银行，只在老股东之间分配股份。莫斯科商人银行在浩罕、罗斯托夫、哈里科夫设立了分行，以便发展贸易、寄售业务，尤其是在中亚的棉花贸易、寄售业务。哈里科夫分行大量购买毛皮，罗斯托夫办事处从事粮食贸易并购买了粮食仓库。

1913年报告能使我们更加详细地了解莫斯科商人银行的融资政策。银行领导人在购买有价证券上坚持传统策略，不保留私营公司的红利证券。一年内，通过银行进行的非担保有价证券将近1.5亿卢布，1914年的有价证券存量总计为11万卢布，其余全部售出。透支贷款是第二个主要的证券业务，主要由圣彼得堡办事处负责。超过2/3的透支账户流转（3.16亿卢布中的2.3亿卢布）在圣彼得堡分行，基辅分行也有一部分。莫斯科的流转额为8600万卢布，1914年，担保余额为4440万卢布。大约1/3的透支存量也就是1540万卢布是工商业公司债券（其余是担保证券抵押金额），银行将其中大约500万卢布投资在

---

① ЦГИА Москвы, ф. 253, оп. 1, д. 248, л. 9 – 9 об.

226

了"流行"的交易所证券（普提洛夫、布良斯克、克罗缅斯科等公司股票），购买了 1050 万卢布的工商业公司股份和莫斯科纺织公司债券。因此，莫斯科工业客户的股份和债券抵押贷款继续在银行的固定资产中占有重要地位。

银行的主要融资对象是科诺普集团的企业。20 世纪初，这家集团就对莫斯科商人银行产生了影响力，在一战前的工业上升期，科诺普也进入了莫斯科贴现银行、莫斯科商业银行、莫斯科私人银行和 И. В. 容克 и К° 银行理事会。莫斯科商人银行是科诺普公司主要的金融基础，为科诺普控制的纺织企业 Н. 孔申公司、伊斯梅洛夫手工工场、伯鲁申斯克手工工场和博戈罗茨克—格卢霍夫手工工场融资。

1911 年，孔申公司决定定期销售总额为 300 万卢布的公债。交易以债券抵押的透支贷款形式进行，因此，公司每年都会获得 120 万~150 万卢布和额外几十万卢布的股份抵押贷款。1913 年，伯鲁申斯克和伊斯梅洛夫手工工场获得了 250 万卢布公司股份和期票抵押贷款。贷款是科诺普改组两家企业计划的一部分。1911 年，伯鲁申斯克手工工场的固定资本从 100 万卢布增加到 200 万卢布。1912 年，伊斯梅洛夫手工工场的固定资本从 75 万卢布增加到 150 万卢布。莫斯科商人银行接收了大部分新股份，因此，也就资助了有影响力的领导人的金融联合[①]。

莫罗佐夫和 Л. 科诺普商行的成员 Р. И. 普罗维（已逝 И. К. 普罗维的儿子）和 Р. Р. 菲尔斯杰尔一起进入博戈罗茨克—格卢霍夫手工工场董事会，从 1911 年开始，银行和该手工工场一起进行特别的成品货物抵押融资，在此之前，银行从未尝试过这种融资方式。公司通过手工工场商品立刻获得 300 万卢布，后来在 1913 年融资规模达到 400 万卢布[②]。业务的意义在于为公司在产品销售之前继续进行生产提供了必要资本。通常这种交易以期票贴现的方式进行，但银行通过商品直接进行融资，这说明了银行与企业已经形

[①] ЦГИА Москвы, ф. 253, оп. 1, д. 238, л. 85, 129 – 130, 212; ф. 673, оп. 8, д. 56, л. 13, 16, 17 и об.; ф. 450, оп. 8, д. 545, л. 17 – 18, 34, 35; д. 963, л. 1 – 2, 18.

[②] ЦГИА Москвы, ф. 253, оп. 1, д. 238, л. 209, 414 – 416.

俄罗斯帝国商业银行

伊万·卡尔洛维奇·普罗维

罗曼·伊万诺维奇·普罗维

成了信任关系。

但是1913年，公司将大额股份出售给亚速—顿河银行，该行在当地分行的董事 Я. А. 茗茨开始寻求在董事会的利益，科诺普将所有融资业务从莫斯科商人银行转移到了亚速—顿河银行莫斯科分行。根据亚速—顿河银行、科诺普和博戈罗茨克—格卢霍夫手工工场领导人 Н. Д. 莫罗佐夫签署的协议，后者从圣彼得堡的银行获得大额贷款。准确的金额并不明确，但是通过协商，3年后的贷款余款应为150万卢布左右。科诺普必须存入亚速—顿河银行活期账户不少于100万卢布作为贷款担保①。

1911年，科诺普和沃高公司一起组建了股份公司，以便成立乌拉尔地区铁矿和石油勘测企业，公司计划与英国公司 Johnson, Mattey & C° 结成联盟。这也吸引了莫斯科商人银行的参与。银行购买2万卢布公司股票并与公司创始人签订了转让所建企业股票发行业务给银行的协议。此外，银行承担几万卢布的矿区勘察费用。但是在一战前，公司并没有进入股票发行

---

① РГИА, ф. 616, оп. 2, д. 112, л. 292–293; оп. 1, д. 205, л. 185.

228

阶段①。

在一战前的几年，银行与科诺普积极发展在棉花贸易领域的伙伴关系。随着工业上升期的开始和莫斯科地区纺织工业对原料需求的增长，银行对科诺普棉花业务的融资水平达到了高峰。科诺普利用与英国公司德·泽西的老关系，在利物浦棉花市场大量购买美国和埃及的棉花②。莫斯科商人银行在一战前为科诺普的业务提供了部分支持，从而获得了寄售棉花的权利。1913~1914年，莫斯科商人银行为莫斯科企业主提供了采购棉花的"利物浦合同"抵押贷款，并为科诺普和德·泽西进行相互转账。圣彼得堡办事处根据"为我们运抵的外国棉花"为科诺普提供贷款，然后，银行将棉花转卖给自己的莫斯科客户③。

莫斯科商人银行为科诺普商行在中亚购买棉花提供的贷款金额逐渐增多，一战前，中亚成为俄国纺织工业的主要原料市场，同时，科诺普控制了一些棉花加工企业。棉花贸易季节，公司在银行的贷款金额为每月100万卢布。从1912年开始，科诺普吸引银行参与中亚企业家Р.Ш.波杰里亚霍夫的棉花业务，后者受科诺普的莫斯科公司领导。

波杰里亚霍夫拥有几家轧棉厂，他与华俄道胜银行及其继承者俄国—亚洲银行有业务往来。1909~1910年，他是圣彼得堡的银行在中亚仅次于瓦其雅夫兄弟公司的重要客户。俄国—亚洲银行非常重视这项业务，1910年时打消了西伯利亚商业银行控制波杰里亚霍夫企业的意图。承诺给波杰里亚霍夫企业提供总额为50万卢布的定期贷款，但是，它必须"在自己所有业务中给予我们（俄国—亚洲银行）更多的优先权"④。但是两年后，科诺普已经成为波杰里亚霍夫实业的主人。公司控制权的变化情况并不明确。可能，俄国—亚洲银行和科诺普之间进行了交换：科诺普的莫斯科公司在

---

① ЦГИА Москвы，ф.253，оп.1，д.238，л.256-257，298，377-378，418；ф.51，оп.10，д.2844，л.52-53，54 об.

② Carstensen, F. V., *Foreign participation in Russian Economic Life: Notes on British Enterprise 1865-1914.* pp.147-148.

③ ЦГИА Москвы，ф.253，оп.1，д，238，л.421，484；РГИА，ф.1440，оп.2，д.185.л.1.

④ РГИА，ф.632，оп.1.д.166，л.128 и об.，172；д.171，л.34-36.

俄罗斯帝国商业银行

1911年将子公司安德烈耶夫公司的股份控制权让给了俄国—亚洲银行。银行在此期间积极为棉籽油生产进行融资，可见，银行对安德烈耶夫公司产生了兴趣，而榨油业是该公司的特色产业。科诺普获得了波杰里亚霍夫的棉花业务，基本控制了中部地区工厂的原料供应。

1913年，科诺普将波杰里亚霍夫私人公司改组成股份公司，成为科诺普的主要企业和莫斯科商人银行在中亚地区的重要客户。银行对波杰里亚霍夫公司的融资规模十分巨大，为700万~950万卢布，银行在公司经理处有一个席位（银行浩罕办事处主席担任），这为其换来寄售一半波杰里亚霍夫棉花的权利[①]。

莫斯科商人银行也为一些老的莫斯科纺织工厂主融资。1914年初，45家棉纺公司从莫斯科商人银行获得了"寄售棉花"无记名贷款[②]。为保存运抵的原料，1912~1913年，银行在莫斯科建立了私人商品仓库。棉花业务地位的提高使银行邀请前俄国—亚洲银行商品部主管 А. Д. 察曼斯基和波斯贴现贷款银行 Н. Н. 马列维斯基进入董事会。察曼斯基在莫斯科商人银行组建了特别棉花部。

1914年初，科诺普联合莫斯科商人银行将公司前工厂主 Р. 波杰里亚霍夫排挤出公司，并迫使其向他们出售4400股公司股份，而股份的总额为7300股。波杰里亚霍夫公司在莫斯科商人银行还有1860股的抵押贷款。银行向波杰里亚霍夫抵押的不动产提供了100万卢布的违约金"以便清算贸易业务"。银行还与科诺普一起为棉花贸易商雅乌舍夫和 Ю. 达维多夫融资，与他们的公司一起分享销售棉花的利润和承担相应的损失。但是，俄国—亚洲银行和亚速—顿河银行是主要出资方，它们控制着雅乌舍夫和达维多夫的业务。

银行的其他工业客户，除科诺普外，都是与银行有联系的一些大型莫斯科工商业公司，它们通常与银行有私人联合。莫斯科商人银行的显著特点是

---

① ЦГИА Москвы，ф. 253，оп. 1，д. 238，л. 457，469-470；д. 349，л. 184.
② ЦГИА Москвы，ф. 253，оп. 1，д. 238，л. 417. 418.

第四章 莫斯科银行业

面向大商人,忽视小企业家。莫斯科的实业传媒这样写道:"因为银行的领导人是大资本家,所以,他蔑视小规模的业务并忽视大部分莫斯科商人。"①

银行大门对莫斯科的资本巨头一直是打开的。与里雅布申斯基集团的贷款关系越来越活跃。银行的老客户罗曼诺夫亚麻手工工场,在第一次世界大战前夕与集团建立了业务往来,1909年开始,罗曼诺夫亚麻手工工场每年获得债券抵押款50万卢布左右。1913年,银行向大科斯特罗马手工工场提供的债券抵押透支账户金额为120万卢布,该

俄国外贸银行浩罕分行贴现委员会成员
拉斐尔·沙拉莫维奇·波杰里亚霍夫

工场的所有人是与里雅布申斯基集团有联系的 C. H. 特列季亚科夫。和里雅布申斯基交好的大纺织工厂主 A. И. 科诺瓦洛夫也参与莫斯科商人银行并有相同的政治活动,他是"进步人士"党的领导人,在莫斯科商人银行抵押了 75 万卢布的公司债券。最终,莫斯科最老的银行计划与里雅布申斯基的莫斯科银行一起在 1913~1914 年购买萨拉托夫—亚历山大洛夫斯克铁路建设的许可,还同意由里雅布申斯基组建发行蒙古银行股票的辛迪加,当时,莫斯科集团对该银行的建立已经酝酿成熟。M. П. 里雅布申斯基抵押 2500 股莫斯科银行的股票,获得了 50 万卢布的巨额贷款,这加强了他们利益的一致性。莫斯科商人银行与莫斯科银行一起参加了俄国—亚洲银行领导的布哈拉铁路公司的股票辛迪加②。

---

① Коммерческий телеграф. 1914. 1 января.
② ЦГИА Москвы, ф. 253, оп. 1, д. 238, л. 82, 265, 384, 391, 398, 427 – 428, 440; д. 424, л. 2 – 3; РГИА, ф. 1440, оп. 2, д. 72, л. 3, 7 об.

俄罗斯帝国商业银行

　　К. К. 阿尔诺代表沃高公司出席莫斯科商人银行理事会会议，银行为列乌托夫手工工场提供 100 万卢布左右的资金，但列乌托夫手工工场必须抵押母公司 Л. 拉别涅克手工工场的债券。

　　莫斯科商人银行与科诺普、与其理事会成员棉花贸易商 Б. А. 什维佐夫和 И. А. 阿列斯的关系也类似。庞菲克公司和阿列斯 и К°公司由 И. А. 阿列斯管理，从 1911 年开始，每个月获得融资 70 万卢布。作为交换，公司必须按照银行指示在莫斯科出售棉花并向银行浩罕办事处转交在中亚出售棉花的权利。在阿列斯公司的帮助下，建立了 6 家与银行联合的莫斯科棉花供应企业。银行与 А. 什维佐夫父子商行一起，为棉花贸易商 А. 希姆哈耶夫和 Р. 纳扎尔巴耶夫融资，条件大致为分得一半利润，波杰里亚霍夫公司的条件也类似，但是规模更小①。

莫斯科商人银行理事会成员
米哈伊尔·尼基弗洛维奇·巴尔德京

　　棉纺工厂主 А. Л. 罗谢夫是最后一位关注融资关系的理事会成员，他是 1908 年莫斯科资本家集团建立开发石油产区的中亚石油工商公司（САНТО）的倡导人之一。1912 年前夕，莫斯科商人银行向公司提供无担保贷款，但是后来，由于将股票控制权出售给俄国—亚洲银行，因而停止了融资②。对于一些与银行没有直接联系的企业，银行也遵循 19 世纪 90 年代初的传统与其保持信贷关系。

　　第一次世界大战前，有理由认

---

① ЦГИА Москвы, ф. 253, оп. 1, д. 238, л. 84, 129, 265, 297, 317 – 318, 440; д. 265, л. 274, 275, 485 –486.

② Монополитический капитал в нефтяной промышленности России. 1883 – 1914, С. 545, 732.

第四章　莫斯科银行业

为这家伊利因卡上的银行是莫斯科商界的独特名片。莫斯科商人银行的领导人在1916年50周年时骄傲地宣布："莫斯科商人银行是俄国在没有政府积极支持的情况下组建银行的首次尝试。"它的确与俄国中部的民族资本血肉相连，以面向普通大众消费的轻工业为基础，并且后来轻工业也很少有官方订单、资助等吸引圣彼得堡政府银行家的金融扶持。

莫斯科商人银行的设立是轻工业生产巨大进步的必然结果，它依靠的是"自下而上"的资本结构增长，没有明显的国家干涉。如果19

亚历山大·伊万诺维奇·科诺瓦洛夫

世纪末银行受圣彼得堡金融家的打压而举步不前，那么，在一战前的工业上升期，这家莫斯科的主要银行则向前迈出了决定性的一步，并且完全有理由认为，它不仅是"中国城"的第一银行，而且也是俄国最大的银行之一。

莫斯科金融家准确地把握了世界银行业发展的趋势，将银行的任务"由信贷机构向金融机构转变，承担起银行家的角色，满足了公司的账务需求"[①]。莫斯科金融家在自己选择的道路上取得了实质性成果，扩大了银行对新经济领域的影响力。莫斯科商人银行有时作为"老莫斯科"传统的支柱与圣彼得堡的金融集团相抗衡，仿佛与新金融资本主义格格不入。事实上，20世纪初，莫斯科商人银行在业务方式和业务成果上丝毫不逊色于竞争对手，并坚守了银行创始人"成为一家有利于工商业发展的银行"的信条。

[①] ЦГИА Москвы, ф. 253, оп. 1, д. 526, л. 29 – 30. 39. См.: Гиндин И. Ф. Московские банки в период империализма. С. 38. 66.

第三节　尼古拉·纳伊杰诺夫及其银行

在喧哗的伊利因卡大街上距莫斯科商人银行大楼不远处，紧邻莫斯科证券交易所的是著名的纳伊杰诺夫银行，即莫斯科商业银行。它创建于1871年，在30多年的发展中一直都由莫斯科银行业最有影响力的实业家领导。

尼古拉·亚历山大洛维奇·纳伊杰诺夫

1905年11月28日，商绅尼古拉·亚历山大洛维奇·纳伊杰诺夫在莫斯科因心绞痛去世，享年71岁。正如当时的报纸写道："他是最伟大的工商业代表和社会活动家。"① 莫斯科杜马议员起立静默并致葬词，参加葬礼的有莫斯科最高行政官员和以莫斯科市市长 Н И. 古奇科夫为首的著名企业家。

为纳伊杰诺夫最后一段人生旅途举行的隆重欢送表明，他对实业和社会做出了巨大贡献。正如1905年版《全景莫斯科》手册中记载的那样，他是莫斯科商业银行董事会和证券交易委员会主席、商业和手工业委员会分会成员、俄国航海贸易皇家促进协会会员、莫斯科杜马议员、商人代表、亚历山大洛夫商业学校督学委员会主席、实用知识陈列室建设委员会成员、巴克罗夫教堂会长……

但是，这长长的清单没有反映出这位卓越人物的重要活动——学术活动，因为这位银行家是莫斯科最早的、最权威的一位历史学家。难怪莫斯科

---

① Московские ведомости, 1905. 30 ноября.

市杜马为了永远纪念纳伊杰诺夫,在阿列克谢耶夫商业学校设立了 25 项以他名字命名的奖学金,他在这所学校的创立过程中发挥了巨大作用,并且每 5 年对莫斯科古代教堂史和城市工商业史领域的作品颁发一次以他名字命名的奖学金①。该奖学金与以 Б. Н. 奇切林(莫斯科市市长)、С. Н. 特鲁别茨基大公(莫斯科大学校长)、最伟大的莫斯科专家 И. Е. 扎别林及第一届国家杜马主席和法学专家 С. А. 穆罗姆采夫的名字命名的奖学金一起被列入了城市荣誉奖目录。

纳伊杰诺夫的姓从 18 世纪 60 年代开始就在莫斯科闻名,当时,尼古拉·亚历山大洛维奇的祖父——弗拉基米尔省的农民耶果尔·伊万诺维奇,在莫斯科成立了丝绸染色手工工场,1816 年成为商人,他的继承人亚历山大·耶果尔洛维奇继续家族事业,但没有取得很大的成就,依然是三等商人。他的 3 个后人中,二儿子从青年开始就热衷于学习知识,勤奋工作。他极具各种天赋,掌握 5 门外语,从 15 岁开始学习织布和纺织生产。父亲去世后,他与兄弟们在 1863 年创建了 А. 纳伊杰诺夫之子商行,主要从事毛纱贸易并在自己的工厂进行加工。创建固定资本 200 万卢布的莫斯科商业银行是年轻商人实业生涯的里程碑。他后来回忆了自己在 19 世纪 70 年代的创业狂潮环境下的一个想法:"我们并不比别人差,我们要寻求自己的幸福。"②

这个想法得到了 Т. С. 莫罗佐夫、В. И. 雅库奇科夫、А. К. 科列斯托夫尼科夫、П. М. 里雅布申斯基等有威望的工厂主和商人的支持。由于他们的参与,在 1871 年建立了一家固定资本 200 万卢布的银行,银行董事会自始至终都由首创者领导。19 世纪末,银行的股份资本增至 500 万卢布,由 1624 股记名股票和 9441 股不记名股票组成。记名股票在创建者和应邀成为股东的莫斯科最有影响力的家族商人莫罗佐夫、诺索夫、赫鲁多夫等中间分配,平均每人 100~150 股。纳伊杰诺夫保留了股票控制权,以确保对企业

---

① ЦГИА Москвы, ф. 179, оп. 21, д. 2361, л. 11–15.
② Найденов Н. А. Воспоминания о виденном, слышанном и испытанном. Ч. 2. М., 1905. С. 113.

的控制。莫斯科商业银行领导人的地位使纳伊杰诺夫成为俄国商界中最有影响力的大人物之一。1871年，纳伊杰诺夫成为时任莫斯科证券交易委员会主席的 T. C. 莫罗佐夫的私人助理并非偶然。1877年，莫罗佐夫离任后，纳伊杰诺夫领导了莫斯科商界的主要代议机构近30年。

吉莫菲伊·萨维奇·莫罗佐夫

这些年，俄国发生了很多变化，圣彼得堡的"权力走廊"开始宽容地看待交易所领导人，交易所领导人是世纪末经济问题的主要专家，政府高官直至财政大臣 С. Ю. 维特都会认真听取他的意见。一位当代人回忆道："他的青年时代，对于很多人来说商人就是'小商贩'和'布贩子'，而在其暮年时，莫斯科证券交易委员会主席即便对于圣彼得堡来说也是受欢迎的人。"[1]

另一位回忆录作者认为："莫斯科工商业社会组织——证券交易所委员会，正是在他的领导期间才建立了威信，财政部门的新任领导人将到莫斯科向莫斯科商界介绍自己视为职责，也从客观上进行了验证。"[2] 关税税则、铁路建设、资金流通和贷款、课税系统、与外国的贸易关系——政府办公厅的官员就所有经济政策问题征询交易委员会委员的权威性意见。在诸多事实中我们仅举一例。

1893年，刚到财政部任领导职务不久的维特提议，着手进行工业贷款改革。商业和工场手工业厅在信中征求了莫斯科证券交易委员会的意见，如

---

[1] Вл. Рябушинский. Купечество московское // Былое. 1991. № 1. С. 9.
[2] Бурышкин П. А. Мосвва купеческая. М., 1991. С. 138 – 139.

哪些工业领域需要短期贷款，使用短期贷款的又是哪些生产部门，发放贷款时需要哪些担保，等等。

纳伊杰诺夫在答复函中描述了工业金融担保状况的全貌："到处都有贷款的需求……所有生产都使用贷款，一部分贷款是以约定时间销售生产所需的材料为条件，一部分是接收期票贴现，有时也发放商品和材料抵押贷款。"但是，当时银行的商品贷款业务还处于萌芽状态。此外，法律规定，俄国企业家无权在银行抵押自己企业拥有的土地来获取短期贷款，而短期贷款可以促进资金流通。相反，地主尤其是当地的贵族则在信贷机构大量抵押自己的庄园。所以，纳伊杰诺夫完全有理由认为，"发展商品贷款业务和批准工厂设备抵押贷款"是夯实工业生产金融基础的主要方向。

瓦西里·伊万诺维奇·雅库奇科夫

信贷问题对于俄国的工业巨头十分重要，证券交易委员会在主席的督促下对维特提出的新措施进行了翔实的分析和说明。这时，财政部打算扩大俄国国家银行的期票贴现业务。莫斯科的手工工场主也为私人金融和工商业公司争取更多自由而斗争。他们在文件中写道："最近25年，俄国国内工业发展迅速、规模巨大，这种发展主要得益于银行机构，它们使未被生产使用的资金流通起来。"

莫斯科商界的领导人认为，政府很快就会通过发行大量国家有价证券来冻结这一自然进程，"这些证券会吸引大量用于支持和发展工业的资金"。与其让资本转移至国债，再由国有信贷机构补足资金，不如让股份商业银行建议圣彼得堡官员"不要加以阻挠"，银行成功扮演了资本市场和工业投资的中间人角色。

237

纳伊杰诺夫对圣彼得堡的官员说道："私人信贷机构的活动是完善工业和与工业相联系的商业，毫无疑问，将会支持并促进国内生产的发展。"① 俄国传统上认为，私人倡议的积极影响是对"国家利益"的牺牲，这是证券交易委员会主席基于其对商业同僚日常生活实践的认识和自己的企业家经验得出的结论。

纳伊杰诺夫的银行规模不大，但上述非常熟悉帝国首都企业家秉性的回忆录作者所得的印证资料表明，"它十分符合莫斯科的传统。这些传统在于不被'创业热潮所惑'，也就是说不像圣彼得堡的银行那样创建企业"②。纳伊杰诺夫开展其熟知的发行业务，在敖德萨建立了分行购买毛织品。他仅一次违背了莫斯科习惯并得到了终生难忘的教训。

从1873年起，莫斯科商业银行与其他信贷机构（莫斯科商人互贷公司和伏尔加—卡马银行）一起为著名工厂主、工程师Н. И. 普提洛夫融资190万卢布，他是位于圣彼得堡的普提洛夫工厂的创始人，工厂根据普提洛夫提议生产钢头焊接的铁轨。但是，企业处于建设阶段，同时首尾相接的焊接方法失败了（随着时间推移，钢头脱离钢轨并造成铁路的紧急事件），普提洛夫只能将工厂改造成只生产纯钢轨的工厂。陷入困境的工厂主拒绝偿付银行债务，坚持延期支付所有款项。由于俄国国家银行的干涉，1876年，部分债权人对普提洛夫的索赔得到了偿付，纳伊杰诺夫的银行成功摆脱了这个客户，但是损失了大约30万卢布③。由于这些变故，银行领导人坚定地认为，无论如何不能将信贷机构的命运与别人的公司绑在一起。

所以后来在为工商业客户提供担保贷款时，纳伊杰诺夫的银行只为"自己的"公司提供大额贷款，这些公司董事会的权力缰绳掌握在银行家本人或者其家族代表手中。1874年，根据纳伊杰诺夫的提议建立了莫斯科工

---

① ЦГИА Москвы, ф. 143, оп. 1, д. 88, л. 21 – 22, 23 – 26, 27 – 227 об.
② Вл. Рябушинский. Купечество московское // Былое. 1991. № 1. С. 8.
③ См.：Гиндин И. Ф. Государственный банк и экономическая политика царского правительства. 1860 – 1892. М., 1960. С. 240 – 241.

商公司，其主要任务是"为莫斯科地区的工厂购买和运输中亚棉花"①。除了呢绒业，纳伊杰诺夫也对俄国纺织工业的主要部门——棉纺业产生了兴趣，这个行业以土耳其斯坦的棉花产区为自己的生产原料产地。

同时，莫斯科商业银行在利物浦的世界棉花市场购买美国棉花，纳伊杰诺夫在利物浦有特别代表。莫斯科商业银行提升了在毛纺业的地位，1892年，获得了巴伯金兄弟库帕夫纳呢绒工厂的股份控制权。这时，公司的主要所有人K.巴克

尼古拉·伊万诺维奇·普提洛夫

拉诺夫之子商行陷入了危机。商行被迫将公司转交给债权人，其中处于首位的是纳伊杰诺夫的银行。从这时起，这家企业就只使用莫斯科商业银行的贷款，而且企业仅仅根据尼古拉·亚历山大洛维奇的指示就能获得期票贴现。

纳伊杰诺夫是其工业和金融公司的全权主人。与其他创建于19世纪60与70年代之交的莫斯科"老牌"银行——莫斯科商人银行和莫斯科贴现银行不同，莫斯科商业银行的主要执行机关不是理事会，而是董事会，在董事会，尼古拉·纳伊杰诺夫的意见是公认的权威。在19世纪末的空前经济上升期，纳伊杰诺夫家族的企业集团得以形成，其基础是金融、呢绒和棉花行业的公司。在这期间，集团的成员中又增加了拉佐列诺夫和科尔米里津手工工场（一家大型的纺织联合企业，固定资本150万卢布，位于科斯特罗马省的基涅什马，控制权由前所有者转至莫斯科银行家）及中亚工商公司，

---

① Устав Московского Торгово – Промышленного Товарищества. М., 1874. C. 3 – 4.

但是，公司很快被注销了。

每进入一家新公司，纳伊杰诺夫就会将其独特的气质和进取心带到这家公司。比如，拉佐列诺夫和科尔米里津公司由于缺少流动资金而面临破产的风险，但是，新所有者在短期内从根本上改变了状况。发行了公债75万卢布，所得资金用来重新装备技术，保证了公司稳定。长期亏损后，企业在新董事会成立的第一年就获得了10多万卢布的净利润。在1891年莫斯科举行的中亚展览会上，公司因生产适合土耳其斯坦消费者需求的棉纱和织布获得金质奖章。后来，基涅什马的公司在威尼斯和伦敦的国际展览会上获得了最高荣誉。

企业家与工人的关系具有家长式监护的特点。纳伊杰诺夫为工人的孩子建立了免费小学，为工人建设宿舍、投保意外伤害险、建立医疗基金和工厂店铺。对于想建造房屋的人，公司从自己的土地中划出一小块地并只象征性地收取租金。纳伊杰诺夫的工人还免费使用浴室，大楼中安装了给水管，工厂的公寓租金十分合理。因此，基涅什马的办公室听不见罢工的消息不是偶然的。

尼古拉·亚历山大洛维奇本人，其兄弟维克托（同时，他领导莫斯科商业银行理事会），女婿 H. A. 瓦列佐夫和莫斯科商业银行董事会董事、代理人 C. M. 多尔果夫都参加了他们控制的公司董事会。银行创始人的儿子——亚历山大·尼古拉耶维奇逐渐经营家族生意，他在父亲去世后领导莫斯科商业银行直至1917年。兄弟中的老三——亚历山大·亚历山大洛维奇与大纺织工厂主 Г. И. 赫鲁多夫的女儿结婚后独自经营自己的业务，成为 A. 赫鲁多夫和 Г. 赫鲁多夫的耶果里耶夫纺织厂和北方保险公司的董事。

商业银行是纳伊杰诺夫工商业集团的金融基础。尽管与圣彼得堡的银行和莫斯科的金融巨头相比，莫斯科商业银行的规模不大（20世纪初，银行总资本为500万卢布，在国家的主要商业银行中位列15），但是，它的资金十分充足，能满足集团企业的使用需求。银行能够完全满足工商公司的融资需求，公司在土耳其斯坦边疆拥有4家轧棉厂，股份资本总计75万卢布，从莫斯科商业银行获得的贷款总额将近500万卢布。"自己"银行的慷慨能够满足购买棉花的花费，公司在20世纪时每年获得500万~600万卢布。

制定棉花贸易公司特别卷宗的俄国国家银行官员指出:"在莫斯科商界看来,公司是莫斯科商业银行的家族企业。"拉佐列诺夫和科尔米里津公司也确定,"公司主要与莫斯科商业银行开展资金业务"①。

对于不是纳伊杰诺夫集团的工业客户,莫斯科"老牌"银行的基本方案是进行股份抵押融资。1904年1月1日和1905年1月1日,在银行抵押的工业企业股份和股票分别为530万卢布和650万卢布,占所有非担保债券抵押贷款的35%和46%。最大一笔贷款的使用人是H. И. 普罗霍罗夫,他通过高加索公司与纳伊杰诺夫取得联系。1908年,普罗霍罗夫购买了291股(从1200股中)雅罗斯拉夫手工工场的股份,该公司的合伙人С. С. 卡尔京金进入了银行理事会并且是高加索公司的创始人。当时,普罗霍罗夫通过自己的普罗霍罗夫手工工场向银行抵押了购买的265股股份,票面价值134.5万卢布,获得股份抵押贷款175万卢布,这种情况在莫斯科银行中极少发生。

雅秀宁斯基手工工场在莫斯科商业银行理事会驻有代表,1908年,在银行抵押了126股公司股份,获得58.7万卢布。Ф. П. 和 В. П. 里雅布申斯基向银行提供250股票面价值50万卢布的 П. М. 里雅布申斯基公司股份,获得贷款30万卢布。银行也为Ф. 耶拉京父子的博戈罗茨克工厂进行大规模融资。1901~1908年,耶拉京公司的老板每年获得25万~65万卢布的贷款。纺织工厂主 А. С. 巴拉绍夫、М. С. 西多洛夫、Н. В. 杰米多夫和 Е. Е. 克拉谢使用的股份抵押贷款大约为10万卢布。

莫斯科商业银行的领导人在晚年也没有失去企业家的果断,他又开创了一项工业创举。纳伊杰诺夫注意到巴库石油开采区的业务正在快速增长(众所周知,20世纪初,俄国因此超过美国成为石油开采的世界领导者)。莫斯科的企业家非常需要便宜的石油能源,但他们被排挤在巴库石油之外。为迅速改变这种状况,并为俄国中部企业取得石油基地,纳伊杰诺夫取得了租用毗邻巴库的拉马宁湖的权利。1902年,他创建了莫斯科—高加索石油

---

① ЦГИА Москвы,ф. 450,оп. 2,д. 140,л. 200 – 200об.,210 – 210об.

俄罗斯帝国商业银行

亚历山大·亚历山大洛维奇·纳伊杰诺夫

公司，公司的领导人是其儿子 A. H. 纳伊杰诺夫和大石油商人 П. О. 古卡索夫。纳伊杰诺夫家族掌握新公司的话语权，纳伊杰诺夫家族的银行拥有300万卢布的公司股票（股份资产总额为450万卢布）[1]。

当然，新石油公司最终没有经受住竞争。1912年，在纳伊杰诺夫去世后，公司落入俄国大商业银行俄国—亚洲银行手中，当时，银行的领导人 A. И. 普提洛夫酝酿了创建石油垄断组织的想法。按照交易条件，俄国—亚洲银行和国际银行在莫斯科商业银行购买了3000股（总计4400股）票面价值450万卢布的公司股份，耗资960万卢布。1/3的金额以现金形式转入纳伊杰诺夫银行，其余630万卢布开具圣彼得堡的银行存款单，纳伊杰诺夫根据存单获得负债利息。新主人将购买的股份转移到其石油总公司的账户并开展融资业务：1913年初，公司对两个圣彼得堡银行的债务总计约为90万卢布，当时，莫斯科商业银行老账户的余款总计为1.8万卢布[2]。

尼古拉·纳伊杰诺夫创建的其他公司，直到十月革命前都处于这个莫斯科姓氏的代表控制之下。银行的新领导者 A. H. 纳伊杰诺夫充实了这个名单，第一次世界大战前，又获得了 Ф. 卡缅斯基和 Г. 卡缅斯基兄弟轮船货

---

[1] См.: Монополистический капитал в нефтяной промышленности России. Документы и материалы. 1883 – 1914. М., 1961. С. 711 – 712; Устав Московско - Кавказского нефтяного торгово - промышленного Товарищества. СПб., 1913. С. 2; ЦГИА Москвы, ф. 263, оп. 1, д. 80, л. 102.

[2] ЦГИА Москвы, ф. 263, оп. 1, д. 80, л. 102; РГИА, ф. 630, оп. 2, д. 289, л. 2 – 4, 9, 14, 23, 25; ф. 1457, оп. 1, д. 15, л. 86, 87.

第四章　莫斯科银行业

物运输公司。这时，他与最大的卡马轮船主、卡马大学的创始人及学术和艺术的保护人H.B.缅什科夫合作，两者保持友好的个人和业务关系。纳伊杰诺夫银行逐渐增强的竞争力促进了业务的成功。1912~1913年，银行股份资本达到1000万卢布。A.H.纳伊杰诺夫获得卡缅斯基的公司后任董事会主席，以提升集团在棉花市场的地位，因为卡缅斯基的公司除了轮船归缅什科夫外，还在土耳其斯坦边疆拥有一些轧棉厂，它们也成为小纳伊杰诺夫的"战利品"。同时，小纳伊杰诺夫想在棉花产区设立一些分行，但战争妨碍了这些计划的实现[1]。

莫斯科商业银行档案中的1912~1913年透支贷款账簿，使我们对其融资趋势和规模有了清晰的了解。遗憾的是，我们所获得的银行公文不够理想，缺少董事会和理事会的备忘录等最重要的资料。但是，通过银行的透支账簿能够判断银行的贷款政策。我们发现，除了透支业务，还购买证券，但是投资的规模并不大：1914年以前，银行有价证券的存量主要是其所庇护公司（库帕夫纳工厂和工商公司）的股票35.4万卢布，而工业公司的有价证券总额39.8万卢布。纳伊杰诺夫家族通过透支账户从银行获得几百万卢布的贷款。1913年，A.纳伊杰诺夫之子商行和A.H.纳伊杰诺夫银行领导人的账户中有120万卢布，包括集团企业的股票和出售莫斯科—高加索公司的存单[2]。

一战前，集团的主要企业莫斯科工商公司在中亚棉花市场占据极其重要的地位。正如实业目录中的称呼一样，纳伊杰诺夫家族在莫斯科商业银行的所有代表都参与了工商公司的董事会。1914年，公司的固定资本从75万卢布增加到150万卢布。俄国国家银行的官员确定："公司在莫斯科商业银行有不限金额的贷款。"作为一家最大的棉花贸易企业，公司是工业上升期间创建的莫斯科棉花贸易公司联合体的一员，该联合体以"贝什—博什"（"五巨头"）而著名。参与联合体的还有什伯斯别尔戈兄弟公司、弗拉基米

---

[1] Коммерческий телеграф. 1914. 10 июня；Финансовае обозрение. 1914. 15. июня.
[2] ЦГИА Москвы, ф. 256, оп. 3, д. 8, л. 19 - 20；д. 9, л. 23.

243

尔·阿列克谢耶夫公司、雅罗斯拉夫大手工工场及在联合银行融资的波斯工商公司和中亚工商公司。联合体的创始人认为,"贝什—博什"应该抵抗俄国—亚洲银行在棉籽油生产领域的扩张。莫斯科商人银行在联合体的融资中发挥了主要作用。没有发现莫斯科商业银行为"贝什—博什"贷款的银行资料。

1909年,拉佐列诺夫和科尔米里津公司改组成大基涅什马手工工场后,纳伊杰诺夫家族的地位更稳固了。19世纪90年代末,家族的使者Н. А. 瓦列佐夫开始管理公司,1914年,А. Н. 纳伊杰诺夫进入了公司董事会。П. К. 利平斯基应邀成为董事会董事,他是科诺普控制的莫斯科染色厂的一位领导人。现有的透支贷款资料显示,1913年,公司是莫斯科商业银行的主要债务人,贷款总额超过350万卢布,此时公司固定资本240万卢布。1914年初,银行的融资总额对于一个资本不丰富的银行来说达到极其巨大的程度——610万卢布。

19世纪90年代,纳伊杰诺夫家族进入库帕夫纳呢绒工厂后,与之前独掌企业大权的巴克拉诺夫分享了权力。双层领导一直保持到了20世纪初,但是后来,由于巴克拉诺夫商行的破产,纳伊杰诺夫成功将其排挤出公司。1909年,巴克拉诺夫公司清算后,库帕夫纳公司的固定资本中注销了150股股份,这些股份用于支付巴克拉诺夫公司的旧债。结果,纳伊杰诺夫家族掌握了控制权,他们将以前的共同掌权者变成了自己的职工。莫斯科商业银行通过抵押库帕夫纳公司的股份和董事会董事开具的金融期票贴现为其融资,1913年,金融期票贴现60万卢布。我们发现,库帕夫纳工厂的董事Д. И. 巴克拉诺夫被纳伊杰诺夫家族作为技术专家挽留下来,1914年,他成为巴库"Л. К. 祖巴罗夫"石油部门主管。

直到革命前,莫斯科商业银行一直掌握在纳伊杰诺夫家族手中。Н. А. 纳伊杰诺夫的儿子亚历山大·尼古拉耶维奇是父亲事业的接班人,1905～1917年,他领导了银行董事会,发展了在中亚的棉花业务,参与修建了奥伦堡—乌法铁路,该铁路计划修到佩乔雷,但是,第一次世界大战阻碍了该方案的实现。当代人认为,在莫斯科,小纳伊杰诺夫的话就像金卢布一样。在1917年末布尔什维克进行的股份银行国有化后,他为了银行家的诚信从私人资金中拿出 30 万卢布为储户支付了存款。他坚决否决了离开苏俄的提议,更想在苏维埃的莫斯科度过晚年,1920 年,他在莫斯科去世。对祖国的信任和强烈的爱国主义精神是纳伊杰诺夫家族的特点,并且儿子完成了父亲的遗训——竭尽所能为俄国的经济和文化进步事业服务。

我们回过头来再看伟大的银行创始人尼古拉·亚历山大洛维奇·纳伊杰诺夫,不能不强调的是,他是 19 世纪末经济现代化时期典型的俄国企业家:他从一个小工厂主成为大金融家,开启了在工商业领域的新阶段。尼古拉·纳伊杰诺夫从弗拉基米尔农民的后代成为俄国最有影响力的银行家和工业巨头。个人生意和俄国最大的企业家交易所的领导工作耗去了他大量的时间和精力,却不能磨灭其宝贵的品质。

一位非常了解证券交易委员会主席的回忆录作者说道:"Н. А. 纳伊杰诺夫在莫斯科的名声和威望非常高,他是一个年轻、乐观、热情的人:没有任何一个商人,也没有其他人比 Н. А. 纳伊杰诺夫更优秀。在莫斯科也是这样:无论什么事情都有例外……Н. А. 纳伊杰诺夫从事商业,并且做得很好,但是他主要的精力放在社会服务上。"[1]

我们再举几个例子以更全面地了解这位莫斯科商界天才。

1865 年,他开始任商人行会会长,第二年被选为莫斯科市杜马议员并连续 39 年参加市政府活动。在杜马,他是城市商业系统改造委员会成员(1873 年)、莫斯科工业展览会筹备委员会成员(1878 年)、莫斯科历史记述必要性问题委员会主席(1877 年)等。

纳伊杰诺夫积极参与研究很多经济改革方案,比如有关关税税则、雇佣工人、贸易诉讼程序和商业法庭的改革方案。他对俄国商人的称号感到终身自豪。他在一生中多次获得荣誉称号,早在 1874 年,他就获得商绅和享有贵族权利的勋章,但是,他从不被由商界步入"最重要等级"的机会而迷惑。1901 年,由于在工业发展领域的贡献,他除了被授予罕见的白色鹰勋章外,还被直接授予了贵族头衔,但是,他拒绝接受他认为不光彩的荣誉,

---

[1] Вл. Рябушинский. Купечество московское // Былое. 1991. № 1. С. 8.

俄罗斯帝国商业银行

亚历山大·尼古拉耶维奇·纳伊杰诺夫

依旧留在商人等级。

H. A. 纳伊杰诺夫在实业界和社会领域长期的积极活动中（超过40年）势必获得一些褒贬不一的评价，包括一些自相矛盾的政治观点。当代人讽刺道："俄国工人事实上是按宗法制方式生活，对工人和业主关系的任何变化及对新事物的态度都非常谨慎。"① 公平地说，有理由得出这样的结论，纳伊杰诺夫确实有一些保守，特别是在晚年，因为宗法制正是他和工人相互关系的特点。

但是，纳伊杰诺夫的很多活动远远超过了企业家本身的利益，而具有广泛的公民性。H. A. 纳伊杰诺夫是俄国最优秀的商人，对于他来说赚钱不是目的。他的初衷是为国家服务并且经常付诸实践。纳伊杰诺夫的一生都保持了对商人阶级历史的浓厚兴趣，他相信，商人阶级的历史也将是莫斯科的历史和纪念。弗拉基米尔·里雅布申斯基回忆道："他所具有的更多的是商人的自我意识，但没有阶级的利己主义。这种意识源于对故乡，对故乡历史、传统和习俗的热爱。"②

1877年，纳伊杰诺夫在市杜马会议上提出了一项重要议案——研究在市政当局组织和财政支持下编订莫斯科历史的问题，由此组建了以他为首的专门委员会。为了"将莫斯科现有的寺庙留在未来的记忆中"，纳伊杰诺夫进行了一项规模浩大的工程——为所有教堂建筑拍照。1882~1883年，他出版了独一无二的刊物《莫斯科、大教堂、寺庙和教堂》，迄今为止，它是

---

① Янжул И. И. Из воспоминаний и переписки фабричного инспектора первого призыва. СПб., 1907. С. 69.

② Вл. Рябушинский. Купечество московское // Былое. 1991. № 1. С. 9.

246

莫斯科教堂建筑史最有价值的参考资料。

1884～1891年，Н. А. 纳伊杰诺夫出资并直接领导出版了3本相册《莫斯科城区、寺庙和特色建筑》，包含169幅画像。1886年，无私的爱国者又出版了5本莫斯科相册，完成了纳伊杰诺夫的纪事相册《城市的商场》（1890年），在相册中刊载了红场上不久后被拆除的商场。Н. А. 纳伊杰诺夫在这个领域做出了突出贡献，莫斯科商界著名专家 П. А. 布雷什金描述相册时写道："我不认为，如此有价值的历史资料会在世界上的其他城市被编出。"①

除了造型作品的出版物外，纳伊杰诺夫作为文学艺术的庇护人还出版了6种有重大价值的莫斯科史刊物。他在25年内出版了80多本书，完成了只有专家团队才能做到的事情。Н. А. 纳伊杰诺夫出版的18世纪莫斯科地界调查账簿、九卷本的《莫斯科商人史》、莫斯科商业管理局公司登记簿、多卷本的莫斯科郊区城市（扎赖斯克、佩列斯拉夫尔—扎列斯基）及图拉、梁赞、伊尔库茨克等城市的商业史是俄国历史科学最宝贵的财富。孜孜不倦的研究者将自己献给了证券交易所和银行会议及写字台后的历史工作，出版了专著《莫斯科证券交易所史（1839～1899）》。

1903年和1905年问世的两卷《所见、所听、所感回忆录》是其最后的作品。在刊物扉页上写着："为编者及编者亲近之人出版。"这本书不是大众读物，它包含了大量1840～1860年莫斯科商业生活的信息，这个时代是这位文学和艺术庇护人的少年和个性形成的年代（遗憾的是，这部最有价值的文献资料只到19世纪70年代初就结束了）。

在 А. М. 列米佐夫的自传小说《修饰的眼睛》中有一章名为"喜爱书籍的人"，其主人公就是我们所叙述的人。原因在于，这位著名的俄国作家是尼古拉·亚历山大洛维奇的亲外甥。"我母亲的娘家姓纳伊杰诺夫。她的兄弟尼古拉·亚历山大洛维奇是著名的工商业活动家、莫斯科证券交易委员会主席和卓别林最亲密的同事，只有专家们知道：这部记述古老莫斯科教堂

---

① Бурышкин П. А. Москва купеческая. С. 140－141.

的百科全书般的作品，它属于纳伊杰诺夫。"①

阿列克谢·列米佐夫的孩提时代是在著名的舅舅家里度过的，他在塔甘卡附近的亚乌扎拥有"高山"庄园。在其家中有在尼古拉·亚历山大洛维奇的父亲时代就开始收集的大量图书。最有价值的书籍存放在"喜爱书籍的人"的办公室，他对精神文化的热忱感染了《激扬的罗斯》的作者。

这位著名莫斯科企业家的声名远不止于莫斯科。丰富的知识、对祖国历史的热爱、天赋、杰出的工作能力、对事业的热情和非凡的气魄使其成为当代最杰出的人物。尼古拉·纳伊杰诺夫的著作将企业活动和科学融合在一起，给后人留下了深刻的印象。

第四节 "莫斯科的德国人"的生意

按照早在彼得一世以前形成的传统，莫斯科是各种"外商"的聚集地，其中大部分人来自德国。B. O. 克柳切夫斯基将聚集诸多外国客商的著名的库库耶夫郊区，称为"莫斯科东郊的西欧角"。这些外国商人将其命运与俄国紧紧地联系在一起，终身都定居在莫斯科。

19世纪上半叶，更多的商人和商品推销员来到了莫斯科。通常，他们来俄国时没有大量的现金，但是，非常渴望做生意并在这个陌生的国家取得成功。

由于自身努力和积极进取，很多德国人在俄国的实业等级制度中取得了稳固的地位。比如前文提到的 Л. 科诺普商行，它控制了几十家俄国中部的纺织公司；沃高 и K° 有5000万卢布资本，对俄国的各行各业都产生了影响——从茶的贸易到乌拉尔的冶金生产。科诺普和沃高公司的合伙人常常是莫斯科证券交易委员会的领导精英。

---

① Ремизов А. М. Взвихренная Русь. М., 1991. С. 119.

第四章　莫斯科银行业

莫斯科贴现银行：非凡的历史

1827年，20岁的少年菲利普·马克西米利安·沃高从美因河畔法兰克福来到了莫斯科。在俄国，人们称他为马克西姆·马克西莫维奇，一开始，他是一家莫斯科公司普通的打杂人员。他娶纺织工厂主弗兰涅茨·拉别涅克的女儿艾米利娅·拉别涅克为妻，这提高了他的地位，他的岳父在莫斯科附近有一家波尔舍夫手工工场。在岳父的资金支持下他创建了化学品和茶叶贸易办事处。1840~1850年，沃高成为俄国最大的中国茶供货商，他是最早通过圣彼得堡港海运进口茶叶的人之一（之前，茶叶主要通过恰克图商路运输）。办事处也从英国进口棉纱，从美国进口棉花。

1859年，马克斯·沃高与合股人 В. Д. 柳杰尔一起创建了沃高 и К° 商行。当时，公司的主要合作伙伴已经加入了俄国国籍，是"外国贵族"和莫斯科一等商人。后来，创始人的兄弟卡尔·沃高应邀入伙，他去世后两位德国企业家莫里兹·马尔克和康拉德·班扎成为公司的合伙人。

马尔克是撒克逊—科堡人、莫斯科一等商人，他是公司创始人的亲妹夫，而班扎则是他的另外一位妹夫，他是具有英国宗教信仰的俄国公民。另外一位亲属艾尔道·舒马赫尔，是1865年成立的伦敦分公司主管。

卡尔·马克西莫维奇·冯·沃高

沃高商行的家族特性贯穿公司始终，20世纪初，公司的实际领导人是创始人的儿子雨果·沃高和莫里兹·马尔克的后代。公司还有大约30个储户（没有管理权的合伙人），其中大部分是沃高和马尔克的后代①。

19 世纪 60 与 70 年代之交，俄国工业和金融业进入了真正的创建热潮，沃高开始涉足新的领域。实业界指出："沃高商行与其他商行的经营活动有本质区别，它或以自己商行的名义开展各种业务，或参与一些完全属于商行或主要受商行控制的独立公司。"②1870 年，创建了莫斯科贴现银行，固定资本 200 万卢布，这是沃高在金融领域的处女作。新银行的创始人是沃高 и К°、Л. 科诺普、岑克尔 и К°、К. И. 卡图阿尔、斯图肯和什比斯、К. Ф. 格里克公司。这些公司在莫斯科开展各种贸易，包括棉布、纱、茶叶、糖、葡萄酒，等等。沃高商行是它们的领导者。

俄国的企业家——主要的纺织品商人 И. В. 舒金和 К. Т. 索尔达杰科夫、茶商波特金、糖果点心公司老板 А. И. 阿普里克索夫，也与沃高领导的"莫斯科的德国人"集团交好。章程也反映了"商人等级"代表在银行理事会的优势。公司创始人保留了一半股票并占据了银行理事会的所有席位，他们选举 М. М. 沃高为理事会主席③。

公司的创始人认为，他们为公司选择了最有前途的业务。当代人认为，联合创始人通过贸易而紧密相连，他们首先通过贸易业务促进了银行发展。莫斯科贴现银行绕过了圣彼得堡，确定了"莫斯科与欧洲的直接联系"④。

银行的进出口交易（购买外国汇票和期票）融资和普通业务都是银行的主要业务。1873 年，尽管国外业务没有带来更大的收入，但这两项业务

---

① ЦГИА Москвы, ф. 143, оп. 1, д. 208, л. 119 – 120；д. 444а, л. 37；ф. 3, оп. 4, д. 1048, л. 1 – 2. См. также：Amburger E. Das Haus Wogau Co in Moskau und der Wogau – Konzern 1840 – 1917. Amburger E. Fremde und Einheimische im Wirtschafts – und Kulturleben des neuzeitlichen Russlands. Ausgewalte Aufsa ze. Wiesbaden, 1982, S. 62 – 84.

② ЦГИА Москвы, ф. 143, оп. 1, д. 17, л. 245 – 246.

③ Устав Московского Учетного банка. М., 1869. С. 3, 19 – 21；ЦГИА Москвы, ф. 271, оп. 2, д. 343, л. 32 – 33, 39.

④ Найденов Н. А. Воспоминания о виденном, слышанном и испытанном. Ч. 2. М., 1905. С. 114；Речь, сказанная С. И. Сазиковым на обеде, данном учредителями Московского Учетного банка А. И. Абринкосову. М., 1871. С. 2 – 3.

的资金略少于贴现和贷款账户，分别为3970万卢布和4730万卢布。虽然董事会特别关注与国外合作伙伴的业务，但是，银行的主要利润源自与俄国客户的交易。

与莫斯科商人银行由莫斯科主要的纺织工厂主集团控制不同，莫斯科贴现银行的政策实际上由沃高商行的一家公司确定。商行的合伙人K.K.班扎长期在银行担任最高职务。

沃高家族在伦敦有分公司，为众多工业企业提供资金，K.K.班扎确定，1895年，"我们积极购买工业企业的股份"，投资大约为500万卢布①。

企业界指出："商行的业务除了贸易外，主要是原材料加工业。除了大宗的茶叶贸易、化学品贸易、砂糖贸易、铜贸易外，沃高还开展制铁、轧铜、磨面、苏打、精制糖、金属制品、书写纸、棉花及染色等业务。商品低价时开展的业务规模很大，部分业务的比重非常高。"②

康拉德·卡尔洛维奇·班扎

莫斯科贴现银行为沃高购买的公司提供公司股票抵押优惠贷款。1870年初，为巴什科夫的别罗列茨制铁厂提供的这种贷款金额达到100万卢布。该制铁厂在乌拉尔有很大一片矿区，面积超过24万俄亩，包括非常著名的马格尼特内山，沃高是第一位开采该矿山矿藏的人。里加水泥厂、K.X.什米特榨油厂、果瓦尔德的特洛伊

---

① ЦГИА Москвы，ф.271，оп.2，д.8，л.12；д.19，л.3－4，24；ф.450，оп.8，д.10，л.7 об.

② ЦГИА Москвы，ф.143，оп.1，д.17，л.245－246.

谢尔盖·伊万诺维奇·舒金

茨克—孔德罗夫书写纸厂也使用该银行的贷款①。

19世纪90年代末，科诺普家族紧随莫斯科商人银行积极参加了莫斯科贴现银行的事务。科诺普公司的年轻合伙人 А. Л. 科诺普，公司董事会董事 Г. Л. 什杰科尔、К. Т. 索尔达杰科夫和 В. В. 斯托里亚洛夫进入了贴现银行理事会。但是，沃高公司在莫斯科贴现银行的地位依旧不可动摇。在银行理事会，沃高的支持者除了常任的副主席 К. К. 班扎外，还包括商行代表斯图肯、卡图阿尔及纺织品贸易公司的合伙人 С. И. 舒金。他们都参加了沃高控制公司的董事会。19世纪90年代末，沃高的工业集团包括18家完全控制的公司和4家与其他金融集团共同控制的公司。

沃高独掌控制权的有4家纺织工厂、3家糖厂、3家烈性酒类生产厂、2家建材厂（生产建筑材料）、3家金属加工厂、1家苏打生产企业、1家茶叶销售公司和1家保险公司。这种跨行业的联合大企业需要巨大的融资，沃高通过其控制的莫斯科贴现银行独自满足了这样的融资需求。

沃高与俄国外贸银行也有合作。沃高公司参加了由俄国外贸银行领导的电力照明设备公司股票销售的辛迪加。沃高留下了莫斯科50万卢布股票中

---

① ЦГИА Москвы, ф. 271, оп. 2, д. 3, л. 63；д. 6, л. 7, 9 об.，10 об.，24；д. 8, л. 2, 54 об.，84, 87；д. 9, л. 14 об.，30, 69；д. 11, л. 45 об.；д. 14, л. 26；д. 18, л. 47, 60；д. 19, л. 34.

的 2/3，其余转卖给莫斯科贴现银行。1898 年，在另外一个由德国银行领导、国际银行参与，为设立、建造电力企业而组建的辛迪加中，莫斯科贴现银行以 10 万卢布参与。

但是，莫斯科贴现银行的发行业务像莫斯科商人银行一样没有得到显著发展。沃高利用银行主要是为其传统的工商企业融资。银行的代理行为公司提供的外汇贷款规模扩大了。其中，沃高和 К. и С. 波波夫兄弟茶叶贸易公司占第一位（各 5 万英镑）。

银行的公文资料记录了沃高及沃高伙伴的公司股份抵押贷款情况。根据银行证券抵押贷款的公司目录，能够还原银行的整个客户群。在银行董事会给莫斯科证券交易委员会的信函中谈到了这一目录。在所列举的 21 家企业中，有 8 家是沃高集团的企业，3 家是科诺普控制的纺织公司，还有 2 家是与银行私人联合的 В. 阿列克耶夫公司的呢绒公司，其余的公司是纺织公司、糖公司、水泥和机械制造公司，虽然它们与银行没有直接联合，但是与沃高的家族企业有利益往来[①]。

20 世纪初，莫斯科贴现银行在莫斯科商人银行之后也受到了科诺普家族公司的影响。沃高的绝对统治时代结束了。1904 年，Ф. Л. 科诺普被选入莫斯科商人银行理事会，同时，他的兄弟、公司合伙人 А. Л. 科诺普成为莫斯科贴现银行理事会主席。

这些变故之前发生了一系列与证券危机相关的事件，股东之间出现了分歧。19 世纪 90 年代，莫斯科贴现银行为著名的莫斯科商人和文学艺术庇护人 С. И. 马蒙托夫融资，而在 1899 年其意外破产后，银行成为其抵押的北方木材工业公司 41.7 万卢布股票的透支账户所有人。由于没有找到贬值股票的买家，董事会被迫自己购入股票，注销损失 17.4 万卢布。1904 年，银行尝试以每股 4 卢布的抛售价格在市场上销售股票，但怎么也没找到有意购买马蒙托夫证券的买主[②]。

---

① ЦГИА Москвы, ф. 143, оп. 1, д. 198, л. 41 – 42.
② Отчет Московского Учетного банка за 1901 г. М. , 1902. С. 3.

俄罗斯帝国商业银行

马蒙托夫的突发事件促使银行小股东行动起来，对银行领导人施加压力。在股东拟定的修改章程文件中直接指出，业务"特别是规模最大的业务，经常失败"，其原因是股东对银行业务的影响力不足，理事会垄断了公司事务。方案中提到，"理事会成员常年不变，财富事实上集中在了小圈子"。这一提议没有成功，银行章程未发生变化。1901年，政府进行的银行业务稽查得到了非常积极的结果，并没有发现银行业务有危险的趋势。

1902年，领导银行理事会多年的 А. И. 阿普里克索夫辞职。70岁的老者、四品文官和多枚三等弗拉基米尔勋章的获得者已经无力顾及银行的棉花业务。接替他的是著名商人世家的领袖，在俄国社会生活发挥重要作用的亚历山大和尼古拉·古奇科夫的父亲 И. Е. 古奇科夫，但是，他不久也去世了。从1904年开始，理事会成员 А. Л. 科诺普成为莫斯科贴现银行的领导人。

伊万·耶费莫维奇·古奇科夫

莫斯科贴现银行的资本规模逊色于莫斯科商人银行并且组织圈子更小。全体股东大会的50~55名股东中，只有15名理事会成员具有实际权力，其他人则是他们的仆从，大多数是银行领导公司的职员。赫里克、斯图肯、巴赫鲁申、舒金（С. И. 舒金是 Э. 钦德尔公司董事会成员，通过其与科诺普家族联系）、波特金的公司在公司理事会的地位不变。后者与古奇科夫家族有联系。И. Е. 古奇科夫去世后，他的继承人 Н. И. 古奇科夫是银行理事会成员 П. Д. 波特金的女婿，负责波特金茶叶贸易公司和糖厂的业务，也被选入银行理事会。另一位继承人、十月革命党人的未来领导人 А. И. 古奇科夫成为莫斯科贴现银行董事会常务董事。理事会成员中还包括第三位兄弟——К. И. 古奇科夫。他们都是从事呢绒贸易并拥有毛织品

254

工厂的 E. 古奇科夫之子商行的合伙人①。

莫斯科贴现银行的前领导人沃高家族明显丧失了在银行的影响力。

沃高家族在科诺普任领导职位之前大量使用银行资金支持自己的企业。1904 年 1 月，他们在银行抵押 B. 果瓦尔德的特洛伊茨克—孔德罗夫呢绒厂股票 32.9 万卢布。而早在 1901 年，银行在沃高强迫下一次接收了该公司公债 90 万卢布，尽管管理事会有人认为，"目前的市场状况该业务对银行没有好处"。沃高还抵押了莫斯科冶金工厂的股份，该公司董事会主席 Ю. П. 古容通过股份获得补助 38.5 万卢布。

与沃高关系紧密的银行领导人也积极从莫斯科贴现银行吸取资金。俄国国家银行莫斯科办事处的资料

尼古拉·伊万诺维奇·古奇科夫

显示，1905 年前夕，斯图肯 и K° 商行抵押了有价证券将近 60 万卢布，20 世纪初，获得了新的流动资金。20 世纪初，莫斯科贴现银行也为纺织工厂主融资，但与莫斯科商人银行相比规模较小。

从 1904 年开始，莫斯科贴现银行的新领导人改变融资政策，科诺普家族的公司代表坐上银行的第一把交椅。在莫斯科贴现银行的档案中有一份名为"1905～1909 年的公司和个人贷款名册"的卷宗。在卷宗中指出了银行的工业客户组成和贷款标准。名册共记录了 1000 多名债务人，包括 114 名贷款超过 10 万卢布的大客户，债务总额达到 2550 万卢布。其中科诺普家族的公司是绝对领导人，该公司直接使用和通过集团公司使用的贷款为 440 万

---

① ЦГИА Москва, оп. 3, д. 11, л. 79 - 83；Банковая и торговая газета. 1905. 12 ноября.

俄罗斯帝国商业银行

亚历山大·伊万诺维奇·古奇科夫

康斯坦丁·伊万诺维奇·古奇科夫

卢布。位居第二的是沃高家族,其集团限额为290万卢布。因此,这两家公司的贷款略少于全部工业贷款总额的1/3。

科诺普家族除了利用莫斯科贴现银行为工业公司贷款外,也为自己的棉花贸易融资。1904年,在浩罕设立了银行经纪人事务处,一年后被改组成分行。自成立之时起,分行就成为科诺普家族在棉花市场上坚定的金融后盾。它只"根据Л.科诺普商行的选择和建议"为当地的棉花贸易商发放贷款。

1904年,与俄国外贸银行签订的共同为瓦其亚耶夫棉花商人融资的协议是分行首批大规模业务之一。商人购买的棉花运到莫斯科由什杰科尔和茨梅尔公司掌管,该公司的领导 Г. Л. 什杰科尔与科诺普家族关系紧密[①]。除了瓦其亚耶夫公司外,浩罕商人赫雅兹霍扎耶夫也是莫斯科贴现银行的客户。它从分行获得15万卢布贷款,抵押物(2家轧棉厂)由科诺普家族控制。分行根据雅罗斯拉夫大手工工场董事会(其代表由科诺普介绍进入银行理事

---

① ЦГИА Москвы, ф. 271, оп. 2, д. 36. л. 70–70 об., 71–72 об., 81 об.

会)、莫斯科工商公司(在纳伊杰诺夫的控制下)及莫斯科商业银行的建议为什杰科尔和茨梅尔公司提供150万卢布担保。

1905年,为了发展棉花业务,科诺普家族建立了子公司——安德烈耶夫工商业公司。很快,通过莫斯科贴现银行和科诺普家族签订了一项为安德烈耶夫公司融资的协议。根据协议,科诺普在年初向莫斯科贴现银行提供200万卢布,以便银行在棉花采购季节(高峰期在9~10月)到来之时,将该笔资金用作对公司购买棉花的贷款。在棉花采购季节结束后,公司向银行转交闲置资金以换取完成大额交易的金融服务。

20世纪初,莫斯科贴现银行成为科诺普集团的金融工具并完全支持科诺普在企业界和社会领域开创的事业。1908年,以 A. Л. 科诺普为首的莫斯科资本家加入了十月党人队伍,计划出版自己的机关刊物《莫斯科声音》报。创建者在信函中提议将股金存入报社在莫斯科贴现银行的活期账户。

银行工业融资政策与集团领导人的需求相一致。根据银行1913年的报告,1914年1月1日,透支贷款

彼得·德米特里耶维奇·波特金

卡尔·卡尔洛维奇·格里克

的余额总计为 1770 万卢布，包括非担保抵押有价证券 1510 万卢布。后者 2/3 的金额是城市公债抵押、铁路公债抵押和少量市场上流行的工业股票抵押。银行的股票和股份抵押贷款大约为 500 万卢布，其中主要是科诺普和沃高的企业。

在一战前上升期，沃高公司垄断了铜业，具有跨行业工业集团的特点。集团的核心是公司在 19 世纪下半叶控制的一些企业。沃高通过集团铜业进入俄国—亚洲银行和圣彼得堡国际银行。但是，公司的主要财务基础是莫斯科的银行，莫斯科贴现银行重新成为集团的主要银行。

莫斯科贴现银行股票

1911 年，莫斯科贴现银行与伦敦分公司恢复了同业往来的关系，分行的领导人是商行的合伙人 Э. 舒马赫尔。公司通过同业往来账户抵押自己企业的股票，获得了大约 175 万卢布贷款。此外，沃高在银行有大额的透支贷款。1913 年前夕，集团企业账户抵押的证券大约有 300 万卢布①。

一战前，沃高家族在某种程度上恢复了在莫斯科贴现银行的地位。1911 年，他们与科诺普一起创建了俄国企业勘察建造股份公司。沃高家族是这家公司的首创人，他们邀请了科诺普公司参与创建。工业领域的友好关系是以莫斯科贴现银行为主的联盟的基础，银行逐渐重新为一些 20 世纪初被冻结的沃高公司融资。

---

① ЦГИА Москвы, ф. 271, оп. 1, д. 676, л. 29; оп. 2, д. 97, л. 26, 27, 148 – 149, 157 – 158, 170, 173, 176, 242.

可以认为，莫斯科贴现银行在这期间由强大的二头政治共同控制，利用资本规模并不出众的金融机构为自己的公司提供有力的资金支持。莫斯科贴现银行的股份资本为 600 万卢布，有 6 家分行（其中 5 家在中亚）。20 世纪初，业务涵盖了俄国 20 多家主要的信贷公司，但是，银行的领导人并不十分担心，没有拒绝拨款。由于银行的资本并不充裕，银行主要开展定期业务。通过当时的证券媒体看得出，银行"主要开展期票和商品的贴现和贷款业务，不进行市场投机活动"，但是即便如此，实业界也认为它是大型的银行机构，主要为大工业客户服务。

银行——中间人

И. В. 容克 и К° 私家银号是俄国革命前的一家主要私人信贷机构，其业务在百年之中不断发展。它创建于 19 世纪初，运营至第一次世界大战。

1818 年，出生于格丁根的箱子制作工匠约翰·威廉·容克来到圣彼得堡谋生。几年后，他购买了一家日用小百货商店，很快他邀请自己的兄弟阿道夫·弗里德里希作为自己的合伙人。容克兄弟在俄国的经商之路就这样从商店和制帽作坊开始了。扩大自己的公司后，他们又在莫斯科建立了一家制帽企业，很快就第一次参加了下诺夫哥罗德交易会。

1839 年，兄弟俩成立了贴现办事处，从事汇款和兑换钱币业务。此时，公司的资本超过了 50 万卢布[①]。1850 年，公司的所有人即去世的 И. В. 容克的继承人，在圣彼得堡和莫斯科拥有一家贸易公司和制帽工厂，以及一家年产 12.5 万根硬质蜡烛的工厂和一家不大的水泥生产企业[②]。容克的商业活动持续了半个多世纪。

1869 年，阿道夫·弗里德里希（或者费多尔·瓦西里耶维奇）·容克与自己的另外一位兄弟赫里斯基安·路德维希及他们的亲属卡尔·列德尔创建了银号。获得公债购买和保险权后，他们完全转向了金融业务。在外国持

[①] Amburger E. Der fremde Untermehmer in Russland. S. 347.
[②] ЦГИА Москвы, ф. 16 - Канцелярия московского генерал - губернатора, оп. 24, д. 3950, л. 1, 4, 8 - 9.

有者之间销售俄国有价证券的中间人角色，为容克公司带来了可观的利润。

私家银号的业务增长很快，它在俄国国家银行的贷款从1873年的30万卢布增加到1887年的100万卢布也证明了这一点。1890年，公司的资本达到了200万卢布，但是，俄国国家银行官员认为，这对"所有路德教的俄国公民（指的是银号的合伙人——译者注）来说不是一笔巨大的资本"[①]。

确实不清楚，公司的主人是在什么时候加入俄国国籍的。俄罗斯帝国的法律授予其他帝国的公民登记为商人的权利、"与自然公民平等获得手工业执照"的权利及购买和继承动产和不动产的权利（除波兰王国、高加索、土耳其斯坦、远东和其他帝国边疆外）。外国公民在为俄国做出突出贡献后，可以获得非世袭荣誉公民称号并获得许多阶级特权。当然，要想成为世袭荣誉公民和取得更高的社会地位，必须加入俄国国籍，并宣誓效忠于帝国[②]。

但是，容克家族没有中断与祖国的联系。在19世纪90年代的工业上升期，其与德国伙伴主要是德国银行的联系特别密切。应该指出，私家银号在这方面坚守一定的准则，不喜欢将自己与工业企业联系得更紧密并且首选商业金融业务。特例很少，其中包括1899年容克家族作为创建者参加了莫斯科花边工厂的建立，固定资本100万卢布，参与创建的还包括伏特加酒工厂主 А. А. 吉瓦尔托夫斯基和科诺普公司的合伙人 И. Р. 菲尔斯杰尔[③]。

1918年，在圣彼得堡银行保险柜被没收的文件中，保留了容克私家银号合伙人之间签订的合同副本，据此可以推测该银号的内部组织情况。

这些文件中最早的一份是1889年拟定的，与 Ф. В. 容克的去世有关，当时，私家银号的所有人恢复了之前的公司合同。合同中的合伙人有 К. И. 列德尔、Ф. В. 容克的儿子阿道夫和亚历山大，Л. Л. 容克及他们的亲属

[①] ЦГИА Москвы, ф. 450 - Московская контора Государственного банка, оп. 8, д. 130, л. 3, 12, 17, 30, 60.

[②] Свод законов Российской империи. Т. IX. Законы о состояниях. Гл. II. О правах иностранцев. Ст. 822-835, Гл. III. О порядке вступления иностранцев в подданство. Ст. 836-857. СПб., 1899.

[③] ЦГИА Москвы, ф. 16. оп. 124, д. 147, л. 3, 13-14.

Е. И. 温杰尔费里德、Е. Б. 吉尔曼、К. И. 比尔肯费里德、维里赫里姆（瓦西里·阿道里夫维奇）·列曼①。事实上，公司的领导人是列德尔，他邀请其他人参与公司的条件是每人出资 25 万卢布参与企业的总资本。公司金融债券的签字权归全体合伙人所有。根据资本参与情况分配利润。银号的合伙人可以进入其他股份公司的董事会，但是他们会被剥夺进行"某些贸易"的权利。

容克私家银号由金融家族代表建立，它自始至终都保持了家族企业的特点。随着 1900 年 К. И. 列德尔和 1902 年 Е. И. 温杰尔费里德的去世，后者的儿子 В. Е. 温杰尔费里德进入了公司，而 1904 年去世的亚历山大 Ф. 容克的职位则由他的兄弟费多尔、鲍里斯及亲属容克·哈伊里（安德烈·安德烈耶维奇）·博科里曼继任，博科里曼是奥尔登堡人，在革命前成为私家银号的领导人。20 世纪初，公司领导集团中老一辈的代表只剩下了 В. А. 列曼及一些储户和公司的代理人，他们通常来自德国，代表了容克家族在各个企业的利益。

由于私家银号被改组成股份商业银行，在第一次世界大战前，容克家族的银行成为德国银行业认真研究的对象。私家银号的形式限制了资本扩充、阻碍了业务的发展，所以 1912 年建立了 И. В. 容克 и К° 股份银行，将之前私家银号的 500 万卢布资本扩大到 1000 万卢布。通过合并又与普斯科夫商业银行联合，该行拥有 125 万卢布的股份资本并在俄国西南地区拥有分行网络。普斯科夫商业银行的领导人是德国人出身的资本家集团，他们主要从事俄国亚麻出口贸易，容克很早就与其建立了业务往来。私家银行的合伙人还先后获得了普斯科夫商业银行发行的 30000 股和 35000 股股票、全部财产和分行网络②。公司名声大噪后，新银行的主人将银行股份资本增至 2000 万卢布。这时 И. В. 容克 и К° 商行继续运营，但它不再开展银行业务，集中进行原料的购买和转卖业务。

---

① РГИА, ф. 1102, оп. 1, д. 873, л. 40－43.
② РГИА, ф. 622 － Московский Промышленный банк, оп. 2, д. 143, л. 6; Коммерсант. 1912. 12 июля.

俄罗斯帝国商业银行

股份银行建立时没有明显的外国银行投资，因为公司的所有人不想与任何人分享对企业的控制权。同时，德国实业界和政府界寄予容克家族的德国银行厚望，将其看作入侵俄国信贷系统的金融武器。驻莫斯科的德国总领事 B. 科里哈斯号召"利用这个最为尊敬的、影响力巨大的俄国银号，作为创建服务于德国利益的银行的基石"①。但是，容克银行领导人的活动与德国金融和政府界的期望背道而驰，远远没有那种爱国主义的想法。

20 世纪初，容克家族的私家银号除了与德国公司合作外，还与一些主要的金融公司合作。由于本身没有大量的资金，银行使用了很多代理行的贷款。俄国的实业刊物刊载了一个众所周知的事实："银行（容克家族的银行——译者注）使用了大量国外的贷款，使银行有可能在固定资本相对不足的情况下成功开展大量业务。"② 银行和代理行抵押的有价证券和期票贷款是这种借款的形式之一。

虽然容克家族的莫斯科银行在国外没有分行，但是，依然能够通过几十年的联系在国际市场上获得自信。容克家族在一战前欧洲的主要金融中心都有专门的代理商，代理商的报告表明了俄国、德国银行家对英国资金市场的兴趣，并包含了当地金融公司和证券市场的活动信息。

1914 年初，Э. И. 舍费尔被选为容克银行董事会董事，他是俄国工商银行伦敦分行主管。1910 年，分行开业后成功发展的基础是得到一些银行机构的支持，其中包括在伦敦商人银行中股价很高的容克 и K° 公司的支持③。

巴黎私家银号的所有者在石油生意的基础上与法国金融集团 Л. 达孚建立了商务联系。达孚与俄国—亚洲银行和国际银行于 1912 年在伦敦创建的俄国石油总公司有往来。在俄国石油总公司的帮助下，法国金融家确立了对"И. Н. 杰尔—阿科波夫"巴库石油公司的控制，同时，这家石油公司也有容克家族的公司利益。在达孚的支持下，容克银行的代表 K. A. 别特曼进入

---

① Lemke H. Finanztransaltionen und Aussenpolitik. Deutsche Banken und Russland im Jahrzehnt vor dem ersten Weltkrieg. Berlin, 1985. S. 198. Lemke H. Op. cit. S. 198.
② Коммерческий телеграф. 1914. 1 января.
③ Утро России. 1910. 6 ноября.

第四章 莫斯科银行业

了石油公司董事会，前文的舍费尔进入银行经理部，同时，根据证券交易所媒体的消息，舍费尔还是达孚公司在俄国的代表。但是，这些还不足以说明容克家族公司丰富的国际关系。

至于与俄国客户的业务，容克家族公司看起来并不活跃。在与普斯科夫银行合并后，容克家族的企业得到了其在俄国亚麻种植省份的分行网络作为"嫁妆"。因此，它也属于"纺织"银行，专门为轻工业领域提供服务。实际上，以 B. A. 列曼为首的银行董事会并没有过多关注地方的工商业流转业务。

无论是股份银行，还是其前身私家银号，都习惯开展与有价证券相关的市场业务。股份银行的领导人甚至在库兹涅茨克桥的银行里进行交易所行市活动，在库兹涅茨克桥的早晚市闭市后，都会聚集"买高"和"买低"的爱好者。在有价证券交易规模上，容克家族的银行在莫斯科紧排在著名的领军者——商人银行之后。与大部分主要的俄国银行不同，容克家族的公司在俄国国内的工业市场上没有发挥多大的独立作用。

1913 年，金融流转的数据资料显示，一战前的最后一年，容克 и K°股份银行的负债为 2.005 亿卢布（占所有 7 家莫斯科商业银行总额的 10%），需要指出，当时它的资产流转总额中 22%（6.645 亿卢布）为外国贷款。同时，如果大多数与工商业客户紧密相连的莫斯科银行，其期票业务的经济流转贷款占所有资产的40%～80%，那么，容克银行只有 25%[①]

И. В. 容克 и K°商业银行股票

---

① Русские акционерские коммерческие банки по цифровым данным за 1913 год. СПб., 1914.

263

19 与 20 世纪之交，俄国各大银行都形成了自己的融资企业集团，这些企业分布在各个行业。容克银行控制了莫斯科花边厂和叶尔莫罗斯克手工工场。通常情况下，银行更愿意以小伙伴的身份参加最有竞争力的金融集团。1910 年，公司与 Л. 科诺普商行一起参加了中亚的棉花贸易，为科诺普专门创建的子公司伊斯坎德尔融资。通过莫斯科的雅克里保险公司与另外一家"莫斯科的德国人公司"沃高公司保持着联系。

莫斯科的银行家们最喜欢参加大型圣彼得堡银行领导的发行工业公司股票的辛迪加。从 19 世纪末起，国际银行是容克银行在这种业务上的传统伙伴。И. В. 容克 и К°银行辛迪加账簿显示，它在 1912～1913 年参加了 8 家国际银行的辛迪加，参与额 49 万卢布。

容克银行和亚速—顿河银行在一战前形成了最紧密的关系。1910 年，亚速—顿河银行董事会主席 Б. А. 卡缅卡组建了俄国与外国的金融家辛迪加，容克分得 10% 的配额。邀请圣彼得堡的银行成为 И. В. 容克 и К°的股东，加强了它们彼此间的关系，亚速—顿河银行在一战前夕拥有 И. В. 容克 и К°2000 万卢布固定资产中的 160 万卢布。

容克为俄国和国外的合作伙伴在证券市场上给予了直接的帮助，在交易所购买了大量他们感兴趣的有价证券。1913 年，银行对石油业公司的股票大约投入 1070 万卢布，其中首先是俄国石油总公司①。我们认为，与银行资产不成比例的投资说明，银行利用了作为石油公司和欧洲金融市场中间环节的条件，促进了俄国有价证券在外国证券市场的销售，并利用有价证券抵押获得大额贷款。通过与西方代理行的丰富关系，容克家族的银行为有意吸引国外资本参与俄国经济的俄国金融活动家和被俄罗斯帝国丰富原材料吸引的欧洲投资家架起来一座沟通的桥梁。同时，银行的活动积极促进了俄国融入国际经济体系。

第一次世界大战之初，俄国是反奥地利—德意志同盟的国家，沃高 и К°商行的官方管理者是 4 位俄国公民和 1 位英国公民。但是，来自德国的俄国人

---

① ЦГИА Москвы, ф. 273, оп. 1, д. 614, 662.

像德国公司一样受到了各种打压。

1916年，公司只能出售自己的企业，停止商业活动。在莫斯科贴现银行占优势的"俄国"集团，之前也有"莫斯科的德国人"的影子。

一战中后期，作为德国公民的容克银行领导人哈伊里·博科里曼及其家人被拘留，后来，被驱除出俄国来到瑞典。其他的合伙人出售了家族银行，报界指责家族银行是敌人的帮凶。

德国企业家们的俄国历险就这样结束了，他们没有被这个国家承认，这个国家也没有成为他们的第二故乡。

第五节 "愿上帝把你变成像波里雅科夫一样的人……"

银行业不仅吸引了有名望的莫斯科商人和俄国化的外国人，还吸引了很多"犹太人居民区"的居民，对于他们来说，这是取得人生成功的机会。根据俄国法律，信奉犹太教的商人成为一等商人后，与自己同一教派的人相比具有根本的优势。比如，拥有长期居住在帝国任意城市的权利，并有权在居住地获得不动产，等等。很多犹太人从事商业活动，但达到我们在本部分所描述的高度的人屈指可数。

1914年1月，莫斯科举行了城市历史上一次最气派、最庄重的葬礼。载有逝者遗体的棺椁从巴黎运出，逝者在此与金融伙伴的谈判中去世。墓上摆放了企业和社会组织送来的60个左右银制花圈。莫斯科拉比雅科夫·马哲发表了充满情感的演讲，强调了以色列（意为"与神角力者"）已故的儿子对莫斯科犹太教会的功绩，他在这个组织任领导的时间超过了35年。他特别指出，已故者是俄国"犹太梦想"的真正化身，是实业成功的标志。拉比感叹道："这个名字在'犹太人居住区'的所有犹太人口中是如此的神奇，一贫如洗的兄弟们在孩子婚礼前的祝福中会说这样的话：'愿上帝把你变成像波里雅科夫一样的人。'"[①]

[①] Заключительное слово московского раввина Я. И. Мазе, произнесенное 22 января 1914 г. у гроба Л. С. Полякова. М., 1914. С. 6.

俄罗斯帝国商业银行

拉扎里·索罗莫诺维奇·波里雅科夫

拉扎里·索罗莫诺维奇·波里雅科夫的人生经历有理由让他成为同族钦佩的对象，使人产生大量遐想。他作为奥尔沙贫穷的犹太手工业者的儿子，取得了前所未有的成就——百万富翁、商绅、几家银行的老板、世袭贵族（况且，这是沙皇手谕！）、土耳其和波斯驻莫斯科总领事，荣获众多俄国和外国勋章，以杰出的成绩被授予三品文官官阶。这简略的"事迹表"的确展现了这位俄国实业界伟人的非凡一生①。但是事实上，他在生命的最后10年成了破产者，万能的财政大臣 С. Ю. 维特竭力地挽救这位金融家。直到去世，他仍是帝国的实业精英，只是他的去世揭示了公司的现实状况……

如果用音乐术语来说，20世纪初，拉扎里·索罗莫诺维奇·波里雅科夫的仕途发展是"渐强的"（持续加强）。其兄长萨姆伊尔·波里雅科夫成为铁路建设的大承包商客观上促进了他的发展。通过获利丰厚的订单和对国有资金的无限制使用，萨姆伊尔·波里雅科夫成为俄国最富有的人之一，1888年，当老波里雅科夫去世时，他的财产超过了3000万卢布。小波里雅科夫开始时是兄长公司的铁路经理，但是，他很快选择了自己的道路：1870年，他在莫斯科成立了资本为500万卢布的银行办事处，成为一等商人。从此，银行业成为拉扎里·波里雅科夫一生的事业，他积极开展在信贷领域的创建活动。

---

① См.: Ананьич Б. В. Банкирские дома в России. 1860 – 1914. Л., 1991. С. 86 – 87.

第四章　莫斯科银行业

1871年，他成为首批股份抵押银行——莫斯科土地银行的创始人之一，1年后他在商业贷款领域初次公开活动，1872年，他与本地商人一起在梁赞创建了一家小商业银行，初始资本60万卢布。为了扩大业务规模，波里雅科夫在19世纪80年代中期将银行董事会搬至莫斯科，正如 С. Ю. 维特回忆道，他利用了莫斯科总督 В. А. 多尔果卢科夫大公的"特别庇护"[①]。拉扎里·波里雅科夫是这家名为"莫斯科国家商业银行"行政管理机构的领导人和主要股东。

在业务快速发展后，这家银行在19世纪末的经济上升期快速成为金融巨头，在银行业务规模上位于莫斯科商人银行之后居第二位。世纪之末，Л. С. 波里雅科夫私家银号是银行、工业康采恩的领导者，即使按照现代标准，这也是一家规模巨大的企业，而私家银号的所有人则是金融家本人和他的3个儿子。银行、工业康采恩包括4家商业银行（除了莫斯科国际商业银行外，还有南俄工业银行、奥尔洛夫银行和圣彼得堡—莫斯科银行）、2家土地银行（莫斯科银行和雅罗斯拉夫银行）、1家保险公司、5家交通公司（铁路公司和公路公司）和6家工商业股份公司。

波里雅科夫集团最大的金融机构是莫斯科国际商业银行，19世纪90年代中期，其固定资产增加到1000万卢布。波里雅科夫家族握有银行的股票控制权，1897年，股东大会提供的14292股股票中家族成员拥有9160股[②]。Л. С. 波里雅科夫任银行董事会主席。1900年，集团的另外一家商业银行——南俄工业银行的董事会搬至莫斯科。19世纪90年代末，这家之前被称为"基辅工业银行"的银行被波里雅科夫从以 М. И. 布罗茨基为首的前所有人手中买下。但是，银行搬迁时发生了严重的市场危机，这给波里雅科夫家族的联合企业以致命一击，这家银行在莫斯科没有成功开展自己的业务。

莫斯科国际商业银行与其他莫斯科银行在经营特点上明显不同。银行众多的分行完成了大部分金融流转，其中24家在俄国各地开展经营，6家在

[①] Витте С. Ю. Воспоминания. Т. Ⅲ. М., 1960. С. 486；Устав Рязанского Торгового банка. М., 1872. С. 3-4.

[②] ЦГИА Москвы, ф. 267, оп. 2, д. 1, л. 37.

国外。20世纪初，银行业务主要朝两个方向发展——由地方和国外分行（但泽、柯尼斯堡、马赛）进行的粮食、大麻等出口融资和涉足中亚及伊朗（布哈拉、浩罕和德黑兰分行）。

俄国国家银行在这一期间的稽查表明："在几乎所有莫斯科国际商业银行分行进行的业务中，占优势的都是商品抵押（主要是粮食）和粮食的铁路运单抵押贷款……其余所有业务都是次要的。"①

自有资金不足以使银行开展大规模的业务，但资金缺口通过不断增长的国家银行借款得到了补偿。19世纪90年代，对莫斯科国际商业银行的贷款标准从300万卢布增加到700万卢布。银行一年内从俄国国家银行获得的资金就超过了银行自有负债（1898年借用8780万卢布，而1899年负债总计为8400万卢布）。但是董事会抱怨："由于贷款不足，我们不能将业务进行到理想的规模。"② 俄国国家银行的贷款作为财政部的特别干预手段延续了20世纪处于破产边缘的波里雅科夫银行。

波里雅科夫银行与1889年在波斯和中亚成立的工商公司一起在中亚开展业务，这是波里雅科夫进入该地区的开端。19世纪90年代初，在布哈拉和浩罕设立的银行分行"在当地提供了恰当的贷款，加强了我们加工业产品对中亚的出口"，同时，也将原材料——棉花、生丝等运往莫斯科③。事实上，银行分行为波里雅科夫控制的波斯公司提供服务，该公司的主要业务是购买和向莫斯科运送中亚的棉花。银行为公司贷款的规模逐渐扩大，1902年前夕，公司未偿还的银行索赔额达到了470万卢布。

分行用俄国国家银行的资金开展业务，因此，董事会很少从莫斯科企业家中吸引固定客户。1898年的银行报告表明，在莫斯科作为工商业流转融资的期票商品抵押贷款总计支出1500万卢布，当时，同业往来账户的行市业务规模为1.125亿卢布。这种业务在其他莫斯科银行中，并不像工业企业股份抵押贷款那样普遍。

---

① РГИА, ф. 587, оп. 60, д. 14, л. 146 об. 149.
② ЦГИА Москвы, ф. 450, оп. 8, д. 262, л. 3.
③ ЦГИА Москвы, ф. 267, оп. 3, д. 1, л. 19－20.

第四章　莫斯科银行业

　　银行在莫斯科的政策受到银行主人——波里雅科夫家族私家银号需求的影响。后者起着波里雅科夫集团控股公司的作用——固定资本 500 万卢布，拥有有价证券近 4000 万卢布，其中大部分是波里雅科夫家族企业的证券。股票集中在自己的银行，私家银号可以从中汲取新的资金投放市场和开展交易。С. Ю. 维特在给沙皇的报告中指出："波里雅科夫家族各种股票的贷款规模巨大，已经超出了合理的银行政策范畴，同时，也充实了波里雅科夫作为主要投资人的企业资金。"① 结果，私家银号对各种信贷机构的债务在市场危机之前达到了 4100 万卢布，其中包括 660 万卢布俄国国家银行的债务。此外，俄国国家银行为波里雅科夫的企业融资 1010 万卢布。

　　"莫斯科的罗斯柴尔德"从 19 世纪 80 年代开始涉足波斯市场，他创建棉花贸易公司的经历准确地反映了他的经营方式。1889 年，Л. С. 波里雅科夫取得了在波斯进行火柴垄断生产的许可。因此，创建了固定资本 40 万卢布的波斯、中亚工商公司，公司股份完全归私家银号所有者。公司在德黑兰创建了火柴厂，为此，波里雅科夫在其国际商业银行支取了 20 万卢布。但是，企业没有获得周转资金，主要是企业没有生产资料，因为工厂附近没有木材。

　　精明强干的银行家决定改组公司，赋予公司寄售俄国和波斯两地商品的业务。公司将股份资本增至 100 万卢布，并在德黑兰设立国际商业银行分行为公司提供财务支持。但是，"过渡业务"没有成功。相反，波斯公司在初期就损失了 50 万卢布。从 1893 年开始，公司改变方针开展棉花贸易业务。起初，这项业务也很困难、损失很大，但是后期实现了盈利，波斯公司成为俄国大型棉花贸易公司。当然，公司业务完全集中在帝国的中亚地区，"波斯"仅仅是公司的名称而已。

　　波里雅科夫通过定期创建的手段努力掩饰"波斯巴拿马案件"（官商勾结的大骗局）的损失。他使别尔诺夫手工工场（在别尔纳夫，现在爱沙尼亚的派尔罗）的章程获得批准，但该公司事实上不曾存在过。莫斯科国际

---

① РГИА, ф. 587, оп. 56, д. 1665, л. 72.

269

俄罗斯帝国商业银行

商业银行的资金用于建造工厂大楼，莫斯科国际商业银行因此损失大约 100 万卢布，但是损失还远不止这些。波里雅科夫向别尔诺夫手工工场出售了 3 家波斯公司的轧棉厂，因此，在棉花贸易公司的资产负债表中注销了 53 万卢布直接归莫斯科银行家的债务。摆脱个人债务后，波里雅科夫又迫使莫斯科国际商业银行在 1900～1901 年向波斯公司支付 300 万卢布左右的债务。但是，这些资金不是来自个人，而是来自"股份"①。

表面上，波里雅科夫的康采恩是由完全不同的、相互没有联系的企业组成的，但这位莫斯科银行家通过一系列措施将它们整合在一起。从 1872 年起，他控制了莫斯科土地银行，后来又创建了 2 家不动产公司——莫斯科木材公司和莫斯科房产公司。木材公司拥有大量土地，面积超过 25 万俄亩，1900 年估价 770 万卢布。在抵押银行的直接促进下购买土地：在抵押银行抵押的土地逾期付款后被进行拍卖，木材公司则以便宜的价格将其大量购买。房产公司也以同样的方式购买了城市不动产，将破产银行客户的房屋集中到自己手中。1900 年，波里雅科夫绝对是一头"执着于地产的驴"，他在圣彼得堡和莫斯科拥有很多大楼，在哈里科夫省、斯摩棱斯克省、奥尔洛夫省、塔夫里奇省、黑海省和雅罗斯拉夫省也拥有总面积近 7500 俄亩、价值超过 120 万卢布的地产。

19 世纪 90 年代，这位莫斯科金融家更加自信地进入国际市场。我们根据德国档案认为，他在莫斯科国际商业银行的帮助下积极发展了欧洲业务。在梅泽宝的普鲁士国家档案馆中有一封莫斯科银行领导人写给普鲁士工商业部的信件，信中提出了 1894 年在但泽和柯尼斯堡设立银行分行的请求②。银行主人在介绍自己的企业时写道，银行开展从俄国出口谷类作物和豆类作物的业务，在俄罗斯帝国境内有 11 家分行，还在利瓦巴（现在拉脱维亚的利那帕亚——译者注）进行俄国农产品出口业务。

但是，利瓦巴港口的规模和商业关系不能满足对外贸易的发展需求。银

---

① См.: Ананьич Б. В. Банкирские дама в России. С. 89–90.
② Geheimes Staatsarchiv Preussischer Kulterbesitz, Merseburg, Rep. 120, Axii6, Nr. 110. Bl. 16, 41–42.

行在波罗的海沿岸德国港口的分行,扩大了俄国粮食对欧洲市场的出口。信中强调,波里雅科夫的银行是俄国最好的商业银行,获得了俄国政府在国外设立分行的许可。为了得到德国政府的相应支持,波里雅科夫提出德国银行可以在俄国设立分行,并且德国银行还可以在俄国"投资勘探俄国的自然资源"。

需要指出,直到第一次世界大战前,德国的银行并没有获得在俄国创建代表处的许可,却激起了德国实业界积极参与俄国国内市场的兴趣。波里雅科夫的请求得到批准后,在莱比锡、斯德丁和荷兰设立了莫斯科国际商业银行分行。由于促进了俄国粮食出口,所以获得了政府支持,因为粮食出口是19世纪与20世纪之交俄国政府的主要经济政策之一。波里雅科夫在政府的秘密支持下发展了伊朗的业务,确立了俄国国有波斯贴现贷款银行在伊朗的地位。

实力日益强大的银行家得到了圣彼得堡最高权贵的青睐,并且他表达感谢的形式也充满了想象力。大金融家拉扎里·波里雅科夫定期进行慈善捐款。权贵给这位没有官职的企业家授予荣誉称号、勋章和官阶。波里雅科夫可能是第一位成为世袭贵族的犹太人银行家。他任莫斯科养老院监督官时,尼古拉二世颁布命令授予圣斯塔尼斯拉夫一等勋章,勋章的获得者有权成为"最重要的等级"一员。宫廷贵族在听到这一消息时十分震惊,竭力阻止这位暴发户的野心:1897年,当波里雅科夫第三次提出将其家族列入世袭贵族时,这个请求才被批准。"贵族中的假绅士"达到了自己的目的,后来被授予三品文官官阶,有权被称为"帐下"(旧俄对最高文武官员及夫人的尊称)[①]。

在莫斯科库兹涅茨克桥和罗斯杰斯特文卡高耸的巨大建筑是国际商业银行大楼,它是金融家人生的成功标志,由 C. C. 艾伊布什茨设计,建于1898年。但是,在拉扎里·波里雅科夫得意之时,就出现了市场危机的征兆(新银行搬迁1年后),波里雅科夫的跨行业公司开始动摇,几近破产。

---

① Боханов А. Н. Крупная буржуазия России. Конец XIX в. – 1914 г. М., 1992. C. 64 – 65.

俄罗斯帝国商业银行

市场形势变差之后，波里雅科夫开始要求俄国国家银行提供新的贷款。1901年，惊慌不安的财政部根据 С. Ю. 维特的命令对私家银号进行稽查。稽查结果表明，由于市场行情下跌，私家银号产生了巨额亏损，达到了1500万卢布。与波里雅科夫一起面临破产威胁的还有他的一些银行：1901年末，私家银号对3家商业银行未偿付的债务总计2710万卢布，包括国际商业银行1670万卢布（其中完全没有希望的有450万卢布，只能马上列为亏损，这耗费了银行所有的储备金）、南俄工业银行690万卢布和奥尔洛夫银行350万卢布。根据俄国国家银行权威官员的估算，3家银行的清偿债务总额为1910万卢布，占固定资产的2/3以上，根据银行章程，这意味着破产①。随后，这些银行没有发放1901年的红利，客户了解了银行状态，情况变得非常糟。波里雅科夫的圣彼得堡—莫斯科银行也面临着清算的威胁，它通过将资产出售给1902年从德黑兰搬迁至圣彼得堡的亚速—顿河银行，成功摆脱了困境。这3家中部地区的商业银行还面临着停止支付的现实威胁。

波里雅科夫集团的破产会使俄国的经济危机更加复杂，后来，财政部采取了紧急措施。1901年末，财政部委员会组织讨论了关于波里雅科夫公司的会议，根据会议决议向3家银行董事会派驻财政部代表，"波里雅科夫私家银号事务特别会议"决定延期偿还公司的债务，债务由私营债权人变为3家商业银行和俄国国家银行。

尽管进行了各种努力，但是，财政部没有完成自己的主要任务——出售俄国国家银行和3家私家银行持有的有价证券，以偿还银行家的债务。直到1909年，波里雅科夫的债务依然"冻结了"俄国国家银行及其莫斯科伙伴的大量资产。1908年，财政部委员会估计3家波里雅科夫银行的损失为2090万卢布，它们固定资本的总额为2500万卢布，俄国国家银行的参与资金为3000多万卢布（债权人对3家银行的索赔额为2380万卢布，俄国国家

---

① РГИА, ф. 587, оп. 56, д. 1665, л. 71–73; оп. 40, д. 504, л. 9; д. 505, л. 2, 4; ЦГИА Москвы, ф. 450, оп. 8, д. 530, л. 141.

第四章　莫斯科银行业

银行持有的抵押股票为 700 万卢布）①。

濒临破产的波里雅科夫银行与银行从破产的企业主和客户那里购买的集团工业企业经过不断调整形成了独特的体系。莫斯科国际商业银行董事会这样阐述这种体系的实质："避免让呆滞的资产贬值和集团企业停止经营时出现大的亏损，董事会不得不继续为这些企业融资，尽管，已经不可能为这些企业提供周转资金。"②

莫斯科国际商业银行庇护两类集团公司。第一类集团是一些依靠银行扶持的波里雅科夫企业——波斯—中亚工商公司（1904 年，对银行的债务总计 443.9 万卢布）、莫斯科木材公司（债务 70 万卢布）、莫斯科橡胶手工工场（53 万卢布）及梁赞农业机械厂（50 万卢布）等。第二类集团是莫斯科国际商业银行从破产客户那里接收的公司。

两类集团需要长期补贴，是衰弱的国际商业银行的沉重负担。1906 年，银行董事会针对最大的债务人波斯公司埋怨道，董事会"每年在棉花业务上花费大量资金，在当前存款下降的情况下银行已经力不从心了"③。确实，银行的自有资金不足。直到 1908 年，董事会也没有发放相应的红利，结果富有的客户不再冒风险将钱存入银行。1900～1907 年，莫斯科国际商业银行的负债增加了 2000 万卢布。

俄国国家银行的贷款补偿了部分赤字。1900 年，莫斯科国际商业银行从俄国国家银行的专用活期账户中获得资金 2740 万卢布，1903～1904 年，又获得 1.4 亿～1.5 亿卢布。但是，这些资金不足以保证粮食贸易融资业务的发展。银行董事会经常限制分行开展粮食贷款，尽管银行估算这能带来大约 16% 的净利润。

打破僵局的唯一途径是出售银行不盈利的有价证券，但在 20 世纪初市场行情萧条的情况下，银行董事会不能以较高的价格出售。尽管 1903 年组

---

① РГИА，ф. 563，оп. 2，д. 439，л. 27-34.
② Банковая и торговая газета. 1908. № 5. Май. （Из опубликованного в прессе доклада правления собранию акционеров.）
③ ЦГИА Москвы，ф. 267，оп. 3，д. 11，л. 43-44.

俄罗斯帝国商业银行

织了专门会议,会议认为"出售波里雅科夫工商业企业资产是清偿企业债务的唯一方法,并决定提高股票价值增加企业的收入",① 但是,波里雅科夫的证券没有找到买家。1909 年前夕,莫斯科国际商业银行只能拒绝为两家破产的公司融资,一家是 M. 什克公司,1903 年停止支付,另一家是 1904 年破产的科斯特罗马银行。它们的股票从银行的资产负债表中被注销。董事会修复了与其他企业的长期金融联系。

从 1902 年起,波斯公司将买卖棉花的所有资金都存入银行账户,公司的全部业务都依靠银行进行并得到银行的支持。与银行董事会"清算公司"的意愿相反,银行对这家公司的融资持续增长,1908 年,公司向银行借款 500 万卢布。1906 年,在浩罕成立的银行分行成为公司的代理行并为公司的棉花业务提供了额外融资。

俄国国家银行官员认为,"波里雅科夫企业中最有价值的企业"是木材公司,它拥有最丰富的木材产量。但是,由于 Л. С. 波里雅科夫的反对,银行董事会没有实现出售公司部分财产的计划。木材公司每年都亏损,它对莫斯科国际商业银行的债务规模增长至 82.4 万卢布。

银行董事会接受莫斯科橡胶手工工场 200 万卢布固定资产中的 57.9 万卢布股份作为债务抵押,并提供商品抵押贷款形式的工业贷款。董事会在 1907 年给俄国国家银行莫斯科办事处主管的信中论证了这种措施的必要性并强调:"公司的周转资金不足,如果得不到商品抵押贷款,那么,马上就会倒闭。"俄国国家银行认为,倒闭"将会对莫斯科国际商业银行产生致命的影响",同意继续扶持公司并向其发放部分商品抵押贷款②。1908 年,莫斯科国际商业银行向橡胶生产投入了 96 万卢布。

对于波里雅科夫集团的最后一家企业——梁赞农业机械工厂,莫斯科国际商业银行董事会认为,它处于"困难的处境",坦白地说是"一家无药可救的公司"。但是,银行并没有关闭工厂,决定继续为其融资,"以避免期

---

① ЦГИА Москвы, ф. 450, оп. 2, д. 164, л. 102 - 102 об.
② ЦГИА Москвы, оп. 8, д. 625, л. 10, 15 об.

票债务的损失"。1909 年，梁赞工厂依然是融资的对象，有 68 万卢布贷款。

需要指出，1906～1907 年，银行还试图将最后两家公司——橡胶手工工场和梁赞工厂，卖给外国资本家。关于这个问题也进行过多次谈判，但是，所有外国金融集团最后都因亏损公司的债务而拒绝购买。

为摆脱 1906 年春的困境，莫斯科国际商业银行董事会与一家"世界一流集团"进行了接触，它保证将银行固定资产扩大到 2500 万卢布，条件是转让给集团 1 万股股票并在董事会拥有 3 个代表席位。后来提出了将改组后的莫斯科国际商业银行和其余两家银行合并，同时将资本扩大到 3000 万～4000 万卢布的问题，对这一问题，银行董事会原则上也同意。

这个集团的领导人是一家年轻的法国银行——巴黎联盟银行，由巴黎高特银行家圈子于 1904 年创建，它对此持乐观态度并对俄国业务特别感兴趣。巴黎联盟银行在北方银行有足够的影响力，在其董事会派驻了驻俄国主要代表 T. 罗姆巴尔多。北方银行档案中有一封银行领导人 T. 罗姆巴尔多和 M. 维尔斯特拉特与巴黎银行行政机关和俄国财政部领导人的通信，它向我们展现了波里雅科夫银行在谈判过程的一些重要细节及失败的原因。

1906 年末，莫斯科国际商业银行董事会背着巴黎联盟银行试图与另外一家以英国—奥地利银行为首的外国集团接触。1907 年初，银行董事甚至赴维也纳与该集团谈判。莫斯科国际商业银行董事会的幕后活动令法国集团极为不安，他们曾经认为，波里雅科夫的公司已经是囊中之物。1907 年 1 月，T. 罗姆巴尔多向财政大臣 B. H. 科科夫佐夫和俄国国家银行主席 C. И. 吉玛舍夫寄去了一封信函，在信中对出现的竞争表达了困惑[1]。他指出，他的集团包括巴黎联盟银行和总公司"跟踪这项业务已经超过 18 个月"，不久前罗姆巴尔多和吉玛舍夫进行了私人会面，吉玛舍夫承诺已经取得了波里雅科夫准许集团代表接触莫斯科国际商业银行账簿的同意。在给科科夫佐夫的信中写道："我通过电话请同事维尔斯特拉特先生向吉玛舍夫先生询问真实情况，我的朋友在拜访俄国国家银行主席后立刻给了我答复，但是，这个

---

[1] РГИА, ф. 637, оп. 1, д. 37, л. 33 – 34, 35 – 38.

答复不能让我们明确是否继续这项事业。"

当时,北方银行的领导人没有得到准确的答复,因为财政部遭到了莫斯科国际商业银行董事会的反对,银行反对法国金融家接触银行账簿。莫斯科国际商业银行董事会警告说:"如果集团了解了银行资产,后来谈判又破裂了,这将会对银行产生灾难性的后果。"[①] 银行的现实状况表明,任何对银行账目的流言都会造成灾难。可见,尝试与英国—奥地利银行集团签署协议是想寻找一家要求不那么苛刻的买家。但是,罗姆巴尔多还是察觉到了行动,在与维也纳银行停止谈判后,董事会只能满足法国集团的要求。

莫斯科国际商业银行的真实情况打击了法国金融家的乐观主义。1907年5月,M.维尔斯特拉特通知吉玛舍夫:"我们面临着合并3家银行的问题,或者组建新银行,或者将它们注销,但是,正如我的同事罗姆巴尔多先生通知您的那样,这些银行的估价表明,我们在当前形势下不能有所行动。"维尔斯特拉特认为,唯一的可能是正式清算银行以偿还被集团被冻结的资产。

随函附有北方银行及与北方银行关系密切的亚速—顿河银行的协商草案,其中包括一些具体的提议,两家银行约定接受3家波里雅科夫银行的所有分行,同时,注销所有分行的固定资产。草案的参与者出资600万卢布用于偿付呆滞资金。草案中写道:"如果资金不足,其余资金向俄国国家银行贷款。"该草案具有某种公开掠夺的性质(北方银行非常清楚,3家银行的实际损失金额超过2000万卢布,也就是说草案的制定者想廉价获得分行网络,而将主要损失留给俄国国家银行),这甚至引起了宽厚的吉莫舍夫对法国集团的愤怒。他在答复函中指出:"寄来的草案不仅完全不能接受,而且我甚至不会参加在这个草案基础上组织的任何谈判。"随后说道:"我不指望,两家一流的银行能够提出完全符合国家银行利益的方案。"一位巴黎联盟银行的领导人在1907年6月12日(25日)给M.维尔斯特拉特的电报中总结了这次谈判:"我昨天约见了卡缅卡先生(亚速—顿河银行董事会主席——译者注),我们一致认为,不会过分在意吉莫舍夫的态度:我们会等

[①] ЦГИА Москвы, ф. 267, оп. 3, д. 13, л. 3 – 4.

第四章　莫斯科银行业

到最好的时机……"①

财政部依靠自己的力量对波里雅科夫银行进行彻底改组后，这一时机才最终到来。1907年6月，财政部在莫斯科国际商业银行的代表 Г. В. 杰林斯基向 В. Н. 科科夫佐夫汇报时指出："现在看来，吸引外国资本家几乎是不可能的。"②

与里雅布申斯基集团的谈判没有取得任何成果。1907年末，俄国国家银行莫斯科办事处 Д. Т. 尼基京提出了在没有外来资本参与的情况下合并3家波里雅科夫银行的方案，进入实践阶段。1908年初，尼基京的方案被批准。波里雅科夫事务特别会议认为，只有大规模清偿损失，"才能拯救银行、挽救银行的业务"。3家银行的董事会和理事会成员会议批准了合并条件，注销了2500万卢布固定资产中的1750万卢布，资产状况改善后，还发放了可观的红利，这样"不仅能为公司吸引俄国资本，还能吸引外国资本……"③

合并的提倡者继续与反对者做斗争，反对者威胁使股票贬值。银行的领导人通过灵活的手段，成功在1908年春举行的波里雅科夫银行全体股东大会上取得了大多数票。董事会从 Л. С. 波里雅科夫在俄国国家银行的透支账户中获得了几千股银行股票，并将这些股票分给了冒充的人。Л. С. 波里雅科夫亲自耍了这个手段，他在大会上的几千股股份中有300股④。结果，董事会关于合并的报告被大多数票同意通过。少数股东因让出权利而得到补偿——将莫斯科银行家 М. Н. 古尔维奇和丝绸工厂主 П. К. 日罗选入银行理事会。

股东大会后，科科夫佐夫在金融委员会和多部门特别会议组织了银行合并事务讨论，会议要求批准俄国国家银行作为3家波里雅科夫的债权人对合并事务进行直接投资，注资2380万卢布并持有700万卢布银行股票。金融

---

① РГИА, ф. 637, оп. 1, д. 41, л. 39 - 40, 54, 73 об. - 74.
② ЦГИА Москвы, ф. 450, оп. 8, д. 596, л. 8 - 10.
③ ЦГИА Москвы, ф. 450, оп. 8, д. 693, л. 69 - 70; ф. 270, оп. 3, д. 1, л. 19 - 20.
④ ЦГИА Москвы, ф. 450, оп. 8, д. 693, л. 47; ф. 450, оп. 8, д. 693, л. 61.

委员会最终确定 3 家银行的损失为 2090 万卢布，为了使银行"更加健康"，注销了 2500 万卢布固定资产中的 1750 万卢布[①]。

1908 年 10 月，由财政部代表、工商业代表、司法部代表及国家监察机关代表参加的跨部门会议批准了委员会的决议和合并的具体形式。科科夫佐夫在会议备忘录中强调，俄国国家银行持有涉及银行的部分股票，应在银行董事会派驻代表并保证为以前的银行继续贷款。财政部提出的方案经过长期、充分的司法讨论后以 3 票的优势通过（11 票赞同合并，8 票反对）并提交大臣会议最终批准，大臣会议批准建立新的机构[②]。

尽管拉扎里·波里雅科夫的一个儿子在新银行拥有董事职位，但他本人在新银行已经没有位置。1909 年，波里雅科夫与银行董事会签署了协议，根据协议关闭私家银号的有价证券透支账户，所有抵押成为债权人的个人财产。那些曾向银行抵押公司股票获得贷款的波里雅科夫公司，现在也有了新主人。俄国国家银行获得了私家银号大量资产，解除了限额。财政大臣 В. Н. 科科夫佐夫提议，在 1909 年的大臣会议上通告波里雅科夫的债务情况，会议指出："私家银号的业务具有明显的投机性质，俄国国家银行为防止波里雅科夫破产耗费了大量资金，承担了波里雅科夫的债务并有权支配私家银号的财产。"因此，财政部建议"尽快销售这些财产"。

波里雅科夫试图通过变卖财产，首先是持有的有价证券来维护自己的声誉，他也向俄国国家银行偿付了一定的索赔额（但远小于实际债务）。在去世之前，波里雅科夫还应向俄国国家银行支付 900 多万卢布，当时他留下来的财产估价不超过 470 万卢布。这就容易理解，"金融天才"的儿子们更倾向于拒绝继承权，将父亲的财产争端转移给了莫斯科贵族监管机构。

他们向俄国国家银行象征性地支付了 100 万卢布。尽管政府完全有理由认为，"Л. С. 波里雅科夫家族的财产十分可观"，并有很多存款，但是，由

---

① РГИА, ф. 563, оп. 2, д. 439, л. 27–34 об.
② РГИА, ф. 1444, оп. 1, л. 71–86.

于长期打官司，财政部在二月革命后最终同意了 100 万卢布的提议①。当然，并不清楚 1917 年 9 月的交易是否履行了……传说中的"莫斯科银行家"去世了，但他不承认失败，而是让他的后人和帝国的高级官员继续他的事业。

第六节 莫斯科—巴黎联盟

联合银行的历史表明了一个事实，它加强了革命前的俄国和欧洲金融家的实业联系。犹如凤凰涅槃一样，这家银行在先辈的灰烬和废墟上重生，是第一次世界大战前俄国最大的银行之一，股份资本在莫斯科一时无两。我们知道，1907 年萌生了将 3 家波里雅科夫银行合并成一家银行的想法，但是，这个想法的实现仍需一段很长的时间。

1909 年 1 月 1 日，联合银行的招牌开始在库兹涅茨克桥上的一栋大楼正门闪烁，这里以前是波里雅科夫集团实力最强大的银行——国际商业银行的驻地。在新机构也出现了新的领导人，其中首先是 B. C. 塔吉谢夫，他是财政部的人，任联合银行董事会主席，之前他是哈里科夫地方土地银行代表。看得出，血统（初露锋芒的银行家兄弟 C. C. 塔吉谢夫是帝国高官之一，负责出版总局）在这位贵族世家出身的人一生的命运中发挥了决定性作用，他在几年之间成为当代一位最有影响力的金融活动家。

新银行领导人再次试图进行一项没有意义的工作——清算旧债务，规范新银行的资产负债表。根据合并条件，联合银行在成立之初，固定资本规模总额为 750 万卢布，小于合并前的 3 家银行，共发行 3.75 万股股票，每股票面金额 200 卢布。3 家银行余下的 1750 万卢布固定资本通过兑换股票方式注销：股东用 4 股国际商业银行相同金额的股票兑换 1 股联合银行的股票，5 股南俄工业银行的股票兑换 2 股新股票，损失最小的是奥尔洛夫银

---

① ЦГИА Москвы, ф. 450, оп. 8, д. 1210, л. 10, 105 – 106；ф. 49, оп. 3, д. 2913, л. 25, 59 – 60。

俄罗斯帝国商业银行

弗拉基米尔·谢尔盖耶维奇·塔吉谢夫伯爵

行,其8股股票可以兑换7股新股票①。

除了注销股份资本外,根据"有价证券销售产生的损失"条款,需要清偿的损失超过2000万卢布,这一数字在3家银行的综合报表中为410万卢布②。结果,通过"修改"资产负债表,成功摆脱了部分没有希望的索赔。这样,Л.С.波里雅科夫私家银号的债务就从660万卢布降低至220万卢布,波斯公司和梁赞工厂的债务分别从490万卢布、48万卢布变为410万卢布和40万卢布。

新银行的实际主人是财政部。俄国国家银行拥有银行3.75万股股票中的1.2万股,总额240万卢布,并且将贷款规模扩大到2600万卢布。

联合银行董事会除了В.С.塔吉谢夫外,还包括3位财政部的代表——曾参与国际商业银行事务的Н.А.普罗托波波夫、А.Р.明仁斯基、П.Ф.奥达尔切克,以及Л.С.波里雅科夫的一个儿子和3位合并银行的董事。③

新董事会的任务是"采取措施整顿这家机构(联合银行——译者注),减轻俄国国家银行的负担和融资责任,同时,维护3家银行原有的客户关系,支持俄国国家银行与Л.С.波里雅科夫的清算业务"。实现这个内容丰

---

① Устав Соединенного банка. СПб. С. 2 – 3.
② Соединенный банк. Сводной отчет за 1908 г. по Южно - Русскому Промышленному, Московскому Международному Торговому и Орловскому коммерческому банкам, слившимся в Соединенный банк. М., 1909, С. 18.
③ ЦГИА Москвы, ф. 267, оп. 2, д. 14, л. 91 – 92; ф. 450, оп. 8, д. 691, л. 94.

富的计划首先需要注入新资本,因为在"清算"资产负债表之后,银行的自有资本出现了赤字。

新领导层决定再次求助于欧洲银行家,他们认为,欧洲银行界没有理由对"健康的"企业不感兴趣。塔吉谢夫首先将希望寄托在英国金融集团身上。1909年,联合银行董事会董事 П. Ф. 奥达尔切克赴伦敦出差,在那里与当地实业界人士进行了谈判。银行董事会在信中向"英国人阿尔姆斯特朗"承诺,如果"英国资本家集团在1909年10月1日前承担发行联合银行的股票任务",那么,就会得到十分可观的佣金。同年春,董事会同意参加发行英国公司"巴拉斯—奥杰里"的股票,该公司在圣彼得堡从事宾馆建设业务。公司在俄国的股票份额100万卢布(固定资本400万卢布)全部分配给了联合银行。银行董事会在给自己分行的通报中强调:"业务的成功能够巩固银行和英国市场的关系,从长远看大有益处。"但是,英国方面最终提出的条件使银行不满,双方的合作破产了①。

1910年初,B. C. 塔吉谢夫赴欧洲旅行,他得到了董事会"与一流银行签订关于对我们银行提供贷款的协议"的授权②。塔吉谢夫首选伦敦,恢复了中断的联系,但是,他很快向莫斯科发回了电报:"谈判十分困难,依然没有取得预想的成果。"

然而,联合银行的领导人从伦敦到巴黎后,却受到了热情接待。塔吉谢夫和巴黎联盟银行找到了共同语言,后者对焕然一新的公司产生了兴趣。1910年3月,塔吉谢夫和巴黎联盟银行的主席柳斯耶恩·维拉尔签署了联合银行股票发行协议。根据北方银行档案中的辛迪加文件,巴黎联盟银行保证发行3.75万股股票,总额750万卢布,作为交换,它从俄国国家银行获得9000股旧股票并有权认购18000股新股票。为了发行其中的2.7万股股票,巴黎联盟银行建立了担保辛迪加,它也额外发行没有被银行老股东购买的1.95万股新股票。最终,1910年春,辛迪加获得19178股新股票,其中

---

① ЦГИА Москвы, ф. 270, оп 3, д. 1, л. 40 – 43, 48; д. 4, л. 302 об., 304, 215.
② ЦГИА Москвы, ф. 270, оп. 3, д. 9, л. 29 – 29 об.

的18202股股票被俄国股东购买。辛迪加获得的新股票中，其参与者只能认购1800股股票，因为，正如巴黎联盟银行行政机关向辛迪加成员北方银行通知的那样："发行非常成功。"① 联合银行给辛迪加的大部分股票都流入了法国食利者的手中。两次发行的7.5万股股票都进入了巴黎证券市场。

1910年末，俄国国家银行向巴黎联盟银行出售了自己持有的3241股联合银行股票，完全清除了自己的存量。法国集团获得的股票数量增长至31419股，约占股份资本的40%。联合银行的董事会对交易非常满意，将它称为"最符合公司利益的交易"。银行理事会也强调："像巴黎联盟银行这样的大机构参与我们银行的事务，会扩大我们与外国银行的联系，有理由认为，联合银行会在短期内巩固在俄国信贷机构中固有的地位。"②

在巴黎联盟银行的促进下，1911～1912年，联合银行发行了1500万卢布的新股票，结果，其固定资本增加到3000万卢布。再次发行的7.5万股股票中，大部分（63561股）在俄国市场上发行，法国合伙人只分得11439股。最终，1913年前在国外发行了联合银行30%的股份资本。Д.马克和P.日罗根据巴黎联盟银行金融稽查数据计算国外发行比例时，也得出了同样的结果。③

巴黎联盟银行控制的国外发行股票的比例是多少？根据它向股东大会提供的股票数量来看，其持有的联合银行股票逐渐减少。如果在1910年，巴黎联盟银行是最大的股票持有人，持有10868股股票，那么，在1913年春它只持有2910股股票。1911年，巴黎银行家Н.巴尔达克购买了8000股联合银行股票④。此外，巴黎联盟银行将一些股票转交给了它的俄国伙伴。

---

① РГИА, ф.637, оп.1, д.117, л.5－6 об., 7 об.－8；ЦГИА Москвы, ф.270, оп.3, д.9, л.130.

② ЦГИА Москвы, ф.450, оп.8, д.746, л.84；Отчет Соединенного банка за 1909 г. М., 1910.

③ ЦГИА Москвы, ф.270, оп.3, д.18, л.49 и об.；д.21, л.18, 93；McKay J. P. Foreign Entreprenenurship and Russian industrialization. 1885－1913. Chicago, 1970, p.57－58；Girault R. Opcit, p.509.

④ ЦГИА Москвы, ф.270, оп.3, д.1, л.21－39；см.：Girault R. Op, cit., p.509.

1910 年成立的俄国—亚洲银行（北方银行和华俄道胜银行合并的结果）获得 600 股股票，圣彼得堡私人商业银行获得 1250 股股票，该银行领导 A. A. 达维多夫与巴黎银行家和塔吉谢夫有紧密的联系。

1911～1912 年的发行辛迪加参与者也获得了一部分股票。从 С. Л. 罗宁提供的财政部贷款特别办公厅的资料来看，参与辛迪加的除巴黎联盟银行外，还有前文提到的 H. 巴尔达克公司、比利时总公司、德国银行和德累斯顿银行及英国银号"别林戈兄弟"。联合银行董事会在 1913 年初举行的股东大

联合银行股票

会公告中指出，可以向股东大会提供在上述机构和在德国国家银行及伦敦股份银行中抵押或者存有股票的收据①。大概，它们也参加了发行辛迪加。

因此，联合银行的有价证券在主要的欧洲银行家和银行间流通，这为联合银行和欧洲金融集团的合作奠定了基础，联合银行理事会 1910 年就有了合作意向。

联合银行和法国金融家形成了最紧密的联系。1912 年，董事会决定与法国信贷机构在法国创建一家公司，主要从事购买俄国土地银行抵押证书的业务。银行与著名的巴黎私家银号塔里曼在铁路热潮中曾有过合作。1911年，B. C. 塔吉谢夫和 A. A. 达维多夫提出创建西叶卡捷琳铁路公司，用于建设塔甘罗格—罗佐夫卡铁路。创建者向交通部通报："我们准备在法国销

---

① РГИА，ф. 630，оп. 2，д. 123，л. 19；ЦГИА Москвы，ф. 267，оп. 1，д. 19，л. 38，109；ф. 270，оп. 3，д. 13，л. 203.

售 4500 万卢布的铁路债券资本。"塔吉谢夫的方案吸引了巴黎联盟银行和比利时总公司的注意，达维多夫也吸引了塔里曼银行对该业务的注意并通过它吸引了伦敦私家银号吉尔什。可能由于存在其他创业集团的竞争，方案没有实行。达维多夫直到 1915 年才取回向铁道部门提出的租让合同申请①。

但是，他们没有放弃在铁路事业上的尝试，1912 年获得了成功，创建了"铁路公司"，股份资本 400 万卢布。以巴黎联盟银行、比利时总公司、私家银号塔里曼和吉尔沙为主的法国创建者获得了 76% 的股份资本（29580 股股票）。俄国集团中占主要地位的是圣彼得堡私人商业银行，有 2000 股股票，俄国—亚洲银行有 1500 股股票，其他大银行如联合银行各有 1000 股股票。公司董事会包括达维多夫、巴黎联盟银行代表（П. 达尔西和 А. 弗烈德里克斯）和塔里曼银行代表。联合银行扮演的是一个小伙伴的角色，在公司的领导机关中没有代表席位。需要指出，塔里曼和达维多夫还负责在 1913 年发行铁路线公司的新股票。

联合银行还参加发行公债的国际金融组织。1913 年，它以俄国集团成员的身份参加了销售塞尔维亚债券的辛迪加，债券总额 2.5 亿法郎。法国银行家向以俄国—亚洲银行为首的俄国集团提供了债券总额的 5%②。在一战开始前，联合银行在巴黎成立了分行，加强了与法国金融集团的联系。

同时，塔吉谢夫也竭力博得德国银行家的信任。德国国家银行是莫斯科银行股票发行辛迪加的参与者，也是该行的主要合作伙伴。1910 年春，它和巴黎联盟银行一起向法国宣布，它们是联合银行在德国的主要代理行，所有分行应通过它们与德国客户进行汇兑业务。当时，联合银行已经在柏林成立了一家分行。值得注意的是，1911 年，当准备再次发行银行股票时，塔吉谢夫秘密地拜访了德国银行家，就"发行股票事务"进行了谈判③。可见，联合银行的领导人也努力与法国集团斗争，以防其提出不利于银行发展

---

① РГИА, ф. 597, оп. 2, д. 166, л. 1–5, 13, 16, 21, 36, 47, 69; д. 174, л. 1–3, 7, 9, 14–16, 17–18 об.

② РГИА, ф. 630. оп. 1, д. 124. л. 11, 12, 51.

③ ЦГИА Москвы, ф. 270, оп. 3, д. 18, л. 15, 313.

第四章　莫斯科银行业

的条件。

法国集团及集团的领导者巴黎联盟银行对莫斯科伙伴的活动影响程度如何？20 世纪 20 年代的专著一致认为，法国资本参与联合银行是将其视为外国资本渗透到俄国经济的工具①。后来，И. Ф. 金丁对这个论点提出了质疑，他公正地指出，莫斯科银行明显独立于巴黎"保护人"②。美国历史学家Дж. 马克和法国研究员 Р. 日罗在 20 世纪 70 年代初出版的著作，研究了 19 世纪末 20 世纪初俄国企业家和欧洲企业家的关系，两位笔者通过巴黎联盟银行的档案勾勒了关系的细节并得出了明确结论：莫斯科银行与巴黎联盟银行的关系是完全独立的③。但是，这个问题需要继续深入研究。联合银行和伯哈德里橡胶生产和贸易公司的档案还包含了一种新形式，巴黎联盟银行积极参与这家公司业务并与莫斯科银行一起为其提供庇护。

1910 年协议规定，联合银行的董事会和理事会中各有 3 名巴黎联盟银行的代表。董事会包括 М. Л. 布特里、П. Г. 达尔西及莫斯科丝绸工厂主、法国出身的 П. К. 日罗。在不同年份理事会成员包括 Л. 维拉尔、Ф. 维恩、Ш. 维卢戈和 Г. 奥姆别尔戈。他们都长期居住在巴黎，事实上并不参加银行的业务。银行监视机关的成员来俄国只是为了参加股东大会。

银行政策完全由董事会确定，而董事会的全权主人则是 В. С. 塔吉谢夫。董事会主席的薪资是他对银行事务影响力的有力证明。1910 年，巴黎银行的代表进入了董事会，塔吉谢夫得到的奖金（从净利润中扣除）是 4.3 万卢布，董事会的其余董事一共只分得 3.5 万卢布。

法国代表参与董事会的事务，但是并不影响莫斯科银行的发展方向。分行网络巨大，1914 年前在俄国的分行数量已经达到了 99 家。此外，还有 4 家国外分行，银行继承了前辈的做法，主要开展地方资金流转业务。1913 年银行的总结表明，分行的期票——商品抵押业务为 4.55 亿卢布，而当时在

---

① См. : Ронин С. Л. Иностранный капитал и русские банки. С. 70 - 73；Ванаг Н. Финансовый капитал в России накануне первой мировой войны. М. , 1930, С. 94 - 97.

② Гиндин И. Ф. Московские банки в период империализма. С. 98 - 99.

③ McKay J. P. Op. cit. , p. 368 - 378；Griault R. Op. cit. , p. 506 - 511.

285

俄罗斯帝国商业银行

彼得·赫里霍维奇·达尔西

莫斯科为 3.2 亿卢布。实业界认为，银行竭力避免之前的波里雅科夫银行所追求的投机业务，主要发展常规的"健康"业务。正如前文指出，在第一次世界大战前，联合银行在资产业务规模上已经超过了领导者莫斯科商人银行，并在这一指标上在所有莫斯科银行中占据第一位。

因为银行一直以来都资金不足，所以，董事会在与欧洲银行家签订合同后使用了大量的外国贷款。但是，我们并没有这方面的准确数据。董事会的资料显示，董事会在国外特别是在法国使用了"巨额的"代理行贷款[①]。一战之初，银行分行从巴黎银行家就获得了 1500 万法郎贷款，英国和德国的信贷机构在一战开始后分别提供了 37 万英镑和 200 万马克。当然，准确的债权人构成并不清楚，所以，也就不能明了巴黎"保护人"与其他机构对联合银行的融资规模。巴黎联盟银行控制的俄国工业企业数量十分巨大，联合银行事实上与这些企业并没有联系。只有一个例外，1910 年，银行准许分行认购与巴黎联盟银行关系紧密的顿涅茨克—尤里耶夫冶金公司股票，但银行没有参与发行业务[②]。

巴黎联盟银行的代表在莫斯科银行的董事会和理事会中形成了一个特别集团，它与俄国董事的业务联系较差，直接对 В. С. 塔吉谢夫负责。巴黎联盟银行的亲信 П. Г. 达尔西和 М. Л. 布特里与董事会的俄国成员的中间人是"莫斯科的法国人"，他们是来自法国的俄国企业家，在银行中与巴黎联盟

---

① ЦГИА Москвы, ф. 270, оп. 3, д. 19, л. 138 и об.
② РГИА, ф. 563, оп. 1, д. 914, л. 92 – 93; ЦГИА Москвы, ф. 270, оп. 3, д. 10, л. 84.

代表的关系紧密。П. К. 日罗是 В. С. 塔吉谢夫领导的伯哈德里公司的理事会主席，М. Л. 布特里是日罗公司的董事会董事。布特里还是一战前成立的电话设备公司的大股东，该公司董事会包括联合银行董事 А. Л. 波里雅科夫。莫斯科银行理事会还包括日罗的同事 Ф. И. 戈林和莫斯科著名化妆品公司老板 А. А. 布罗卡尔。他们与日罗一起负责俄国—法国贸易协会莫斯科分会的活动，在联合银行中充当着法国集团代理人的角色。

联合银行董事
亚历山大·拉扎列维奇·波里雅科夫

毫无疑问，最有影响力的法国董事是 П. Г. 达尔西，他领导很多俄国冶金公司和机械制造公司，包括十月革命前俄国最大的垄断公司——俄国冶金工厂产品销售公司。塔吉谢夫让达尔西取代自己进入银行不久前获得的两家工业公司约翰逊造纸厂和 Р. 梅耶化学工厂（它们位于雷瓦尔）的董事会，达尔西是唯一一位巴黎联盟银行在这两家公司的代表。他通过俄国冶金工厂产品销售公司与巴黎联盟银行在联合银行理事会中的两位代表 Г. 奥姆别尔戈和 Ш. 维卢戈取得了联系，他们是这两家公司董事会的成员。达尔西的主要利益不在联合银行，并且他是很多法国资本庇护的公司董事会成员，所以，他与圣彼得堡的亚速—顿河银行和私人银行的联系更加紧密。我们发现，另外一位法国董事 М. Л. 布特里同时也是 В. С. 塔吉谢夫领导的莫斯科木材公司的董事会成员。这些共同限制了法国董事参加联合银行控制的企业董事会。银行工业集团的大部分企业依旧受俄国董事的控制。

287

俄罗斯帝国商业银行

联合银行理事会成员
安德烈·安德烈耶维奇·布罗卡尔

联合银行与巴黎联盟银行最明显的互动是莫斯科橡胶手工工场的业务，它后来被改组成伯哈德里橡胶制品生产和贸易公司。这是联合银行工业集团中唯一一家巴黎银行明显参与的公司，尽管巴黎银行代表没有进入主要的管理机关——董事会，只进入理事会（П. К. 日罗）、橡胶委员会（Л. 卡斯）和技术领导机构（工厂主 P. 马尔尚基兹）。公司董事会由以 B. C. 塔吉谢夫为首的、由其亲信组成的集团组成，1909 年他们取代了 Л. С. 波里雅科夫的领导。

橡胶手工工场是联合银行从波里雅科夫得到的最大企业之一，但是它的财务实力几乎是最弱的。

"考虑到银行对公司业务投入了大量资金并且后者由于资金不足已经无法正常运转"，新银行行政管理机构在成立后就立即着手整顿公司①。

新法国保护人有意参与改组，1910 年初，他派遣工程师代表 P. 容克全方面研究橡胶手工工场的状况。容克在报告中将企业估值为 150 万卢布，这比以前董事会报告中的要低。起初塔吉谢夫与巴黎联盟银行就橡胶手工工场改组成法国—俄国橡胶公司达成了一致，固定资本由 200 万卢布增加到 500 万卢布。计划向前股东转移不超过 20 万卢布的公司股份，联合银行获得 100 万卢布用于清偿贷款，其余的 380 万卢布股份交由巴黎联盟银行发行。巴黎联盟银行还要提供技术人员进行生产改造。

---

① ЦГИА Москвы, ф. 270, оп. 3, д. 9, л. 151.

但是，塔吉谢夫很快改变了手工工场财务改善计划。1910年10月，他向股东宣布："外国集团公司进入企业的计划有变，现在我们只谈集团购买部分新发行股票的事宜……"① 他决定向以前工厂主 Л. С. 波里雅科夫为首的公司老股东筹集生产改造所需的主要资本。塔吉谢夫使这个集团支付了旧股票约200万卢布的损失，或者说是公司的全部股份资本。1910年末，改组的公司章程得到了批准，公司取名为"伯哈德里"。公司的股份资本为500万卢布，其中，200万卢布用于向老股东支付损失，300万卢布发行了3万股新公司股票。

选举 В. С. 塔吉谢夫接替 П. К. 日罗任伯哈德里公司董事会主席，后者转任公司监察机关领导人。1911年初，发行的股票只由联合银行担保，它拒绝邀请其他金融集团参与发行。塔吉谢夫更喜欢完全掌控公司，公司为清偿债权人索赔额向银行转交了270万卢布的股票。联合银行持有控制权（1.15万股股票，总计115万卢布），其余的销售给与其关系紧密的金融机构：俄国国家银行莫斯科办事处获得6600股股票，这是公司60万卢布贷款的担保；巴黎联盟银行获得1875股股票；主要的德国保护人、德国国家银行获得1155股股票。但是，最后两家银行没有出席公司股东大会，而是把股票投票权转给了联合银行。В. С. 塔吉谢夫和 П. К. 日罗各自持有1000股股票。塔吉谢夫还邀请巴黎银行家塔里曼和圣彼得堡私人银行的领导人 А. А. 达维多夫参加伯哈德里公司的业务，当时，塔吉谢夫开始与他们在铁路建设上进行合作②。

1912年，公司又发行了一次股票，联合银行保留了新发行股票总数1.5万股、总额150万卢布中的一半以上（8800股）。塔吉谢夫再次邀请塔里曼参与公司资本，但是，在达维多夫得知公司财务状况的负面消息后，他保持了克制，采取了保险措施。伯哈德里公司的业务很出色，尤其是塔吉谢夫利用与财政部高级官员的关系使公司成为皇宫供货商，加强了公司在市场上的

---

① ЦГИА Москвы，ф. 752，оп. 1，д. 185，л. 4 – 5.
② ЦГИА Москвы，ф. 270，оп. 3，д. 18，л. 126，128.

竞争力①。

虽然，Л.卡萨认为应首先保证稳定的收入，但塔吉谢夫坚决要求扩大公司股份资本，1913年，股份资本增加到1000万卢布。塔吉谢夫邀请巴黎银行家 O. 罗杰别尔戈和几家圣彼得堡银行组成发行辛迪加为本次发行担保。巴黎联盟银行没有参加辛迪加。1913年，它开始对自己在伯哈德里和在莫斯科银行的影响力感到失望，根据 Дж. 马克的消息，其向联合银行出售了自己持有的一部分股票。1913年，伯哈德里发行的3.5万股股票中，联合银行获得1.5万股，其余股票在其他参与人之间平均分配，各得2000股②。

1914年1月1日，银行的有价证券存量中有26267股伯哈德里公司股票，总额315.2万卢布。这种额度保证了塔吉谢夫对公司的完全控制。伯哈德里的所有股票发行都借助于 O. 罗杰别尔戈，巴黎联盟银行也提供一些帮助，股票进入巴黎证券市场流通。当时公司的业务已经好转并开始盈利，1913年又重新发放了5%的红利。

联合银行是伯哈德里公司的长期主要债权人。1912年，它为自己的"产物"通过各种账户融资140万卢布，1913年，这一数字增至290万卢布。在公司的档案中没有发现巴黎联盟银行提供任何金融服务。

因此，起初认为巴黎联盟银行与塔吉谢夫银行的主要企业进行了广泛的金融合作，现实是它在董事会主席的压力下有选择地参加股份资本和进行生产技术革新。技术经理和橡胶委员会也必须服从于塔吉谢夫的意志，即使是他们直接负责的事务。

一战前夕，联合银行更加强大，巩固了在欧洲资金市场上的地位，这使其能够挣脱与巴黎联盟银行紧密的合同联系。随着莫斯科银行金融实力的增长，伙伴之间的关系变得更加冷淡。1912年，巴黎联盟银行行政管理机构指出，塔吉谢夫在开展业务时"没有给予法国伙伴应有的尊重"。莫斯科银

---

① ЦГИА Москвы, ф.270, оп.2, д.21, д.253; ф.752, оп.1, д.226, л.7; РГИА, ф.597, оп.2, д.373, л.4.

② См.: Mckay J. P. Op. cit., p.374, 376.

行也有自己的意见。在一战期间有一份银行领导人塔吉谢夫的活动通告，其作者指出，巴黎联盟银行从与莫斯科伙伴合作一开始"就把联合银行的股票视为在巴黎市场上的投机手段，并且仅从自己的目的出发看待莫斯科机构的活动"[①]。1913年，分歧更加尖锐，当时，巴黎联盟银行在巴尔干投资了一些企业和银行，而在此地爆发了战争，因此巴黎联盟银行开始在市场上抛售联合银行的股票。为了避免行市下降，塔吉谢夫通过自己的银行和所控制的波斯公司大量购买股票。

塔吉谢夫制定的莫斯科银行吞并西伯利亚商业银行的方案是与巴黎联盟银行公开冲突的导火索。1913年8月，交易所报纸刊登了联合银行领导人与总理 В. Н. 科科夫佐夫会面的消息，后者原则上同意两家银行合并，随后塔吉谢夫赴巴黎"与联合银行最大的股东进行谈判"。根据 Р. 日罗的消息，巴黎联盟提出了在新银行保留自己代表的条件，可见，这并不在塔吉谢夫的方案之中[②]。方案在联合银行和西伯利亚商业银行的档案中没有留下痕迹。很可能，方案处于初步阶段，巴黎联盟银行的地位打断了对方案的进一步探讨。

1913年12月，关系最终破裂了，巴黎联盟银行的代表全部退出了莫斯科银行的董事会和理事会，П. К. 日罗退出了伯哈德里公司的理事会。法国董事 М. Л. 布特里此后进入了俄国—亚洲银行董事会。

为填补理事会离职人员的职位，1914年初联合银行邀请：圣彼得堡保险公司莫斯科分公司主管、国家杜马议员、杰出的立宪民主党党员代表 А. Р. 列德尼茨基，他被选为主席；莫斯科银行家 Н. И. 扎姆哈洛夫；与圣彼得堡企业家界有联系的 А. Г. 拉奇科夫-罗什诺夫，他也是伯哈德里公司的董事会成员；退休的省长 В. И. 日哈里科夫斯基，塔吉谢夫与他一起取得了修建梁赞—巴拉诺维奇铁路的许可。理事会还包括两位法国金融集团的代表 П. 伯百和 П. 久塔斯塔，塔吉谢夫与他们建立了非常好的业务往来。久

[①] ЦГИА Москвы, ф. 270, оп. 3, д. 1, л. 43.

[②] Girault R. Op. cit., p. 511.

俄罗斯帝国商业银行

亚历山大·罗别托维奇·列德尼茨基

塔斯塔代表的是巴黎银行家 Ж. 罗斯特在 1911 年创建的法国动产信贷银行的利益,其董事会成员包括圣彼得堡私人商业银行主席 А. А. 达维多夫。可见,塔吉谢夫与 Ж. 罗斯特银行的联系是通过达维多夫取得的,莫斯科银行的领导人与达维多夫很早就建立了业务联系。

随着管理的改善,又发行了 1000 万卢布的股票,结果莫斯科银行的股份资本增加到了 4000 万卢布,也就是说达到了俄国最大型银行的水平。本次发行由亚速—顿河银行担保。与后者的接近可能是联合银行参加了圣彼得堡银行于 1913 年组建的辛迪加的结果,这个辛迪加的目的是销售"П. П. 舒瓦洛夫伯爵继承人的雷斯克矿山"股票。塔吉谢夫银行从辛迪加获得的 15 万股公司股票中分得 2000 股,每股 200 卢布。

起初,联合银行的股票准备在 1913 年春发行。当时,塔吉谢夫希望得到巴黎联盟银行的支持,因为董事会决定"与一些法国集团谈判"。但是,巴黎伙伴开始销售联合银行股票,中断了既定策略。董事会在 1914 年 3 月莫斯科银行股东大会上宣布:"法国急于将自己的闲置资金投放到俄国的企业中来,在政治环境不稳和在巴尔干、墨西哥及南美遭受损失的情况下开始变得谨慎。"① 董事会强调,这些原因将导致资本流向俄国市场,对此应持谨慎态度。但是,联合银行领导人的担心完全没有必要,股票认购非常成

---

① Отчет Соединненного банка за 1913 г. М.,1914.

292

功，超出了所有人的预期：银行 5 万股面值为 200 卢布的新股票以每股 245 卢布的行市进入莫斯科证券交易所流通，1914 年夏，股票全部发行完毕。

因此，第一次世界大战前，联合银行已经摆脱了 1910 年与巴黎联盟银行签订的协议，协议逐步失效，首先表现为拒绝巴黎伙伴参与发行新股票和限制塔吉谢夫实施有前途的金融方案。与巴黎银行的合作，实现了对联合银行工业集团主要企业的技术改造，使银行的财务实力明显增强并与欧洲金融寡头建立了联系。合同关系的终止很快为银行带来了明显的好处，塔吉谢夫果断终止了与巴黎联盟银行集团的关系，转而和其他的金融集团合作。

本国金融家绝对不是欧洲伙伴的玩偶或者是其手中的武器。在为国外投资所吸引时，他们找到了反抗压迫的方法，不仅保证了活动自由，而且与国外投资商在互利、平等的基础上建立了良好的关系。

第七节　里雅布申斯基家族银行

一战前，里雅布申斯基家族的企业集团与莫斯科老牌银行关系甚密，该集团利用了老牌银行的大量贷款。集团主要的财务支撑是 1912 年在里雅布申斯基家族私家银号基础上建立的莫斯科银行。

里雅布申斯基家族公司作为大型工业企业也积极发展银行业务。1862 年，由 П. 里雅布申斯基和 В. 里雅布申斯基创建的商行在 1887 年被改组成 П. М. 里雅布申斯基父子手工工厂公司，该公司在上沃罗克拥有一家棉纺厂，同时也开展期票贴现业务，其规模和公司的工业业务相当。银行业务的利润（期票贴现和购买有价证券）从 1867 年的 72 万卢布增长到 1885 年的 362 万卢布，与工商业活动一起成为公司主要的利润来源。1884 年，П. М. 里雅布申斯基家族的公司从商品销售中获得 25.4 万卢布收入，从银行业务中获得 28.7 万卢布[①]。里雅布申斯基家族认为，"企业家与银行家的联合"

[①] Торговое и промышленное дело Рябушинских. М., 1913. С. 46, 50 – 53.

瓦西里·米哈伊洛维奇·里雅布申斯基

是家族成为莫斯科主要企业家集团的前提条件①。

20世纪初,俄国南部著名企业家 А. К. 阿尔切夫斯基的公司的破产推动了集团业务的积极发展。由于濒临破产,1901年春,阿尔切夫斯基通过其控制的哈里科夫商业银行从 П. М. 里雅布申斯基公司获得120万卢布贷款。他用自己的阿尔切夫斯基采矿公司和另外一家银行哈里科夫土地银行的股票作为抵押。贷款没有挽救阿尔切夫斯基公司,公司的债务达到了1500万卢布。在商人自杀后,里雅布申斯基家族成为其公司的主要债权人并且是哈里科夫土地银行的主要股东,银行股票由抵押变为自有存量。莫斯科公司在1901年9月全体股东大会上持有14000股股票中的2076股,是最大份额的股票。

里雅布申斯基家族的公司在1901年阿尔切夫斯基的贷款中损失约80万卢布,此后公司将得到的银行改组。在董事会中有3位里雅布申斯基家族的代表——弗拉基米尔(被选为主席)、米哈伊尔和巴维尔·巴甫洛维奇。在他们公司的担保下1902年又发行了哈里科夫土地银行的股票293万卢布。里雅布申斯基家族必须保证发行成功,并接受老股东因董事会清偿银行损失而强迫他们购买但未购买的股票。

---

① Рябушинский М. П. Цель нашей работы // Материалы по истории СССР. Т. Ⅵ. М., 1959, С. 631(публикация подготовка И. Ф. Гининым и К. Н. Тарнавским).

第四章　莫斯科银行业

改善哈里科夫土地银行财务状况的必要性迫使里雅布申斯基家族建立独立的银行机构并与自己的纺织公司分离出来。1902 年，批准成立了里雅布申斯基兄弟私家银号，其形式是无限公司（这种形式的资本联合方式，也包括商行——译者注）。在莫斯科银行圣彼得堡分行的档案中发现了 1902 年 5 月 30 日建立私家银号的合同副本。无限公司的合伙人是已故 П. М. 里雅布申斯基的 6 个儿子：巴维尔、弗拉基米尔、米哈伊尔、谢尔盖、德米特里和斯杰潘。前 5 位每人出资 20 万卢布，斯杰潘出资 5 万卢布，因此，私家银号的资本总额为 105 万卢布。根据合同条款，私家银号的有效期没有限制，参与人在前 3 年内不能退出，并且无权在自己的机构贷款。1903 年年中，第 7 位兄弟费多尔成为合伙人，每位参加者的投资增加到 714285 卢布。最终，私家银号的资本增加到近 500 万卢布，达到了莫斯科主要银行商人银行的规模①。

里雅布申斯基家族迅速成为俄国国内最大的私人银行家。他们的银行

巴维尔·米哈伊洛维奇·里雅布申斯基

亚历山德拉·斯杰潘诺芙娜·里雅布申斯卡娅

---

① РГИА, ф. 1443, оп. 1, д. 87, л. 3 – 5, 7 – 9.

俄罗斯帝国商业银行

受到了企业家的热烈欢迎，它几乎是唯一一家公布自己资产负债表和报告的私人银行机构。1904～1910的报告表明，银号的业务增长得十分迅速：6年间年营业额从7180万卢布增加到16.85亿卢布，净利润从58万卢布增加到138万卢布。

私家银号规模最大的业务是购买证券，从1904年的130万卢布到1910年工业和市场复兴期的3770万卢布，其中包括里雅布申斯基家族购买非担保证券1990万卢布。1911年，私家银号的有价证券价值100万卢布，其中50.3万卢布是非担保有价证券。后者包括里雅布申斯基家族持有的哈里科夫土地银行的股票16.6万卢布，俄国出口公司股份10000股，里雅布申斯基家族和一些莫斯科棉花贸易公司参与了这家公司的创建，以及30万卢布的铁路公司债券和股票[①]。

里雅布申斯基家族参加1910年亚速—顿河银行组建的银行辛迪加，表明了它对铁路经营的兴趣。辛迪加的活动计划包括"建立铁路公司，购买和销售政府、城市、铁路公司、私营公司的债券"，莫斯科的私家银号的参与比例为10%。但是后来，里雅布申斯基家族退出了。

私家银号主要依靠自有资金开展业务，不像其他银行一样使用俄国国家银行或私人银行的债券。里雅布申斯基家族没有使用俄国国家银行给私家银号开立的贷款150万卢布，而是将其作为备用金以防"意外"。就像俄国国家银行莫斯科办事处经理处发回圣彼得堡的消息那样，除了私家银号的资金外，"兄弟们还握有大量闲置资金"[②]。

1905～1907年革命后，里雅布申斯基家族高调进入莫斯科的实业领域和社会政治领域。在工业领域，集团依靠 П. М. 里雅布申斯基棉花贸易公司。20世纪头10年年末，公司的固定资本和储备资本合计为930万卢布，拥有大约700万卢布的不动产。公司在圣彼得堡、顿河畔罗斯托夫、鄂木斯

---

① Отчет банкирского дома братьев Рябушинских за 1904 г. М., 1905; Отчет банкирского дома братьев Рябушинских за 1910 г. М., 1911.
② РГИА, ф. 587, оп. 56, д. 1129, л. 131; оп. 53, д. 57, л. 1 – 2; ЦГИА Москвы, ф. 450, оп. 4, д. 7, л. 174 – 175; д. 11, л. 54 и об.

第四章 莫斯科银行业

克设有分行，在财务上主要依靠私家银号。根据现有的资料来看，私家银号是棉花公司的主要债权人，为公司提供资助，比如1911年资助35万卢布。里雅布申斯基家族在棉花贸易公司所属的土地上还进行玻璃生产并建立了制材厂。20世纪初，为了发展制材厂，公司购买了巴斯布尔格的奥库洛夫书写纸工厂并在 П. М. 里雅布申斯基的棉纺工厂所在地获得了最丰富的森林资源。改组后的巴斯布尔格的工厂（工厂的固定资本由60万卢布增加到240万卢布，С. П. 和 В. П. 里雅布申斯基进入了董事会）成为里雅布申斯基家族工业集团的一员①。

在这一时期，里雅布申斯基家族的集团与竞争对手科诺普的关系紧密起来，科诺普集团是莫斯科棉纺业主要的集团。1908年，应科诺普公司 Э. 钦德尔的邀请，里雅布申斯基家族成为刚刚建立的俄国出口公司的股东，该公司从事将俄国国内生产过剩的产品销往国外的业务。原本认为俄国出口公司能减轻棉纺业危机的损失，但是随着市场行情的好转，它并没有取得十分明显的效果。里雅布申斯基家族与科诺普一起进入了莫斯科市场委员会，于1909年创立了棉纺工厂主特别机构纺纱—织布委员会，П. П. 里雅布申斯基和与里雅布申斯基家族关系密切的 А. И. 科诺瓦洛夫都出席了委员会的会议。

巴维尔·巴甫洛维奇（1871~1924）

里雅布申斯基家族积极拓展新领域——亚麻纺织业。1912年前，他们的

---

① Торговое и промышленног дело Рябушинских. С. 78 – 79，136 – 138.

297

俄罗斯帝国商业银行

弗拉基米尔·巴甫洛维奇（1873~1955）

米哈伊尔·巴甫洛维奇（1880~1960）

私家银号在俄国中部的亚麻产区设立了12家分行。里雅布申斯基家族与亚麻加工工厂的工厂主 C. H. 特列季亚科夫结成联盟，他是文学和艺术的庇护人 C. M. 特列季亚科夫的孙子。1909年，C. H. 特列季亚科夫成为俄国亚麻纺织工厂主组织——全俄亚麻纺织企业家协会的领导人。

为了发展自己的公司，里雅布申斯基家族需要更强大的金融机构，尽管私家银号的业务发展迅速，但是仍不能满足现实需求。在集团控制下还有一家哈里科夫土地银行。1914年前夕，П. П. 里雅布申斯基成为银行董事会的领导人。1912年，在莫斯科保护人的促进下发行了50万卢布的股票。但是哈里科夫土地银行受到土地业务框架的限制，不能满足莫斯科集团日益增长的需求。

1907~1908年，里雅布申斯基家族就以优惠条件购买3家波里雅科夫的银行与财政部进行了谈判，但是没有成功。1907年10月，考虑到要与波里雅科夫银行进行合并，私家银号董事会向省税务局提交了申请书，要求将其划为股份公司，但是1年后，由于谈判破裂，申请书被撤回。后来里雅布申斯基家族在他

第四章 莫斯科银行业

们出版的报纸《俄罗斯清晨》中强调，他们的集团要求清算所有可疑的债务，财政部"担心纠纷"而未同意①。

1910年，该银行的问题变得尖锐。由于在波里雅科夫集团废墟上成立的联合银行中出现了巴黎联盟银行的代表，里雅布申斯基家族在《俄罗斯清晨》报上开展了"反对外国资本控制"的民族主义斗争运动。里雅布申斯基家族将财政部拒绝其对波里雅科夫资产的谋求归咎于迎合外国金融家，这打击了俄国的首创精神并且"在未来几年否决了所有创建新银行的方案"。圣彼得堡的

谢尔盖·巴甫洛维奇（1872~1942）

银行也受到了严厉批评，里雅布申斯基家族认为，它们都是外国资本的代理人。同时，他们认为，外国银行家的扩张政策是对"莫斯科金融统治地位的威胁"。里雅布申斯基家族报纸的评论员在一篇题为《莫斯科金融统治地位的威胁》的文章中指出，圣彼得堡的"银行官僚制度"打压了莫斯科的银行，它也夺走了莫斯科在"俄国工商业"的领导地位②。

报纸上的慷慨陈词奠定了里雅布申斯基家族作为俄国"民族"资本的领导人地位，这正是这种舆论所追求的。当然，号召莫斯科的资产阶级联合起来对抗其他金融集团，可能是里雅布申斯基家族成立银行的一个狭隘目的，他们认为，里雅布申斯基家族的银行是"吸引俄国资本"的一种手段③。

---

① РГИА, ф. 1443, оп. 1, д. 87, л. 1-2; Утро России. 1910. 13 октября.
② 《俄罗斯清晨》，1910年4月29日。
③ Торговое и промышленное дело Рябушинских. С. 78.

299

俄罗斯帝国商业银行

德米特里·巴甫洛维奇（1882~1962）

尼古拉·巴甫洛维奇（1877~1951）

1911年秋，完成了组建银行筹备阶段的工作。9月24日，银行章程得到批准①。银行从1912年1月1日开始正式营业，它获得了前里雅布申斯基私家银号的所有资产和分行，还出资130万卢布购买了 П. М. 里雅布申斯基手工工场位于交易所街道的大楼。

新银行的起始固定资本（20000股股票，总额500万卢布）全部在以里雅布申斯基家族为首的狭小的创建人圈子里分配，里雅布申斯基家族持有12500股股票。正如媒体指出的那样，银行的主要目的是促进纺织业各个行业的发展（棉纺、呢绒和亚麻纺织），因此，也"吸引了这些领域最杰出的代表参与银行业务"②。

银行的管理机关完全由创始人组成，В. П. 里雅布申斯基和 П. П. 里雅布申斯基领导银行管理机关，他们分别被选为董事会主席和理事会主席。董事会成为主要的执行机关，里雅布申斯基家族安排其纺织公司的职员 А. В. 吉斯里雅科夫、Н. М. 克拉舍尼尼科夫及莫斯科著名

① Устав Московского банка. М., 1912, С. 3.
② ЦГИА Москвы, ф. 254, оп. 1, д. 29, л. 1 – 4; д. 37, л. 1 – 2; Финансовое обозрение. 1911. №24. 15 декабря. С. 8.

第四章 莫斯科银行业

的法律顾问、大家族开创事业的"右手"——А.Ф. 杰柳仁斯基进入董事会。后来，М.П. 里雅布申斯基和银行圣彼得堡办事处主管 Р.Г. 什杰斯取代了吉斯里雅科夫和克拉舍尼尼科夫。

被选入银行理事会的还有其他创始人、里雅布申斯基家族的主要战友——С.Н. 特列季亚科夫、А.И. 科诺瓦洛夫，还有 М.Н. 巴尔德京、А.А. 卡尔京金、И.Н. 杰尔别涅夫、И.П. 库兹涅佐夫及 П.А. 莫罗佐夫等棉纺工厂主，里雅布申斯基家族与他们一起在棉花市场上与科诺普家族做斗争。还邀请了与杰尔别涅夫家族有联系的伊万诺沃—沃兹涅先斯克资本家 И.К. 马拉库舍夫和 Л.А. 拉别涅夫参与棉花业务，他们的企业是沃高集团的成员。大企业家 Н.Т. 卡什塔诺夫（他同时参加西伯利亚商业银行的理事会）、В.В. 诺索夫和 Г.И. 马里采夫在理事会代表呢绒行业，20 世纪初，П.П. 里雅布申斯基参加了 Г.И. 马里采夫的公司（伊万．普吉科夫手工工场）。理事会还邀请了莫斯科的机械制造工厂主 С.В. 果别尔。

里雅布申斯基家族在最高监察

斯杰潘·巴甫洛维奇（1874～1942）

费多尔·巴甫洛维奇（1885～1910）

301

俄罗斯帝国商业银行

亚历山大·费多洛维奇·杰柳仁斯基

机构中为自己预留了大量职位：除了 П. П. 里雅布申斯基外，还有他的3个兄弟——德米特里、谢尔盖和斯杰潘，以及哈里科夫土地银行的职员 В. Г. 科列涅夫。根据银行主人的提议，理事会还邀请了下诺夫哥罗德证券交易委员会和伏尔加流域船东大会委员会主席、著名石油和轮船商人 Д. В. 西罗特金。当时，里雅布申斯基家族与他一起为争夺对莫斯科证券交易委员会和工商业代表大会委员会的影响力而合作过，在此基础上他们的关系更加紧密。

里雅布申斯基家族通过理事会成员与老牌莫斯科银行支持的集团建立了联系。М. Н. 巴尔德京进入了商人银行理事会，А. А. 卡尔京金进入了贴现银行理事会，И. Н. 杰尔别涅夫进入了商业银行理事会，里雅布申斯基家族本身没有参加这些银行的理事会。此外，他们还通过 Э. 钦德尔公司董事会的 М. Н. 巴尔德京与科诺普家族建立了联系，通过普罗霍罗夫家族收购的赫鲁多夫家族雅尔采夫手工工场的董事会董事 А. Ф. 杰柳仁斯基，与 Н. И. 普罗霍罗夫建立了联系。但是，里雅布申斯基家族不准许竞争集团的代表进入自己的银行。

以里雅布申斯基家族为首的集团，通过莫斯科银行加强了"俄国相互保险联盟"，该联盟的领导人是 А. И. 科诺万洛夫（理事会主席）和 А. Ф. 杰柳仁斯基（董事会主席）。保险联盟的董事会成员还包括 С. В. 果别尔，理事会成员还包括 П. П. 里雅布申斯基、С. Н. 特列季亚科夫、В. В. 诺索夫和 Н. Т. 卡什塔诺夫。

新银行在里雅布申斯基家族的领导下发展极为迅速。"请注意，几乎所有的俄国银行在后期都会明显扩大自己的固定资本",董事会在 1912~1913 年将银行资本从 500 万卢布增加到 2500 万卢布,这使其在这一指标上在莫斯科的所有银行中位于联合银行之后,居第二位。银行发行的股票进入了圣彼得堡和莫斯科的证券市场流通。根据发行条件,老股东有权优先认购新股票,但是如果他们没有立即购买分得的部分,那么,董事会就会限制他们再进行认购。最终,里雅布申斯基家族长期握有股票控制权:1913 年初,银行股东大会代表的 26010 股股票中,归 П. М. 里雅布申斯基公司和六兄弟所有的股票为 16125 股,后来发行的 20000 股新股、总额为 500 万卢布的股票中,里雅布申斯基家族持有 15010 股,其余的股票像以前一样,在银行理事会和董事会成员之间分配①。

董事会得到了再成立 20 家银行分行的授权。董事会有意发展利润颇丰的寄售业务,购买了莫斯科河流域的地块建设浮码头。但是直到一战前,里雅布申斯基家族在这方面也没有取得明显的成绩。

里雅布申斯基家族从莫斯科银行成立到第一次世界大战爆发前,一直都将其视为涉足亚麻纺织业的财务基础,在这一时期,集团将主要的精力都放在了这个领域上,为此,集团与圣彼得堡银行一起参加各种发行辛迪加,尽管里雅布申斯基家族在报纸上对圣彼得堡的银行有很多批评,但是,他们很乐意与其合作。

1914 年前夕,受里雅布申斯基家族企业控制的集团由两部分组成。四兄弟(巴维尔、弗拉基米尔、谢尔盖和斯杰潘·里雅布申斯基)和两位职员(В. Н. 科列涅夫和 А. Г. 卡尔波夫)管理银行成立以前的集团成员企业——П. М. 里雅布申斯基公司、巴斯布尔格公司、里雅布申斯基家族印刷厂及哈里科夫土地银行。家族成员个人参与股份公司董事会是有限制的。里雅布申斯基家族通过自己的代理人 С. Н. 特列季亚科夫、Н. М. 克拉舍尼尼科夫和 А. Ф. 杰柳仁斯基在亚麻业进行活动。

亚麻生产是集团的另一部分,里雅布申斯基家族本身没有参与这个行

---

① ЦГИА Москвы, ф. 254, оп. 1, д. 37, л. 1-2 об.; д. 28, л. 1, 13 и об., 14.

业，但是，他们掌握了很多企业的控制权。特列季亚科夫拥有一家私人亚麻贸易公司——H.特列季亚科夫 и K°，他领导1912年与里雅布申斯基家族共同创建的俄国亚麻股份公司（PAЛO），同时，他进入了大科斯特罗马亚麻纺织手工工场董事会和 A.A.罗卡洛夫亚麻制品手工工场董事会。A.A.罗卡洛夫亚麻制品手工工场获得了里雅布申斯基家族的资金。此外，A.Ф.杰柳仁斯基也进入了它的董事会，H.M.克拉舍尼尼科夫进入了俄国亚麻股份公司的董事会。E.E.克拉谢领导科斯特罗马手工工场董事会，同时他还领导另外一家该领域的大型企业——罗曼诺夫亚麻纺织手工工场。罗曼诺夫公司的代理人 C.A.卡赞斯基进入了俄国亚麻股份公司的董事会，在董事会中还有 E.E.克拉谢的兄弟 A.E.克拉谢。由于这种错综复杂的参与方式，在一战前夕，有5家亚麻加工公司都在里雅布申斯基家族的影响下。

此外，1912~1913年，"里雅布申斯基兄弟、C.H.特列季亚科夫 и K°"商行也发挥了作用，商行在生产者手中大量购买亚麻并向亚麻纺织厂供货。商行的成员有公司的领导人 A.E.克拉谢（年薪9000卢布），以及 C.H.特列季亚科夫、H.M.克拉舍尼尼科夫、C.A.卡赞斯基和亚麻纺织工厂主 B.A.涅米洛夫（他们每人每年6000卢布）。1912年，商行向15家受俄国亚麻股份公司（PAЛO）保护的中部地区的企业家联盟成员供给亚麻。莫斯科商行为购买亚麻进行融资，商行总办事处也位于莫斯科银行的大楼内。1912年，银行通过各种账户（同业往来账户、商品透支账户）发放贷款240万卢布并支付商业公司的所有花费。在莫斯科银行的帮助下，商行向国外出口亚麻，商行的客户包括英国公司——贝尔法斯特的 Дж.普雷斯顿。

里雅布申斯基家族亚麻贸易集团的核心是俄国亚麻股份公司，里雅布申斯基家族通过它将一些小亚麻纺织工厂主提供原材料的客户，置于自己的影响之下。俄国亚麻股份公司的主要经营活动是购买商行提供的亚麻，随后在自己的工厂净化并向麻纺厂主供货。里雅布申斯基家族通过银行保持了公司的股票控制权：1913年初的俄国亚麻股份公司股东名册显示，在5000股价值100万卢布的股票中，莫斯科银行持有2895股，里雅布申斯基家族持有275股，还有480股登记在家族的职员和银行合伙人的名下。

俄国亚麻股份公司的股东还包括一些通过 C. H. 特列季亚科夫与里雅布申斯基家族有关的亚麻纺织企业：科斯特罗马手工工场和罗曼诺夫手工工场，它们总计持有 525 股股票。俄国亚麻股份公司董事会的领导人 C. H. 特列季亚科夫名下有 25 股股票。最终，里雅布申斯基家族集团控制了 4200 股公司股票，或者是 84% 的固定资本，留给俄国亚麻股份公司的股东——亚麻加工公司合作的空间有限。里雅布申斯基家族利用莫斯科银行保存俄国亚麻股份公司的股票。其他参与者将他们持有的股票保存在公司董事会，董事会租用特别保险箱将股票转至银行。1913 年，特别保险箱中总计存有 1130 股股票，价值 22.6 万卢布①。

当然，莫斯科银行是俄国亚麻股份公司的主要融资来源。银行通过勒热夫分行、别热茨克分行和其他分行向俄国亚麻股份公司汇款，实现亚麻采购。结果，由于小亚麻加工公司压低原材料供应价格并且领导人 C. H. 特列季亚科夫未采取有效措施，俄国亚麻股份公司在创建第一年就损失 25 万卢布。因此，里雅布申斯基家族改变了公司的业务方向，进行出口贸易。俄国亚麻股份公司的档案表明，这家公司与里雅布申斯基家族的商行和 C. H. 特列季亚科夫商行及法国公司 "O. 列维、法里诺 и K°" 都有联系。根据档案无法了解通过莫斯科银行进行的业务规模，因为莫斯科银行将与国外合作伙伴的业务金额列入了俄国亚麻股份公司的银行账户。

里雅布申斯基家族通过莫斯科银行购买 A. A. 罗卡洛夫亚麻纺织厂的股份，成功巩固自己在亚麻生产领域的地位。科斯特罗马手工工场是正式买家，它的董事 C. H. 特列季亚科夫被任命为罗卡洛夫公司董事会主席。莫斯科银行掌握股份控制权，它获得 5322 股价值 114.4 万卢布的股份②。

一战前，里雅布申斯基家族尝试用银行资金再购买几家亚麻纺织企业。正如证券市场媒体报道的那样："里雅布申斯基家族组建银行后，试图通过

---

① ЦГИА Москвы, ф. 887, оп. 1, д. 4, л. 1 – 5; д. 6, л. 1; д. 3, л. 1 – 6, 11 – 15, 71, 77, 84; ф. 1833, оп. 1, д. 23, л. 1 – 3; д. 22, л. 1 – 3; д. 67, л. 1 – 3.
② Отчет Московского банка за 1914 г. М., 1915. С. 7.

银行控制市场上所有弱小的企业。"① 与杰米多夫、下诺夫哥罗德和梅连基的亚麻纺织工厂主进行了谈判,但是,莫斯科集团没有成功。М. П. 里雅布申斯基后来写道:"由于'犹豫不决'而错失了这些公司。"②

有一种观点认为,里雅布申斯基家族,像普通莫斯科企业家一样,其固有的特性是墨守成规和坚守"老式商人"的经营方式,他们的突出特点是不进行金融联合并而为争夺控制权斗争③,但是,这种观点没有得到其他人的证实。里雅布申斯基家族的"犹豫不决"还表现在与其他金融集团的联合上,因此,在这些金融集团的资金压力消失后,莫斯科集团只能退出。

两家圣彼得堡的银行亚速—顿河银行和圣彼得堡私人商业银行马上对成为俄国亚麻股份公司一员的下诺夫哥罗德手工工场产生了兴趣。但是后来,亚速—顿河银行认为,下诺夫哥罗德手工工场没有发展前途,没有必要进行融资。1913 至 1914 年初,圣彼得堡私人商业银行董事会与一位下诺夫哥罗德公司的所有者积极进行通信,希望通过他购买濒临破产企业 3/4 的股份。在一战开始前,这项业务仍未完成。但是,来自圣彼得堡银行的竞争干扰了里雅布申斯基家族,他们通过 Д. В. 西罗特金与这家公司的董事会进行购买公司的谈判,并取得了预想的结果④。

梅连基亚麻手工工场进入了俄国亚麻股份公司的金融势力范围,而里雅布申斯基家族在俄国亚麻股份公司的势力强大。梅连基亚麻手工工场是俄国亚麻股份公司的股东,而它的工厂主 В. Э. 勃兰特是一位著名的林业主,是俄国亚麻股份公司的创建人之一。此外,С. Н. 特列季亚科夫是梅连基公司的大股东。1913 年,梅连基公司的损失约为 100 万卢布,致使购买公司出现了问题。与科诺普家族有联系的棉纺工厂主 Н. А. 弗托罗夫在西伯利亚商业银行理事会任职,他通过这家银行打消了里雅布申斯基家族的企图。弗托

---

① Коммерческий тетеграф. 1913. 1 ноября.
② Материалы по истории СССР. Т. Ⅵ. М. , 1959. С. 618.
③ Гиддин И. Ф. Московские банки в период империализма. С. 56 – 57.
④ РГИА, ф. 616, оп. 1, д. 205, л. 188; д. 597, оп. 2, д. 411, л. 1 – 2, 4, 6 – 7, 8 – 10, 21.

第四章　莫斯科银行业

罗夫吸引莫斯科银行理事会成员H.T.卡什塔诺夫（他也是西伯利亚商业银行理事会成员）参与购买梅连基工厂。因此，卡什塔诺夫与弗托罗夫的关系比与里雅布申斯基家族更加坚固，莫斯科银行理事会的成员反对自己的合作伙伴。1914年春，弗托罗夫和卡什塔诺夫获得了对手工工场的选择权（购买股票权）。弗托罗夫对这家公司的投入表明了它有意动摇里雅布申斯基家族在亚麻生产领域的地位。战争打破了梅连基工厂向弗托罗夫的最后转移。

如果对纺织生产的垄断说明了里雅布申斯基家族集团的扩张，那么，实际上找不出第二个体现集团活动方式、方法的主要业务。同时，里雅布申斯基家族通过自己的莫斯科银行与俄国主要银行进行各种金融合作，表明了集团在金融资本方面日臻完善。

从创建银行之日起，控制银行的集团就努力扩大银行与大型圣彼得堡银行的联系。1912年，创建了莫斯科银行圣彼得堡分行，里雅布申斯基家族慷慨斥资100万卢布在涅瓦大街上为圣彼得堡分行购置了一栋体面的建筑。集团不满足于设立分行，决定

德米特里·瓦西里耶维奇·西罗特金

尼古拉·亚历山大洛维奇·弗托罗夫

307

俄罗斯帝国商业银行

尼古拉·吉莫费耶维奇·卡什塔诺夫

通过购买俄国外贸银行（卢谢恩银行）的股票来加强对这家圣彼得堡主要银行的影响力。1914 年末，银行报告显示，莫斯科银行的存量中有卢谢恩银行的股票 2885 股，总额约为 100 万卢布。但是这种额度不能使集团在银行中享有话语权，由于某种原因，里雅布申斯基家族没有继续购买银行股票。按照私家银号最初的经营传统，里雅布申斯基家族乐于参加圣彼得堡银行组建的发行辛迪加。1912 年莫斯科银行的报告中指出，1913 年初以前，这些账户中有 96 万卢布。

里雅布申斯基家族在圣彼得堡

莫斯科银行股票

308

的银行购买了他们感兴趣的有价证券。从目前掌握的不完全数据来看，1912年，国际银行向莫斯科银行出售1400股艾姆巴—卡斯比石油公司的股票。1913年，莫斯科银行的存量中有9450股艾姆巴—卡斯比公司的股票，价值8.05万卢布；有6236股列那—果尔德菲尔茨采矿公司的股票，价值17.46万卢布，显然，这是由于辛迪加业务从圣彼得堡的合作伙伴中购买的。上述公司受俄国—亚洲银行和圣彼得堡国际银行的庇护并与英国金融资本有往来。莫斯科银行的档案中有一份1912年的紧急电报，它由一位交易所商人从伦敦发往董事会。他在紧急电报中通知董事会，艾姆巴、艾姆巴—卡斯比、列那—果尔德菲尔茨、克什特姆公司和其他俄国公司的有价证券已经进入伦敦证券市场流通。里雅布申斯基家族对这些股票进行大笔投资的意图说明了他们对这些股票感兴趣[1]。

里雅布申斯基家族与俄国—亚洲银行和国际银行一起参加了铁路建设热潮。1914年初，莫斯科银行和莫斯科商人银行签订了协议，还邀请圣彼得堡的银行家共同发行萨拉托夫—亚历山大洛夫斯克铁路公司的股份资本和债券资本。公司的创始人有莫斯科银行的 В. П.、М. П. 里雅布申斯基和 А. Ф. 杰柳仁斯基，商人银行的 А. И. 沙姆申，圣彼得堡集团的代表、银行的领导人 А. И. 普提洛夫和 А. И. 维什涅格拉茨基。普提洛夫建议莫斯科的资本家参加布哈拉铁路公司的融资辛迪加，并提出每家银行各从10345股股票总数中获得1000股[2]。

一战前，里雅布申斯基家族酝酿了海外金融市场的扩张计划，其工具是莫斯科银行。1913年初，根据银行的提议，组建了"蒙古银行"的创建辛迪加。方案约定，发行俄国政府担保的银行股票300万卢布，银行获得发行蒙古钞票的垄断权。起初，里雅布申斯基家族只邀请了莫斯科的银行参加辛迪加。1913年2月举行的代表者会批准了方案，但是，提出了一个条件以便俄国参与创建蒙古银行，莫斯科银行家认为，该方案为俄国通过私家银行

---

[1] ЦГИА Москвы, ф. 254, оп. 1, д. 25.
[2] РГИА, ф. 630, оп. 2, д. 1032, л. 12–13；д. 942, л. 5, 8.

间接向蒙古政府提供贷款创造了一个非常有利的契机。

由于实现该方案需要大量资金,所以决定在资本参与均等和银行管理机关代表数量均等的条件下邀请圣彼得堡的银行参与。但是,财政部对创建蒙古银行的态度是消极的,无限期延长批准方案。在一战前夕,蒙古银行的方案再次成为莫斯科证券交易委员会讨论的对象,但是,这次高层冻结了这个方案①。

里雅布申斯基家族和莫斯科银行在第一次世界大战前夕的主要历史事件就是这样。这个金融工业集团,和其他依靠老牌莫斯科银行的集团一样,是典型的成长于纺织业和大宗贸易的金融寡头。里雅布申斯基家族的企业家通过广泛的金融业务,成为十分有影响力的银行家。这些企业家经营活动的巨大推动力表明了俄国资本主义发展的巨大潜力,但是,俄国的资本主义并未得到充分发展。

第八节 相互贷款"巨匠"

19世纪末20世纪初,俄国相互贷款公司在信贷机构中所占的比例非常高,城市公共银行退居次要地位,在一战前工业上升期的业务增长速度上甚至超过了商业银行。1914年前夕,相互贷款公司在信贷金融系统固定资产中的比重为12.2%,略低于俄国国家银行的比例(16.4%),是城市公共银行(3.4%)的3倍多②。在一时期的俄罗斯帝国疆域内共有1108家相互贷款公司,其使命是"优先促进中小贸易的发展"。它们位于俄国的主要经济地区,其中大部分是小机构,满足自己狭小成员范围内的贷款需求。约有一半的公司向精明强干的农村地主发放贷款。

通过集聚和资本集中,相互贷款机构分化出了大企业集团,其业务规模和特点与商业银行类似。在第一次世界大战初期,大约有10家这种类型的

---

① ЦГИА Москвы, ф. 253, оп. 1, д. 238, л. 398; ф. 120, оп. 1, д. 68, л. 184 – 185.
② См.: Гиндин И. Ф. Русские коммерческие банки. С. 88, 121, 177, 203.

第四章 莫斯科银行业

相互贷款"巨匠"。

从相互贷款公司综合平衡表的数据看，1914年1月1日，基辅城市公司的总资产在俄国居第三位。圣彼得堡的5家最大互贷机构，包括俄国第二大的圣彼得堡互贷公司（总资产负债表总额3600万卢布），控制圣彼得堡所有互贷公司业务的85%。有理由认为，莫斯科商人互贷公司是突出的领导人，其资产负债表（6440万卢布）明显超过所有其他同类机构。

莫斯科商人互贷公司的业务规模在莫斯科银行业中排在前20位，这些银行包括莫斯科的莫斯科商业银行、莫斯科贴现银行、莫斯科私人银行，还有圣彼得堡的俄国—英国银行、俄国—法国银行及圣彼得堡商业银行[①]。1869年创建的公司成为继商人银行后莫斯科第二家私人商业贷款机构。该公司的创始人是20位大企业家和商人，其中包括商人银行的创始人 B. A. 科科列夫及该银行理事会主席 И. A. 里亚明。莫斯科商人互贷公司主要的监视和监督机关——理事会由纺织工厂主 T. C. 莫罗佐夫领导，著名的社会活动家和企业家 Ф. B. 奇若夫被选为董事会主席，他之前在商人银行任职。

与奇若夫一起进入董事会的还有斯拉夫主义的思想家 И. C. 阿克萨科夫，他在19世纪60年代与莫斯科的资产阶级交往紧密。章程规定，公司理事会有权决定所有原则问题，包括确定贷款规模。董事会的功能主要是负责银行每天的日常工作。但是，由于19世纪70年代中期以前没有规定理事会成员的酬金，所以，他们很少过问公司的事务，将事务委托给了董事会。与大多数莫斯科银行理事会具有优先权不同，董事会最终成为管理的决策机构。H. A. 纳伊杰诺夫回忆道："公司做出的决定不是源于董事会，这真不可思议。"[②] 莫斯科商人互贷公司自始至终都保留着这一传统。

章程规定，在相互贷款基础上成立的公司只能向其成员发放贷款，在开办业务时，成员的数量为1400人。公司资金由10%的公司成员会费、存款

[①] Сводный баланс акционерных банков коммерческого кредита, действующих в России, на 1 июля 1914 г. СПб., 1914.

[②] Найденов Н. А. Воспоминания о виденном, слышанном и испытанном. Т. II. М., 1905, С. 113–114.

311

俄罗斯帝国商业银行

伊万·阿尔杰姆耶维奇·里亚明

及活期账户进款组成。这正是相互贷款公司与股份银行的主要区别，股份银行的客户不局限于股东。还有其他一些限制，相互贷款机构禁止开展买卖有价证券业务，期票贴现和有价证券抵押贷款的约定还款期更短（相互贷款公司的最长期限为6个月，股份银行为9个月或者更长）。

董事会在给公司成员的报告中经常埋怨，在这种情况下不可能与股份银行竞争。受1878～1878年俄土战争的影响，经济行情变差，莫斯科商人互贷公司不能像股份银行一样将资产从日益萎缩的期票流转转到因战争发行的公债，失去了机动性。董事会在1878年报告中指出："章程禁止公司购买任何息票，我们为什么不能像其他私家银行一样使用自己的闲置资金购买息票。"[1]

成为不逊色于最强大竞争对手的愿望是公司参加金融联合的原因，这个联合最终导致了整个领导核心的辞职，当时的情况是这样的。

1873年，莫斯科商业银行与莫斯科商人互贷公司一起和圣彼得堡工厂主 Н. И. 普提洛夫签订了提供140万卢布贷款的协议，条件是抵押普提洛夫工厂票面金额400万卢布的公司股票。贷款公司获得10000多股票面金额132.8万卢布的股票，以这些股票做抵押发放约56万卢布的贷款。

在普提洛夫拒绝及时支付债权人债务后，引发了严重的财务损失。1877年初，俄国国家银行获得了普提洛夫工厂的控制权，但没有全部购买抵押的

---

[1] Отчет Московского Купеческого общества взаимного кредита за 1877 год. М., 1878, С. Ⅲ.

第四章 莫斯科银行业

股票。此时，莫斯科商人互贷公司将自己的股票以 49 万卢布的价格卖给俄国国家银行，因此损失了约 7 万卢布，这些资金只能列入亏损①。

1878 年初，Т. С. 莫罗佐夫效仿董事会主席 Ф. В. 奇若夫，卸任理事会主席。看得出，他们的离开是被迫的，因为他们在领导职位上为自己的公司融资。从公文资料来看，莫斯科商人互贷公司与莫斯科—库尔斯克铁路公司董事会定期修改协议，而后者的董事就是 Т. С. 莫罗佐夫和 Ф. В. 奇若夫。协议规定，铁路公司将所有自己的闲置资金汇往公司，从而获得 150 万卢布的股票抵押贷款。这一双赢的业务一直持续到 1878 年，莫罗佐夫离开理事会后，铁路公司在互贷公司的相互贷款账号就取消了。

需要指出，莫斯科商人互贷公司与莫斯科—雅罗斯拉夫铁路公司（贷款 50 万卢布）和顿涅茨克铁路公司（75 万卢布）也存在类似的协议，这些铁路由 С. И. 马蒙托夫管理，他是莫斯科商人互贷公司理事会成员，1890~1892 年任理事会主席。奇若夫离开这两家铁路公司的董事会并未对这两家铁路公司的信贷关系产生影响；直到 19 世纪 80 年代，贷款时也必须在公司存有闲置资金。

新董事会主席 И. С. 阿克萨科夫（1886 年去世）和理事会主席大商人 В. Д. 阿克谢诺夫，没有复兴公司的业务。从 19 世纪 70 年代下半期到 90 年代初，公司的业务

萨瓦·伊万诺维奇·马蒙托夫

---

① Гиндин И. Ф. Государственный банк и экономическая политика царского правительства. 1860－1892. М. ，1960. С. 240－241.

313

事实上没有发展。

在经济不景气的环境下公司的资金逐渐减少，这些资金没有进入工商业流转。1886年，公司理事会被迫承认，企业家对资金的需求越来越小。1892年前夕，公司的闲置资金增加至1200万卢布，但它们没有被有效利用。公司不容乐观的状况导致了管理机构新一轮的重组。1892年秋，董事会和理事会进行了彻底改组。董事会主席是著名的莫斯科资本家А. С. 维什尼亚科夫，理事会主席是С. А. 普罗托波波夫。

新领导人的任期直到1914年。阿列克谢·谢苗诺维奇·维什尼亚科夫出身于莫斯科著名的商人家族，他们从18世纪末开始就进行大宗金钩花商品贸易。他的父亲谢苗·彼得洛维奇·维什尼亚科夫经营家族企业30年，直到1884年去世。除了贸易外他也进行银行业务，同时参加这一业务的还有他的长子阿列克谢。С. П. 维什尼亚科夫去世后，他的财产估值超过110万卢布（其中包括49.7万卢布息票和60万卢布各种人员的期票贴现欠款），这些财产平均分给了他的3个儿子。3个儿子中最著名的是大儿子А. С. 维什尼亚科夫，他借助父亲的资本和自己的能力成为一位大金融家。

莫斯科商人互贷公司理事会主席С. А. 普罗托波波夫是企业界的一位"重要人物"。1915年他去世后的财产登记表明，这位公司理事会主席的财产超过50万卢布，其中28万左右是在公司的优惠存款，其余的是其担任董事会董事的保险公司和工业企业的股票。

新领导人将有价证券的贷款期限延长至9个月，期票贴现的日期延长至1年，也就是采取措施将公司变成普通的股份银行。参照银行模式改变了董事会成员的奖励方式——用固定薪金（一年9000卢布）和在全体董事会成员分配纯利润3%的红利取代之前为每位董事发放1%的净利润。公司理事会的奖励由净利润2%增加到4%。1897~1898年，又对章程进行了几次现代化的修订，再次参照股份银行模式引入了由净利润构成、用于清偿损失的储备资本。

在19世纪90年代经济上升的背景下，维什尼亚科夫和董事会首先关注的是有价证券抵押的透支贷款的发展。

第四章 莫斯科银行业

公司业务在这些年取得的进步让人印象深刻。1897年的报告表明，有价证券抵押贷款（包括透支、定期贷款和息票担保的期票贴现）达到7020万卢布，期票贷款为4730万卢布。1897年10月，莫斯科商人互贷公司的某些成员向财政大臣 С. Ю. 维特寄去了一封指责维什尼亚科夫的信件，它表明公司的政策发生了变化，他们认为，维什尼亚科夫利用自己兄弟的"В. 维什尼亚科夫 и К°"银行办事处在证券市场活动，并通过负责的机构进行市场投机，"通过专用活期账户特别是被担保证券的大量资金促进'В. 维什尼亚科夫 и К°'银行办事处的发展"。维什尼亚科夫在给维特的"说明书"中承认，专用账户发展迅速，但是反对信件提出限制账户金额的提议，因为这样一来"客户就会投奔其他银行"。他也否决纵容市场投机的指控，他指出，根据章程，公司无权用自己的账户购买和销售息票。看来，财政部对这些解释感到满意，因为没有采取任何限制措施。

这一时期莫斯科商人互贷公司的主要客户是哪些人？在俄国国家银行莫斯科办事处的档案中保存了

阿列克谢·谢苗诺维奇·维什尼亚科夫

斯杰潘·阿列克谢耶维奇·普罗托波波夫

315

一份公司成员1894年的债务资料。资料表明，莫斯科商人互贷公司向377人成员发放贷款，总额约为880万卢布，其中360位成员530万卢布，17位成员358万卢布。因此，4.5%的公司成员获得了将近40%的贷款。资料记载了一些大债务人，它们是博戈罗茨克—格卢霍夫手工工场（38万卢布）、达尼洛夫精梳毛纺厂（43万卢布）、А.Г.赫鲁多夫之子公司（20万卢布）、Н.Н.孔申手工工场（14.3万卢布）及В.比尔洛夫父子и К°公司（13.4万卢布）等主要的纺织公司[1]。从这些资料可以看出，莫斯科商人互贷公司对大型公司的贷款并没有金额限制。

19世纪末工业上升期间，莫斯科商人互贷公司融资的主要对象是莫斯科铁路"巨头"的企业，这些"巨头"是莫斯科—雅罗斯拉夫—阿尔汗格尔斯克铁路的主人С.И.马蒙托夫和俄国南部的企业家、银行家А.К.阿尔切夫斯基。已经指出，莫斯科商人互贷公司在19世纪70年代就与马蒙托夫缔结了信贷关系。当时，与А.К.阿尔切夫斯基也建立了联系：1874年他领导的两家位于哈里科夫的银行（商业银行和土地银行）从公司获得贷款65万卢布。贷款定期延期，在19世纪80年代银行股票和土地银行抵押证书的抵押贷款规模超过300万卢布。后来，银行将贷款汇给阿尔切夫斯基的工业企业，此外，他还拥有一些大型冶金工厂和煤矿。

随着工业行情的好转，莫斯科商人互贷公司与两家客户的业务达到了前所未有的规模。1897年前夕，莫斯科商人互贷公司发放马蒙托夫铁路股票抵押定期贷款343.3万卢布（股票票面价值总计67.8万卢布），土地银行抵押股票86.9万卢布，获得贷款132.5万卢布。如果考虑到1897年1月1日公司的贷款余额为1080万卢布，那么两家俄国企业巨头的企业债券贷款占了所有贷款存量的一半左右。

但是，经济危机使公司的两家主要客户遭受了损失，董事会迅速缩小了融资规模。众所周知，马蒙托夫在1899年秋破产了。但是，莫斯科商人互贷公司董事会成功避免了大额损失：由于正确估计了红利和马蒙托夫铁路股

---

[1] ЦГИА Москвы, ф.450, оп.2, д.25, л.52.

票市场价格在 1898 年下滑的危险，董事会在 1899 年之前就摆脱了大部分抵押品。

维什尼亚科夫的银行由于市场行情下降，要求马蒙托夫在 1898 年支付其抵押的 5800 股铁路股票。马蒙托夫向圣彼得堡国际银行寻求帮助，银行的主席是普鲁士出身的 А. Ф. 罗特施泰因，是万能的财政大臣 С. Ю. 维特的"右手"，他承诺接受整个额度的抵押，但条件是向其出售 1500 股股票。罗特施泰因想获得对马蒙托夫新公司——东西伯利亚铁路公司的影响力，当时该公司的方案已经得到了批准。

但是圣彼得堡国际银行接替莫斯科商人互贷公司后，天才的企业家和伟大的文学艺术庇护人却跌入了陷阱之中。罗特施泰因的银行利用持续下降的股票行情，保留了抵押份额，使马蒙托夫脱离了他父亲开创的事业（后来马蒙托夫的莫斯科—雅罗斯拉夫铁路收归国有）。可见，在罗特施泰因的怂恿下，财政部的官员也对马蒙托夫产生了兴趣，加快了这一凄惨结局的出现。政府调查结果表明，马蒙托夫的企业有很多扰乱金融的行为，这些企业的主人也悉数被捕并送交法庭审判。但是不管是维特派出的检察官还是政府的指控，都不能在法庭程序上提出马蒙托夫的贪婪动机。俄国社会舆论认为，企业家是其不诚实伙伴的牺牲品。

所以，"俄国美第奇家族"的破产没有引起维什尼亚科夫的警觉，他认为这是偶然的。况且，莫斯科商人互贷公司的主人很快破产了，而不仅仅是损失那么简单。1899 年维什尼亚科夫进入了北方林业公司的经理处，该公司由马蒙托夫于 1896 年为采伐莫斯科—雅罗斯拉夫铁路的道路树木而建立。莫斯科商人互贷公司主席基于私人关系为林业公司提供了优惠贷款。马蒙托夫破产后木材公司停止了支付，维什尼亚科夫领导了该公司的行政管理机构。行政管理局认为，应与债权人结算并使企业摆脱危机，但是公司新主人利用公司为自己的利益服务。维什尼亚科夫以 30～40 戈比对 1 卢布的比例买下所有剩余的债权人索赔额后，独自占有了公司大量财产。马蒙托夫为建设木材加工工厂而在莫斯科购置的地块，以非常合适的价格出售给了沃尔科夫商行，该商行的股东是行政管理机构的主席，维什尼亚科夫获得了在雅罗斯拉夫尔的一些锯木企业，而购买价格不到实际价格的一半。木材公司的破产为莫斯科互贷公司主席带来了约50万卢布的收益，此后，他退出行政管理机构，失去了对这一毫无生机企业的兴趣。

我们再来看一下马蒙托夫破产后的情况。莫斯科商人互贷公司董事会持乐观态度，尽管1899年发生了很多变故，但由于高水平的贴现利率，公司取得了惊人的100万卢布的净利润。

由于整个市场行情的拖累，经济危机降低了抵押的有价证券价值。但是，对于第二个主要的金融伙伴——阿尔切夫斯基来说是个例外。1900年前夕，在公司抵押的哈里科夫土地银行和商业银行的股票票面价值为142.8万卢布，所发放的贷款为249万卢布。一年后的1901年1月1日，抵押价值（土地银行的股票和抵押证书）增加到301.7万卢布，而贷款增加到353.2万卢布。

1901年春，阿尔切夫斯基自杀造成的"哈里科夫破产"也引起了商业银行的破产，土地银行和哈里科夫百万富翁的工业企业转移到了其他工业集团手中，这严重损害了莫斯科商人互贷公司的利益。

与马蒙托夫和阿尔切夫斯基企业的清算耗费了莫斯科商人互贷公司的很多精力。

20世纪初，在主要客户破产和普遍发生经济危机的环境下，公司的信贷政策也做出了相应调整：与19世纪90年代有价证券抵押贷款的绝对规模持续缩小不同，票据流转信贷以惊人的速度增加。19世纪90年代市场行情上升时实施无节制融资政策，在20世纪初则转向了最谨慎的政策，这一政策通过期票贷款为公司提供了坚实的业务基础。20世纪初，股份商业银行也进行了相似的力量再分配，圣彼得堡和莫斯科的主要银行在一战前就完成了有价证券融资的再飞跃，而莫斯科商人银行的有价证券融资规模还在持续萎缩。

有价证券的担保融资也发生了明显变化。如果19世纪90年代，市场上牌价较高的铁路公司和银行的股票是主要的抵押品，那么一战前，莫斯科工商业公司的股份、股票和债券则占据了最主要的位置。公司1913年的报告表明，1914 年 1 月 1 日，透支账户中的大笔贷款是铁路公司的股票抵押贷款 370 万卢布，商业银行的股票抵押贷款 410 万卢布，工商业公司的股票和债券抵押贷款 250 万卢布。最后一种贷款的客户主要是 8 家与纺织生产有关的企业。

可以通过统计资料确定贷款的绝对金额，统计也包含 1912 年有效账户的债务金额信息。通过公司老板参与相互贷款公司管理机关而与相互贷款公司有联系的公司获得了大笔贷款。雅罗斯拉夫手工工场获得 33.5 万卢布贷款，它在相互贷款公司理事会的代表是手工工场董事 C. C. 卡尔京金，B. Ф. 杰米多夫（22 万卢布）麻纺厂在相互贷款公司董事会的代表是麻纺厂董事 A. B. 杰米多夫，科斯特罗马亚麻手工工场（7.6 万卢布）在理事会的代表是 C. H. 特列季亚科夫，奥库洛夫书写纸生产工厂（40 万卢布）的代表是董事会主席 П. П. 里雅布申斯基，Э. 钦德尔手工工场股份的代表是相互贷款公司理事会成员 A. B. 布雷什金。

从这些资料可以得出结论，莫斯科商人互贷公司是按照莫斯科的股份银行模式来与企业家建立关系的。这种模式的重要内容是通过有价证券为区域大型工商业企业进行融资及与莫斯科的主要公司进行私人联合。

第一次世界大战前，莫斯科商人互贷公司的组织形式与股份银行仅有一项条款不同——公司无权用自己的账户买卖有价证券。但是，不久后找到了解决办法：1910 年，董事会组建了特别外国分行，该分行的首要任务是获得国外代理行的贷款，但是也包括"在国外交易所买卖有价证券"的职能。最终，董事会在欧洲一流银行伙伴和银行家的帮助下获得了进行交易所业务的机会。

业务规模的扩大促进了金融机构与工业资本的进一步融合和发展。

19 世纪与 20 世纪之交，公司逐渐克服专业局限并发展成像银行一样的综合性信贷联合机构。莫斯科商人互贷公司的历史表明，其他一些与商业银行经营活动类似的大型金融联合企业也通过工业金融资本得到发展。

地方银行的大楼

第五章
俄罗斯帝国的地方银行业

第一节　俄罗斯帝国地方信贷机构的类型

在圣彼得堡批准私人商业贷款之前的很长一段时期内，俄国就建立了国有银行，它们的主要作用是扶持地主和清偿政府的长期赤字预算，而在俄国地方，银行业的产生是一个自然的过程，它是资本主义对商业信贷需求发展的反应。

应该指出，对"地方"的现代理解与当时的一般理解不同，对此我们会再做说明。现在，它一般指的是远离大行政和文化中心。20世纪初，这些地区指的是偏僻的或者是遥远的省份，而这个词本身指的是首都以外的任何地区。所以，我们要讨论的所有地方银行指的都是除圣彼得堡和莫斯科以外的银行。

私人银行机构

以上表明，将商业业务与银行业联系在一起的贸易公司在俄国股份商业银行中发挥了巨大作用。它们产生的条件是19世纪上半叶国内外贸易的发展。所以，这些公司自然会出现在贸易中心，首先是出口俄国粮食和木材的港口城市。其中一些贸易公司后来发展成"纯粹的"银行，它们分布最多的是俄罗斯帝国的西部省份。

俄国的私人银行机构在私人企业的法规框架内活动。这确定了它们的组织形式。它们大多数只有一名所有人,但也有一些是集体所有。俄国法律规定了两种资本组织形式:①商行;②股份公司或合营公司。它们的原则性区别在于商行的参加者即股东对公司在无支付能力时对所有财产负责,而股份公司和合营公司的参加者仅对自己在企业固定资产中的存款承担有限责任。商行和股份公司在设立程序和活动细则方面也有区别。前者的设立非常简单,只需向商人管理局或者市参议会提供简单的证明。而后者的建立或者改变主要经营条件则必须以私人法令为基础并经政府同意。法律规定,商行分为两类:无限公司和合伙公司。后者的区别在于,参与企业的除了对公司业务承担全部责任的股东外,还有储户,他们对公司的责任以自己的存款额为限。《商法》规定,合伙公司的名称是在公司股东姓名后面加上"и К°"①。

1889年前,俄国法律中没有任何特别条款规定私人银行机构的建立和活动程序。1889年6月26日法律规定,这种机构的创始人必须向相应的省长或者市长提出申请,指明本机构将进行哪些业务。省长或者市长将申请递交给财政部,由其决定是否发放许可证。财政大臣根据上述法律有权禁止银行从事哪些业务,包括吸收存款、发放息票重新典押担保的贷款(所谓的专用活期账户)。

股份商业银行的每项组织制度和活动都必须由章程制定细则,章程须经政府和沙皇批准,而私人银行在财政部许可业务的框架内,无论是业务还是组织都是自由的。它们也不必向股份公司一样公布报表,但是必须根据财政部的要求向财政部提供开展业务的信息。所以它们必须根据私人企业的商业章程,处理记账和公事信件往来。

私人银行的主要业务和股份商业银行一样。它们接受存款和发放不超过9个月的贷款,开立专用活期账户,进行期票贴现,接受托收委托和为外埠人员付款,自己出资和接受客户委托买卖有价证券等。

---

① Свод законов. СПб., 1903. Т. XI. Ч. 2. Устав торговый. Ст. 62 и 71. Следует иметь в виду, что формула "и К°" использовалась и в названиях единоличных фирм.

第五章　俄罗斯帝国的地方银行业

银行机构通常分为私家银号和银号办事处。但是这种分类并没有严格的标准。财政部尝试通过研究调整银行机构活动的方案来约定这些标准，并在1911年将方案提交跨部门特别会议。但是后来，并没有对此进行讨论①。

1913年1月1日，财政部资料显示，在俄国有大约300家私家银号和银号办事处，其中约20%位于圣彼得堡和莫斯科。其余主要分布在波兰王国、现在的波罗的海国家、白俄罗斯、乌克兰和摩尔达维亚等地。其中超过40家集中在华沙。敖德萨有10多家私人银行机构，比亚维斯托克、维尔诺、罗兹、明斯克、基辅和琴斯托霍瓦有5~10家。整体上，这些机构分布在西部省份中的100多个城市。除这些城市之外，还有10多个城市有这样的银行机构，如俄国"欧洲中心"的科兹洛夫、库尔斯克、奥廖尔、奔萨、萨拉托夫、斯摩棱斯克和图拉，北方的阿尔汗格尔斯克，南方的斯塔夫罗波尔和梯弗里斯，西伯利亚的托木斯克和秋明②。

因为私人银行机构不必公布报告，所以没有任何能了解其资产的系统数据。财政部的调查表明，1913年1月1日，这些机构的自有资本总计如下：在各省城市（除了圣彼得堡和莫斯科）中平均为62.4万卢布，在各县平均为23.1万卢布。但是，在地方的私家银号和办事处中，也有一些机构拥有非常庞大的资金。比如，敖德萨的"М.阿什科纳吉"和维尔诺的"И.布尼莫维奇"私家银号的自有资本就超过了150万卢布③。

私人银行机构根据自己的资产、经济生活和其他银行的需求执行各种功能。一长管理制和基本不受社会和国家的制约，使其成为最机动和富有弹性的信贷机构形式。由于风险自负，这些机构的所有者通常会积极补足资金并非常清楚当地的环境和客户信息，善于对行情变化做出迅速反应。因此，私人银行机构的命运与其所有者的个人品质直接相关。通常在所

---

① См.: Бернарди А. Б. Организация и операции банкирских учреждений. СПб., 1913.
② Макаров А. Ф, Банки и кредитные учреждения. СПб., 1913. С. 268 – 272; Ананьич Б. В. Банкирские дома в России. 1860 – 1914гг. Л., 1991. С. 153.
③ Ананьич Б. В. Указанное сочинение. Банкирские дома в России. 1860 – 1914гг. С. 154; Шепелев Л. Е. Акционерное учредительство // Из истории империализма в России. М. Л., 1959. С. 176 – 177.

有者去世后，他们所拥有的银行机构要么关闭，要么改变招牌由继承者或者新所有人掌管。地方的银号，有些成为上述俄国首批商业银行的创建者，1910年前夕，只剩下敖德萨的私家银号"Э. Мас и К°"和塔甘罗格的银号办事处"Я. С. 波里雅科夫"。但是，第一次世界大战前它们被注销了。俄国的地方银号，唯一从改革前保留下来的是创建于1833年的敖德萨的"А. 特拉巴吉 и К°"私家银号。但是，改革后创建的银号依然存在：华沙的"И. Г. 普里奥赫"、"Г. 瓦维里别尔戈"和"С. 纳堂松 и с—я"，敖德萨的"М. 阿什科纳吉"、"Р. 索什杰"和"О. 哈伊斯"，以及里加的"И. 布尼莫维奇"等①。

城市公共银行

俄国还有一种贷款机构，比股份商业银行还要早，它们就是城市公共银行。第一家城市公共银行创建于1789年，经沙皇诏书批准，准许城市"组建银行"，为居民发展商业或在"贫穷和不幸"时提供贷款②。长时间以来，沃罗格达是唯一使用这种权利的城市。沃罗格达银行的资本由少量的捐款和不多的会费组成，规模很小，总计只有几千卢布。但是，银行展现出了惊人的活力：它差不多"活到"130周岁。

第二家城市银行创建于维亚特卡省的斯洛博茨科伊市，由当地商人К. А. 阿姆菲拉托夫出资、倡议成立。1811年，银行开始运营，资本2.8万卢布。章程规定，银行在一定时期内是典型的城市银行，阿姆菲拉托夫的银行有权发放不动产或商品抵押贷款和进行期票贴现③。

19世纪60年代初之前，又成立了13家城市银行，"活到"1917年。其中有5家位于省会（喀山、托木斯克、奔萨、阿尔汗格尔斯克和伊尔库茨

---

① См.：Варшавский Л. Банки и банкирские конторы Российской империи. 2 - е изд. 1910 год. М., 1910；Макаров А. Ф. Указанное сочинение．Банки и кредитные учреждения. С. 268 - 272.

② ПСЗ, 1, Т. XXII, № 16188.

③ ПСЗ, 1, Т. XXX. № 23942.

克），其余位于县城。19世纪60年代，城市银行的数量快速增长。1875年，城市银行的数量为235家，1881年达到了281家[①]。

1883年公布的城市公共银行条例，规定了城市银行建立的程序、功能和组织。这些银行附属于城市杜马。财政大臣根据与内务部的协议批准成立城市银行。这些银行的资本不少于1万卢布，由公共资金、捐款和私人出资组成。银行由城市杜马控制。银行的存款由城市的财产担保。银行可以开展如下业务：接收存款，开展期票贴现，设立专用活期账户，获得转交银行的期票付款，汇款，根据私人授权买卖有价证券，自己出资买卖国家息票和担保息票，根据客户委托和依靠自有账户买卖贵重金属，在其他信贷机构抵押银行持有的息票，发放粮食承运的铁路单据抵押贷款等[②]。

19世纪80年代，城市银行的发展遇到了波折。1893年前夕，城市银行的数量减少到242家，此后10年都未发生变化。后来又恢复了增长。1911年，在俄国共有286家城市银行，其中46家位于省会。这些银行分布最广泛的是切尔尼戈夫省、库尔斯克省、哈里科夫省、新俄罗斯（赫尔松省和塔夫里奇省）、特维尔省、雅罗斯拉夫省、科斯特罗马省和维亚特卡省。在波兰王国及其附近的西方省份除波多利斯克省（也就是科夫诺省、维尔诺省、格罗德诺省、霍尔姆省和日托米尔省）外，在立窝尼亚、爱沙尼亚和土耳其斯坦没有城市银行。在阿尔汗格尔斯克省、白俄罗斯和河右岸的乌克兰地区的数量也不多。城市银行在其他地区的分布相对平均。西伯利亚的情况也类似。在外高加索只有几家城市银行[③]。

1914年1月1日，城市银行的数量增加到317家，银行的自有资本平均18.8万卢布，存款62.6万卢布。但是，平均数隐藏了城市银行之间的巨大差距。很多银行的自有资本几乎没有达到法律规定的1万卢布的最低限制，

[①] Гиндин И. Ф, Русские коммерческие банки. М., 1948. С. 43, 67.

[②] В 1912 г. было издано новое Положение о городских общественных банках, которое подтвердило основные пункты Положения 1883 г. См.: Свод законов. СПб., 1903. Т. XI. Ч. 2. Устав кредитный. Ст. 1 – 154.

[③] Макаров А. Ф, Указанное сочинение. Банки и кредитные учреждения. С. 182 – 205.

这些银行的存款规模也不大。同时，还有一些富有的银行，它们拥有大量的自有资本和可观的存款。哈里科夫城市商人银行尤为突出。1911 年 1 月 1 日，它的自有资本达到了 210 万卢布，存款 700 万卢布。因此，银行的固定负债达到 900 万卢布。还有 3 家城市银行（萨马拉银行、萨拉托夫银行和伊尔库茨克银行）的固定负债超过 500 万卢布。固定负债超过 100 万卢布的城市银行总数超过 50 家，其中包括俄国最古老的城市银行沃罗格达城市银行，还有在 19 世纪 40 年代创建的喀山城市银行、托木斯克城市银行和奔萨城市银行①。

相互贷款公司

除城市银行外，服务俄国中小资产阶级的还有相互贷款公司，这是一种企业家和商人进行相互贷款的信贷机构。

俄国第一家相互贷款公司于 1864 年春在圣彼得堡创立，稍早于俄国第一家股份银行圣彼得堡私人商业银行。创建相互贷款公司的推动力是一场可怕的火灾，这场火灾几乎毁了首都整个阿普拉克辛和舒金市场。当时，圣彼得堡商人和银行家就产生了创建这样一家公司的想法，这家公司能够通过会员缴纳的会费为会员提供贷款。1863 年末，国务会议批准了这家公司的章程。它的创始人大约有 300 人，会费从 30 卢布到 5000 卢布不等，这些会费构成了 1.4 万卢布的初始资本。俄国国家银行对公司的创建给予了各种援助并向公司提供了场地。圣彼得堡相互贷款公司董事会主席是俄国国家银行副主管 Е. И. 拉曼斯基。后来他回忆道，公司初期的主要业务是会员提出的期票贴现："小型商人通过相互贷款公司接收商品，根据贷款情况开立 1 个月、2 个月、3 个月的期票，这些期票立刻在相互贷款公司贴现。换言之，小型商人摆脱了外国信托公司的某种控制。甚至一些小饭馆也通过开立 30、40、50 卢布，期限为 1 个月、2 个月、3 个月的期票，来购买茶叶和糖等。

---

① Макаров А. Ф, Указанное сочинение . Банки и кредитные учреждения. C. 182－205；Гиндин И. Ф, Указанное сочинение . Русские коммерческие банки. C. 428－429.

结果，出现了贸易的新武器——信贷……"①

后来，在公司会员了解将闲置资金存在公司的好处后，公司的资产快速增长。拉曼斯基写道："活期账户业务在相互贷款公司得到特别明显的发展。不需要贷款的人在活期账户中存入了大量资金，得到公司3%~4%的利息。由于这项业务，相互贷款公司成为我们所有商行、众多私营业主和社会机构的储蓄中心。"②

圣彼得堡相互贷款公司的成功使其成为被竞相模仿的榜样。1866年，哈里科夫成立了一家类似的公司，1868年基辅和敖德萨，1869年莫斯科、里加和鲍里索格列布斯克（坦波夫省）也都成立了类似公司。1870年，又建立了5家相互贷款公司。1875年，相互贷款公司的数量已经达到了81家。但是，如果说圣彼得堡公司的成功促进了这些公司在其他城市的出现，那么，圣彼得堡公司在19世纪70年代中期因快速增加对各种股份公司的贷款而造成的巨大损失，则严重阻碍了相互贷款公司在俄国的后续发展。19世纪70年代下半期，相互贷款公司数量增长的趋势放缓，在接下来的10年中几乎停止。仅在19世纪90年代中期才开始恢复增长，后来又进入了一个快速增长期。1900~1907年，相互贷款公司的数量增加2.5倍，1908~1913年增长3.5倍。1914年前，俄罗斯帝国有1108家相互贷款公司，会员63.43万人。

1912年1月1日，776家正在经营的相互贷款公司有50.08万名会员，34家公司、4.35万名会员位于圣彼得堡和莫斯科，其余742家公司、45.83万名会员位于各省（其中142家公司位于省会，600家公司位于县城）。

与私人银行机构和城市银行不同，相互贷款公司几乎遍布整个帝国疆域。大量的相互贷款公司集中在库班州（57家）和顿河州（31家）（这些地区是最重要的出口粮食生产基地）和西南的农业大省：波多利斯克（43家）、赫尔松（39家）、比萨拉比亚（34家）、基辅（33家）、沃

---

① Ламанский Е. И. Воспоминания // Русская старина. 1915. Т. 164. С. 65.
② Ламанский Е. И. Воспоминания // Русская старина. 1915. Т. 164. С. 66.

伦（32家）、叶卡捷琳娜斯拉夫（29家）、塔夫里奇（28家）及波尔塔瓦（25家）。

如果说，法律规定每个城市的城市银行不能超过一家，那么，相互贷款公司的数量则不受限制。相互贷款公司数量较多的省份如下：里加（13家）、华沙（12家）、罗兹（7家）、敖德萨（6家）、哈里科夫（6家）和基辅（5家）①。

20世纪初的贷款章程规定，相互贷款公司的目的是为会员、任何个体、男性和女性，提供有效的资本优化方式并为贸易、工业和农业流转提供贷款。公司经营的基础是财政部批准的章程。公司的自有资本由会员的入会费构成。公司人员对自己会费10倍的金额承担责任。发生损失时，公司有权要求会员在承担责任的范围内再额外存入资金。会员只能参加一家公司。其他方面，相互贷款公司与商业银行区别不大。相互贷款公司的业务包括：接受存款；为会员发放6个月内的贷款；为会员开立国家息票和货物单据下的活期账号形式的贷款；发放农业领地抵押担保的、一人签署票据的贷款；汇款；保存息票和其他贵重物品；抵押私人有价证券；认购土地债券、城市债券和社会债券，认购政府准许发行的股票等②。

莫斯科相互贷款公司的资产特点鲜明：平均每家公司有63.49万卢布资本和365.79万卢布存款。地方公司固定负债的平均数明显少于城市银行的平均数：13.2万卢布资本和48.9万卢布存款。但是，相互贷款公司的分布更广泛。因为没有规定公司的最低资本，所以，很多公司的资本不到1万卢布或者勉强超过1万卢布。同时，一些公司成为其他一些股份银行羡慕的对象。比如，基辅相互贷款公司拥有自有资本530万卢布、存款2310万卢布，也就是拥有固定负债2840万卢布。敖德萨公司的固定负债为1570万卢布，

---

① Мараков А. Ф. Указанное сочинение . Банки и кредитные учреждения. С. 81 – 176, 276 – 277.

② Свод законов. СПб．, 1903, Т. XI . Ч. 2. Устав кредитный; Варшавский Л. Указанное сочинение . Банки и банкирские конторы Российской империи. 2 – е изд. 1910 год. С. 36 – 37.

第五章　俄罗斯帝国的地方银行业

罗兹工业公司为1210万卢布，顿河畔罗斯托夫公司为1080万卢布。还有8家公司（华沙公司、叶卡捷琳诺达尔公司、新切尔卡斯克公司、里加第三公司、萨拉托夫公司、辛菲罗波尔公司、梯弗里斯公司、罗兹第一公司）的固定负债超过500万卢布。固定负债超过100万卢布的公司超过100家[1]。

地方股份商业银行

创建于1868年的基辅私人银行和哈里科夫商业银行是首批地方股份银行。

1870年，又创建3家银行：华沙商业银行、敖德萨银行和下诺夫哥罗德商人银行。第二年，地方银行的数量增加了6家。其中包括：塔甘罗格亚速—顿河银行，基辅工业银行、华沙贴现银行、里加银行、顿河畔罗斯托夫银行，科斯特罗马商业银行。

1872年，创建银行的数量达到了前所未有的水平。一年内11家股份商业银行开业运营：叶卡捷琳堡的西伯利亚商业银行、梯弗里斯银行、罗兹商业银行、奥尔洛夫银行、维尔诺私人银行、尼古拉耶夫银行、吉什涅夫银行、利巴瓦银行、叶卡捷琳娜斯拉夫银行、克列缅丘格银行及喀琅施塔得银行。

1873年，俄国经济形势急剧恶化，但是由于惯性，仍在创建银行。在这一年创建了梁赞商业银行、沃罗涅日银行、普斯科夫银行、喀山商人银行、明斯克银行和卡梅涅茨—波多利斯克银行。地方股份商业银行的总数达到29家。它们的数量停止了增长，1875年莫斯科商业贷款银行破产后，开始了负增长：1876年，顿河畔罗斯托夫商业银行注销，1878年敖德萨银行和吉什涅夫银行注销，1879年卡梅涅茨—波多利斯克银行注销。同年，喀琅施塔得银行宣布破产。

从1879年开始，注销银行的同时又在创建银行。因此，又创建了敖德萨贴现银行（1879年）、中亚银行（1881年）、敖德萨工商银行（1889年）及顿河畔罗斯托夫商人银行（1894年）。同时，又注销了雷瓦尔银行（1880

---

[1] Свод балансов Обществ взаимного кредита на 1 января 1914 г. СПб., 1914.

俄罗斯帝国商业银行

沃罗涅日商业银行股票

顿河畔罗斯托夫商人银行股票

年)、尼古拉耶夫银行(1884 年)和克列缅丘格银行(1895 年),而仅创建 4 年的敖德萨工商银行成为俄国外贸银行首都分行。梁赞商业银行改组成莫斯科—梁赞银行(1884 年),基辅工业银行改组成南俄工业银行(1896 年)。同时,这两家银行迁至莫斯科。

1897 年,创建银行的活动更加积极,两年内又增加了 4 家银行:罗兹商人银行、比亚维斯托克商业银行、雷瓦尔波罗的海工商银行及顿河畔罗斯托夫工农银行。这时,西伯利亚商业银行由叶卡捷琳堡迁至圣彼得堡。

20 世纪,地方银行的数量再次减少:叶卡捷琳娜斯拉夫银行宣布破产,哈里科夫商业银行、科斯特罗马商业银行、明斯克银行、塔什干中亚银行、雷瓦尔的波罗的海工商银行、顿河畔罗斯托夫工农银行被注销,奥尔洛夫银行成为莫斯科联合银行的一部分,塔什干的亚速—顿河银行迁至圣彼得堡。

1908 年,在长期的停顿后又创建了一家地方银行——萨马拉商人银行。1911~1913 年,创建了 11 家银行:华沙工业银行、华沙合作银行、华沙工商业促进银行、敖德萨商人银行、阿尔马维尔北高加索银行、米塔夫银行、

330

第五章　俄罗斯帝国的地方银行业

赫尔松土地银行收益凭证

基辅私人商业银行股票

彼尔姆商人银行、布祖卢克商人银行、斯摩棱斯克商人银行、华沙西部银行、梯弗里斯商人银行。同时，普斯科夫银行和比亚维斯托克商人银行不再是独立的公司，变成两家首都银行——莫斯科的"И. В. 容克 и К°"和圣彼得堡的"俄国—法国银行"的分行①。

这样一来，地方股份商业银行的数量达到了19世纪70年代中期前夕的峰值——29家，随后数量下降。第一次世界大战前夕，地方股

米塔夫商业银行股票

① Шепелев Л. Е. Указанное сочинение . Акционерное учредительство. С. 169 – 173.

331

俄罗斯帝国商业银行

察里津商人银行股票

萨马拉商人银行股票

斯摩棱斯克商人银行股票

份商业银行的数量又开始增长,但是没有达到最高水平。

1914年1月1日,俄国47家股份商业银行中有26家在地方设董事会。地方银行有58家分行。地方银行分布在19座城市,其中华沙有6家银行,罗兹、敖德萨和梯弗里斯各2家。

虽然地方股份商业银行的总资产(自有的资本和存款)超过了市立银行,但是,它们在地方仍明显逊色于相互贷款公司。但从个体看,不管是与城市银行还是相互贷款公司相比,大多数地方银行都称得上巨头,当然，它们还不能和最强的城市银行和相互贷款公司相比。要知道，仅有 4 家地方股份商业银行的自有资本少于 100 万卢布。

1914 年前夕，华沙商业银行的资产最多，拥有 3160 万卢布自有资本和 5550 万卢布存款。其次是里加商业银行（相应为 1200 万卢布和 2920 万卢布）、梯弗里斯商业银行（990 万卢布和 2270 万卢布）、罗兹商业银行（1560 万卢布和 1630 万卢布）、维尔诺私人银行（310 万卢布和 2650 万卢布）、华沙贴现银行（1570 万卢布和 720 万卢布）、敖德萨贴现银行（270 万卢布和 1290 万卢布）、顿河畔罗斯托夫银行（530 万卢布和 910 万卢布）、华沙西部银行（770 万卢布和 510 万卢布）、罗兹商人银行（560 万和 510 万卢布）等①。

尤里耶夫银行股票

首都股份商业银行分行

已经指出，圣彼得堡和莫斯科的股份商业银行在地方设有分行。伏尔加—卡马银行是第一家在地方创建分行的银行，后来其他银行也争相效仿。19 世纪 90 年代初，分行的数量达到 30 家。

东南工业银行股票

---

① Русские акционерные коммерческие банки по отчетам за 1914 г. Пг., 1915.

333

俄罗斯帝国商业银行

随后，数量开始快速增长，1914年前夕超过了600家。这些分行的任务在于动员地方呆滞资本。20世纪初，它们在动员地方呆滞资本方面逊色于地方股份商业银行。但是在1900~1913年，首都银行分行的存款增加7倍。1914年前夕，这一数字超过了地方所有其他的信贷机构。

俄国各省的信贷机构数量

信贷机构类型	年份					
	1875	1881	1893	1900	1908	1914
国家银行分行	47	55	89	112	114	135
首都商业银行分行	21	20	31	109	267	629
地方股份银行	29	24	23	24	21	26
地方银行分行	26	13	34	124	74	58
相互贷款公司	80	97	97	113	296	1069
城市银行	235	281	242	241	267	317
总计	438	290	516	723	1039	2234

第一次世界大战前夕，俄国工商银行拥有100多家分行。它占了莫斯科银行所有地方分行的1/6左右。俄国—亚洲银行、联合银行、亚速—顿河银行、俄国外贸银行、伏尔加—卡马银行、西伯利亚商业银行和圣彼得堡国际银行紧随其后[①]。

国家银行分行

俄国国家银行的任务包括促进工商业发展。1866~1875年，俄国国家银行用于经济的贷款占商业资产的28%，1876~1880年为53%，1881~1890年达到63%[②]。俄国国家银行在股份商业银行实业积极性低落的时期

---

① Гиндин И. Ф, Указанное сочинение . Русские коммерческие банки . Статистические приложения; Макаров А. Ф, Указанное сочинение . Банки и кредитные учреждения. С. 8 – 52.

② Гиндин И. Ф. Государственный банк и экономическая политика царского правительства (1861 –1892). М., 1960. C. 122.

增加了对国民经济的贷款,当时股份商业银行在经济危机和持续萧条的情况下,丧失了为工业贷款的动力。因此,只能由俄国国家银行提供贷款来挽救处于困境的企业。俄国国家银行遍布全国的分行完成了这一使命并为商品流转贷款。俄国国家银行分行的作用在于将地方的存款吸引到国家贷款体系并为政府的经济政策服务。

19世纪90年代,吸收小额存款的任务转移到了国家存款机构。俄国国家银行在俄国空前的经济增长环境下,提升了分行在信贷经济特别是商品流转中的地位,促进了俄国资本主义的广泛发展。

俄国地方信贷机构的资产

信贷机构类型	1881年1月1日 资本	1881年1月1日 存款	1893年1月1日 资本	1893年1月1日 存款	1900年1月1日 资本	1900年1月1日 存款	1908年1月1日 资本	1908年1月1日 存款	1914年1月1日 资本	1914年1月1日 存款
国家银行分行	—	142	—	160	—	97	—	149	—	110
首都的股份银行分行	—	17	—	46	—	154	—	383	—	1098
地方股份银行	33	64	48	115	106	184	80	156	149	270
相互贷款公司	16	74	18	72	28	93	43	156	123	440
城市银行	34	206	34	90	39	97	48	111	60	198
总计	—	503	—	483	—	625	—	955	—	2116

20世纪初,国家经济已暗藏危机,俄国国家银行再次成为风雨飘摇的工商企业和银行的救世主。随着一战前经济行情的好转,俄国国家银行的业务向着既定的两个方向发展。作为国家最大的商业银行,它在股份商业银行活动较弱的地区扩大了商品流转贷款;它在粮食贸易贷款中的作用十分巨大。俄国国家银行在继续为股份商业银行提供大额贷款的同时,开始成为"银行的银行"。俄国国家银行开展两个方向业务的重要工具是它的地方分行。

从1875年到1914年,俄国国家银行分行的数量持续增长并且相对平均。第一次世界大战前,俄国国家银行分行的网络由它的区域办事处领导,包括圣彼得堡办事处、莫斯科办事处、华沙办事处、基辅办事处、敖德萨办

俄罗斯帝国商业银行

事处、里加办事处、罗斯托夫办事处、梯弗里斯办事处和哈里科夫办事处。俄国国家银行的其他区域分行有分公司的地位。

根据信贷章程，俄国国家银行及其分行有权进行期票贴现、发放贷款（包括不动产抵押贷款）、接收活期账户存款等①。19 世纪 90 年代初，在存款作为资产业务主要来源方面，俄国国家银行分行在地方的信贷机构中占首位。但是后来，这种差距缩小了。在分行的动员下，1914 年前夕，俄国国家银行明显强于其他信贷机构。

国家银行莫斯科办事处

国家银行基辅办事处

第二节　俄罗斯帝国地方信贷机构的分布

我们研究了俄罗斯帝国的地方信贷机构类型，对地方银行有了基本认识，实际上，地方银行是一个体系，它的每一环都有自己的功能。俄国地方信贷机构的数量一直在增长。当然，信贷机构的作用不仅仅取决于它们的数量，更重要的是取决于它们所拥有的资金。

显然，19 世纪 80 年代初以前，城市银行在俄国地方发挥主要作用。它们的数量比其余所有信贷机构的总和还多。并且，它们拥有最丰富的资金。

10 年后，城市银行继续在数量上保持优势，但在资金上被俄国国家银行和地方股份商业银行赶超了。

---

① Свод законов. СПб., 1903 Т. XI. Ч. 2. Ст. 24.

20 世纪初，城市银行的数量依然是最多的，尽管它们在地方信贷机构总数中的比重下降到了 1/3。在资金方面，地方股份银行成为领导者。

第一次世界大战前夕，首都银行分行和地方相互贷款公司占据优势。它们约占地方信贷机构数量和资本的 3/4。

现在看它们的资本使用方向。数据表明，最重要的业务是期票贴现—商品流转贷款。但是在一战前，期票担保、商品担保、商业单据担保贷款和有价证券担保贷款的比重急剧提升。前者是商品流转贷款。后者的含义更加复杂，但是在经济上升时，它们通常执行的是工商企业融资的功能。应指出，首都股份商业银行的地方分行提供了这些贷款的 3/5 以上份额。

第一次世界大战前夕，国家银行和首都股份商业银行的分行、当地银行和相互贷款公司分布在俄国 1000 多个人口聚集点。

其中不仅包括城市，还包括成长起来的市镇和尚未获得城市地位的村镇、大型村庄、大村落甚至小村庄。比如，在阿尔马维尔村有国家银行和 5 家首都股份银行的分行，

雅罗斯拉夫分行

辛比尔斯克分行

弗拉基米尔分行

俄罗斯帝国商业银行

萨拉托夫分行

叶卡捷琳诺达尔分行

还有"自己的"北高加索股份商业银行和4家相互贷款公司；在赫尔松省的科里沃罗格有2家圣彼得堡的银行分行和2家相互贷款公司；在叶卡捷琳诺斯拉夫省的洛佐瓦亚村有1家莫斯科的银行和1家圣彼得堡的银行的分行，还有1家"自己的"相互贷款公司；在库班州的拉宾斯克村有2家首都银行的经纪人事务所和2家当地相互贷款公司；在顿河州的卡拉奇村有1家相互贷款公司。

虽然信贷机构网络覆盖全国，但分布不均，有的地区密集，有的地区稀疏，这反映了区域之间经济发展的程度不同。在这一网络中也有枢纽，它连接了各种金融关系。有3个或者更多这种枢纽的人口聚集点超过了200个[①]。

为更加公正地选出最大的区域银行中心，我们选用了1914年1月1日国家银行和首都股份商业银行分行、当地股份银行、相互贷款公司和城市银行存款的地方数据[②]。

显然，俄国最大的区域银行中心是圣彼得堡地区和莫斯科地区，因为它们是经济中心。但是，银行在这里的利益远在其行政范围之外。所以，在很

[①] Русские банки. Полный перечень городов и селений, в коих находятся государственные, общественные и частные кредитные учреждения и их филиальные отделения к 1 января 1913 г. СПб., 1913.

[②] См.: Краткие балансы кредитных учреждений за 1912–1915 годы. Пг., 1916.

大程度上它们是全俄的中心，在这里有无比巨大的资产规模。上述信贷机构在圣彼得堡的存款占98%，也就是16.55亿卢布都集中在圣彼得堡，莫斯科有5.49亿卢布。它们的金额超过了整个俄罗斯帝国存款额的1/2。

菲奥多西亚分行

基辅省和华沙省紧随其后，但与之差距巨大——1.38亿卢布和1.34亿卢布。

如果不考虑首都，华沙的信贷机构数量位于第一位。这里有5家本地银行（商业银行、贴现银行、工业银行、工商银行、合作公司）、14家相互贷款公司、1家国家银行办事处、3家圣彼得堡股份银行（亚速—顿河银行、伏尔加—卡马银行和国际银行）、2家罗兹银行的分行，还包括40多家私人银行机构。

华沙大型银行的利益遍布整个波兰王国。罗兹的信贷机构执行了华沙银行中心的分行功能。罗兹有2家当地银行罗兹商人银行和商业银行、7家相互贷款公司和13家私人银行机构。这里还有国家银行分行和4家股份银行分行——2家圣彼得堡的银行（亚速—顿河银行和伏尔加—卡马银行）、华沙商业银行和里加银行。它们占据了彼得罗科夫省信贷机构90%以上的存款，约为5900万卢布。

波兰王国的信贷机构为俄罗斯帝国最发达的经济区域服务，它的利益也遍及帝国的其他地区。华沙商业银行的圣彼得堡分行在首都的金融生活中发挥显著作用，它在基辅也有分行。华沙的银行与俄国南部和乌拉尔的工业企业也有业务往来。

俄罗斯帝国商业银行

俄国地方信贷机构的主要资产业务（百万卢布）

信贷机构类型	1900年1月1日 贴现	1900年1月1日 贷款 期票和商品	1900年1月1日 贷款 有价证券	1908年1月1日 贴现	1908年1月1日 贷款 期票和商品	1908年1月1日 贷款 有价证券	1914年1月1日 贴现	1914年1月1日 贷款 期票和商品	1914年1月1日 贷款 有价证券
国际银行分行	171	32	38	171	79	86	329	212	73
首都股份银行分行	114	12	64	271	103	113	730	400	342
地方股份银行	165	28	85	132	24	50	274	36	90
相互贷款公司	63	3	2	113	6	3	432	71	4
城市银行	70	7	9	72	4	8	126	55	10
总计	583	82	198	759	216	260	1889	774	519

基辅有1家本地的私人商业银行、6家相互贷款公司、1个国家银行办事处和4家圣彼得堡股份商业银行（伏尔加—卡马银行、俄国外贸银行、国际银行、贴现信贷银行）的分行、2家莫斯科银行（商人银行和联合银行）的分行、1家华沙商业银行的分行，还有9家私人银行机构。基辅银行中心的区域特点最明显。这里的信贷机构为乌克兰河右岸的农业生产和甜菜产业服务。

里加、敖德萨、顿河畔罗斯托夫、巴库、哈里科夫、萨拉托夫、叶卡捷琳诺斯拉夫、辛菲罗波尔、叶卡捷琳诺达尔、下诺夫哥罗德、彼尔姆、阿斯特拉罕、萨马拉、梯弗里斯也发挥相似的区域作用。发挥同样的作用还有西伯利亚的托木斯克与哈巴罗夫斯克和中亚的布哈拉，但是它们的资产规模最小。

我们发现，地方在俄国银行业的形成过程中发挥了重要作用。起初，首都和地方信贷机构的发展是平衡的，当然，它们之间总是存在这样或那样的关系。

19世纪末20世纪初，地方在俄国信贷机构中的地位提升了。它不仅表现为圣彼得堡和莫斯科的银行在地方的分行数量急剧增长，还表现为很多地方信贷机构发展成为首都银行的分行。随着首都银行在19世纪90年代积极拓展地方业务，俄国信贷机构开始成为一个统一的、有组织的系统，其组织的中心是首都银行，其在地方的分行保证了与首都银行的长期联系，确定了劳动分工。

首都和地方信贷机构的主要业务

信贷机构类型	1900年1月1日 存款	贴现	贷款 期票和商品	贷款 有价证券	1908年1月1日 存款	贴现	贷款 期票和商品	贷款 有价证券	1914年1月1日 存款	贴现	贷款 期票和商品	贷款 有价证券
首都：												
国家银行	122	56	14	34	133	60	42	61	166	88	127	129
股份银行和相互贷款公司	322	106	21	156	396	297	56	149	1242	628	182	625
小计：	444	262	35	190	529	357	98	210	1408	716	309	754
地方：												
国家银行分行	97	171	32	38	149	171	79	86	110	329	212	73
首都股份银行分行	154	114	12	64	383	271	103	113	1098	730	400	342
地主信贷机构	374	298	38	96	423	317	34	61	908	830	111	104
小计：	625	583	82	198	955	759	216	260	2116	1889	723	519
总计：	1069	845	117	388	1484	1116	314	470	3524	2605	1032	1273

地方在俄国信贷机构的负债业务和资产业务中的比重持续提高。20世纪初，地方不仅维系了国家银行系统，还是期票贴现形式的短期贷款和期票、商品贷款的主要获得者。当时，尽管地方明显增强了有价证券业务，但占首位的还是两个首都。

首都银行向地方拓展业务、寻找闲置资金，在地方获得了开展资产业务的有利时机。况且，在地方的投资通常比在首都获利更多。19世纪末20世纪初，俄国经济飞速发展，在很大程度上得益于俄国地方银行的活动。

后记：中断的增长

1914年初，隆重举行了第一家俄国商业银行——圣彼得堡私人商业银行的庆典。纪念日成为总结俄国金融企业活动的一个极好契机。在近半个世纪的经营中，银行商业贷款体系确实走过了一段不平凡的道路：从付款中间人到国家经济生活的全权管家。随着与工商业客户业务的扩大，银行逐渐适应了客户需求，同时极大地促进了工业化发展进程。19世纪末工业繁荣所表现的国民经济生活巨变，在很大程度上是因为银行业务对工业增长的融资和商品流转的加强。

通过分析融资生产方式和欧洲模式的交换方式，并考虑到俄国传统，20世纪初，圣彼得堡和莫斯科的大型银行通过发达的分行网络涉足地方的工商业流转，它们具有综合机构的特点，善于综合资产业务和负债业务。它们在促进铁路交通发展和扩大俄国贸易方面贡献很大。银行是一战前俄国经济增长的催化剂，而莫斯科机构创建的信贷—结算系统则是俄国经济成为统一有机体的保证。

20世纪初，银行对国民经济关键部门——采矿冶金和燃料部门、机械制造部门、纺织生产部门、食品加工部门的融资规模不断扩大。银行控制了粮食、棉花、亚麻、糖等主要大众消费品的贸易。国际因素在俄国银行业的形成和发展中发挥了重要作用，在21世纪初，俄国资本家和外国资本家的利益关系最为紧密。但是，外国投资并没有使俄国银行"奴役化"，俄国银行政策由俄国金融领导人制定。俄国银行的出现比西欧发达国家晚1/4个世纪，但是通过半个世纪的发展后达到了可以与欧洲银行相媲美的高度。所以，一战前，俄罗斯帝国主要银行机构的领导人有理由对走过的路进行积极评价，有理由描绘银行在未来的广阔前景。当时，没有人会料到，仅仅3年半的光景，商业贷款的概念竟从俄国社会生活中消失了……

第一次世界大战的展开瓦解了所有参战国的经济生活。国际交换、融资和原料供应的传统渠道遭到挤压。20世纪初，作为统一经济体的世界经济，在一些相互孤立的地区分崩离析。所有与敌对国家的支付都被机械停止，与联盟成员和中立国的决算也被迫延期。

世界军事对抗参与国国内的金融业也发生了震荡。证券交易所被关闭，大部分交战国宣布延期偿付期票。各地都停止用信用证券兑换黄金。战争开始以来，中央发行银行开始大量发行没有任何担保的钞票，引发了通货膨胀。

从1914年初到1917年3月，俄国的货币发行量从16.86亿卢布增加到114.57亿卢布，当时的黄金储备量从22.6亿卢布减少到14.76亿卢布。1915年末开始的商品价格增长在二月革命前已经超过一战前水平的4倍，而卢布的实际购买力也严重下降。同时，巨大的军事订单刺激了工商业，而商业银行的活动与其紧密相连。通货膨胀和商品价格的增长导致银行负债空前扩大。商业银行的存款和活期账户从1914年的25亿卢布增加到1917年的67亿卢布。当然，由于货币贬值，实际的资源依然保持在一战前的水平①。

商品短缺、国家集中分配和交通混乱对银行业务产生了非常大的影响。贸易越来越多地偏向现金交易，国家的期票流通水平持续下降，银行的贴现业务也是一样。尽管如此，商品贷款业务却飞速发展，这一业务费用的提高带来了巨大利润。银行向客户提供一批寄售商品作为客户贷款成为基本惯例，交易的利润归银行。贸易公司受制于商业贷款机构，经常成为银行的商品部门，它们利用假冒的公司进行商品交易。很多银行在战争期间通过糖、

---

① См.：Шепелев Л. Е, Акционерные коммерческие банки в годы первой мировой войны // Исторические записи. Т. 73. М., 1963.

棉花、煤和其他日用品获取了大量利润。

由于国家为军事订单预付了大笔资金，银行开始在一些工业部门拥有无上的权力。根据战争初期即达成的协议，银行有权作为工商业公司对国家的担保人，保证工商业公司完成不超过其自有资产 2/3 的订单。银行发放保函时要向客户收取大量手续费。在战争年代通货膨胀的条件下，原则上削弱了工商业公司对金融机构的依赖性，正是通过参与股份公司资本，担保业务为银行保持和扩大在工业领域的影响力创造了可能。战争开始后，银行对工业有价证券投资的兴趣减弱，但 1916 年银行的兴趣又开始浓厚起来，当时，国民经济军事改革的完成引起了证券交易市场的活跃并创建了一批公司。

由于贴现业务缩小，银行未将所有的闲置资金都投入生产和交换领域。剩余的资金找到了一种有利可图并且相对灵活的交易方式，即发行国家和政府担保的有价证券。俄国银行积极参与销售国家军事债券。1914～1917 年发行的 141 亿卢布国家军事债券中，银行销售了约 62 亿卢布，也就是略少于一半。俄国商业银行对公债业务的投入占银行寄售额的 2%。

外国资本在国家经济地位的弱化和俄国的新金融工业集团涉足银行业，是俄国金融寡头发生的深刻变化。在战争年代，莫斯科银行集团以更快的速度发展，其在俄国所有银行固定资产中的份额由 16.9% 增加到 22.4%。尽管如此，圣彼得堡银行集团仍然保持主导地位，由于地方银行的弱化，它的份额从 71.3% 增加到 73.1%。

包括俄国最大的银行俄国—亚洲银行，在丧失法国伙伴的支持后，也希望得到当地力量的支持，因此加强了与上述集团 И. И. 斯塔赫耶夫—П. П. 巴托灵集团的联盟。最终，它们共同建立以俄国—亚洲银行为首，由其他银行机构（联合银行和伏尔加—卡马银行）共同参与的军事—通货膨胀康采恩①。与其他受俄国—亚洲银行影响的银行相比，普提洛夫更喜欢强大的军事供货商、糖厂老板 К. И. 亚罗申斯基的集团，他是俄国工商银行的所有

---

① См.：Китанина Т. М. Военно‑инфляционные концерны в России 1914－1917гг. Концерн Путилова－Стахеева－Батолина. Л.，1969.

人，后来又是俄国外贸银行的所有人。西伯利亚商业银行落入另外一位暴发户 H. X. 杰尼索夫的手中，他通过为军队提供给养迅速致富。在战争期间，每一家排名前十的银行的影响范围都空前扩大。

从某种程度上说，莫斯科银行界力量分配的变化是与"德国强权势力"全面斗争的结果。1915 年 5 月，莫斯科发生了极端反动的大迫害，在这一过程中很多商店和公司办事处遭到了洗劫，它们的老板是德国人，或者甚至仅仅是因为他们有"德国的"姓。在莫斯科金融生活中发挥重要作用的科诺普和沃高家族的公司也损失严重。此后，科诺普家族将自己的商行改组成以"中立的"名字命名的"沃罗科诺"公司，但是，科诺普家族在金融界和工商界的地位发生了动摇。沃高家族的公司被政府控制，"莫斯科的德国人"的领导者们向其竞争者们出售大量自己的企业，拒绝贴现银行的控制，此时，贴现银行已经落入了俄国合伙人的手中[①]。莫斯科的德国金融家容克家族也被迫离开自己的公司，容克家族在 19 世纪中叶就在俄国组建了银行，第一次世界大战前夕，改组为股份商业银行。1915 年，容克银行的股票控制权由著名的圣彼得堡金融活动家、俄国—法国银行的所有人、著名的拉斯普京密友 Д. Л. 鲁宾斯坦获得，他将董事会由莫斯科迁至圣彼得堡。

在战争期间，莫斯科金融工业集团的呼声最高，它们成长于中部地区工业的主要部门——纺织生产部门。1916 年，鲁宾斯坦因被指控金融黑幕被捕后，H. A. 弗托罗夫成为容克银行的新主人，他是莫斯科的工厂主，来自西伯利亚。他将银行更名为莫斯科工业银行，开始为弗托罗夫军事工业集团服务，他的集团包括炮弹厂、棉纺企业、机械制造企业和冶金企业，其中包括一家弗托罗夫建造的电力工厂，这是一家俄国一流的电力企业。里雅布申斯基家族通过莫斯科银行广泛开展各项业务，他们善于创建各种工厂，从莫斯科第一家汽车工厂莫斯科汽车制造厂，到俄国亚麻出口工厂，从满足一战

---

① История монополии Вогау（торгового дома《 Вогау и K°》）//Материалы по истории СССР. Т. Ⅵ. Документы по истории монополистического капитализма в России. М.，1959.

后建材需求的木材加工厂，到玻璃生产工厂①。

正是银行所体现的金融资本影响力的迅速增长，决定了银行在十月革命后的命运。布尔什维克将银行视为一种工具，通过这种工具能够实现对社会经济最重要环节——金融、工业、交通的控制。1917 年，俄国社会民主工党第六次代表大会决定对经济进行国有化和对银行业实行集中化。1917 年 10 月 25 日，圣彼得堡工人和士兵代表委员会会议宣布，国家证券归苏维埃，会议通过了决议，决议规定新政权在经济领域的首要任务是："新的工人和农民政权……立刻取消地主土地所有制并将土地分给农民。建立起工人对产品生产和分配的控制，确定对银行的全民控制，同时，将银行改组成一个国家企业。"因此，银行的国有化问题与和平和土地问题不同，没有打算在当时进行，但是，解决国有化问题加速了一系列事件的进程。

被强制实行国有化的银行的领导人绝对没有打算坐视不管。他们宣布，与布尔什维克进行真正的金融断交。银行一天只营业几个小时或者完全不营业，限制取出存款，工人控制的企业不能获得贷款并且没有现金满足最迫切的需求和发放工资。1917 年 10 月 30 日，人民委员会通过决议，决议指出："一些私人银行歇业。职工和董事们聚集在一起，但是银行的大门没有对公众开放。由于银行不为工厂的支票支付现金，所以工人被剥夺了获得工资的权利。这种状态不能忍受。"政府命令从 10 月 31 日起所有银行营业，否则逮捕董事和董事会成员，并且向银行派驻委员，在委员的领导下向企业支票支付资金。银行忽略了这个决议。

国家银行的领导们也抵制新政权，拒绝为新政权的代表提供资金。经过多次谈判后，布尔什维克决定付诸武力。11 月中旬，国家银行被布尔什维克控制。12 月 3 日，被任命到此的委员 В. В. 奥波连斯基（奥辛斯基）与一些银行达成了协议，根据协议，后者恢复正常工作，国家银行有义务根据商业银行的支票，支付它们在国家银行账户中的资金。但是，双方仅从策略上

---

① К истории концерна бр. Рябушинских // Материалы по истории СССР. Т. VI. Документы по истории монополистического капитализма в России.

达成了协议。

银行的领导人认为，布尔什维克的时日不多，所以打算拖延时间。苏维埃权力机关非常清楚自己所处的环境，认为必须对银行的暗中破坏进行一次彻底的了断，必须着手进行果断的打击。12月12日和13日在以 В. И. 列宁为首的人民委员会闭门会议上研究了实现私人银行国有化的问题。次日，武装的赤卫军战士队伍占领了圣彼得堡的银行，一天后，莫斯科的银行也遭到了类似的状况。1917年12月14日，颁布了"银行国有化"法令，宣布银行业由国家垄断。但是，俄罗斯苏维埃联邦社会主义共和国先期进行的股份银行业务清算和将其与国家银行一起整合成唯一的国有银行工作，一直持续到1919年末。

1917年12月14日法令翻过了革命前俄国银行史的最后一页，尽管当时大多数银行活动家不认为他们很快就会"叶落归根"。在那个动荡的岁月，圣彼得堡的金融巨头更喜欢移居到邻近的芬兰和瑞典，比如 Б. А. 卡缅卡和 А. И. 维什涅格拉茨基，他们在等待俄国恢复秩序。"最有远见的"金融活动家已经开始销售俄国银行的股票。1917年至1918年冬，Н. Х. 杰尼索夫将自己持有的西伯利亚商业银行的股票出售给了英国人，而 К. И. 亚罗申斯基开始时尝试将自己银行的证券出售给协约国盟友，但后来销售给了德国人。

"最没有远见的"莫斯科人暂时没有离开故乡的愿望。尽管"资产阶级"在苏维埃首都的生活充满了艰难和危险，比如，商业银行的领导人 А. Н. 纳伊杰诺夫或者在1918年去世的商人银行领导人 Г. А. 克列斯托夫尼科夫，仍没有放弃恢复自己机构活动的愿望，但是，现实毁灭了这些幻想。1918年5月，在形势不明的情况下，杰出的莫斯科企业家和金融家 Н. А. 弗托罗夫在瓦尔瓦尔广场实业院的一栋大楼内自杀身亡。很多人参加了这场葬礼，弗托罗夫企业的工人送去了写有"伟大的工业组织者"题词的花圈，举行了革命前俄国企业界独特的葬后宴。

当然，俄国金融家的主要聚集地是巴黎。这里包括俄国银行界的以下人员。

安德烈耶夫·弗拉基米尔·维克托洛维奇——西伯利亚商业银行董事。

贝尼克森·艾玛努伊尔·巴甫洛维奇——伯爵、伏尔加—卡马银行理事会成员。

柏林·阿纳托里·莫伊谢耶维奇——圣彼得堡商业银行副主席。

贝立宁·亚历山大·瓦西里耶维奇——西伯利亚商业银行理事会成员。

别罗泽尔斯基·塔拉斯·瓦西里耶维奇——圣彼得堡贴现贷款银行理事会成员。

维尔特·阿道夫·亚历山大洛维奇——亚速—顿河银行董事会成员。

弗托罗夫·鲍里斯·尼古拉耶维奇——莫斯科工业银行董事会董事。

乌尔哈夫特·列奥尼德·莫伊谢耶维奇——圣彼得堡国际银行理事会成员。

盖森·尤里·伊萨科维奇——俄国商业交通银行理事会副主席。

戈利岑·亚历山大·德米特里耶维奇——公爵、俄国—英国银行理事会成员。

果普茨耶维奇·叶甫盖尼·约瑟夫维奇——圣彼得堡私人商业银行董事会成员。

古奇科夫·尼古拉·伊万诺维奇——莫斯科私人银行理事会主席。

耶利亚舍维奇·瓦西里·鲍里索维奇——莫斯科工业银行董事会董事。

卡缅卡·鲍里斯·阿普拉莫维奇——亚速—顿河银行董事会主席。

卡尔塔夫佐夫·叶甫盖尼·埃巴弗罗吉托维奇——俄国外贸银行理事会成员。

卡什塔诺夫·尼古拉·吉莫费耶维奇——莫斯科工业银行董事会主席。

科科夫佐夫·弗拉基米尔·尼古拉耶维奇——伯爵、圣彼得堡国际商业银行理事会主席。

库兹涅佐夫·雅科夫·哈里托诺维奇——圣彼得堡私人商业银行董事会董事。

里沃夫·叶甫盖尼·德米特里耶维奇——亚速—顿河银行董事会成员。

马尔卡佐夫·弗拉基米尔·瓦西里耶维奇——圣彼得堡私人商业银行董

事会副主席。

梅谢尔斯基·阿列克谢·巴甫洛维奇——圣彼得堡国际银行理事会成员。

米烈尔·米哈伊尔·尼古拉耶维奇——俄国—亚洲银行董事会成员。

普罗特尼科夫·米哈伊尔·谢尔盖耶维奇——圣彼得堡贴现贷款银行董事会董事。

波里雅科夫·亚历山大·拉扎列维奇——联合银行董事会成员。

德·谢沃·阿尔丰斯·亚历山大洛维奇——联合银行董事会主席。

苏波特尼克·弗拉基米尔·谢苗诺维奇——西伯利亚商业银行董事会成员。

特列季亚科夫·谢尔盖·尼古拉耶维奇——莫斯科银行理事会成员。

费多罗夫·米哈伊尔·米哈伊洛维奇——亚速—顿河银行理事会成员。

弗利戈·尼古拉·尼古拉耶维奇——俄国工商银行理事会成员。

察曼斯基·阿纳托里·达尼洛维奇——俄国—亚洲银行理事会成员。

察曼斯基·维托尔德·阿道里弗维奇——俄国—英国银行董事会成员。

19世纪20年代，柏林是俄国人侨居的第二个中心，从柏林寄来了俄国银行业活动家的以下目录。

布罗茨基·马克思·索罗莫诺维奇——基辅工商银行董事会成员。

布让斯基·奥西普·耶夫肯耶维奇——亚速—顿河银行董事会秘书。

达维多夫·阿列克谢·阿夫古斯托维奇——圣彼得堡私人商业银行董事会主席。

科里沃舍伊·亚历山大·瓦西里耶维奇——莫斯科私人银行理事会成员。

勒温·伊萨克·伊里伊奇——圣彼得堡联盟银行董事会成员。

列曼·瓦西里·阿道里弗维奇——莫斯科工业银行理事会成员。

马尔古里耶斯·马努耶尔·谢尔盖耶维奇——伦敦俄国国际公司董事会成员。

茗茨·雅科夫·亚历山大洛维奇——亚速—顿河银行莫斯科分行主管。

尼德尔梅叶尔·费多尔·费多洛维奇——圣彼得堡私人商业银行董事。

普罗维·罗曼·伊万诺维奇——莫斯科工业银行理事会成员。

拉别涅克·路德维希·阿尔图洛维奇——莫斯科银行理事会成员。

罗森塔尔·阿道夫·斯塔尼斯拉沃维奇——亚速—顿河银行董事会董事。

斯米尔诺夫·谢尔盖·阿列克谢耶维奇——莫斯科银行理事会成员。

图别塔里·弗拉基米尔·卡尔洛维奇——塞瓦斯托波尔俄国工业银行董事会主席。

岑克尔·安德烈·安德烈耶维奇——莫斯科工业银行稽查委员会成员。

革命的激流将俄国银行家冲到欧洲各地：在英国的有菲利普·安托诺维奇·伊万诺夫——西伯利亚商业银行理事会成员，在南斯拉夫的有费多尔·亚历山大洛维奇·利普斯基——西伯利亚商业银行理事会成员，在布拉格的有莫德斯特·巴甫洛维奇·沃尔科夫——莫斯科贴现银行图拉分行主管，在瑞士的有鲁道夫·彼得洛维奇·斯托列维尔克——圣彼得堡国际银行理事会成员及基辅分行主管。

在俄国革命后移民的"麦加"——巴黎，俄国国有化银行的海外分行继续存在。失去了自己的领导机构后，它们成为自己的领导机构。其中一些分行拥有丰富的资本，完全能够开展经营活动，为当地的客户服务。但是，它们法律地位的不确定性是个阻碍。西欧的一些国家有很多俄国银行的股票。比如在法国，法国公民在1920年前拥有的股票就有将近7000万卢布（根据一战前的行情）。在国内战争期间流亡的俄国银行家，利用了国有化银行的大部分股票在俄国，其持有人不能提供的现实。通过国外信贷机构的支持，他们手中开始积聚足够控制俄国银行的股票。

其中包括，亚罗申斯基成功将国际银行并入自己的集团。他的活动有利于俄国—亚洲银行及其巴黎保护人——法国兴业银行和法国巴黎银行的利益。这些努力使苏维埃政权快速垮台的希望失去了意义。随着苏维埃政权在俄国的巩固，移居国外的银行家面临着另外一个问题：以前的俄国银行国外分行成为独立的地方机构。1919年，在巴黎的俄国—亚洲银行分行的基础上建立了法国—亚洲银行。1924年,在俄国外贸银行的基础上组建了法国国外贸易总行。莫斯科商人银行的前股东们重建了银行,总部位于伦敦。

另外,仍在尝试利用在第一次世界大战期间从俄国转出的资本,建立全新的、与革命前的机构无任何联系的银行。比如,里雅布申斯基家族成功地在伦敦创建了一家规模巨大的西方银行(Western Bank, Ltd.),邀请了前沙皇政府农业大臣 A. A. 里基赫参加银行经理处。一些前莫斯科银行家在法国首都也有自己的金融机构——国家南方银行(Banque de Pays du sud),但级别更低。根据现有极不充分的资料判断,俄国金融家在欧洲开创的事业由于20年代和30年代之交的经济危机而陨落了。其中包括,里雅布申斯基家族的一些银行垮台了,一些百万富翁变得穷困潦倒。由于得不到物质保证,大部分俄国银行业活动家都饱尝流亡之苦。

应当注意到,侨居海外的企业家和金融家创建了自己的组织,它在第一次和第二次世界大战期间的俄国国外活动中发挥重大作用。下面我们介绍1921年在巴黎创建的俄国工商和金融联盟。俄国几百位工业巨头和银行界领导人齐聚联盟,"正如联盟章程规定的那样,为了在国外的俄国工业、贸易、金融的基本利益,也为了恢复俄国的经济生活。"①

这个组织以前西伯利亚商业银行主管 H. X. 杰尼索夫为首,组织的领导人们密切关注苏俄的经济生活进程,定期发布苏维埃政府"新经济政策"条件下的国民经济各领域概况。联盟的成员寄希望于在坚定不移实行经济法的情况下,共产主义制度能从内部进化,并且,正如1921年末协议指出的那样,坚持"俄国依然可能重回以私有财产和秩序为基础的资产阶级民主制度"②。联盟名誉主席 П. П. 里雅布申斯基认为,"要在各处建立俄国工商组织的网络。现在需要尽可能靠近俄国,以便迎接俄国变故之后的新时刻"。

某种程度上,苏维埃活动为相似的幻想提供了基础。在"战时共产主

---

① Устав Российского Торгово - Промышленного и Финаносового союза. Париж, 1921. С. 1 – 2.
② ГА РФ, РЗИА, ф. 5885, оп. 1, д. 59, л. 20 – 21.

义"的困难时期之后,商品货币流通事实上已经停止,新经济政策指出,要恢复金融体系和商业贷款体系。1920 年,"由于不需要"而废止的人民银行,从 1921 年的新经济政策开始,就以俄罗斯苏维埃联邦社会主义共和国国家银行的身份恢复。1922~1924 年进行的币制改革恢复了稳定的货币流通,又出现了以国立加盟共和国银行和中央农业经济银行为首的信贷合作社,产生了专业性银行(工商银行、电力银行、外贸银行、中央公用事业银行)。但是与革命前不同,这些银行中没有私人资本,银行管理由国家垄断。

在新经济政策的条件下无产阶级政权不能绕开银行机器,但同时又根本上限制与之相关的市场经济原则。从 1927 年开始,每一个工业企业只能在一家银行贷款并在这家银行储存自己的闲置资金。1930~1932 年的信贷改革从根本上动摇了金融系统的市场基础,它标志着新经济政策的全面放弃和经济生活国有化的完成。国家银行变成统一的结算中心,在这里集中了所有短期贷款业务。根据银行业务集中规定和一揽子计划并通过企业期票贴现取消企业贷款,再通过银行直接融资代替企业期票。融资的规模取决于企业的生产计划完成情况。国有企业的融资无须偿还,长期贷款由专门银行负责。

大概不久前这个金融体系才消失。苏俄的金融—信贷机构从革命前和新经济时代的市场工具成为指导性的计划机构。完全的国家垄断是国家金融生活的主题,这种垄断在 19 世纪 90 年代的"改革"时期才被打破,当时银行业准许私人出资,又出现了俄国革命前的两级信贷体系(国有银行—私人银行)。当代俄国银行的繁荣景象是新生的市场经济对私人银行需求的最好证明,私人银行的历史正是作者在本书中关注的银行历史。

总　结

　　本书是对俄国革命前商业银行历史的首次研究。现今，在俄罗斯联邦内有 2500 多家商业银行。尽管 1917 年商业银行只有 50 多家，但它们的经济影响力依然能够与其历史接班人相媲美。传统的主要金融中心是圣彼得堡和莫斯科，这里的大型银行通过发达的分行网络影响着俄国的经济生活。作为工业发展催化剂的银行投资和俄国金融家创建的信贷结算体系，确保了整个经济有机体的功能完整性。

　　1917 年布尔什维克国有化后，俄罗斯帝国的银行被认为是毫无希望、落后的产物，这一观点在苏联时期广泛传播。对革命前信贷机构的研究只能以《十月革命物质前提的成熟》为命题。但是，19 世纪下半叶至 20 世纪初，资本主义俄国的教育内容更具有教育性，它帮助我们深刻地把握经济发展的逻辑和俄国私营企业制度出现时的具体特点。

　　银行业务产生于古代，繁荣于 18 世纪首批走上工业化道路的国家——英国、比利时和法国。从 19 世纪中叶开始，银行业广泛传播到世界发展第二梯队的国家，俄国位列其中。从彼得一世时期开始，俄国政府借鉴西方的经济技术革新，但在农奴制占主导地位的俄国，对欧洲模式的模仿总是丑陋的。在 1861 年强制废除农奴制、奴隶劳动和国家与大地主收缴利润后，俄国建立了代表资本主义自由竞争的欧洲国家生产企业。

　　改革前银行系统的经历也类似。这就难怪，俄国的第一家官方银行是 1754 年政府为支持农奴农民的所有人这个特有等级而建立的贵族银行。这个低级的政府银行系统直到 19 世纪 60 年代在工商业贷款领域也作用甚微，同时，私人资本被挡在了银行领域之外。

俄国在1853~1856年克里米亚战争中站在了欧洲大国集团的对立面，它在这场战争中的失利表明，俄国的经济面临着失去大国地位的威胁。在19世纪50年代与60年代之交，政府的经济政策发生了改变，政府决定参照西欧模式建立必要的经济发展基础设施（交通、通信、信贷），同时放开私人企业。结果，在短期内建立了商业银行网络，这一网络一直存续到1917年。

商业银行成为19世纪下半叶建立的信贷体系核心，这个体系的领袖是1860年建立的、在财政大臣直接领导下的俄国国家银行。国家银行融合了商业银行和中央发行银行的功能。与此同时，众多的银行机构活跃于信贷领域，包括相互贷款公司、市政银行、信用合作社及抵押贷款银行，等等。

准许私人资本进入银行领域，从而建立了一个两级模型（政府银行和私人银行），政府继续严格控制股份制金融企业的活动。在当前创建股份制企业的体系下，没有一家俄国银行的建立能够绕开财政大臣的审批，有时甚至需要沙皇本人审批。银行的运行同样受到大量附加的法律条文约束，比如禁止银行董事会董事参与其他信贷机构董事会，禁止为他们自己的银行吸引贷款，授予股东要求政府审计账目的权利，等等。

监督股份制机构的权力由国家银行分行执行，同时，它们也为这些机构提供贷款，因此，具有"银行的银行"的特点，也就是说，是经济危机和社会动荡情况下信贷系统的最后储备。通常，由信贷方面的特别大臣对股份制银行的运营进行监督，这是帝国最高的控制和审计机关。政府机构和私人银行业的紧密互动在股份正式确立时尤为明显，但实质上，犹如华俄道胜银行、波斯贴现贷款银行等政府机构，它们只是帝国在东方的扩张手段而已。在其他近代资本主义国家如德国，也可以发现私人银行业务和帝国外交政策的融合。

大型银行与国家机关的联系都有一个特点，要么银行家是政府高官，要么是由退休的大臣来银行董事会任董事，将自己与政府高层的关系效益最大化。这种"合作关系"最引人注目的事件是1914年P. L. 巴尔克——伏尔

总　结

加—卡马商业银行的主管接任财政大臣职位。

随着国家地位的上升，国际因素成为俄国银行发展的又一主要因素。国家的经济现代化首先依靠内部需求驱动，然后在更发达国家的直接影响下向前发展。俄国的信贷机构不仅汲取了西欧国家一个多世纪金融活动的演化成果，还直接获取了希望进入俄国市场的外国银行的经济资助。

俄国财政部惧怕欧洲银行的竞争会动摇国内银行的地位，因此，不准许它们在俄国市场进行活动。只有一个例外，就是里昂信贷，它在圣彼得堡拥有分行。尽管禁止，外国银行还是积极与其俄国伙伴合作，收购俄国银行的股票，参与他们的行政管理机构，甚至在圣彼得堡和莫斯科都开办事实上由外资控制的独立银行，比如圣彼得堡的北方银行就是法国金融家的产物。

读者会在本书中发现很多有意思的、反映俄国银行家和外国同行伙伴关系的示例，这些外国同行主要是在俄国市场扩大经营的巴黎同行。"现在，可以在俄国做一笔大生意"，一位法国银行家信中的话语是被俄国银行业诱人前景吸引的欧洲投资者初到俄国心情的最好诠释。同时，必须指出，尽管俄国和欧洲金融家利益密切，但是，俄国银行"并没有"被奴役，银行的政策由俄国金融领导人来制定。他们也证明，自己是制止外国投资者过多干涉的坚定伙伴。

俄国经历了19世纪末至第一次世界大战前夕的生产热潮，它成为五大工业强国集团的一员，这主要归功于银行的积极投资政策。它们也提供贷款发展铁路交通，发展俄国贸易，包括粮食出口，这是俄国外贸的主要项目。

20世纪初，银行为国民经济的主要领域——燃料和动力综合体、冶金、工程、纺织和食品工业融资的规模持续扩大。银行控制了大众消费品——粮食、棉花、糖、亚麻等的贸易。虽然比外国银行晚4个世纪，但是经过半个世纪的经营，银行的发展水平已经可以和欧洲水平相媲美。帝国的两个主要商业区——圣彼得堡的涅瓦大街和莫斯科的伊利因卡大街上，大型银行气派的建筑拔地而起，成为城市景观令人震撼的有形符号。在这些时髦的大厦中创造了俄国银行业最具戏剧性的历史。

银行不仅意味着资产负债表和其他统计报表中的一些数字。银行的历史与其领导人的品质密不可分,俄国金融家中有很多天才,比如银行业先锋、莫斯科商人银行和伏尔加—卡马银行创始人瓦西里·科科列夫,将小地方银行发展成帝国金融机构领军者的亚速—顿河银行领导人鲍里斯·卡缅卡,以及前财政部官员、后来就连巴黎金融寡头都考虑其意见的俄国—亚洲银行的领导人阿列克谢·普提洛夫。

各种社会等级的代表活跃于银行业——"老牌莫斯科商人"代表、商业银行创始人尼古拉·纳伊杰诺夫,"乡村"工匠的儿子、具有传奇金融生涯的拉扎尔·波里雅科夫,音乐家和圣彼得堡私人银行董事会主席阿列克谢·达维多夫,出身于贵族家庭、领导莫斯科联合银行的弗拉基米尔·塔吉谢夫,法国驻俄国大使馆商业顾问、后任职圣彼得堡北方银行展露金融天赋的莫里斯·维尔斯特拉特,被德意志银行领导人称为"我们来自莫斯科的朋友"的德裔俄国银行家容克家族。附加的人员名单及其作为银行领导人的履历展现了俄国金融界的多元化和多面性。读者可以通过书中的大量肖像材料对俄国金融第一梯队的代表有初步的认识。

通过档案材料描绘的圣彼得堡和莫斯科大型银行及地方银行草图勾勒了俄国过去的银行生活景象。这里记述了一流金融企业的所有细节,从第一次世界大战银行的建立开始,世界大战预示着相对稳定的19世纪的终结,俄国诗人亚历山大·勃洛克将这个世纪称为"资产阶级财富的世纪",20世纪初充满了社会动荡,俄国在这一过程中偏离了正常世界的发展轨道。现在,它正尝试重返社会进步的文明道路。

布尔什维克的国有化打断了俄国银行系统的正常发展。豪华的银行大楼被武装的赤卫队占领,革命的激流将银行的所有人冲到世界各地。俄国商人移民在巴黎成立了自己的团体,1921年,柏林、布拉格、贝尔格莱德、伦敦是俄国金融家的新地址。移民过程中他们继续坚持恢复私营企业体系,俄国的银行家在《俄国的复兴》中将他们的信条阐述为"基于私人财产和秩序的资产阶级民主法律"。

在新经济政策年代,"战时共产主义"时期被完全取消的俄国银行业得到部分恢复。但是现在,私人资本被再次拒绝进入信贷领域,像亚历山大二世大改革之前一样，国家垄断了金融。20世纪30年代早期银行活力得到完全释放，当时建立的直接计划和融资体系一直延续到近期。国家垄断仅在"苏联改革"时期才被打破，当时银行业再次准许私人资本，并且出现了重现俄国革命前就已存在的两级信贷体系的特征。

俄国银行业历史经验传递了一个重要信息：俄国经济改革的成功始终与创建符合国内生产和流通实际的商业信用体系有关，与调整和深度融入世界金融体系紧密相连。20世纪初一位俄国经济学家的一句话与我们这个时代最为契合："银行业资源的增长意味着国民流通能力的增长，这有助于创造新的经济价值，总的来说，是促进国家生产力的必要手段之一。"

银行活动家人名索引

阿普里克索夫·阿列克谢·伊万诺维奇（1824~1904）——莫斯科贴现银行理事会主席（1882~1904）、董事会成员（1870），А. И. 阿普里克索夫之子糖果公司主席。

阿达杜洛夫·伊万·耶夫格拉洛维奇——俄国工商银行理事会主席（1890~1905）。

阿克萨科夫·伊万·谢尔盖耶维奇（1823~1886）——莫斯科商人互贷公司董事会主席（1878~1886）、董事（1869年起），《工业通报》杂志出版人、社会活动家。

阿克谢诺夫·瓦西里·德米特里耶维奇——莫斯科商人银行理事会成员（1869~1878），莫斯科相互贷款公司理事会主席（1879~1892）。

阿列克谢耶夫·尼古拉·彼得洛维奇（1843~1903）——莫斯科商人银行理事会成员（1894~1903），莫斯科商业银行理事会成员（1870~1903），特维尔手工工场董事。

阿尔切夫斯基·阿列克谢·基里洛维奇（1835~1901）——哈里科夫商业银行董事会主席（1868~1901），哈里科夫土地银行理事会主席（1871~1901）。

安德烈耶夫·弗拉基米尔·维克托洛维奇——西伯利亚商业银行董事。

安奇费罗夫·尼古拉·尼古拉耶维奇——圣彼得堡国际银行理事会成员（1869~1876）、董事会主席（1876~1899）。

阿列斯·伊万·安托诺维奇（1854~?）——莫斯科商人银行理事会成

员（1911~1914），庞菲克、阿列斯 и K°公司（棉花贸易）董事。

阿尔诺·卡尔·卡尔洛维奇——莫斯科商人银行理事会成员（1906~1914），沃高 и K°商行合伙人。

巴斯特·伊万·康德拉齐耶维奇（1823~1881）——莫斯科商人银行董事会主席（1869~1878）、理事会成员（1878~1881），莫斯科大学教授。

班扎·康拉德·卡尔洛维奇（1844~1901）——莫斯科贴现银行理事会副主席（1882~1901），沃高 и K°商行合伙人。

巴拉诺夫·伊万·亚历山大洛维奇（1863~?）——莫斯科商人银行理事会副主席（1894~1914），莫斯科商业银行理事会成员，巴拉诺夫家族手工工场董事。

巴尔德京·米哈伊尔·尼基弗洛维奇（1858~?）——莫斯科商人银行理事会成员（1909~1914），莫斯科银行理事会成员（1912~1914），"Н. М. 巴尔德京继承者"公司合伙人。

巴尔克·彼得·利沃维奇（1869~1935）——俄国国家银行圣彼得堡办事处主管，俄国国家银行副主管（1897~1906），伏尔加—卡马银行常务董事和董事会成员（1907~1911），工商业副大臣（1912~1913），财政大臣（1914~1917年2月）。

巴尔舍夫·弗拉基米尔·谢尔盖耶维奇（?~1906）——莫斯科商人银行理事会成员（1904~1906），Н. Н. 孔申手工工场董事。

巴托灵·普罗科彼·彼得洛维奇——И. Г. 斯塔赫耶夫商行代理人，伊万·斯塔赫耶夫 и K°公司常务董事，俄国—亚洲银行圣彼得堡分部董事、银行理事会成员，伏尔加—卡马银行董事会成员。

别卓普拉佐夫·弗拉基米尔·巴甫洛维奇（1828~1889）——院士、枢密官，19世纪50年代末60年代初在政府制定商业银行政策方面发挥重要作用。

别纳克·А.——巴黎—荷兰银行行政负责人（1904~1937），俄国—亚洲银行理事会成员（1910~1917）。

别纳尔达吉·尼古拉·德米特里耶维奇——工厂主和金矿主，西伯利亚

359

商业银行创始人（1872）。

贝尼克森·艾玛努伊尔·巴甫洛维奇——伯爵，伏尔加—卡马银行理事会成员。

别尔戈·彼得·彼得洛维奇——圣彼得堡 Г.И. 巴里杰商行领导人，俄国工商银行创始人（1890）。

普列辛格·艾杜阿尔德·瓦西里耶维奇（？~1908）——圣彼得堡贴现贷款银行董事会主席（1895~1903）、理事会主席（1903~1908）。

伯克·巴维尔·阿道里弗维奇（1863~?）——华俄道胜银行董事（1905~1910），俄国—亚洲银行董事会成员（1910~1914）。

波特金·彼得·德米特里耶维奇——莫斯科贴现银行理事会成员（1894~1914），П. 波特金之子茶叶贸易公司合作人。

勃兰特·耶果尔·耶果洛维奇（？~1891）——"К. 费烈杰、Е.Е. 勃兰特 и К°"银号合伙人，圣彼得堡证券交易委员会主席（1859~1870），圣彼得堡私人商业银行董事（1864~1890）。

勃兰特·维里赫里姆·艾玛努伊洛维奇——阿尔汗格尔斯克"Э.Г. 勃兰特 и К°"商行领导人（20世纪初）。

勃兰特·艾玛努伊尔·亨利·维里赫里莫维奇——阿尔汗格尔斯克"Э.Г. 勃兰特 и К°"商行创始人，圣彼得堡国际银行（1869）和俄国外贸银行（1871）创始人。

布罗茨基·拉扎里·伊兹拉伊列维奇——基辅糖厂老板，俄国工商银行创始人（1890），圣彼得堡国际银行、俄国外贸银行及基辅私人银行理事会成员。

布罗茨基·马克思·索罗莫诺维奇——基辅工商银行董事会成员。

普罗克·彼得·费多洛维奇（1805~1875）——财政大臣（1852~1858）。

布罗卡尔·安德烈·安德烈耶维奇——联合银行理事会成员（1909~1914），莫斯科"布罗卡尔 и К°"化妆品公司老板。

本格·尼古拉·赫里斯吉阿诺维奇（1823~1895）——财政大臣

(1881~1886)，大臣委员会主席（1887~1895）。

布特里·米哈伊尔·里沃维奇——联合银行董事会成员（1914~1917）。

贝立宁·亚历山大·瓦西里耶维奇——西伯利亚商业银行理事会成员。

瓦尔古宁·伊万·亚历山大洛维奇——圣彼得堡商人和企业家，圣彼得堡贴现贷款银行创始人（1869），伏尔加—卡马银行创始人（1870）。

瓦尔古宁·康斯坦丁·亚历山大洛维奇（1839~?）——瓦尔古宁·А. И. 商行领导人，圣彼得堡贴现贷款银行董事会成员（1890~1903）、理事会副主席（1908）、理事会主席（自1908年起）。

瓦赫杰尔·康斯坦丁·洛基诺维奇（1837~?）К. 瓦赫杰尔 и К° 商行老板，圣彼得堡私人商业银行董事会主席（1896~1906）。

维恩·菲利普——联合银行理事会成员（1910~1913）。

维尔斯特拉特·莫里斯·艾米里耶维奇——华俄道胜银行董事会成员（1900~1910），北方银行董事会副主席、常务董事（1901~1910），俄国—亚洲银行董事会副主席（1910~1917），法国驻圣彼得堡大使馆商务参赞。

维尔特·阿道夫·亚历山大洛维奇——亚速—顿河银行董事会成员。

维尔特戈伊姆·尤里（1819~1901）——圣彼得堡贴现贷款银行创始人（1869），华沙商业银行创始人（1870），华沙银行家和商人。

维卢戈·沙尔里——联合银行理事会成员（1910~1913）。

维拉尔·柳斯耶恩——巴黎—荷兰银行董事（1892~1900），后任巴黎联盟银行主席。

维特·谢尔盖·尤里耶维奇（1849~1915）——交通大臣（1892），财政大臣（1892~1903），大臣委员会主席（1903~1905），大臣会议主席（1905~1906），金融委员会主席（1906~1915）。

维什尼亚科夫·阿列克谢·谢苗诺维奇——莫斯科商人互贷公司董事会主席（1892~1914）。

沃高·雨果·马克西莫维奇——圣彼得堡私人商业银行董事会成员（1884~1887），沃高 и К° 商行合伙人（1879~1917）。

沃高·菲利普－马克西米利安（马克西姆·马克西莫维奇）（1807~1880）——莫斯科贴现银行理事会主席（1870~1880），沃高 и K°商行合伙人。

沃尔科夫·莫德斯特·巴甫洛维奇——莫斯科贴现银行图拉分行主管。

弗托罗夫·鲍里斯·尼古拉耶维奇——莫斯科工业银行董事会董事。

弗托罗夫·尼古拉·亚历山大洛维奇（1866~1918）——莫斯科工业银行董事会董事（1916~1917），А. Ф. 弗托罗夫之子手工工场董事。

维什涅格拉茨基·亚历山大·伊万诺维奇（1867~1925）——华俄道胜银行董事会成员（1902~1910），圣彼得堡国际银行董事会成员及常务董事（1906~1917），财政部特殊贷款办公厅副主任（1897~1906）。

维什涅格拉茨基·伊万·阿列克谢维奇（1831~1895）——圣彼得堡国际银行理事会成员（1878~1884），财政大臣（1887~1892）。

康杰曼·达维德（1790~1864）——柏林贴现公司创始人（1851），普鲁士商业大臣。

哈夫·路德维希（1796~1867）——圣彼得堡私人商业银行创始人（1864）、银行董事会主席（1864~1867）。

戈维耶尔（戈瓦耶尔）·萨姆伊尔（？~1879）——圣彼得堡国际银行董事会成员（1869~1879），亚速—顿河银行创始人（1871），圣彼得堡商人、银行家，С. К. 戈维耶尔 и K°商行领导人。

格里克·卡尔·卡尔洛维奇——К. Ф. 格里克商行合伙人，莫斯科贴现银行理事会成员（1890~1900）。

盖森·尤里·伊萨科维奇——俄国贸易和交通银行理事会副主席。

金茨布尔格·贺拉斯·奥西伯维奇（耶夫杰里耶维奇）（1832~1909）——圣彼得堡贴现贷款银行创始人（1869），西伯利亚商业银行创始人（1872），圣彼得堡贴现贷款银行董事会成员（70~80年代），И. Е. 金茨布尔格银行领导人（自19世纪70年代起），金矿主。

戈利岑·亚历山大·德米特里耶维奇——公爵，俄国—英国银行理事会成员。

戈鲁别夫·瓦列金·雅科夫列维奇——圣彼得堡私人商业银行董事会主席及董事（1906~1908）。

吉尔斯·A. K.——财政部驻圣彼得堡私人商业银行董事会代表、银行董事会主席（1864~1875）。

果别尔·希德涅伊·瓦西里耶维奇——莫斯科银行理事会成员（1912~1914），俄国相互保险联盟董事会成员，果别尔 и K°商行合伙人。

戈林·费多尔·伊万诺维奇——联合银行理事会成员（1909~1911）。

戈鲁别·艾尔涅斯特·卡尔洛维奇（1866~?）——财政部驻塔甘罗格代表及贴现贷款银行波斯主管（1900~1906），俄国国家银行圣彼得堡办事处主管（1906~1907），诺贝尔兄弟公司董事（1907~1910），西伯利亚商业银行董事会主席（1910）。

古卡索夫·阿普拉姆·奥西伯维奇（1872~1969）——英国—俄国银行董事（自1911年起）。

古奇科夫·伊万·耶费莫维奇（1833~1904）——莫斯科贴现银行理事会主席（1902~1904），E. 古奇科夫之子商行合伙人。

古奇科夫·尼古拉·伊万诺维奇（1860~1935）——莫斯科私人银行理事会主席（1912~1914），莫斯科市市长（1905~1913）。

古奇科夫·亚历山大·伊万诺维奇（1862~1936）——莫斯科贴现银行董事会常务董事（1902~1904），十月革命党领导人（1905~1917）。

古奇科夫·康斯坦丁·伊万诺维奇——莫斯科贴现银行理事会成员（1904~1914）。

达维多夫·阿列克谢·阿夫古斯托维奇（1867~1942）——圣彼得堡私人商业银行董事会主席及常务董事（1909~1917），巴黎法国信贷银行董事会成员（1911~1913），莫斯科私人银行理事会成员（自1912年起）。

达维多夫·维克托·费多洛维奇——北方银行董事会成员（1908~1910）、俄国—亚洲银行董事会成员（自1910）。

达维多夫·列奥尼德·费多洛维奇（1866~?）——财政部贷款特别办公厅主任（1909~1914），后任俄国外贸银行董事会主席。

达尔西·彼得·赫里霍维奇——巴黎联盟银行驻俄国代表，北方银行（1906~1910）及联合银行（1910~1917）董事会成员，俄国冶金工厂产品销售公司（"Продамета"）董事会主席。

杰尔别涅夫·伊万·尼卡诺洛维奇——莫斯科商业银行理事会成员，莫斯科银行理事会成员（1912~1914），Н. 杰尔别涅夫之子手工工场董事会主席。

杰尔维斯·冯、巴维尔·巴甫洛维奇和谢尔盖·巴甫洛维奇——巴维尔·格里高利耶维奇·冯·杰尔维斯的儿子，19世纪90年代俄国工商银行股票控制权的所有者。

杰柳仁斯基·亚历山大·费多洛维奇——莫斯科银行董事会和理事会成员（1912~1917）。

扎姆哈洛夫·尼古拉·伊萨科维奇——联合银行理事会成员（1914~1917），扎姆哈洛夫兄弟银行合伙人。

多里松·路易——法国银行总公司董事（1896~1909）、董事长（1909~1913）、主席（1914~1915），北方银行董事会成员（1901~1910），后来成为俄国—亚洲银行非正式保护人。

多斯·伊万·费多洛维奇——伏尔加—卡马银行董事会主席（1879~1892）、理事会副主席（1892~1900）。

久普列里·卡尔·伊万诺维奇——法国银行总公司代表，俄国—亚洲银行董事会成员（自1910年起）。

久塔斯塔·波里——联合银行理事会成员（1910~1913）。

耶里谢耶夫·彼得·耶里谢耶维奇（1775~1825）——圣彼得堡商人，耶里谢耶夫家族商人和银行家王朝的奠基人。

耶里谢耶夫·格里高利·彼得洛维奇（1804~1892）——耶里谢耶夫兄弟商行的创建者和合伙人（1858~1892），圣彼得堡私人商业银行创始人和董事会成员（1864~1875），圣彼得堡私人商业银行董事会主席（1875~1882），圣彼得堡证券交易委员会副主席（1872~1880）。

耶里谢耶夫·斯杰潘·彼得洛维奇（1806~1879）——耶里谢耶夫兄

弟商行创始人和合伙人（1858~1879），圣彼得堡贴现贷款银行创始人（1869）。

耶里谢耶夫·亚历山大·格里高利耶维奇——Г. П. 耶里谢耶夫之子，圣彼得堡私人商业银行董事会主席（1882~1884），圣彼得堡贴现银行理事会成员（20 世纪）。

耶里谢耶夫·格里高利·格里高利耶维奇（1864~?）——Г. П. 耶里谢耶夫之子，耶里谢耶夫兄弟商行领导人（自 1891 年起），圣彼得堡贴现贷款银行大股东。

耶里谢耶夫·彼得·斯杰潘诺维奇——俄国工商银行理事会成员（20 世纪）。

耶夫卢斯（艾弗卢斯）·伊戈纳吉——敖德萨银行家家族代表，敖德萨、巴黎及维也纳的私人银号创始人，贴现贷款银行的创始人（1869）。

日罗·巴维尔·克拉弗基耶维奇——联合银行董事会成员（1910~1914），K. O. 日罗之子丝绸手工工场董事会董事。

扎克·阿普拉姆·伊萨科维奇（?~1893）——И. Е. 金茨布尔格银行会计（19 世纪 60 年代），圣彼得堡贴现贷款银行董事（1869~1893）。

伊万诺夫·菲利普·安托诺维奇——西伯利亚商业银行理事会成员。

卡扎科夫·伊万·伊万诺维奇（1832~?）——莫斯科商业银行理事会成员（1880~1900），Н. 拉佐列诺夫和 М. 科尔米里津手工工场董事会主席。

卡缅卡·鲍里斯·阿普拉莫维奇（1855~?）——亚速—顿河银行罗斯托夫分行主管（1882~1894）、董事会成员和董事（1894~1910）、董事会主席（1910~1917）。

卡尔京金·安德烈·安德烈耶维奇——莫斯科贴现银行理事会成员（1894~1914），莫斯科银行理事会成员（1912~1914），雅罗斯拉夫大手工工场董事会董事。

卡尔塔夫佐夫·叶甫盖尼·埃巴弗罗吉托维奇——俄国外贸银行理事会成员。

卡图阿尔·列夫·伊万诺维奇（1829～?）——莫斯科贴现银行理事会成员（1870～1890），Л.卡图阿尔寡母子商行合伙人。

卡什塔诺夫·尼古拉·吉莫费耶维奇——莫斯科工业银行董事会主席（1916～1917），西伯利亚商业银行理事会成员（1912～1917），皮革制服生产公司"供货人"董事会主席。

科斯特林·伊万·伊万诺维奇——俄国外贸银行董事会成员、董事（1896～1917）。

吉尔什巴乌姆·尼古拉·费多洛维奇——俄国外贸银行莫斯科分行主管。

克列缅茨·罗别尔特（?～1864）——银行家，圣彼得堡私人商业银行创始人（1864）、董事会成员（1864）。

科诺普·费多尔·里沃维奇（1850～?）——莫斯科商人银行理事会成员（1904～1914），莫斯科私人商业银行理事会成员（1912～1914），Л.科诺普商行合伙人。

科诺普·安德烈·里沃维奇（1855～?）——莫斯科贴现银行理事会主席（1904～1914），莫斯科商业银行理事会成员（1904～1914），Л.科诺普商行合伙人。

科尼亚热维奇·亚历山大·马克西姆莫维奇（1792～1872）——财政大臣（1858～1862）。

科瓦列夫斯基·弗拉基米尔·伊万诺维奇——财政部商业和手工业厅厅长（1892～1900），财政副大臣（1900～1902），圣彼得堡私人商业银行常务董事和董事会主席（1908）。

科科夫佐夫·弗拉基米尔·尼古拉耶维奇（1853～1943）——财政副大臣（1896～1902），国务秘书（1902～1904），财政大臣（1904～1905、1906～1914），大臣会议主席（1911～1914），俄国外贸银行理事会成员（1917）。

科科列夫·瓦西里·亚历山大洛维奇（1817～1889）——俄国企业界奠基人之一，莫斯科商人银行理事会成员（1866～1870），伏尔加—卡马银行董事会主席和创始人（1870～1879），伏尔加—卡马银行股票控制权所有人。

科诺瓦洛夫·亚历山大·伊万诺维奇（1875～1948）——莫斯科银行理事会成员（1912～1914），俄国相互保险联盟理事会主席（1908～1911），И.科诺瓦洛夫父子手工工场董事会董事。

科列涅夫·弗拉基米尔·格里高利耶维奇——莫斯科银行理事会成员（1912～1917），哈里科夫土地银行董事会成员（1901～1917）。

克拉舍尼尼科夫·尼古拉·米哈伊洛维奇——莫斯科银行董事会成员（1912～1917）。

科列斯托夫尼科夫·格里高利·亚历山大洛维奇（1855～1918）——莫斯科商人银行理事会主席（1903～1915），莫斯科证券交易委员会主席（1905～1915）。

科里沃舍伊·亚历山大·瓦西里耶维奇（1857～1921）——莫斯科私人银行理事会成员（1912～1914），农业大臣（1908～1917）。

克里斯普·察尔里兹·柏尔齐——伦敦银行克里斯普 и K° 主席，英国—俄国托拉斯经理处主席（自1909年起），英国—俄国银行经理处主席（自1911年起），俄国工商银行董事会成员（1912～1916）。

克罗涅别尔戈·列奥波里德（1812～1878）——华沙银行家，圣彼得堡贴现贷款银行创始人（1869），华沙商业银行创始人（1870）。

库兹涅佐夫·伊万·巴甫洛维奇——莫斯科银行理事会成员（1912～1914），佩列斯拉夫手工工场董事。

拉曼斯基·叶甫盖尼·伊万诺维奇（1825～1902）——俄国国家银行副主管（1860～1867）、主管（1867～1883），圣彼得堡相互贷款公司董事会主席（1864～1871），俄国外贸银行董事会主席（1871～1874），伏尔加—卡马银行理事会主席（1875～1901）。

兰谢烈·列昂·扎哈洛维奇——西伯利亚商业银行董事会主席（20世纪）。

拉斐特·扎克（1767～1864）——法国第一家两合公司形式的银

行——工商业综合储蓄所的创建人（1837）。

列格拉夫 M.——法国 Сосьете марсейез де Креди эндюстриель е комерсьяль е де депо 银行代表，亚速—顿河银行理事会成员。

列格兰·罗别尔特·艾尔涅斯托维奇——法国银行总公司代表，俄国—亚洲银行董事会成员。

列德尼茨基·亚历山大·罗别托维奇——联合银行理事会主席（1910~1914）。

列曼·瓦西里·阿道里弗维奇——莫斯科工业银行理事会成员。

罗姆巴尔多·杰奥菲里·罗扎里耶维奇（1861~1910）——巴黎国际银行驻俄国代表（19世纪90年代），巴黎联盟银行驻北方银行董事会代表（1906~1910），法国银行集团驻圣彼得堡私人商业银行董事会代表（1910）。

罗谢夫·亚历山大·卢继奇（1851~?）——莫斯科商人银行理事会成员（1903~1914），莫斯科商人互贷公司理事会成员，索宾手工工场董事会董事。

罗斯特·约瑟夫——巴黎银行 Ж. 罗斯特 и K° 主席，1911年改成组法国信贷股份银行。

伦茨·马克西姆·里沃维奇——西伯利亚商业银行董事会成员及常务董事（20世纪）。

里沃夫·叶甫盖尼·德米特里耶维奇——亚速—顿河银行董事会成员。

里亚明·伊万·阿尔杰姆耶维奇（1823~1894）——莫斯科证券交易委员会主席（1865~1868），莫斯科商人银行理事会成员（1866~1870）。

里亚斯基·弗拉基斯拉夫·亚历山大洛维奇（1831~1889）——华沙银行 C.A. 费烈科里合伙人，圣彼得堡国际银行董事会成员及董事（1869~1889）。

马克西莫夫·叶甫盖尼·德米特里耶维奇——俄国工商银行董事会主席。

马里采夫·格里高利·伊万诺维奇——莫斯科银行理事会成员

(1912~1914)，呢绒手工工场 Ив. 普吉科夫董事会董事。

马蒙托夫·萨瓦·伊万诺维奇（1841~1918）——铁路商人，企业家，文学和艺术的庇护人，圣彼得堡国际银行大客户之一。

马努斯·伊戈纳吉·波尔费里耶维奇（1860~?）——圣彼得堡交易所经纪人，西伯利亚商业银行理事会成员。

马尔克·莫里兹·费里波维奇——莫斯科贴现银行理事会成员，沃高 и K° 商行合伙人。

马什科夫采夫 Н. А.（?~1903）——俄国工商银行董事会成员（1893~1903）、常务董事（1896~1899）。

梅耶·埃杜阿尔德·莫里索维奇——圣彼得堡 Э. М. 梅耶 и K° 银行创始人，俄国外贸银行创始人（1871）。

明仁斯基·亚历山大·鲁道里弗维奇——联合银行董事会成员（1909~1910）。

米烈尔·米哈伊尔·尼古拉耶维奇——俄国—亚洲银行董事会成员。

茗茨·雅科夫·亚历山大洛维奇——亚速—顿河银行莫斯科分行主管。

莫里 ф.——阿斯马斯·西蒙谢 и K° 商行代表，圣彼得堡私人商业银行创始人（1864）、董事会成员（1864~1866）。

莫罗佐夫·吉莫菲伊·萨维奇（1823~1889）——莫斯科商人互贷公司理事会主席（1869~1878），莫斯科商人银行理事会成员（1866~1884），尼古拉手工工场 С. 莫罗佐夫之子 и K° 董事会主席，伏尔加—卡马银行创始人（1870）。

莫罗佐夫·彼得·阿尔谢耶维奇——莫斯科银行理事会成员（1912~1914），博戈罗茨克—格卢霍夫手工工场董事会成员。

穆拉尼·阿尔弗雷德·伊万诺维奇——圣彼得堡私人商业银行董事（1890~1906）。

穆欣·亚历山大·弗列孔托维奇——伏尔加—卡马银行董事会成员及董事（1879~1906）、董事会主席（1906~1911）、董事会主席及董事（自 1912 年起）。

369

纳伊杰诺夫·尼古拉·亚历山大洛维奇（1834～1905）——莫斯科商业银行董事会主席（1871～1905），莫斯科证券交易委员会主席（1877～1905），莫斯科工商公司董事会主席。

纳伊杰诺夫·亚历山大·尼古拉耶维奇（1866～1920）——莫斯科商业银行董事会主席（1905～1917），莫斯科工商公司董事会成员。

涅茨灵·埃杜阿尔德（1848～1935）——巴黎—荷兰银行负责人（1894～1909）、副主席（1909～1911）、主席（1911～1915），华俄道胜银行董事成员（1896～1910），俄国—亚洲银行理事会主席（1910～1911）。

诺贝尔·艾玛努伊尔·柳德维果维奇（1859～1932）——俄国最大的石油企业家，6p. 诺贝尔石油生产公司董事会主席，机械制造公司路德维希·诺贝尔董事会主席，伏尔加—卡马银行（1890～1914）理事会成员（1890～1914）、理事会主席（1914～1917）。

诺索夫·瓦西里·瓦西里耶维奇（？～1939）——莫斯科商人银行理事会成员（1909～1917），俄国相互保险联盟理事会成员（1908～1914），6p. 诺索夫家族工商公司董事会成员。

奥达尔切克·彼得·费里波维奇——联合银行董事会董事（1909～1914）。

奥姆别尔戈·安德烈——法国工商银行主席，西伯利亚商业银行理事会成员（1912～1914）。

奥姆别尔戈（果姆别尔戈）·奥克塔夫——巴黎联盟银行负责人（自1904年起），联合银行理事会主席（1910～1914）。

奥利弗耶·德·奥尔梅松——法国银行集团驻圣彼得堡私人商业银行代表，圣彼得堡私人商业银行理事会主席（1910～1914）。

巴什科维奇·伊万·艾瓦里斯托维奇——莫斯科商人银行董事会董事（1892～1903）。

别鲁·沙尔里·久——法国工商银行代表，西伯利亚商业银行理事会成员（1912～1914）。

别列伊尔·埃米里（1800～1875）——巴黎动产信贷银行（1852）创始人。

别列伊尔·伊萨克（1808~1880）——巴黎动产信贷银行（1852）创始人。

彼得罗科吉诺·德米特里·伊万诺维奇——圣彼得堡贴现贷款银行董事会成员、董事（1893~1903）。

普罗特尼科夫·米哈伊尔·谢尔盖耶维奇——圣彼得堡贴现贷款银行董事会成员、董事（1915~1917）。

伯百·波里——联合银行理事会成员（1913~1914）。

伯列扎耶夫·阿列克谢·米哈伊洛维奇——圣彼得堡商人，伏尔加—卡马银行创始人（1870）。

伯列扎耶夫·米哈伊尔·米哈伊尔洛维奇——圣彼得堡商人，伏尔加—卡马银行创始人（1870），伏尔加—卡马银行理事会成员（1870~1872）。

伯列扎耶夫·尼古拉·米哈伊尔洛维奇（1817~1897）——圣彼得堡粮食商人和银行家，圣彼得堡贴现贷款银行创始人（1869）、董事会主席（1869~1894）。

波里雅科夫·雅科夫·索罗莫诺维奇（1832~1909）——塔甘罗格商行创始人，亚速—顿河银行创始人（1871）。

波里雅科夫·萨姆伊尔·索罗莫诺维奇（1837~1888）——铁路商人、银行家，亚速—顿河银行创始人。

波里雅科夫·拉扎里·索罗莫诺维奇（1844~1914）——莫斯科国际商业银行董事会主席（1885~1908），奥尔洛夫商业银行董事会主席（1872~1908），莫斯科土地银行董事会主席（1871~1914），圣彼得堡—莫斯科商业银行理事会主席（1895~1904），商业保险公司董事会主席（1873~1908），亚速—顿河银行（1871）和俄国工商银行（1890）创始人。

波里雅科夫·亚历山大·拉扎列维奇——联合银行董事会成员、董事（1909~1914）。

博梅郎采夫 A.A.——俄国工商银行理事会主席（90年代）。

博梅尔·安德烈·雅科夫列维奇——俄国外贸银行董事会成员、董事（1896~1911）。

371

普罗维·伊万·卡尔洛维奇（1840~1901）——莫斯科商人银行理事会成员（1894~1901），华俄道胜银行理事会成员（1896~1901），Л.科诺普商行合伙人。

普罗维·罗曼·伊万诺维奇——莫斯科工业银行理事会成员（1912~1917）。

普罗托波波夫·斯杰潘·阿列克谢耶夫（？~1914）——莫斯科商业银行理事会主席（1890~1910），北方保险公司董事会主席（1878~1914），莫斯科商人互贷公司理事会主席（1892~1914）。

普罗霍罗夫·亚历山大·雅科夫列维奇（1826~1898）——圣彼得堡港代理商，交易所主任助理（1864~1892），圣彼得堡证券交易委员会主席（1893~1897），圣彼得堡私人商业银行董事会成员（1883~1896）、董事会主席（1894~1896）。

普罗霍罗夫·尼古拉·伊万诺维奇（1860~1915）——莫斯科商人银行理事会成员（1890~1914），俄国—亚洲银行理事会成员（1910~1914），莫斯科商业银行理事会成员（1890~1914），莫斯科普罗霍罗夫特廖赫戈尔内手工工场董事。

普提洛夫·阿列克谢·伊万诺维奇（1866~？）——财政部总办公厅主任（1904~1905），财政副大臣，贵族银行及农民土地银行主管（1905~1906），华俄道胜银行董事会成员（1905~1910）、常务董事（1908~1910），俄国—亚洲银行董事会主席（1910~1917）。

普提洛夫·尼古拉·伊万诺维奇（？~1880）——圣彼得堡普提洛夫工厂创始人（19世纪60年代末），普提洛夫工厂股份公司创始人。

拉别涅克·路德维希·阿尔图洛维奇（1857~？）——莫斯科银行理事会成员（1912~1917），Л.拉别涅克手工工场董事。

拉奇科夫·罗什诺夫·亚历山大·赫纳奇耶维奇——联合银行董事会成员（1909~1914）。

拉法洛维奇·阿尔杰米·费多洛维奇——俄国外贸银行董事会成员、董事（1892~1913）。

赖腾·米哈伊尔·赫里斯托弗洛维奇（1820~1890）——财政大臣（1862~1878），大臣委员会主席（1881~1886）。

罗多科纳吉·费多尔·巴甫洛维奇（？~1889）——圣彼得堡 Ф. П. 罗多科纳吉 и K° 商行创始人，圣彼得堡国际银行（1869）、俄国外贸银行（1871）、亚速—顿河银行（1871）、罗斯托夫—商人银行（1871）、基什涅夫银行（1871）创始人，圣彼得堡国际银行董事会主席（1869~1875）、董事会成员（1876~1889）。

罗森塔尔·阿道夫·斯塔尼斯拉沃维奇——亚速—顿河银行董事会董事。

罗森塔尔·列昂·莫伊谢耶维奇（？~1887）——圣彼得堡银行家，莫斯科商人银行（1866）、圣彼得堡国际银行（1869）、俄国外贸银行（1871）、亚速—顿河银行（1871）、西伯利亚商业银行（1872）、维尔诺私人银行（1872）创始人，圣彼得堡国际银行董事会成员（1869~1887）。

罗斯柴尔德·梅耶·阿姆谢尔（安谢里姆）（1744~1812）——法兰克福银行家，他的儿子们在伦敦、巴黎、维也纳和那不勒斯创建了银行。

罗斯柴尔德·詹姆斯（雅科夫）（1792~1868）——巴黎私家银号创始人（1814）。

罗斯柴尔德·内森（1777~1836）——伦敦私家银号创始人（1804）。

罗特施泰因·阿道夫·尤里耶维奇（1857~1904）——圣彼得堡国际银行董事会成员、董事（1890~1904），华俄道胜银行董事会成员（1896~1904）。

兰德尔 Г.——华俄道胜银行董事会成员（1907~1910）。

里雅布申斯基·巴维尔·巴甫洛维奇（1871~1924）——莫斯科银行理事会主席（1912~1917），哈里科夫土地银行董事会主席（1906~1917），П. М. 里雅布申斯基父子手工工场董事会主席。

里雅布申斯基·弗拉基米尔·巴甫洛维奇（1873~1955）——莫斯科银行董事会主席（1912~1917），哈里科夫土地银行董事会主席（1901~1906），П. М. 里雅布申斯基父子手工工场董事会成员。

里雅布申斯基·米哈伊尔·巴甫洛维奇（1880~1960）——莫斯科银行董事会成员（1912~1917），哈里科夫土地银行董事会成员（1901~1917）。

撒宁·彼得·伊万诺维奇（1840~1903）——莫斯科商人银行理事会主席（1891~1903），莫斯科商业银行理事会成员（1890~1903），П. И. 撒宁商行合伙人（化学品）。

萨博什尼科夫·弗拉基米尔·格里高利耶维奇（1846~?）——莫斯科商人银行理事会成员（1886~1914），斯巴斯—谢图毯制品手工工场、沃斯克列谢手工工场董事，А. и В. 萨博什尼科夫商行合伙人。

德·谢沃·阿方丰斯·亚历山大洛维奇——联合银行董事会董事（1914~1917）。

西门子·卡尔（1829~1906）——西门子—哈尔斯克公司圣彼得堡分公司领导，维尔纳·西门子（1816~1892）公司创始人及领导人的兄弟，圣彼得堡私人银行董事会主席（1885~1894）。

西罗特金·德米特里·瓦西里耶维奇——莫斯科银行理事会成员（1912~1914），莫斯科—伏尔加公司"比比—艾伊巴特"董事会主席，索尔莫沃公司董事会董事，伏尔加工商和轮船公司常务董事。

斯卡拉曼卡·彼得——圣彼得堡商行创始人，圣彼得堡国际银行创始人（1869）。

斯卡拉曼卡·伊万·彼得洛维奇——塔甘罗格商行创始人，圣彼得堡国际银行创始人（1869），俄国外贸银行（1871）、亚速—顿河银行（1871）创始人。

斯米尔诺夫·谢尔盖·阿列克谢耶维奇（1883~?）——莫斯科银行理事会成员（1912~1917），А. В. 斯米尔诺夫里金斯手工工场董事。

索尔达杰科夫·果兹玛·杰列奇耶维奇（1818~1901）——莫斯科贴现银行理事会成员（1871~1901），克列果里姆手工工场董事会成员，伏尔加—卡马银行创始人（1870）。

索罗维奇科·阿里别尔特·米哈伊洛维奇——西伯利亚商业银行董事会

成员、常务董事（19世纪末）。

索罗维奇科·米哈伊尔·阿里别尔托维奇（1870~1916）——西伯利亚商业银行董事会成员、常务董事（20世纪初）。

索里斯基·谢苗·谢苗诺维奇——财政部特别授权官员，华俄道胜银行董事会成员（1905~1910）。

索罗科乌莫夫斯基·彼得·巴甫洛维奇——П. 索罗科乌莫夫斯基之子商行老板，莫斯科商会主席，莫斯科商人银行理事会成员（1890~?）。

斯塔赫耶夫·伊万·伊万诺维奇——И. Г. 斯塔赫耶夫商行合伙人，伊万·斯塔赫耶夫 и К° 公司董事会主席，世界大战期间的俄国—亚洲银行、圣彼得堡国际银行、伏尔加—卡马银行理事会成员。

斯托列维尔克·鲁道夫·彼得洛维奇——圣彼得堡国际银行基辅分行主管。

斯托里亚洛夫·弗拉基米尔·弗拉基米罗维奇（1844~?）——莫斯科贴现银行理事会成员（1871~1917），В. 斯托里亚洛夫商行合伙人（棉纺厂和化工厂）。

苏波特尼克·弗拉基米尔·谢苗诺维奇——西伯利亚商业银行董事会成员。

塔尔诺夫斯基·弗拉基米尔·瓦西里耶维奇（1872~1952）——西伯利亚商业银行董事会成员（1912~1917）。

塔吉谢夫·弗拉基米尔·谢尔盖耶维奇（1866~?）——联合银行董事会主席（1909~1917），圣彼得堡俄国保险公司董事会董事，博加特里公司董事会主席。

吉玛舍夫·谢尔盖·伊万诺维奇——财政部贷款特别办公厅副主任（1893~1894）；国家银行副主管（1894~1903）、主管（1903~1909），工商业大臣（1909~1915）。

吉米里亚杰夫·瓦西里·伊万诺维奇（1849~?）——财政副大臣（1902~1905），工商业大臣（1905~1906、1909），俄国外贸银行理事会主席。

375

特列季亚科夫·巴维尔·米哈伊洛维奇（1832～1898）——莫斯科商人银行理事会副主席（1891～1898），新科斯特罗马亚麻手工工场董事会主席。

特列季亚科夫·谢尔盖·尼古拉耶维奇（1882～1943）——莫斯科银行理事会成员（1912～1917），莫斯科商人互贷公司理事会成员（1908～1914），俄国相互保险联盟理事会成员。

图列基尼·阿里别尔——巴黎—荷兰银行董事长（1908～1918），俄国—亚洲银行理事会成员（1910～1917）。

乌京·雅科夫·伊萨科维奇（1839～1916）——圣彼得堡贴现贷款银行董事会成员（1885～1903）、董事会主席（1903～1916）。

乌赫托姆斯基·艾斯别尔·艾斯别洛维奇——华俄道胜银行董事会主席（1896～1910），《圣彼得堡公报》报纸主编、出版人。

费多罗夫·米哈伊尔·米哈伊洛维奇（1860～？）——工商业大臣（1906），亚速—顿河银行董事会成员（1907～1910）、理事会主席（1910～1917）。

费烈伊杰·К. М.——Л. И. 施吉格里茨公司主管（19世纪30年代），"К. 费烈伊恩和 Е. Е. 勃兰特 и К°"银行合伙人。

弗利戈·尼古拉·尼古拉耶维奇——俄国工商银行理事会成员。

弗列科里 С. А.——С. А. 弗列科里银行创始人，圣彼得堡国际银行创始人（1869），俄国外贸银行创始人（1871）。

赫鲁列夫·谢尔盖·斯杰潘诺维奇——圣彼得堡国际银行董事会主席（1901～1917）。

岑克尔·安德烈·安德烈耶维奇——莫斯科工业银行稽查委员会成员（1912～1915），岑克尔 и К°商行合伙人。

察曼斯基·阿纳托里·达尼洛维奇——俄国—亚洲银行理事会成员。

切特维里科夫·谢尔盖·伊万诺维奇——В. 阿列克耶夫公司董事，莫斯科商人银行理事会成员（1890～1900）。

奇若夫·费多尔·瓦西里耶维奇——莫斯科商人银行董事会主席

(1867～1869)，莫斯科商人互贷公司董事会主席（1870～1878)，莫斯科—雅罗斯拉夫铁路公司董事会董事。

沙姆申·亚历山大·伊万诺维奇——莫斯科商人银行理事会成员（1897～1914)。

莎普里耶尔·奥久斯特——巴黎—荷兰银行驻华俄道胜银行代表（1896～1903)。

尚杰罗·罗别尔特——法国银行总公司代表，俄国—亚洲银行圣彼得堡管理局主任。

什维佐夫·鲍里斯·阿列克谢耶维奇——莫斯科商人银行理事会成员（1906～1914)，莫斯科商人互贷公司理事会成员（1902～1914)。

什波夫·伊万·巴甫洛维奇（1865～?)——财政大臣（1905～1906)，工商业大臣（1907～1909)。

什列京格尔·亚历山大·达尼洛维奇——莫斯科商人银行董事会主席（1903～1917)。

什杰科尔·赫尔曼·柳比莫维奇（?～1903)——莫斯科贴现银行理事会成员（1880～1903)，Э.钦德尔印染手工工场董事会成员。

施吉格里茨·亚历山大·柳德维果维奇（1814～1884)——银行家、企业家，俄国铁路总公司组建人（1857)，圣彼得堡证券交易委员会主席（1846～1859)，国家银行主管（1860～1867)。

施吉格里茨·路德维希·伊万诺维奇（1779～1843)——商人，圣彼得堡宫廷银行家。

舒金·谢尔盖·伊万诺维奇（1855～1936)——莫斯科贴现银行理事会成员（1894～1914)，莫斯科商人互贷公司理事会成员（1892～1914)，И.B.舒金父子商行合伙人。

舒金·伊万·瓦西里耶维奇——莫斯科贴现银行理事会成员（1871～1894)，И.B.舒金父子商行合伙人。

艾里·德'奥谢里·艾奇耶——法国银行总公司主席（1901～1913)，北方银行董事会主席（1901～1910)。

容克·费多尔·瓦西里耶维奇——И. В. 容克 и К°银行合伙人，圣彼得堡私人商业银行董事会主席（1884~1885）。

雅库奇科夫·瓦西里·伊万诺维奇——莫斯科商业银行理事会主席（1871~1880），莫斯科商人银行理事会成员（1866~1878）。

亚罗申斯基·卡尔·约瑟洛维奇——第一次世界大战期间的俄国工商银行、俄国外贸银行理事会成员。

附　录

俄罗斯帝国的股份商业银行*

银行名称	成立时间	注销时间	银行名称	成立时间	注销时间
圣彼得堡私人商业银行	1864	1917	顿河畔罗斯托夫商业银行	1871	1876
莫斯科商人银行	1866	1917	科斯特罗马商业银行	1871	1904
基辅私人商业银行	1868	1917	西伯利亚商业银行,圣彼得堡(1899年前在叶卡捷琳堡)	1872	1917
哈里科夫商业银行	1868	1901			
圣彼得堡国际商业银行	1869	1917	梯弗里斯(高加索)商业银行	1872	1917
圣彼得堡贴现贷款银行	1869	1917	罗兹商业银行	1872	*
尤里耶夫银行	1869	1917	奥尔洛夫商业银行	1872	1908[3]
伏尔加—卡马商业银行	1870	1917	维尔诺私人商业银行	1872	1917
莫斯科贴现银行	1870	1917	尼古拉耶夫商业银行	1872	1884
莫斯科商业贷款银行	1870	1875[2]	吉什涅夫商业银行	1872	1878
华沙商业银行	1870	*	利巴瓦商业银行	1872	1882
敖德萨商业银行	1870	1878	叶卡捷琳诺斯拉夫商业银行	1872	1901[2]
下诺夫哥罗德商人银行	1870	1917	克列缅丘格商业银行	1872	1894[2]
亚速—顿河商业银行圣彼得堡(1903年前,塔甘罗格)	1871	1917	喀琅施塔得商业银行	1872	1879[2]
			莫斯科国际商业银行(1884年前为梁赞商业银行;1884年至1891年为莫斯科—梁赞银行)梁赞,莫斯科	1873	1908[3]
俄国外贸银行,圣彼得堡	1871	1917			
莫斯科商业银行	1871	1917			
南俄工业银行,莫斯科(1896年以前为基辅工业银行)	1871	1908[3]	沃罗涅日商业银行	1873	1917
莫斯科工业银行	1871	1877	普斯科夫商业银行	1873	1912[4]
华沙贴现银行	1871	*	喀山商人银行	1873	1917
里加商业银行(更名为彼得格格—里加银行)	1871	1917	明斯克商业银行	1873	1908
			卡梅涅茨—波多利斯商业银行	1873	1879
雷瓦尔商业银行	1871	1904	敖德萨贴现银行	1879	1917

379

俄罗斯帝国商业银行

续表

银行名称	成立时间	注销时间	银行名称	成立时间	注销时间
中亚商业银行,塔什干	1881	1909	敖德萨商人银行(1917年改组为俄国商业和交通银行,圣彼得堡)	1912	1917
圣彼得堡—莫斯科商业银行,圣彼得堡	1884	1904	布祖卢克商人银行	1912	1917
圣彼得堡—亚速商业银行,圣彼得堡	1887	1902[2]	斯摩棱斯克商人银行	1912	1917
俄国商业销售银行,圣彼得堡	1888	1893[2]	华沙西部银行	1913	*
敖德萨工商银行	1889	1893[5]	北高加索商业银行,阿尔马维尔	1912	1917
俄国工商银行	1890	1917	米塔夫商业银行	1912	1917
顿河畔罗斯托夫商人银行	1893	1917	彼尔姆商人银行	1912	1917
华俄道胜银行,圣彼得堡	1896	1910[6]	梯弗里斯商人银行	1913	1917
罗兹商人银行	1897	*	巴库商人银行	1914	1917
比亚韦斯托克商业银行	1897	1913[7]	察里津商人银行	1914	1917
波罗的海工商银行,雷瓦尔	1898	1909	"维里赫里姆兰达乌"商业银行,华沙	1915	*
顿河畔罗斯托夫工农银行	1899	1910			
北方银行,圣彼得堡	1901	1910[6]	俄国—荷兰银行,圣彼得堡	1916	1917
联合银行,莫斯科	1908	1917	联盟银行(地方银行的联盟),圣彼得堡	1916	1917
萨马拉商人银行	1908	1917			
俄国—亚洲银行,圣彼得堡	1910	1917	基辅工业贷款商业银行	1916	1917
莫斯科银行	1911	1917	圣彼得堡银行	1916	1917
华沙工业银行	1911	*	俄国商业银行,圣彼得堡	1917	1917
华沙合作银行	1911	*	金矿工业银行,圣彼得堡	1917	1917
华沙工商银行	1911	*	荷兰促进俄国贸易银行,圣彼得堡	1917	1917
И. В. 容克 и К° 商业银行(莫斯科工业银行)	1912	1917	东部银行,圣彼得堡	1917	1917
莫斯科私人商业银行	1912	1917	阿斯特拉罕商人银行	1917	1917

续表

银行名称	成立时间	注销时间	银行名称	成立时间	注销时间
俄国—法国商业银行，圣彼得堡	1912	1917	外高加索商人银行，梯里利斯	1917	1917
			南部银行，敖德萨	1917	1917
俄国—英国银行，圣彼得堡	1912	1917	外国股份商业银行，法国里昂信贷圣彼得堡代表处	1897	1918
圣彼得堡商业银行	1912	1917	纽约人民城市银行圣彼得堡分行	1916	1918
莫斯科人民银行	1912	1917			

注：＊指处在第一次世界大战时被军事占领年份的银行。1. 1914年12月14日进行国有化的银行；2. 宣布破产的银行；3. 成为联合银行成员的银行；4. 加入 И. В. 容克 и Kº 商业银行；5. 改组成俄国外贸银行分行；6. 加入俄国—亚洲银行的银行；7. 改组成俄国—法国银行的比亚韦斯托克分行。

资料来源：См. Шепелев Л. Е. Акционерное учредительство в России. Изистории империалиама в России. М-Л, 1959。

参考文献[*]

1. Ананьич Б. В. Банкирские дома в России. 1860 – 1914 гг. Очерки истории частного предпринимательства. Л., 1991.

2. Ананьич Б. В. Россия и международный капитал. 1897 – 1914. Л., 1970.

3. Боровой С. Я. Кредит и банки в России. М., 1958.

4. Бовыкин В. И. О взаимоотношениях российских банков с промышленностью до середины 90 – х годов XIX в. // Социально – экономическое развитие России. М., 1986.

5. Бовыкин В. И. Зарождение финансового капитала в России. М., 1967.

6. Бовыкин В. И. К истории перехода французского капитала к новой стратегии инвестиций в России//Экономическая история: исследования, истография, полемика. М., 1992.

7. Бовыкин В. И. Тарновкий К. Н. Концентрация производства в развитие монополий в металлообрабатывающей промышленности России// Вопросы истории. 1957. № 2.

8. Бовыкин В. И. Банки и военная промышленность России накануне первой мировой войны // Исторические записки. 1959. Т. 64.

9. Бовыкин В. И. Формирование финансового капитала в России. М., 1984.

---

[*] 列举的是主要的参考资料。

10. Безобразов В. П. О некоторых явлениях денежного обращения в России в связи с промышленностью, торговлей и кредитом. М., 1863.

11. Банки России. М., 1911.

12. Боткина А. П. Павел Михайлович Третьяков в жизни и искусстве. М., 1960.

13. Боголепов М. И. Биржа и банки // Бакковая энциклопедия. Т. II. Киев, 1917.

14. Боборыкин П. Д. Китай – город. М., 1985.

15. Боханов А. Н. Крупная буржуазия России. Конец XIX в. – 1914 г. М., 1992.

16. Бернарди А. Б. Организация и операции банкирских учреждений. СПб., 1913.

17. Варшавский Л. Банки и банкирские конторы Российской империи. 2 – е изд. 1910 год. М., 1910.

18. Витее С. Ю. Воспоминания. Т. 1. М., 1960.

19. Воспоминания Е. И. Ламанского// Русская старина. Т. 162. 1915. Апрель июнь.

20. Волжско – Камский коммерческий банк. Краткий обзор за 25 – летие (1870 – 1894). СПб., 1895.

21. Вознесенский Е. П. Операции коммерческих банков. СПб., 1914.

22. Гиндин И. Ф. О кредите и банках докапиталистической России// Вопросы истории. 1961. № 7.

23. Гиндин И. Ф. Русские коммерческие банки. М., 1948.

24. Гиндин И. Ф. Государственный банк и экономическая политика царского правительства (1861 – 1892 годы). М., 1960.

25. Гиндин И. Ф. Банки и промышленность в России до 1917 г. М. – Л., 1927.

26. Гиндин И. Ф., Шепелев Л. Е. Банковские монополии накануне Великой

383

Октябрьской социалистической революции // Исторические записки. 1960. Т. 66.

27. Гиндин И. Ф. Московские банки в период империализма.
28. Гурьев А. Денежное обращение в России в XIX столетии. СПб., 1903. Государственный банк. Краткий очерк деятельности за 1860 – 1910 годы. СП., 1910.
29. Гурьев А. Записка о промышленных банках. СПб., 1900.
30. Голиков А. Г. Образование монополистического объединения 《Коломна-Сормово》 // Вестник Московского университета. Серия 《История》 1971. №5.
31. Дмитриев – Мамонов В. А., Евзлин З. П. Организация и техника коммерческого банка. Пг., 1916.
32. Дмитриев – Мамонов В. А., Евзлин З. П. Теория и практика коммерческого банка. Пг., 1916.
33. Документы по истории монополистического капитализма в России. М., 1959.. Об истории 《объединненого железнодорожного займа》.
34. Дегио В. Русские ценные бумаги. СПб., 1885.
35. Дякин В. С. Германские капиталы в России: электроиндустрия в электрический транспорт. Л., 1971.
36. Записка Русского для внешной торговли банка. СПб., 1913.
37. Заключительное слово московского раввина Я. И. Мазе, произнесенное 22 января 1914 г. у гроба Л. С. Полякова. М., 1914.
38. Исторические записки. Т. 115. М., 1987.
39. Кокорев В. А. Экономические провалы. СПб., 1887.
40. Каценеленбаум З. С. Коммерческие банки и их торгово – комиссионные операции. М., 1912.
41. Династия Кокоревых (Автор М. Л. Гавлин). М., 1991.
42. Коммерческий банк. Киев, 1914; Landes D. S. Vieille banquet et banquet nouvelle: la revolution financiere du dix – neuvieme siècle// Revue d'histore

moderne et contemporaine. 1956. T. Ⅲ; Cameron R . (ed) Banking in the Early Stages of Industrialisation. N. Y. … 1967; Gille B. La banquet en France au XIX - e siècle. Jeneve, 1970; Cameron R. (ed) Banking and Economic Development. N. Y., 1972; La Societe Generale de Belgique. 1822 - 1972. Bruxelles, 1972; Bouvier J. Un siècle de banquet francaise. P., 1973; Born K. E. Geld und Banren im 19. und 20. Jahrhunder. Stuttgart, 1977; Chaman S. The Rise of Merchant Banking. L., 1984; Cameron R., Bovykin V. I. (eds). International Banking. 1870 - 1914. N. Y., Oxford, 1991; Van der Wee H. (ed). La Banque en Occident. Anvers, 1991.

43. Контора Кноп и её значение. СПб., 1895.
44. Краткие балансы кредитных учреждений за 1912 - 1915годы. Пг., 1916.
45. Концерн Путилова - Стахеева - Батолина. Л., 1969.
46. Китанина Т. М. Хлебная торговая Россия в 1875 - 1914 гг. Л., 1978
47. Левин И. И. Акционерные коммерческие банки в России. Пг., 1917.
48. Лаверычев В. Я. Крупная буржуазия в пореформенной России. 1861 - 1900. М., 1974.
49. Монополистический капитал в нефтяной промышленности 1883 - 1914. М. - Л., 1961.
50. Мигулин П. П. Наша банковкая политика (1729 - 1903). Харьков, 1904.
51. Министерство финансов. Ежегодник. Вып. 1913 - 1914 гг. СПб. - Пг., 1914 - 1915.
52. Маркс К. Энгельс. Ф. соч. Т. 25. Ч. 2.
53. Материалы по истории СССР. Т. Ⅵ. Документы по истории монополистического капитализма в России. М., 1959.
54. Мигулин П. П. Русский государственный кредит. Т. Ⅱ Харьков, 1900.
55. Материалы по истории СССР в период капитализма. М., 1976.
56. Монополии и экономическая политика царизма в конце XIX - начале X

X в. Л. , 1987.

57. Материалы по истории СССР. Т. VI. М. , 1959.

58. Макаров А. Ф, Банки и кредитные учреждения. СПб. , 1913. ;

59. Найденов Н. А. Воспоминания о виденном, слышанном и испытанном. Ч. 2. М. , 1905.

60. Новый энциклопедический словарь. СПб. , Т. 15; Большая энциклапедия. Т. 8. ; Большая советская энциклопедия. 2 – е изд. Т. 13. М. , 1952.

61. Речь, сказанная С. И. Сазиковым на обеде, данном учредителями Московского Учетного банка А. И. Абринкосову. М. , 1871.

62. Оль П. В. Иностранные капиталы в России. Пг. , 1922.

63. Полное собрание законов, 1, т. XXIX, № 18275.

64. Полное собрание законов, 1, т. XXXIV, №, 26837.

65. Петров Ю. А. Первый банковский крах // Былое. 1992. № 1.

66. Петров Ю. А. Документы о личных состояниях крупных московских капиталистов в конце XIX – начале XX в. // Вопросы историографии и источниковедения дооктябрького периода. М. , 1992.

67. Петроградский Частный коммерческий банк за пятидесятилетие 1864 – 1914. Пг. , 1914.

68. Петров Ю. А. Московская буржуазия и проблема промышленного финансирования в конце XIX – начале XX в. // Реформы в России XVII – XX вв. М. , 1989.

69. Петров Ю. А. Картельное соглашение российских банков // Вопросы истории. 1986. № 6.

70. Путеводитель по Москве и её окрестностям. М. , 1913.

71. Ронин С. Л. Иностранный капитал и русские банки. М. , 1926.

72. Русский архив. СПб. , 1865.

73. Рейтерн М. Х. Биографический очерк. СПб. , 1910.

74. Русские акционерные коммерческие банки по отчетам за 1914г. с

соответствующими данными за 1913. Пг. , 1915.

75. Ванаг Н. Финансовый капитал в России накануне первой мировой войны. М. , 1930.

76. The Russian Year – Book. L. , 1912.

77. Ремизов А. М. Взвихренная Русь. М. , 1991.

78. Русские акционерные коммерческие банки по цифровым данным за 1913 год. СПб. , 1914.

79. Русские банки. Полный перечень городов и селений, в коих находятся государственные, общественные и частные кредитные учреждения и их филиальные отделения к 1 января 1913 г. СПб. , 1913.

80. Снегирев Л. Ф. Подставные акционеры. М. , 1904.

81. О желательных изменениях в постановке акционерного банковского дела в России. Пг. , 1917.

82. Скальковский К. Л. Наши государственные и общественные деятели. СПб. , 1890.

83. Соловьева А. М. К вопросу о роли финансового капитала в железнодорожном строительстве России накануне первой мировой войны // Исторические записки. Т. 55. М. , 1956; Боголепова И. Н. Финансовый капитал в железнодорожном строительстве России накануне первой мировой войны// вопросы истории. 1979. № 9.

84. Свод балансов Обществ взаимного кредита на 1 января 1914 г. СПб. , 1914.

85. Свод законов. СПб. , 1903 Т. XI. Ч. 2.

86. Скальковский К. А. Наши государственные и общественные деятели. СПб. , 1890.

87. Статистика краткосрочного кредита. Операции акционерного банков коммерческого кредита в 1894 – 1900 гг. СПб. , 1905.

88. Социально – экономическое развитие России. М. , 1986.

89. Соединенный банк. Сводной отчет за 1908 г. по Южно – Русскому Промышленному, Московскому Международному Торговому и Орловскому коммерческому банкам, слившимся в Соединенный банк. М. , 1909.

90. Сводный баланс акционерных банков коммерческого кредита, действующих в России, на 1 июля 1914 г. СПб. , 1914.

91. Сидоров А. Л. Конверсии внешних займов России в 1888 – 1890 гг. // Исторический архив. 1959. № 3.

92. Торговое и промышленное дело Рябушинских. М. , 1913.

93. Соловьев Ю. Б. Петербургский Международный банк и французкий финансовый капитал в годы первого промышленного подьёма в России (образование и деятельность 《Генерального общества для развития промышленности в России)》 // Монополии и иностранный капитал в России. М. – Л. , 1962.

94. О желательных изменениях в постановке акционерного бакновского дела в России. Пг. 1917.

95. Griault R. Emprunts russes et investissements francais en Russie: 1887 – 1914. Paris, 1973. ; РГИА, ф. 637, оп. 1, д. 5, л. 68.

96. Rieber A. J. Merchants and Entrepreneurs in Imperial Russia. Chapel Hill: Univ. of North Carolina press, 1982.

97. Carstensen F. V. Foreign participation in Russian Economic Life: Notes on British Enterprise 1865 – 1914.

98. Янжул И. И. Из воспоминаний и переписки фабричного инспектора первого призыва. СПб. , 1907.

99. Lemke H. Finanztransaltionen und Aussenpolitik. Deutsche Banken und Russland im Jahrzehnt vor dem ersten Weltkrieg. Berlin, 1985. Lemke H. Op. cit.

100. Устав Рязанского Торгового банка. М. , 1872.

101. Geheimes Staatsarchiv Preussischer Kulterbesitz, Merseburg, Rep. 120, Axii6, Nr. 110. Bl. 16, 41 – 42.

102. Финансовые деятели. Представители международной промышленности. Именитое Российской империи купесество. М., 1912; Бурышкин П. А. Москва купеческая. Нью – Йорк. 1954.

103. Шепелев Л. Е. Акционерное учредительство // Из истории империализма в России. М. – Л., 1959.

104. Чероков А. Федор Васильевич Чижов и его связи с Н. В. Гоголем. М., 1902.

105. Шепелев Л. Е, Акционерные коммерческие банки в годы первой мировой войны // Исторические записи. Т. 73. М., 1963.

106. Шепелев Л. Е. Архивные фонды акционерных коммерческих банков. Проблемы источниковедения. Т. Ⅶ. Л. 1959.

107. Шепелев Л. Е. Акционерные компании в России. Л., 1973.

108. Шацилло К. Ф. Государство и монополии в военной промышленности России. Конец XIX в. – 1914. . М. 1992.

109. Фурсенко А. А. Нефтяные тресты и мировая политика. . 1880 – е годы – 1918 г. М. Л., 1965.

110. Шемякин И. Н. О некоторых экономических предпосылках Великой Октябрьской социалистической революции (из истории финансового капитала в России) // Социалистические преобразования в СССР и их экономические предпосылки. М., 1959; Лебедев С. К. Петербургский Международный коммерческий банк в консорциумах по выпуску частных железнодорожных займов 1880 – х – начала 1890 – х гг. // Монополии и экономическая политика царизма в конце XIX – начале XX вв. Л., 1987.

图书在版编目（CIP）数据

俄罗斯帝国商业银行/（俄罗斯）鲍维金·瓦列里·伊万诺维奇，（俄罗斯）彼得罗夫·尤里·亚历山大罗维奇著；张广翔，王昱睿译. --北京：社会科学文献出版社，2018.9
 （俄国史译丛）
 ISBN 978－7－5201－3034－9

Ⅰ.①俄… Ⅱ.①鲍… ②彼… ③张… ④王… Ⅲ.①商业银行－银行史－研究－俄罗斯－近代 Ⅳ.①F835.129

中国版本图书馆 CIP 数据核字（2018）第 146875 号

·俄国史译丛·
俄罗斯帝国商业银行

著　　者／［俄］鲍维金·瓦列里·伊万诺维奇　　［俄］彼得罗夫·尤里·亚历山大罗维奇
译　　者／张广翔　王昱睿

出 版 人／谢寿光
项目统筹／恽　薇　高　雁
责任编辑／颜林柯

出　　版／社会科学文献出版社·经济与管理分社（010）59367226
　　　　　地址：北京市北三环中路甲29号院华龙大厦　邮编：100029
　　　　　网址：www.ssap.com.cn

发　　行／市场营销中心（010）59367081　59367018
印　　装／三河市东方印刷有限公司

规　　格／开　本：787mm×1092mm　1/16
　　　　　印　张：25.5　字　数：389千字
版　　次／2018年9月第1版　2018年9月第1次印刷
书　　号／ISBN 978－7－5201－3034－9
著作权合同
登 记 号／图字01－2018－6011号
定　　价／128.00元

本书如有印装质量问题，请与读者服务中心（010－59367028）联系

▲ 版权所有 翻印必究